· 西安邮电大学学术专著出版基金资助

· 国家自然科学基金项目"大都市区耕地功能演变研究"（41271119）资助

· 国家社会科学基金项目"新型城镇化空间均衡发展的形成机制、结构效应及
  实现路径研究"（14BJL124）资助

城镇化发展的理论与实践研究

以陕西为例

CHENGZHENHUA FAZHAN DE LILUN YU SHIJIAN YANJIU
——YI SHAN XI WEILI

段禄峰 著

中国社会科学出版社

图书在版编目（CIP）数据

城镇化发展的理论与实践研究：以陕西为例/段禄峰著. —北京：中国社会科学出版社，2017.6
ISBN 978 - 7 - 5203 - 0489 - 4

Ⅰ.①城…　Ⅱ.①段…　Ⅲ.①城市化—研究—陕西
Ⅳ.①F299.274.1

中国版本图书馆 CIP 数据核字（2017）第 120473 号

出 版 人	赵剑英	
选题策划	刘　艳	
责任编辑	刘　艳	
责任校对	陈　晨	
责任印制	戴　宽	

出　　版	中国社会科学出版社	
社　　址	北京鼓楼西大街甲 158 号	
邮　　编	100720	
网　　址	http://www.csspw.cn	
发 行 部	010 - 84083685	
门 市 部	010 - 84029450	
经　　销	新华书店及其他书店	

印　　刷	北京明恒达印务有限公司	
装　　订	廊坊市广阳区广增装订厂	
版　　次	2017 年 6 月第 1 版	
印　　次	2017 年 6 月第 1 次印刷	

开　　本	710×1000　1/16	
印　　张	25.5	
插　　页	2	
字　　数	435 千字	
定　　价	108.00 元	

目　　录

前　言

　　1993 年联合国东京会议一致认为，未来的世界是一个城镇的世界，人们相信，21 世纪是一个新的城镇世纪。随着工业化在世界范围内普及，全球城镇化水平在持续提高，人类首次将有一半的人口居住在城镇地区，全球正在快速迈向城镇化的社会，全球城镇化的时代到来。

　　城镇化是农村人口和各种生产要素不断向城镇集聚而形成的经济结构、生产方式、生活方式以及社会观念等向城镇性质演变的过程。虽然城镇化水平一般用城镇人口比率来反映，但城镇化并不是简单的人口向城镇集聚。一些发展中国家的人口城镇化水平很高，但实际经济社会发展水平却很落后，存在着过度性人口转移，城镇土地掠夺性扩张，市区建设落后，贫民窟大量存在，城镇化发展水平与经济、社会发展水平极不协调的现象，因此城镇化发展应包括速度、质量、模式、机制等内涵。城镇化的速度主要表现在城镇人口占总人口比例的提高、城镇数量的增加和城镇规模扩大等方面；城镇化的质量主要表现在城镇经济和社会的发展，产业结构的调整，基础设施的完善，科技文化的发展，生活方式的改变，环境质量的提高，社会保障的建立，城镇管理的加强等方面；模式、机制是城镇化发展的科学范式及动力系统。

　　随着全球化进程的加速发展，后工业社会、信息社会的不断演进，现代化和生态文明对陕西经济社会的发展提出了更广、更高的要求。在国家加快推进西部大开发的大背景下，在新的科学发展观指导下，明确陕西城镇化的发展机遇，凸显加快陕西城镇化进程的战略作用，探求陕西特色城镇化发展道路，已成为陕西全面建设小康社会、缩小与发达地区城市发展差距、解决"三农"问题的战略举措。

　　陕西既有高度发达的大都市（西安），又有中小城市以及贫困的农村地区，具有典型的中国经济、社会和地理特征，被一些研究城乡问题的著名专家视为"中国经济社会结构的缩影"。全球化、信息化、市场化有力地推动了陕西经济的快速发展和城乡空间结构的演进。但是，我们也应清醒地意识到陕西城乡经济社会发展并不平衡，城乡二元结构特征突出。广大的农村人口因转移无门而大量滞留在有限的农业空间，农业的规模经济难以实现，农业劳动生产率增长迟缓，城乡收入分配差距过大导致有效需求特别是广大农村地区有效需求长期不足，并且成为经济发展的重要隐患。另外，陕西城乡空间布局混乱，城镇化的快速推进，导致一系列过度"城镇化"问题，使资源环境承载能力不断下降。虽然西安与其他市、县（区）的经济联系在加强，但远未形成以西安为核心，优势互补、资源共享、市场共通、利益共存的都市区经济一体化格局。所有这些问题急需从理论与实践上进行探讨。

本书基于陕西城镇化发展的现状和特征，针对新背景下的新问题，在系统总结评介城镇化发展相关理论、合理借鉴国内外城镇化发展经验的基础上，融合管理学、地理学、社会学、统计学、城市空间与规划等多学科新理论，制订了推进陕西城镇化发展的战略导向和规划策略，建立了处于全球化、信息化、市场化及我国全面推进城乡一体化背景下的中国都市城镇化发展的研究框架。本书强调理论与实践相结合，突出全面性和实用性，对推进陕西城镇化健康持续发展具有现实的指导意义。本书在以下方面进行了理论创新：

（1）架构基于地域实际的城镇化质量评估体系。基于评价目标及指标体系设计的系统性、客观性、可比性、代表性等原则，构建城镇化质量评估体系。通过层次分析法进行权重计算，从经济发展、社会发展、基础设施、生活方式、人居环境、城镇管理等方面，对城镇化质量进行量化，找出影响城镇化质量的主要因素，进而采取有针对性的措施，促进城镇化质量的提升。

（2）构建城镇化、工业化同步发展数学模型。工业化是城镇化的内容，城镇化是工业化的落实空间。用 IU 比和 NU 比这两个国际指标，对改革开放以来陕西城镇化与工业化的发展关系进行定量分析，从城镇化与工业化协调角度，破解经济社会发展与资源环境承载能力之间的矛盾。

（3）建立产业结构偏离度、城乡比较劳动生产率、二元对比系数、二元反差系数等数学模型，对陕西城乡二元结构进行系统解析。城镇化健康发展是解决城乡二元结构的关键所在。通过建立产业结构偏离度等数学模型，掌握陕西城乡二元结构发展现状及未来趋势，为政府解决"三农问题"，构建和谐社会，提供有力的数据支撑。

（4）构建了合意性的发展模式、机制。总结了四种发展模式，即城市—工业导向模式、小城镇发展模式、农村综合发展模式、佩—布模式的城乡联系通道。构建了城镇化的发展机制，包括机遇挑战分析、动力机制研判、发展路径指引、PRED 协调发展等。

由于作者水平所限，本书缺陷在所难免，敬请读者赐教。

第一章　导论

第一节　国内外研究现状和趋势

一　国内外研究现状

（一）国外研究现状

城镇化（urbanization）是城乡空间结构变迁的必然趋势，是农村人口和各种生产要素不断向城镇集聚而形成的经济结构、生产生活方式以及社会观念等向城镇性质演变的过程。城镇化是现代化的重要标志之一，是现阶段推动社会变革的根本动力，通常用城镇人口占区域总人口的比重来度量，是一个区域城镇人口比重上升、城镇数量增加、城镇规模扩大、城镇文明扩散等方面的综合体现。城镇化的快速发展过程是一个国家逐步实现现代化的过程，同时也是城乡空间逐步融合的过程。落后的乡村和现代城镇之间的巨大差异，吸引着乡村人口不断地涌向城镇，形成了城镇化快速发展的现象①。

18世纪的工业革命使传统的以家庭、作坊经济为主体的分散式的城乡空间格局迅速瓦解，规模效益、集聚效益使人口、资金和技术不断向城镇集聚，城镇化成为推动经济社会发展的主要动力的同时，也导致了城镇的繁荣和乡村的衰败。1900年以前，虽然没有出现专门的城镇化理论著作，但是关于城市的起源、城市的发展、城市问题以及乡村人口向城市的流动所引起的后果等等，已有不少论述，如：马克思的《资本论》、《政治经济学批判》，恩格斯的《英国工人阶级状况》，亚当·斯密的《国富论》等。在此背景下，空想社会主义者开始思考社会改良的药方和城乡

---

① 仇保兴：《中国城镇化——机遇与挑战》，中国建筑工业出版社2004年版，第56—58页。

空间结构的理想模式，欧文的"新协和村"和傅立叶的"法朗吉"，以及由奥斯曼主持的巴黎改建计划和由本汉姆主持的旧金山、芝加哥等城市的空间发展和治理规划，均是在工业化初期对城镇经济发展的理论探索①。

19 世纪末 20 世纪初，欧美大部分国家已初步实现了城镇化（城市人口占总人口的 50% 以上），城镇化过程中的主要问题开始暴露出来，这不仅提出了对城镇化研究的理论需求，而且也为深入的城镇化研究提供了现实基础，对城镇化的研究由传统的形态偏好开始转向功能空间。其中最著名的理论有英国学者霍华德（E. Howard），于 1898 年提出"田园城市"理念，强调把城市和乡村作为一个整体进行研究②。在其思想影响下，法国青年建筑师加尼埃（Tony Garnier）从大工业的发展需要出发，开始了对"工业城市"规划方案的探索，对"工业城市"的要素进行了明确的功能划分，重视规划的灵活性，给城市各功能要素留有发展余地。西班牙工程师索里亚·伊·马塔（Aruro Soria Y Mata）认为在新的集约运输形式下，传统的从核心向外一圈圈扩展的城市空间发展模式已经过时，它会使城市拥挤、环境恶化，主张城市形态沿一条高速运转的轴线发展，并于 1882 年提出了"带形城市"的空间结构。英国生态学家盖迪斯（P. Geddes）进一步深入研究城市的功能，于 1915 年发表了《进化中的城市》一文，预见性地提出了城市经过大规模的集聚与扩散，将形成新的空间形态，即城市地区、集合城市和世界城市。与此同时，针对不断蔓延的城市以及日益松散的城市结构，勒·柯布西埃（Le Corbusier）在 1922 年发表了《明日的城市》，随后提出的巴黎中心区改建方案及"光辉城市"结构模式，一反霍华德以来的城市分散主义思想，强调用现代技术手段来引导城市人口的集中，形成以高层为主，拥有大片绿地的现代城市空间形态。美国建筑师 F. L. 赖特（Frank Lloyd Wright）于 20 世纪 30 年代提出了"广亩城市"（Broadacre City）的设想，赖特认为现代城市不能适应现代生活的需要，也不能代表和象征现代人类的愿望，是一种反民主的机制，因此，这类城市应该取消，尤其是大城市。在《宽阔的田地》一书中，他正式提出了"广亩城市"的设想，他认为，在汽车和廉价电

---

① 何伟：《区域城镇空间结构与优化研究》，人民出版社 2007 年版，第 2—3 页。

② ［英］埃比尼泽·霍华德：《明日的田园城市》，金经元译，商务印书馆 2000 年版，第 76—78 页。

力遍布各处的时代里，已经没有将一切活动都集中于城市中的需要，而最为需要的是如何从城市中解脱出来，发展一种完全分散的、低密度的生活居住就业相结合在一起的新形式，这就是广亩城市。根据城市内部居住用地的布局，美国人 C. 佩里在 20 世纪 20 年代末提出了"扩大居住街坊"的概念，即以小学、基层商店为基础来组织"社区"的"邻里单位"原则。对于城镇化的系统研究始于 20 世纪 30—40 年代的德国，之后，这项研究在美国、瑞典、联邦德国获得了进一步的发展。它包括以城镇型居民点（市场）为中心的土地利用空间结构；最佳的企业规模、居民点规模、城市规模和中心地等级体系；社会经济发展各阶段的空间结构特点及其演变；社会经济客体空间集中的合理程度；空间相互作用即地区间的货物流、人流、财政流，各级中心城市的吸引范围，革新、信息、技术知识的扩散过程等，所有这些都是空间结构特征的重要反映①。1933 年，德国地理学家克里斯泰勒（W. Christaller）在《南德的中心地》一书中，提出了著名的中心地理论。芬兰建筑师 E. 沙里宁（E. Saarinen）针对城市过于集中而产生的弊病，于 1942 年在他的著作《城市：它的发展、衰败和未来》一书中提出了关于城市发展及其布局结构的理论——"有机疏散论"，它的可取之处在于将城市与外围乡村作为一个整体，通过规划和产业的再布局实现城乡分工协作与耦合发展，使人们居住在一个兼具城乡优点的环境中，体现了城乡一体化发展的基本思路。美国城市问题理论家刘易斯·芒福德（Lewis Mumford）认为城市和区域构成一个完整的有机生态系统，城市是区域个性的一种表现，城市的活动有赖于区域的支持，区域的发展取决于城市的推动；对城市密集区主张大、中、小城市的结合，城市与乡村的结合，人工环境与自然环境的结合，从而形成一个区域综合体②。

　　20 世纪 50 年代末至 80 年代，随着世界工业化的推进和世界经济一体化的发展，人们越发认识到从区域角度研究城镇和从城镇角度研究区域的重要性与必要性。1954 年，诺贝尔经济学奖获得者、著名经济学家刘易斯（W. A. Lewis）发表了题为"无限劳动供给下的经济发展"的文章，

---

①　陆大道：《区位论及区域研究方法》，科学出版社 1988 年版，第 19 页。

②　吴良镛：《芒福德的学术思想及其对人居环境学建设的意义》，《城市规划》1996 年第 1 期。

创建了二元经济结构理论，这成为发展中国家有关城镇化理论的鼻祖。法国经济学家弗朗索瓦·佩鲁（F. Perroux）于 1955 年提出了著名的"增长极"理论，成为城镇化动力理论中"大城市动力论"的首创者。美国区域发展与规划专家弗里德曼（Friedmann）结合缪尔达尔（G. Myrdal）和赫希曼（A. Hirschman）等人的区域经济增长理论，提出区域发展的"核心与外围"发展模式。1957 年，法国地理学家戈特曼（J. Gottmann）根据对美国东北部海岸地区的城市发展考察，发表了著名的《大都市带：东北海岸的城镇化》论文，从而产生了新的城市空间结构理论。1960 年，美国霍普金斯大学发表邓坎（D. Duncan）等人的著作《大城市和区域》，文中首次提出了"城镇体系"概念，并阐明了城镇体系研究的实际意义。

20 世纪 90 年代以后，信息化、经济一体化、可持续发展等理论与思想融入到城镇化的研究之中。美国规划大师赖特（H. Wright）提出了自然生态空间融合的区域城市。欧盟从 1993 年起开始了"欧洲空间展望"跨国空间规划工作，以实现区域与城市空间的集约发展。加拿大与美国也采取"生长控制"之类的措施，来调控区域城镇空间的演化。伴随着工业和人口向大城市的盲目集中，城市环境问题日益严重，许多国家越来越意识到将城市与周边乡村地区联系起来的重要性，中心地理论、增长极理论得到进一步应用。如日本制定了 5 次全国综合开发规划纲要，韩国实施了全国国土规划，等等。1993 年联合国东京会议一致认为，未来的世界是一个城镇的世界，人们相信，21 世纪是一个新的城镇世纪①。随着工业化在世界范围内普及，全球城镇化水平在持续提高，2008 年，世界城镇化率为 50.01%，人类首次超过一半的人口居住在城镇地区，全球城镇化的浪潮已经到来。

（二）国内研究现状

我国对城镇化的研究晚于西方国家。1945 年，梁思成先生撰写《市镇体系秩序》一文，呼吁使市镇发展成为有秩序的组织体系。但一般认为，我国关于区域空间结构的研究开始于 20 世纪 80 年代，在城市规划学、城市地理学、建筑学、区域经济学以及一些经济学者的共同努力下，一批学术著作相继出版。20 世纪 80 年代比较有代表性的著作有：董鉴泓

---

① United Nations Population Division, *World Urbanization Prospects*: *The* 2001 *Revision*, New York: Bethesda, MD: Congressional Information Service, Inc., 2002, p. 166.

先生的《中国城市建设史》；傅崇兰的《中国运河城市史》；叶骁军的《中国都城发展史》；俞伟超的《中国古代都城的发展阶段性》；陈田的《我国城市经济影响区域的初步分析》。随着改革开放的深入进行，乡镇企业的兴起、小城镇的大量涌现、乡村城镇化迅速发展密不可分。随后，国内发达地区开始探索中心城市与周边乡村地区通盘考虑的城乡一体化发展战略。有学者从城乡景观演变这一现象出发，研究了城乡空间演变的发展趋势，认为城—镇—乡体系是在集中和分散两种趋势的相互作用下形成的，其目的是做到农村有中心、城市有腹地，城乡紧密结合。

崔功豪（1990）等提出边缘区演变的动力机制是城市内部发展压力作用于郊区所产生的被动型城镇化力和郊区自发的城镇化力共同作用的结果，其发展受到城乡经济发展水平、社会文化心理等因素的影响[①]。1992年，顾朝林出版了《中国城镇体系——历史·现状·展望》一书，这是国内第一部比较系统、全面研究我国城镇体系产生、发育、发展的论著。之后，姚士谋等撰写的《中国的城市群》探讨了我国的城市群形成现象、规律、空间分布和发展趋势，首次提出了"城市群"的基本概念，推动了我国城市群的研究。顾朝林（1993）等在探讨中国城市边缘区划分的基础上，对中国大城市边缘区的人口、社会、经济、土地利用以及地域空间特性进行了研究。其后，学者进一步探讨了城乡一体化的空间意义，指出城乡一体化系统由社会、经济、自然、城镇系统构成；提出城乡协调的区域观、可持续协调观等规划观念[②]。1995年，中科院地理所陆大道研究员出版了《区域发展及其空间结构》一书，提示了区域发展过程中包括区域城镇空间结构在内的空间结构演变的一般特征，并提出我国未来几十年区域经济发展和国土开发以沿海和长江沿岸为一级轴线，二者组成"T"字型的宏观构架。周一星（1995）总结了我国在城市的行政地域与景观地域严重背离的情况下，继续使用行政地域区分城乡的种种弊端，认为解决这一问题的关键在于建立适合中国特点又具有国际可比性的城市实体地域概念，以此作为城乡划分及统计的地域基础，提出以下限人口规模、非农化水平和人口密度三个指标定义城市实体地域，并在大量实证研

---

① 崔功豪、武进：《中国城市边缘区空间结构特征及其发展——以南京等城市为例》，《地理学报》1990年第4期。

② 顾朝林、陈田、丁金宏等：《中国大城市边缘区特性研究》，《地理学报》1993年第4期。

究的基础上，通过对中国城市空间形态的分类，提出了一套完整的划分实体地域的方法和工作程序①。1997 年，周干峙明确提出城市与其所在区域是一个开放的特殊复杂的巨系统，在城市规划上要突出以城市为中心的地域整体性，规划程序应先区域后城市，而不是相反的过程②。1998 年，南京师范大学的陆玉麒博士出版了《区域发展中的空间结构研究》一书，对区域空间结构进行了理论和实证研究，提出了"成长三角"模式。张京祥（1998）认为城镇群体空间演化的基本机理是空间自组织和被构组织两者相互作用的过程，城镇化既要遵循经济规律，又要发挥政府的适当调控，不拘于西方模式与简单的现象分析，追求城市实质性的健康、有序、持续发展，才是城市化的主旨③。

2000 年，张京祥在《区域城镇群体空间组合》中，把城镇群体发展放在整个区域空间考察和分析，认为城镇群体空间演化的基本机理是空间自组织和被构组织两者相互作用的过程。谢守红（2004）总结了国内外城市空间组织研究的相关理论和实践，分析了国外大都市区的发展历程、空间演变特征及动力机制，特别是在经济全球化、信息化和可持续发展背景下大都市区空间演化的新特点、新趋势。并根据我国当前经济和城市发展实际，对中国大都市区的界定标准、形成机制和演化规律进行了探讨④。王兴中等（2005）从城市社会空间结构原理与社会规划的角度分别论述了城市生活空间结构、生活空间评价、微观综合评价、三大生活空间评价、日常行为场所结构与生活场景微区位理论⑤。熊国平（2006）从城市内部结构的急剧变化和外部轮廓的迅速扩展两个方面归纳了 20 世纪 90 年代以来我国城市形态演变的总体特征，建立了信息化、全球化、知识经济和快速城镇化与城市形态演变的基本联系⑥。陆大道研究员在《2006 中国区域发展报告：城镇化进程及空间扩张》一书中以事实阐述了我国城镇化的冒进态势及其影响，并建议采取严格、多方面的综合措施，遏制"冒进式"城镇化和空间失控的严峻态势。胡序威（2008）比较系统地论

①　周一星、史育龙：《建立中国城市的实体地域概念》，《地理学报》1995 年第 4 期。

②　周干峙：《城市及其区域——一个开放的特殊复杂的巨系统》，《城市规划》1997 年第 2 期。

③　张京祥：《对我国城市化研究的再考察》，《地理科学》1998 年第 6 期。

④　谢守红：《大都市区的空间管治》，科学出版社 2004 年版，第 156—158 页。

⑤　王兴中等：《中国城市生活空间结构研究》，科学出版社 2005 年版，第 77—79 页。

⑥　熊国平：《当代中国城市形态演变》，中国建筑工业出版社 2006 年版，第 155—158 页。

述了国土开发、区域规划、城镇化与城市发展的区域研究、区域与城市发展的问题与对策，突出了经济地理学与区域科学对于区域和城市发展问题的综合研究①。许学强（2009）等探讨了城乡划分和城市地域的概念，以城市体系为中心，阐述了城市职能分类、城市规模分布、城市空间分布体系、区域城镇体系等内容②。赵虎（2009）从当前我国职住关系变化的角度入手，首先探讨了职住平衡与城乡空间结构在因果联系、有效区域和结构构成三个方面的关系；结合南京市江宁区的职住实际情况，认为其存在通勤人口数量巨大、职住服用地比例失调、城市内部功能关联度较低等问题，并进一步分析了这些问题与现有空间结构之间的联系③。韦亚平（2009）在总结"城区外拓"和"城镇蔓延"的用地发展特征基础上，分析了当前建设用地管制体制的内在矛盾；以广州市为例，指出：二元建设用地管理体制下的土地利用管制已经对大城市的空间增长形成了越来越多的约束，集中表现为相关主体对集体土地建设权的争夺；这不仅增加了城市规划编制和用地管理的成本，而且将进一步扭曲大城市的城乡空间发展；在制度检讨的基础上，提出了相关政策建议④。王立、刘明华、王义民（2011）以城乡空间互动—整合演进的理念为依托，横向思考城市与乡村在社会经济发展、居民理想生活诉求层面的异同，着力探讨新型农村社区规划原理及规划体系的核心内容，指出经济空间互动、生活空间延展、社会文化空间更新、城乡交通空间链接及田园生态景观空间表征是城乡空间互动—整合演进不同阶段新型农村社区规划的基本原理，新型农村社区规划体系的确立必将对城乡空间的合理规划与管理提供有益的参考⑤。孙昌盛、赵艳林、刘宝臣（2011）认为，随着国内区域经济联动的加强，产业布局的调整升级，以及大区域交通条件的改善，我国城市化经济已经进入了一个"全球化—区域化"的新发展时期。东南部欠发达地区的城市化、工业化发展面临着若干重大机遇。通过分析县域城乡空间发

---

① 胡序威：《区域与城市研究》，科学出版社 2008 年版，第 165—167 页。
② 许学强等：《城市地理学》，高等教育出版社 2009 年版，第 85—89 页。
③ 赵虎：《职住平衡角度下的城乡空间结构统筹研究——以南京市江宁区为例》，《城市发展研究》2009 年第 9 期。
④ 韦亚平：《二元建设用地管理体制下的城乡空间发展问题——以广州为例》，《城市规划》2009 年第 12 期。
⑤ 王立、刘明华、王义民：《城乡空间互动—整合演进中的新型农村社区规划体系设计》，《人文地理》2011 年第 4 期。

展存在的一般性问题和制约因素，提出通过空间规划与行动集成，将城乡统筹概念落实到县域空间层面上，构建一个综合的发展战略与行动规划①。段禄峰（2011）认为城镇与乡村作为区域经济系统的两大组成部分，两者共同协调发展，才能实现总体经济最优化和社会福利最大化。了解城乡空间结构演变的方向及未来趋势，对于打破我国城乡二元结构、开拓农村市场、发展新型产业、节约建设用地、优化空间组织、提升发展潜力具有重要意义②。雷诚、范凌云（2011）认为大都市区的发展将成为中国城镇化的新阶段，分析了大都市区"双轨"发展特点，认为其引发的"土地配置"问题主要集中于土地产权、土地市场流转和土地使用管制，指出大都市区地区实现城乡统筹的核心在于土地，应当"构建土地开发权利平衡机制、构建土地开发利益共享机制、构建多方参与土地决策机制"来实现大都市区"土地配置方式的转型"③。宁越敏等（2011）以上海为例，在三个空间层次上建构了大都市区劳动分工和空间组织相关性的分析框架④。王雪松、彭建（2012）认为我国城市交通发展面临的交通拥堵、交通安全、交通环境等问题日益突出，学习和借鉴美国大都市区新一轮的交通规划经验十分必要⑤。刘永红、刘秋玲（2012）认为随着区域一体化的推进，属地规划管理模式越来越难以适应区域整体协调发展的要求，因此实现区域共同规划管理至关重要⑥。张沛等（2012）从城乡社会经济协调发展的角度切入，探讨促进西部地区均衡发展的空间策略。认为城镇化作为西部地区近现代社会发展的主旋律，区域协调发展作为构建社会主义和谐社会的助推器，两者之间存在着强烈的链式反应。当前西部地区业已显现"城镇化推动区域的统筹协调发展，区域协调为城镇化优化

　　① 孙昌盛、赵艳林、刘宝臣：《东南部欠发达地区县域城乡空间统筹发展的规划思考》，《浙江大学学报》（理学版）2011年第1期。

　　② 段禄峰：《我国城乡空间一体化协调发展探讨》，《商业时代》2011年第4期。

　　③ 雷诚、范凌云：《破解城乡"二元"土地困境的重要议题——关注大都市区"土地配置"问题》，《国际城市规划》2011年第3期。

　　④ 宁越敏、石崧：《从劳动空间分工到大都市区空间组织》，科学出版社2011年版，第56—58页。

　　⑤ 王雪松、彭建：《美国大都市区最新综合交通规划比较研究》，《国际城市规划》2012年第1期。

　　⑥ 刘永红、刘秋玲：《大都市区规划信息平台构建探讨——以深莞惠三市规划信息共享探索为例》，《规划师》2012年第1期。

外部环境"的良性互动态势①。陈建兰（2012）以 2009 年江苏省苏州市新型农村社会养老保险制度发展现状的调查资料为基础，详细剖析了农村社会养老保险制度（即"农保"）向城镇企业职工养老保险制度（即"城保"）的转移接轨这一新生事物，并提出了完善农保转城保制度的对策建议②。李小云、叶红（2012）从城乡空间融合的角度出发，以广州花都区为例，分析了区域绿地景观格局现状、存在问题以及区域特色绿地景观元素的提取，通过"渗透"、"环绕"、"多样复合"，塑造花都"山、水、田、城融合"的连续统一、网络状、可渗透的城市区域绿地景观形象③。

在区域城镇空间结构的实证研究上，也取得了一批丰硕成果。除了用统计分析方法以外，GIS 技术开始引入；有人尝试用动力学模型研究城市、城乡空间的相互作用，也有的学者用几何方法研究区域城镇空间分布。如许学强撰写的《论珠江三角洲大都会的形成》；姚士谋所著的《长江三角洲地区城市空间演化趋势》；宋迎昌的《空间集聚扩散理论与北京大都市区实证研究》；吴良镛等（2006）在综合北京、天津城市总体规划及河北省城镇体系规划的基础上，采用批判性整合的工作方法，以实现良好的人居环境与和谐社会同时缔造为目标，自主创新，在更高的境界上推进京津冀地区空间战略发展规划的研究；④ 等等。张玉鑫（2011）论证了长三角各地纷纷"接轨"上海的空间现象在一定程度上表明了上海及周边地区的空间发展正由极核集聚阶段向极核扩散阶段转变⑤。黄娉婷、张晓平（2012）采用天津市人口与工业总产值数据，引入重心测度模型，以人口重心为参照，对天津市工业重心在时空上的动态演变轨迹进行实证

<hr>

① 张沛、吴潇、徐境等：《基于区域协调的西部地区城乡空间整合路径探索》，《干旱区资源与环境》2012 年第 8 期。
② 陈建兰：《城乡一体化背景下的"农保"转"城保"——来自江苏省苏州市的个案研究》，《农村经济》2012 年第 1 期。
③ 李小云、叶红：《城乡空间融合视野下的城市区域绿地景观形象塑造——以广州花都区为例》，《西北林学院学报》2012 年第 2 期。
④ 吴良镛：《京津冀地区城乡空间发展规划研究二期报告》，清华大学出版社 2006 年版，第 77—79 页。
⑤ 张玉鑫：《从"接轨"上海的空间现象解读上海大都市区空间发展战略》，《国际城市规划》2011 年第 4 期。

研究；结合各区县工业差异变动规律，对重心迁移的影响因素进行探析①。

(三) 陕西研究现状

国内学者对陕西城镇化发展的研究主要有：段汉明 (2002) 通过分析西安城市发展在地域空间上的不利因素，提出新西安"一核三副"城市发展的主体框架②。尹怀庭、刘科伟 (2002) 认为西安城市发展出现了无序扩张、生态环境破坏、交通拥塞、历史文化遗产保护不力等问题，应拓展西安城市发展空间，采用双轴线空间发展结构，重新构建其交通、产业和生态发展空间③。和红星 (2002) 通过对西安三次城市规划和城市发展过程的比较分析，探求西安整体环境不协调的原因，并提出一些较具体的、易于实际操作的建议，以促进西安整体环境向协调方面发展④。余向洋、王兴中等 (2004) 通过对国外有关城市社会收入空间理论进行概括，结合西安实际，首次全面探讨其社会收入空间的结构与模式，力图揭示西安市社会生活空间质量及其结构⑤。张沛 (2006) 认为区域协调发展客观上要求打破行政界限以区域整体利益为目标，大西安都市圈发展应当统一配置区域资源实现区域一体化⑥。张宝通 (2006) 论述了建设以西安为中心的关中城市群的紧迫性，并提出了具体的关中城市群实施方案⑦。李宏志、王圣学 (2006) 通过介绍分析"点—轴"理论，探讨了它在都市圈空间结构中的作用机制，以西安大都市圈为例，分析了其空间结构的特征及其演变过程⑧。高岩辉、刘科伟 (2007) 采用理论分析、区域比较的方法，分析西部大开发以来西安城市市区对其周边城镇的影响，探讨经济集

---

① 黄娉婷、张晓平：《大都市区工业重心时空变动轨迹分析：以天津市为例》，《经济地理》2012 年第 3 期。

② 段汉明、张刚：《西安城市地域空间结构发展框架和发展机制》，《地理研究》2002 年第 5 期。

③ 尹怀庭、刘科伟：《西安城市问题及其新世纪城市空间发展构想》，《人文地理》2002 年第 4 期。

④ 和红星：《古城西安整体环境的协调与分析》，《建筑学报》2002 年第 5 期。

⑤ 余向洋、王兴中：《西安城市商业性娱乐场所的社会空间结构研究》，《现代城市研究》2004 年第 3 期。

⑥ 张沛：《区域一体化与大西安都市圈发展》，《时代建筑》2006 年第 4 期。

⑦ 张宝通：《努力推动大关中城市群与大关中经济区发展 建设大西安为中心的大关中城市群》，《陕西综合经济》2006 年第 4 期。

⑧ 李宏志、王圣学：《基于"点—轴"理论的西安大都市圈空间结构演变研究》，《现代城市研究》2006 年第 1 期。

中与区域发展的关系以及市区与周边城镇发展差异的主要原因①。赖作莲、王征兵（2008）对陕西农村劳动力产业转移和空间转移的分析表明，随着城镇化水平的提高，陕西劳动力转移的数量和质量都呈上升趋势。但是第二产业就业比重与城镇化率的相关性不太显著，相当一部分非农就业转移在农村内部实现，从而影响了城镇的集聚效应和规模效应的发挥。此外，不同时期、不同规模和不同区位的城镇发展对劳动力转移的作用不同②。马秋芳、杨新军、王军伟（2009）等选取西安国内游客为研究样本，运用合图法综合游客的特性和游客造访的景点（区）特征对西安旅游资源进行分类，并进一步构建了西安的游客旅游空间模型，基于游客和资源的综合分析为旅游资源分类和旅游空间模型的认识提出了新的方法和思路③。王圣学等（2009）认为在城市的形成与演变过程中，通常是由单中心城市向多中心城市发展，在城市形成发展的初期，在一个区域范围内形成单中心城市有利于城市规模经济的形成和集聚效应的发挥，当单中心城市的规模扩张到一定程度时，城市规模过大往往会造成集聚的不经济，以及交通拥挤、环境污染、人口过密、经济发展缺乏持续动力等问题，于是城市空间结构开始向多中心发展，其最为典型的形式之一就是在原有单中心城市的周边发展卫星城④。

席保军（2010）认为西安建设国际化大都市，旨在以落实《关中—天水经济区发展规划》的相关政策，《西安国际化大都市城市发展战略规划》以国际化的视角，以加快科学发展、实现率先发展为主题，在延续城市文化、塑造城市特色、提升市民的幸福指数等方面做了探索，提出了山水同构，建设生态大西安；文化复兴，建设人文大西安；组团发展，建设活力大西安；幸福宜居，建设和谐大西安的基本构想⑤。《2011 西安概

---

① 高岩辉、刘科伟：《集聚作用下的西安市区经济集中与郊县发展》，《西北大学学报》（自然科学版）2007 年第 1 期。

② 赖作莲、王征兵：《陕西城镇化发展对劳动力转移的效应分析》，《商业研究》2008 年第 8 期。

③ 马秋芳、杨新军、王军伟：《基于游客的旅游资源分类及旅游空间模型构建——以西安"十一"游客为例》，《地域研究与开发》2009 年第 4 期。

④ 王圣学、李宏志、王蔚然：《西安城市空间与卫星城规划布局研究》，《城市》2009 年第 1 期。

⑤ 席保军、龙小凤、白娟等：《国际化视角下的西安大都市发展构想》，《规划师》2010 年第 12 期。

览》从西安的综合实力、西安概况、历史沿革、经济结构、农业经济、现代工业、第三产业、城市建设等方面向读者展示了一个人文西安、活力西安、和谐西安①。董欣等（2011）从不同角度论证了西安旅游地产在西安都市发展中的核心带动作用。认为旅游地产作为西安大都市旅游业与房地产业结合而产生的新兴产业，其发展模式灵活多样。在此基础上，试图探索一条通过旅游地产开发带动都市圈空间与人文资源整合，从而实现城市全面、协调、可持续发展的全新路径②。张中华（2011）从休闲行为空间视角，通过对西安居民进行问卷调查，梳理居民经常去的休闲场所、休闲环境状况、休闲活动的障碍因素、居民休闲行为动机、居民对休闲设施的评价等休闲行为空间的现状特征，分析了西安大都市休闲空间存在的问题，从而为未来休闲空间规划提供研究基础③。高征、段禄峰（2012）指出产业结构调整包括不同产业之间重大比例关系调整和相同产业内部资源配置调整两部分。西安要实施"产业强市"战略，发展与自身环境、资源相匹配的产业，进一步调整和优化产业结构，全面提升工业化水平④。赵凯、王宁（2012）论述了城镇化既是一个国家或地区经济发展的重要标志，也是衡量一个国家或地区社会组织程度和管理水平的重要标志；单纯采用市（镇）人口占全部人口的百分比来表示城镇化水平有很大的缺陷；根据城镇化水平的内涵，提出了衡量城镇化水平的指标体系，并以陕西为研究对象，具体分析了其城镇化水平的变化趋势及区域差异，结果表明，陕西省1999—2008年期间的城镇化水平整体上呈上升趋势，2008年陕西省各城市的城镇化水平差异较大，总体来讲，关中地区城镇化水平最高，陕北地区次之，陕南地区最低⑤。苏新泉、武永义、周正（2012）指出城镇化是我国经济社会发展的长期战略任务，也是内需最大的潜力所

①　西安市委办公厅、西安市人民政府办公厅：《2011西安概览》，西安出版社2011年版，第5—9页。

②　董欣、张沛、段禄峰：《西安大都市与旅游地产发展互动模式研究》，《人文地理》2011年第1期。

③　张中华：《西安大都市休闲行为空间满意度调查与评价》，《重庆科技学院学报》（社会科学版）2011年第21期。

④　高征、段禄峰：《产业结构调整研究——以西安市为例》，《中外企业家》2012年第3期。

⑤　赵凯、王宁：《西城镇化水平的区域差异及其变化趋势探析》，《西北农林科技大学学报》（社会科学版）2012年第1期。

在，推进城镇化是保持经济平稳较快发展的持久动力；财政作为党和政府施政的物质基础、体制保障和监管手段，在推进城镇化进程中承担着重要职责；陕西财政积极发挥职能作用，着力推进城镇化建设，取得了阶段性成效；在新形势下，如何进一步完善财政政策，加快推进陕西城镇化进程，是亟待深入研究解决的重大现实课题①。陕西省发改委经济研究所课题组（2013）指出，农村人口的转移转化，特别是进城农民的转化（农民市民化）已成为当前制约我国特别是西部地区城镇化进程的主要问题；陕西省作为西部欠发达省份，正处于转变发展方式的重要时期，要破解当前城乡居民收入低、城市化水平低、经济外向度低三大难题，必须努力加快农村人口转移转化，推进城镇化健康快速发展②。江泽林（2013）指出建设陕西"三强一富一美"西部强省的战略目标，是今后陕西贯彻落实科学发展观、实现富民强省目标的具体要求，也是事关全省发展大局的紧迫任务；当前，城镇化已经成为推进经济增长、维护社会稳定、实现民生进步和环境可持续发展的重要推动力③。葛龙、孙忠民（2014）运用陕西1978—2012 年间的统计数据，在构建陕西城镇化水平综合评价指标体系的基础上，运用主成分分析法对陕西城镇化发展水平进行实证分析，并以此为基础分析陕西城镇化水平的发展趋势和特点，最后提出优化城镇化发展的建议④。

二　未来研究趋势

国内外城镇化发展研究，虽然由于不同国家和地区资源禀赋、地理环境、经济发展和政治体制等因素相异，推进城镇化的发展模式也千差万别，但在研究思想和基本观点上基本一致，都强调城市与乡村不可分割，城镇化建设必须从城乡整体、系统的观点进行探求。总体呈现以下趋势：

研究范畴：从单一城市到区域城市、城镇群、都市区、大都市带，并

---

① 苏新泉、武永义、周正：《陕西城镇化建设财政实践、模式比较及政策建议》，《地方财政研究》2012 年第 4 期。

② 陕西省发改委经济研究所课题组：《基于主成分分析的陕西城镇化发展水平问题研究》，《经济研究参考》2013 年第 25 期。

③ 江泽林：《落实省十二次党代会精神 加快推进陕西城镇化进程》，《理论导刊》2013 年第 1 期。

④ 葛龙、孙忠民：《基于主成分分析的陕西城镇化发展水平问题研究》，《西部金融》2014 年第 7 期。

总结出城镇化发展的一般规律、动力机制和发展模式。

研究学科：从单一学科到以社会、地理和管理科学为核心的多学科交叉融合，研究的重点已经转移到社会领域。

研究方法：从描述到解析、从定性到定量相结合，从理想状态下的规范研究到全球化、信息化、市场化下的城镇空间社会的不确定性。除了用统计分析方法以外，GIS 技术的开始引入；有人尝试用动力学模型研究城市空间的相互作用，也有的学者用几何方法研究区域城镇空间分布。

研究重心：从城镇空间的物质属性到城镇空间的社会属性，从个体行动与社会结构的关系到社会结构的制度变迁，注重强调个人的行为层面，重点解决城镇集聚问题。

目前，关于我国城镇化发展速度问题的研究已有很多，上面提到的有关城镇化发展的战略、理论、问题等研究，基本上都是研究城镇化发展的速度问题。关于城镇化发展质量问题的研究开始受到重视，对城镇化质量及其评价的相关研究成果开始出现。这些研究可分为两个方面，一是对城镇化质量的综合评价研究，二是对城镇化质量的单项评价研究。对城镇化质量的综合评价研究成果主要有：叶裕民教授研究提出的城镇化质量指标体系，国家统计局"建立中国城镇化质量评价体系及应用研究"课题组研究提出的城镇化质量评价指标体系，以及一些类似于城镇化质量综合评价的指标体系等。研究成果目前主要有城市竞争力评价、城市现代化评价、城市综合实力评价、城市可持续发展评价等。对城镇化质量的单项评价研究有多种，包括城市人居环境评价、城市环境评价、城市文化评价、城市居民生活质量评价、生态城市评价、文明城市评价等[①]。

总的来看，过去我国关于城镇化发展问题研究的共同特点是：注重城镇化发展的进程或速度研究，缺少对城镇化发展质量、模式、机制的系统总结。

第二节　城镇化的内涵和本质特征

一　城镇化的内涵

城镇化（urbanization）是城乡空间结构变迁的必然趋势，是农村人口

---

① 孔凡文、许世卫：《中国城镇化发展速度与质量问题研究》，东北大学出版社 2006 年版，第 78—80 页。

和各种生产要素不断向城镇集聚而形成的经济结构、生产生活方式以及社会观念等向城镇性质演变的过程。"Urbanization"一词一般译为"城市化",但由于"Urbanization"一词中"Urban"包含有城市(City)和镇(Town),加之我国是一个人口大国,镇的规模一般都很大,不少与国外的小城市相当。同时,我国的城市化不仅仅是人口向城市(City)集中,而且还要向大量的城镇(City and Town)转移和聚集。所以,用"城市化"不能概括我国的城市和镇的"转移、集中与聚集"的整个过程,而如果选用"城镇化"一词则更能比较妥当地反映我国的实际状况。世界城镇化的历史表明,城镇化发展的宏观动力来源于社会经济的发展。城镇化与经济发展水平的关系最为密切。一般说来,经济发展水平越高,城镇化水平越高;经济发展水平越低,城镇化水平越低。

城镇化是现代化的重要标志之一,通常用城镇人口占区域总人口的比重来度量,是一个区域城镇人口比重上升、城镇数量增加、城镇规模扩大、城镇文明扩散等方面的综合体现。

城镇化的快速发展过程是一个国家逐步实现现代化的过程,同时也是城乡空间逐步融合的过程。落后的乡村和现代城镇之间的巨大差异,吸引着乡村人口不断地涌向城镇,形成了城镇化快速发展的现象。城镇化通过城乡相互作用使城镇功能不断增强、城市空间份额不断提高。由于各个城市行为者对规模经济的追求,城市空间范围不断扩大,对外围地区的影响得以加深,当这种影响发展到足以使外围地区强烈地表现出与中心城市的一体化倾向,即其经济结构实现了与中心城市高度关联的非农化的时候,就产生了中心城市与其外围地区共同组成的都市区。与西方发达国家不同,我国城镇化发展是城镇发展方针及其政策的直接反映,即"政府推动"的因素大于"自然演变"的因素,具有明显的政府主导特征,国家战略、政府干预对城镇化道路有着重要影响。新中国成立后,由于受到种种因素的影响,我国对城镇化发展道路没有给予足够的重视,城镇化发展道路的确定也经历了多次调整和变化。

二　城镇化的特征

(一)城镇化的本质特征

城镇化的核心是人口就业结构、社会经济结构的转化过程和城乡空间社区结构的变迁过程。城镇化的本质特征主要体现在以下几个方面:

（1）农村人口在空间上的转换。表现为人口大规模迁移和集中的过程，即人口从平面无限分散向有限空间集聚的过程。具体地说，就是农村人口转变为市镇人口的过程，是随着经济发展和社会进步自发形成的、不以人的意志为转移的客观过程，是农村的强大"推力"和城市的强大"拉力"共同作用的结果。它是城镇化发展的前提条件。

（2）非农产业向城镇聚集，即经济活动和资源要素向市镇聚集的过程。它是城镇化发展的主要内容，包含人力资本、物质资本等要素向市镇的集聚，工业、商业、金融、贸易等生产活动向市镇的集聚，以及由此导致的交换活动及消费活动向市镇的集聚。

（3）农业劳动力向非农业劳动力转换。主要表现为从事农业生产的劳动力逐渐减少，从事第二、第三产业劳动力不断增加的过程。

（4）社会结构的转变。主要表现为农民的价值观念、生活方式由农村文明向城市文明的转变。它是城镇化发展的核心内容。城镇化的本质是通过追求集聚效应而改变社会经济结构和人们的生产方式、生活方式，最终实现现代化，提高生活水平。具体来讲：城镇化推动了农业生产的发展；带动了工业化的发展；促进了商业、金融、贸易等第三产业的兴起；极大地带动了科学、文化、娱乐、教育等设施的建设，丰富了城市居民的精神生活，物质、精神两方面的丰富，从而不断改变农民的价值观念，提高人民总体生活水平。

（二）城镇化的一般特征

从一般城镇化过程来看，城镇化具有五个方面的特征：一是方向性；二是时效性；三是空间地域性；四是广泛性；五是分化与变化性。

从农村城镇化的角度而言，城镇化具有四个方面的特征：一是时间特征，表现为过程和阶段的统一，以渐进为主；二是空间特征，表现为城镇结合，以镇为主；三是就业特征，表现为亦工亦农，非农为主；四是生活方式特征，表现为亦土亦"洋"，以"洋"为主，亦新亦旧，以新为主。

从城镇化的发展程度来看，可以分为培育型城镇化、发展型城镇化和发达型城镇化，其发展各具特点：

（1）培育型城镇化是指城镇还未发展或城镇发展处于起步阶段，城镇功能还不完善，不具备城镇应有的政治、经济、文化功能。

（2）发展型城镇化主要有六个特点：一是发展型城镇化原始积累主要来自于农业；二是发展型城镇化偏重于发展第三产业，而非发展第二产业即工业化；三是发展型城镇化具有明显的二元结构；四是发展型城镇化的动力机制主要是推力而非拉力；五是发展型城镇化中城市贫民占有很大比重。

（3）发达型城镇化主要有四个特点：一是城镇化起步早，城镇化和工业化所需要的初始资金有相当大的比重来自国外；二是城镇工业化是以乡村工业的高度发展为前提；三是城镇化的原动力一般都是以轻工业化为先导的工业化；四是城镇化都经历了"集中—分散"的过程①。

第三节　城镇化演变的历史方向

城镇化的推进过程，也是城乡空间演变的过程。改革开放以来，伴随着全球化、信息化和市场化进程，我国城乡空间结构发生了和正在发生着一些非常重要的根本性变化，这既体现在城乡整体空间结构的转型，也体现在城乡社会空间结构由传统社会向现代社会的转型，其中一些变化可被视为历史的延续，而另外一些变化则正预示着城乡空间结构演变的新方向和发展趋势②。关注中国城乡空间结构的急剧演变进程，研究其内在作用机制和发展趋势，成为时下城镇化研究的重要议题。

一　全球化

早期的效益概念是地理性的，城市长期趋向于利用交通区位来降低运输成本。美国、西欧的主要城市多数集中在海岸、河流和大湖区域；日本的城市和工业发展集中在太平洋沿岸走廊；韩国的工业发展集中在首尔和釜山地区；中国台湾的工业集中在台北和高雄；印度尼西亚、马来西亚、泰国经济增长分别集中在以出口为导向的劳动密集型工业区雅加达、吉隆坡和曼谷；而中国经济密集区主要集中在长江三角洲和珠江三角洲。距离提高了商品交易、工人迁移、知识传播的货币和时间成本。发展中国家落后的交通和通讯设施趋向于放大沿海对内陆、城市对农村的比较优势，使地理区位优势更加明显。

---

① 张沛、董欣、侯远志等：《中国城镇化的理论与实践——西部地区发展研究与探索》，东南大学出版社2009年版，第4—5页。

② 付磊：《全球化和市场化进程中大都市的空间结构及其演化》，博士学位论文，同济大学，2008年，第6—8页。

随着交通、通讯技术的发展，地理区位优势有下降趋势。信息、运输技术推动资金、人员、信息、技术等生产要素在全球范围内加速流动。以生产全球化、投资全球化与市场全球化为内涵的经济全球化，促进了全球生产体系、投资和金融体系、市场体系的形成和国际产业结构、国际劳动地域分工的调整，加快了全球城镇化速度，加速了城市连绵区或城市群（带）的发展，推动全球城镇体系的形成，也使得全球城市空间地域差异增大。一方面，全球产业继续遵循产业梯度从高向低的波浪式垂直转移；另一方面，中小投资企业空间转移正向以跨国公司为主体的生产网络扩张演变。在由跨国公司主导的全球生产和消费活动的重组过程中，许多老工业中心开始衰退，而以高端服务业为特征的大城市开始发挥区域、全球性的控制与命令职能。全球化使全球经济联系日益密切，也使国家和地区间的竞争与合作空前激烈与频繁。一方面，全球化背景下的城镇体系面临空间重构，城市在空间上具有的创新、控制、协调和管理功能将决定其在全球城市等级中的地位；另一方面，全球化使得任何一个城市的发展都要融入全球生产网络，通过技术、资金、人员等生产要素的流动，与其他城市建立协同联系，不断扩大市场范围、规避风险、降低交易成本以获得城市竞争力的提升①。

全球化对经济实力薄弱和科学技术比较落后的陕西是一柄双刃剑。陕西在与国内省市区进行生产要素、产品信息等交流的同时也要受到来自于国外的竞争，尤其在人才、资金、商品市场上的竞争将使陕西处于极为不利的位置。如何在经济全球化的引领下，在陕西与东部及国外地区发展实力悬殊的情况下，从更广的范围和更深的层面上调整城镇化发展战略，加快对外开放的进程，准确定位，寻找自己发展的有利条件，保留地域发展的特色和活力，从而降低发展的风险，更好地融入全球城市网络之中，是陕西城镇化战略选择中需要重点考虑的。

二　信息化

信息网络化和现代化的交通设施不仅大大改变了人类的生产和生活方式，而且使空间距离对经济发展的制约作用逐渐弱化，信息已经成为经济

---

① 李国平、杨军等：《网络化大都市——杭州市域空间发展新战略》，中国建筑工业出版社2009年版，第4—5页。

发展的战略资源和独特的生产要素，成为社会经济发展的强大动力。1963
年，日本学者最先提出信息化的概念，西方发达国家开始从以实物生产为
基础的工业社会向以信息制造、获取和应用为基础的信息化社会转变。服
务业替代制造业成为经济的主导；科研人员替代企业精英成为社会的领导
阶层。技术的发展在未来社会发展中具有举足轻重的作用，理论知识的积
累和传播成为技术变革的直接力量。

　　每一次大范围经济结构的转型都会带来城乡空间结构的重构，信息化
对自然资源依赖少、对技术人才依赖大的发展特点为缺乏自然资源的城市
带来了新的机遇。城镇化以分散与集聚的两种形式向前推进，共同推动城
镇化向更高层次迈进。一个城市技术创新的能力将成为与全球网络节点内
的其他城市长期竞争与合作的必要条件。那些首先调整空间结构、掌握先
进技术、拥有完善设施的城市，将成为世界信息汇聚的中心，成为新思想
嬗变、"新经济"发展的带头城市，比如纽约、东京、巴黎、伦敦等。但
以信息化为标志的"新经济时代"并没有导致经济活动去空间化；相反，
由于与传统产业相比更注重智力资源、软性基础设施、创新氛围及社会文
化环境的特点，出现了现代服务业、高新技术产业、创意产业等需要面对
面交流的经济部门在地理空间上的进一步集聚。随着网络技术及信息经济
的进一步发展，人们开始关注网络与信息对乡村社会的影响。谢默斯·格
里姆斯（Seamus Grimes）研究了信息社会中乡村地区发展的前景，他认
为随着网络技术的发展及大量信息的掌握，缩减了乡村与市场的距离，并
提高了乡村地区的对外学习的能力与机会，促进了城乡进一步的融合
发展[1]。

　　这些新的变化可以使陕西在城镇化模式和空间布局上有所突破，但也
要求陕西充分协调城镇化与信息化发展，不仅要从外延上扩张，更重要的
是要在产业结构、产业类型上进行内涵式的提高及对人才、信息、科技等
方面集聚能力的提高。

三　市场化

改革开放以前，中国城镇发展、城市建设带有强烈的计划经济色彩，

---

　　[1]　Seamus Grimes, "Rural Areas in the Information Society: Diminishing Distance or Increasing learning Capacity?", *Journal of Rural Studies*, Vol. 16, No. 3, June 2000.

以国家对社会资源的全面控制和垄断为基础，土地作为一种生产要素只能在计划机制中得到配置和使用，城乡土地的空间布局和使用模式服从于国家整体经济发展计划，这使政府在城镇化推进进程中居于主导地位，表现为自上而下的特征。改革开放后，市场机制的引入在塑造我国城乡空间演进方面发挥了主导作用。土地使用制度的"招拍挂"改革改变了土地资源的空间配置方式，规范了各类经济组织的空间选址行为，极大地促进了土地资源的流动与有效配置，一定程度上抑制了城镇"摊大饼"式的无序蔓延；城乡居民的职业分化和收入差距扩大导致了城乡社会结构的分化和城市居民居住空间的分异；利益主体的分化使城市投资主体日益多元化，各类资本在城市住宅开发、基础设施建设以及产业发展等方面作用显著，共同推动着城乡空间的重构进程；权力关系的分权化使中央政府和各级地方政府在城市发展中的角色和作用发生了根本变化，并在不同层面上共同推动着市场化进程中的城乡空间发展。

四　大都市区化

大都市区（metropolitan area）是以大城市为核心、与周边地区保持密切社会经济联系的城镇化地区。在经济快速发展和城镇化快速推进时期，中国城市都市化现象初现端倪，例如北京、上海等都市区迅速生成，并且成为与居民生活息息相关的空间载体。国外城市发展表明，大都市区是城镇化在集聚、扩散、再集聚的循环反复过程中，在更大空间范围内推进城镇化而出现的一种新的城市空间组织形式。都市区是实现城镇化的最高空间形态，是实现区域协调发展和城乡协调发展的最佳载体①。当前，我国大城市优先增长的城镇化道路虽然政府部门有不同意见，但已经得到了广大专家学者的认同。

城市空间发展到一定阶段，出现城市过度膨胀而导致交通拥挤、地价上升、环境污染等规模不经济的问题，必然要扩散城市的空间范围，促使人口、商业和工业等由中心城市向郊区转移，以重新获取规模经济效益。伴随着信息技术革命、经济全球化以及后工业化经济组织关系的巨大变革，城镇发展在地域空间组织上呈现大范围集中、小范围扩散，城镇发展

---

①　施岳群、庄金锋：《城镇化中的都市圈发展战略研究》，上海财经大学出版社 2007 年版，第 102—106 页。

的日益区域化、区域发展的日益城镇化成为城镇、区域发展的主体趋势。在快速城镇化进程中，一方面人口、资金、信息、技术不断向中心城市集聚；另一方面城市不断扩张，向郊区发展，城镇化得以在更大空间范围内推进，大都市区这一新的城市空间组织形式应运而生，并成为经济发展的重要舞台。

经济全球化和全球城镇化的发展趋势，使城市之间的竞争不再仅仅表现为单个城市间的竞争，而是越来越体现为以核心城市为中心的大都市区之间的竞争。大都市区跨越了广大的地域，以功能相互连接，在空间上组织成为一个由铁路、公路等连接的工业、商业和文化相互影响和作用的巨大区域。不论规模还是吸引力，大都市区都将成为经济增长的引擎，掌握着经济发展的命脉，成为一定范围内经济和制度创新的中心①。王圣学（2005）将西安大都市区的核心区界定为东到临潼、西到咸阳（茂陵）、南到长安（韦曲）、北到三原（半径 30—50 公里）范围内②。具体包括西安中心市区 6 区和郊区、郊县（阎良、高陵、临潼、蓝田、长安、户县）以及咸阳市区 2 区（秦都、渭城）和三原、泾阳 2 县，共 16 个区县。总面积 8911 平方公里，总人口 1227 万人。关中城镇群建设规划（2007—2020）指出：西安都市区的核心区主要为西咸一体化发展区和杨凌示范区，范围包括西安市 9 区 4 县和咸阳市 1 市（兴平市）2 区（秦都区、渭城区）5 县（泾阳、三原、礼泉、乾县、武功）以及杨凌示范，总体布局为"一核五区十个卫星城"。关中—天水经济区发展规划（2007—2020）强调：加快推进西（安）咸（阳）一体化建设，着力打造西安国际化大都市，使其成为关中—天水经济区的核心区域。2020 年，都市区城镇人口发展到 1000 万人以上，主城区面积控制在 800 平方公里以内。

作为亚欧大陆桥（中国段）最发达的地区，陕西省会西安是国家历史文化名城和西北地区重要的特大中心城市，是西北地区科技、商贸、金融中心和交通、通信枢纽，是西部大开发的"桥头堡"，是东西部地区的交汇碰撞区，是本部地区最具有发展实力和潜力的地区，其国民经济总量、综合竞争力以及城市规模和城市建设水平在中西部位于前列。全球化、信息化、市场化对西安经济发展影响深远，外国直接投资和国际贸易

---

① 安树伟：《大都市区管治研究》，中国经济出版社 2007 年版，第 2 页。
② 王圣学：《西安大都市圈发展研究》，经济科学出版社 2005 年版，第 16—17 页。

的增长，以及跨国公司国际生产网络的扩张，有力地推动了西安经济的结构性转型和经济能级的提升，特别是西咸一体化的提出，使西安呈现明显的都市化趋势。伴随着城市经济的高速增长，城市建设呈现出大规模的开发热潮，西安的城市空间结构呈现出明显的演化进程：基础设施明显改善，消费结构和产业结构加快升级，经济增长方式和综合实力迅速扩张，城镇化、工业化加快推进，综合实力进一步提高；社会事业加快发展，教育、卫生、文化事业不断进步，社会保障体系逐步健全，民生得到显著改善，人民生活总体上步入了小康水平；初步建立了社会主义市场经济体制等。

五　城乡一体化

城镇与乡村作为一种非均质的地域经济空间，是人类赖以生存、活动和发展的地域实体。"城"指乡村以外的一切城镇型聚落，包括城市和建制镇；"乡"指集镇和农村。城乡一体化是指城镇与乡村这两个不同特质的经济社会单元和人类聚居空间，在一个相互依存的区域范围内谋求融合发展、协调共生的过程。随着生产力的发展，人口、资金、信息和物质等生产要素在城乡间自由流动，城乡经济、社会、文化相互渗透、相互融合、高度依存。城乡一体化是城镇化发展的高级阶段，是生产力发展到一定时期的历史产物[①]。

世界各国的发展都经历过城乡对立、城市剥削农村的过程。新中国成立以来的大部分时间内，基本上采取的是城乡分治政策。制定政策往往是先工业后农业、先城市后农村、先市民后农民，由此造成了城市的繁荣和农村的落后，"三农问题"日益严峻，城乡差距不断扩大，严重阻碍了生产力的发展与和谐社会的构建。

城乡一体化就是要把工业与农业、城市与乡村、城镇居民与农村居民作为一个整体，统筹谋划、综合研究，通过体制改革和政策调整，促进城乡在规划建设、产业发展、市场信息、政策措施、生态环境保护、社会事业发展的一体化，改变长期形成的城乡二元经济结构，实现城乡在政策上的平等、产业发展上的互补、国民待遇上的一致，让农民享受到与城镇居民同样的文明和实惠，使整个城乡经济社会全面、协调、可持续发展。城

---

① 　赵勇：《城乡良性互动战略》，商务印书馆 2004 年版，第 18—23 页。

乡一体化，是一项重大而深刻的社会变革。不仅是思想观念的更新，也是政策措施的变化；不仅是发展思路和增长方式的转变，也是产业布局和利益关系的调整；不仅是体制和机制的创新，也是领导方式和工作方法的改进。从本质上讲，城乡一体化发展的过程，也是我国解决"三农"问题，实现农业、农村、农民现代化的过程[1]。

第四节　推进城镇化发展的战略意义

一　推进小康建设，加快现代化发展

城市对经济增长的贡献来自于城乡劳动生产率的差异及城市劳动生产率更快的增长。在城镇化初期，生产率的提高是生产要素从农村转移到城镇，资源得到优化配置的结果；在城镇化后期，产业结构提升推动劳动生产率进一步提高；而城镇化中期，生产率的提高则是资源优化配置及产业结构提升的双重结果。城市经济能够引起微观区域发展和宏观资源配置，促进要素集聚、需求集中、分工和专业化、激励创新，提高结构效率、分工效率和规模效率，驱动经济增长；而经济增长又提升居民收入水平和边际消费倾向，扩大消费需求；城镇人口增加和空间扩张，增加基础设施投资需求，降低边际消费成本；配套设施及服务的完善，吸引更多的人才、资本、技术等要素集聚，进一步推动经济增长。

2008 年，美国次贷危机导致全球性的金融危机，使中国出口严重受阻；2010 年，中国劳动力出现负增长，人口红利逐步消失；现阶段，我国工业化发展综合指数达到 66，整体水平进入工业化后期，根据"收敛假说"，我国模仿先进国家技术、组织模式，实现经济快速发展与赶超的时代接近尾声，正面临创新不足、就业困难、"中等收入陷阱"、城乡二元经济显著等问题[2]，中国经济增长开始进入新常态，增长模式由出口、投资驱动向扩大内需过度。学术界虽有不同声音，但多数认为"变农民为市民"，优化人口结构和城镇空间布局，推动城镇化发展，将会成为拉动内需、结构转型、实现共享式和包容性增长的重要手段。Lewis（1977）

---

① 黄坤明：《城乡一体化路径演进研究》，科学出版社 2009 年版，第 18—20 页。
② 黄群慧：《"新常态"、工业化后期与工业增长新动力》，《中国工业经济》2014 年第 10 期。

认为很少有国家在城镇化率达到 60% 之前，人均收入达到 10000 美元①。2014 年，我国城镇化率为 54.77%，人均 GDP 为 7559 元（1978 年人民币），城镇化道路已然任重而道远（图 1.1）。

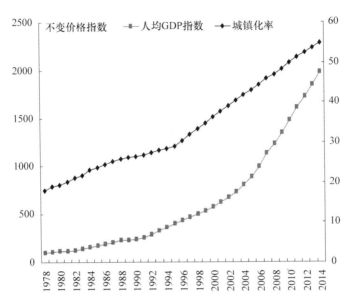

图 1.1　中国城镇化率与人均 GDP 不变价格指数（1978—2014）

注：1978 年，人均 GDP 为 382 元，人均 GDP 不变价格指数为 100；城镇化率为 17.92%。

2014 年，人均 GDP 为 7559 元（1978 年人民币），人均 GDP 不变价格指数为 1978.7；城镇化率为 54.77%。

现代化是紧随时代变迁的动态概念，是实现从传统农业社会向现代工业社会和现代城市社会转变、从传统城乡二元社会经济结构向现代城乡社会经济一体化结构转变的创新过程。城镇化是现代化的重要组成部分和必由之路，更是现代社会文明与进步的主要标志。1978 年至 2014 年陕西人均 GDP 从 291 元增长到 46929 元，人民生活总体上实现了从温饱到小康的巨大跨越。但我们应该看到，陕西经济文化落后的状况还没有根本改变，农村还有一定贫困人口温饱问题没有完全解决，城镇还有相当数量人口收入在最低生活保障线以下，地区之间、工农之间、城乡之间以及不同

① Lewis, W. Arthur, *The Evolution of the International Economic Order*, Princeton：Princeton University, 1977, p. 74.

的社会阶层之间的收入差距正在扩大。中国社会科学院农村发展研究所李国祥副主任认为："十二五"时期，我国城镇化率将首次超过50%。城镇化率每提高1个百分点，直接消费可拉动GDP增长1.5个百分点；每增加一个城镇人口，可带动10万元的建设投资。我国最大的内需在城镇化，促进发展最大的潜力也在城镇化。2001年诺贝尔经济奖获得者斯蒂格列茨认为：中国的城市镇化将是区域经济增长的火车头并产生最重要的经济利益。"十三五"时期，在国家全面推进新型城镇化、"一带一路"、长江经济带等新的战略背景下，需要把握机遇、破解发展难题，实现更高质量的健康城镇化，促进区域协调发展。陕西加快推进城镇化进程，对拉动内需、促进国民经济的持续发展具有不可替代的作用。通过学术探讨和实证研究，正确理解新型城镇化的内涵和本质，针对陕西实际提出行之有效的实施路径，对推动陕西新型城镇化健康发展，建设"富裕陕西、和谐陕西、美丽陕西"，实现全面小康、技术先进西部强省具有重要意义。

二 承载新型工业化，加快社会转型

2008年爆发的金融危机，加上近年来"低碳经济"的提出，都对陕西传统工业结构和工业布局提出了严峻挑战。金融危机从某种程度上宣告了我国长期以来的出口战略型和投资导向型经济发展模式的没落，刺激国内消费成了经济发展的主要驱动力量。而低碳经济这一概念首次出现在官方文件是2003年2月24日由英国时任首相布莱尔发表的《我们未来的能源——创建低碳经济》的白皮书。其实质是"以低耗能、低排放、低污染为基础的经济模式，是人类社会继原始文明、农业文明、工业文明之后的又一大进步。其实质是提高能源利用效率和创建清洁能源结构，核心是技术创新、制度创新和发展观的转变。发展低碳经济；是一场涉及生产模式、生活方式、价值观念和国家权益的全球性革命。"陕西既要保护生态环境，又要增强城镇发展动力，就必须紧紧抓住由金融危机引发的国家经济结构转型和低碳经济发展这一机遇，加快产业结构升级换代，对衰退产业、夕阳产业和淘汰产业加大改造力度，推进传统的劳动密集型产业向资本密集型产业、技术密集型产业转型，促使现有的零散企业向企业群、产业群集聚，以科学发展观为指导，按照新型工业化道路的要求搞好陕西经济社会发展，进而增强陕西城镇化的发展动力。同时在不违背陕西生态环境保护原则的前提下承接东部已经不具有优势的资源密集型产业的转移，

延长现有产业链，优化区域内产业之间的关联度，加快扶植第三产业发展，就地解决乡村人口的非农化进程。大力支持一批有资金实力、有技术储备的企业先创先试，进行企业内部生产工艺和流程的循环体系改造，促使循环经济在陕西的发展，建立生态工业园区，推进清洁生产、开发绿色产品，以生态城市建设为目标把区域内生态环境保护与城镇化发展有机结合。

在全面建设小康社会宏伟目标的激励下，陕西政府提出走坚持以信息化带动工业化，以工业化促进信息化，科技含量高、经济效益好、资源消耗低、环境污染少、人力资源优势得到充分发挥的新型工业化道路，以此推动现代化进程。工业化发展的过程就是产业结构高级化的过程，是农业向非农产业转移的过程，是劳动密集型产业向资本密集型产业、技术密集型产业不断发展升级的过程，是单个企业向企业群、产业群集聚的过程。城镇化从一开始就是与工业化相伴而生，工业化的发展必须有城镇化为之提供发展的空间，也是为劳动力、自然资源、资金、技术、企业、产业的集聚提供载体。加快实施城镇化战略，已成为各级政府的大事。城镇化战略是我国实施"十三五"规划的重大战略之一，是优化城乡经济结构、促进国民经济良性循环和社会协调发展的重大措施。

陕西地处亚欧大陆桥中心，处于承东启西、连接南北的战略要地，是我国西部地区经济基础好、自然条件优越、人文历史深厚、发展潜力较大的地区。通过"两型"社会建设同陕西城镇化发展结合起来，加快经济区建设与发展，有利于增强区域经济实力，形成支撑和带动西部地区加快发展的重要增长极；有利于深化体制机制创新，为统筹科技资源改革探索新路径、提供新经验；有利于构建开放合作的新格局，推动西北地区经济振兴，实施西部大开发战略；有利于应对当前国际金融危机的影响，承接东中部地区产业转移，促进区域协调发展。我国城镇化浪潮已经涌来，顺应潮流，从理论上研究探索陕西城镇化发展的趋势及规律，指导和推动陕西城镇化的伟大实践，促进农村人口生产方式和生活方式的根本转变，寻求生态环境与城镇发展的良性结合，走出一条符合陕西自身实际的生态良好、生产发展、生活富裕的城镇化发展道路，是时代赋予全面建设小康社会的历史重任，也是加快陕西社会转型、提高民族文明程度的必然要求。

三 破解二元结构，解决"三农问题"

"三农"问题关系党和国家事业发展全局。城镇化是解决"三农"问题的重要途径，是扩大内需、促进区域协调发展的重要抓手。与西方经典的城镇化模式相比较，我国的城镇化道路表现出一个独有的特点：不仅表现为城镇的扩大和向乡村的辐射，更主要的趋势是乡村自身的城镇化，即城镇的扩展辐射与农村自身城镇化的双向运动[①]。21世纪中国城镇化将进入加速发展的关键时期，但中国区域差异很大，空间开发无序导致的空间结构失衡已十分严重，这主要表现在城乡区域间居民生活水平的差距过大，地下水超采导致大面积的地面沉降，超载过牧带来草原沙化退化，山地林地湿地过度开垦导致荒漠化和水土流失，滥设开发区和盲目扩大城镇规划面积带来耕地锐减，资源大规模跨区域调动的压力日益增大，上亿人口常年大流动带来许多社会问题，等等[②]。因此根据每一个区域鲜明的城镇化发展特性，因地制宜地制定城镇化发展战略，逐步使空间资源分布与经济活动、人口居住的空间分布相协调将成为今后工作的重点。

陕西嵌入式的以重化工业为主导的发展道路，在为工业化作出贡献的同时，却由于"抑农保工"和"城镇剥夺农村"两大措施损害了社会公平目标和牺牲了农业效率。农村人口因转移无门而大量滞留在有限的农业空间，农业的规模经济难以实现，农业劳动生产率增长迟缓，城乡收入分配差距过大导致有效需求特别是广大农村地区有效需求长期不足，已成为经济持续发展的隐患。在没有外力的干涉下，这种二元社会结构必然进入一个不断自我强化和巩固的恶性循环中，不正常的社会结构最终导致经济的非常态发展。

伴随着全国城镇化进程的加快发展，"读不懂农民，就读不懂中国"。"三农"问题既是全面建设小康社会的难点，又关系现代化建设的全局。如不能恰当解决"三农"问题，就会大大迟滞其进程。"三农"问题的核心在增加农民收入。富裕农民，必须减少农民；富裕农村，必须发展非农产业；缩小工农差距和地区差距，必须首先缩小城乡差距。城镇化的直接

---

① 邓玲：《国土开发与城镇建设》，四川大学出版社2007年版，第101页。
② 杜黎明：《主体功能区区划与建设——区域协调发展的新视野》，重庆大学出版社2007年版，第11页。

结果就是减少农民，农民问题解决了，农业和农村问题相对也就容易解决。陕西加快推进乡村城镇化，促进农业剩余人口的转移，促进乡镇企业的生态化、新型化，集约化发展既可消化大量农村剩余劳动力，又可有效增加农村居民收入，富裕农村，缩小城乡差距，从根本上解决"三农"问题。

本书利用《中国统计年鉴》《中国城市统计年鉴》《陕西统计年鉴》人口普查数据及陕西国民经济和社会发展公报所反映的经济社会发展指标，以及改革开放以来陕西所颁布的涉及城镇化发展的规章制度、法律法规，对陕西城镇化的演化特征与趋势进行研究，并提炼城镇化的演化特征、模式、规律和机制，为陕西城乡规划制定相应的空间发展政策。对于打破陕西城乡二元结构、开拓农村市场、发展新型产业、节约建设用地、优化空间组织、提升发展潜力具有重要意义。

四　打破空间障碍，促进城乡融合

城镇化是农村人口和各种生产要素不断向城镇集聚而形成的经济结构、生产方式、生活方式以及社会观念等向城镇性质演变的过程。集聚效应为城市经济带来了效率。第一，城市能够更有效地分享不可分割的设施、风险、多样化与专业化所带来的收益。化学、钢铁和汽车等加工业，规模越大，效率越高；会计、会展、知识产权管理等专业服务业更易在大城市发展；医院、电影院、乐团、运动场等公共服务业需要消费人数达到一定阈值，以保证设施在经济上的可行性。

第二，城市允许雇主和雇员、买家和卖家、企业家和金融家、项目合作伙伴之间更好的配对组合，体现大数法则效应。大城市通过大量劳动力和市场需求的波动，降低了不同技能的工人寻找工作及有特殊需求的企业招聘人才的搜索成本。劳动力市场容纳的工人越多，企业越有可能找到适应其发展的精确技能，并通过选择效应和竞争效应使人们更加努力工作；更大的劳动力市场也会降低工人的失业风险，如果工人被解雇了，增加了他们被再次雇用的可能性。很相似的经济因素也在买家和卖家、企业家和金融家、项目合作伙伴之间提供一种大概率的自然保险。

第三，城市可以更好地促进技术创新和新的组织模式形成。城市方便了知识扩散和积累所需要的面对面交流，保证了更高频率的思想交换，促进创新所需要的头脑风暴和知识的分享，技术在人与人、企业与企业之间传播、复制，并被进一步创新。行业内部及行业之间的相互学习，可改造组织经营模式，使之变得更有效率。

"十三五"时期，中国城镇化将以实现更高质量的健康城镇化为目标，从市民化、城市可持续发展、城镇化空间和规模格局、城镇化体制机制创新等方面推进城镇化。陕西城乡空间布局混乱，城镇空间扩展多陷入"摊大饼"的怪圈，处于近域无序蔓延，广域扩展严重不足状态。一是城镇化的快速推进，使大量农村剩余劳动力涌入城镇，带来了交通拥挤、住房紧张、环境污染、人口膨胀、就业困难、地价上涨等一系列过度"城镇化"问题；另外，城镇化将城镇技术水平低和污染严重的工业向农村转嫁、扩散，从而也连带地将城镇污染向农村延伸、扩散，形成新的污染区域，导致人与自然之间的关系失衡。二是区内城镇规模存在断层，缺乏大城市，不利于经济要素与产业的快速聚集与扩散，不利于发挥特大城市西安中心城市的带动作用。由于小城镇缺乏投资，生活服务设施建设标准低，吸引力差，一些企业不愿在小城镇扎根，使工业合理布局不能顺利展开，疏导大城市人口的阻力很大。问题的严重性在于，尽管西安已明显表现出工业和人口过分集中的许多弊病，却仍然存在着继续集中的趋势。三是在产业发展上，城市之间的依存度不高，产业落差和经济落差大，城市功能定位不明确。中心城市与周边城镇的产业发展矛盾难以协调，中小城市的支撑产业普遍不强，第三产业发展不足，高新技术产业、信息产业、现代服务业等新兴产业不同程度地发展滞后。四是在行政管理上，大都处于无序竞争、各自为政，而不是有序合作和协调发展，等等。所有这些都急需我们从理论和实践上进行探讨。

五　加强生态意识，改善发展环境

城镇化的发展使得生态环境变得日益重要，作为城镇可持续发展重要因素的生态环境在很大程度上成为衡量一个城市是否适宜居住，是否具有发展潜力，是否具有经济发展的"磁极"作用。正是在这种前提下，我们急需转变生态观念，树立生态资源环境可持续发展的理念，在生态环境保护教育和政策导向作用下逐步改变传统的生产生活模式，摒弃过去只顾经济利益，不顾生态效益的恶性滥采滥伐、焚山毁林、焚烧垃圾、破坏植被等一系列致使地区生态恶化的行为。立足资源禀赋和生态环境状况，遵照生态环境区际分异规律，将区域生态环境按照生态敏感区、生态脆弱区、生态压力区严格规划，谨慎开发利用，实施宜林则林、宜牧则牧、宜耕则耕，退耕还林还草和综合治理修复生态环境，在实现对各类生态环境资源巨大潜力深度开发的同时，使生态环境的持续发展能力得到增强。构建良性的生态环境系统，在发展经济、增加居民收入，推进城镇化发展的同时保证生态环境建设的可持续性。处理好城镇化建设和生态环境保护利用的关系，实现两者的辩证统一。在城镇化建设和发展过程中以创建宜居城市、园林城市、卫生城市、森林城市、绿色城市等称号为契机，以改善城镇人居环境为最终目的，把城镇的发展、生态环境的改善、人民生活质量的提高有机地结合起来，使生态城市的理念逐步深入人心。同时，城镇化本身并非单纯乡村人口向城市流动的过程，也不是简单的城镇地域扩大的过程，其主要表现在社会文化层面的变化，人的生活方式的变革与自身素质的提高是城镇化的核心内容。最主要的是人们生态环境意识的增强以及文明、健康等有利于生态环境保护的生产生活方式的确立。从这个角度而言，改善城镇环境的过程也是城乡居民由"传统人"向"城市人"转变的一个过程。

第五节　研究方法

（1）理论研究与实证分析结合。一方面，通过查阅相关书籍、期刊、电子资料，多种渠道搜集国内外尤其是陕西相关城镇化发展研究资料，深入了解国内外最新研究现状、方法和理论。另一方面，针对典型案例仔细研究和分析，通过问卷调查、深度访问、实地调研等手段收集第一手资料，把握全球化、信息化、市场化背景下的陕西城镇化发展机制和规律。

（2）定性分析与定量分析结合。在定性分析的基础上，采用德尔菲法、头脑风暴法等进行多层次、多轮次探讨；运用多种数据分析模型和软件对经济、社会指标进行量化分析，为相关政策的制定提供数据支撑。

（3）宏观分析和微观分析结合。从全球、国家、区域、城乡和个人等不同层面来分析各种结构性因素、各类能动者对于社会、经济结构和制度变迁的影响，探寻主体因素对陕西城镇化发展的作用机制。

（4）静态分析与动态分析结合。利用各种调查和统计数据，从不同角度静态地分析改革开放后陕西的社会经济发展特征，从而动态地把握陕西城镇化发展的现状和趋势。

第六节 框架结构

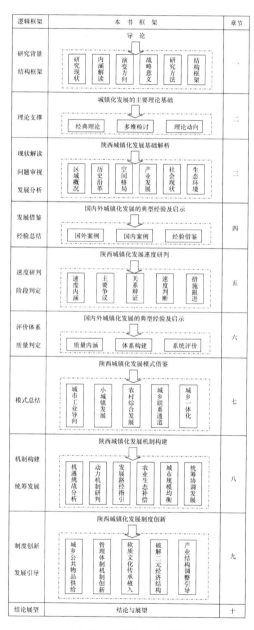

图 1.2 本书的篇章结构

第二章 城镇化发展的主要理论基础

城镇是一个以人为中心的地域综合体，是一个复杂的巨系统，这种特性决定了城镇化理论必然是一门包含不同学科的综合理论。多年来，在人口学、社会学、经济学、地理学、生态学等多个学科的共同努力下，城镇化理论已从最初偏重人口集聚和空间体系的研究转向功能整合研究，从静态的分析控制转向动态的发展引导，从专家的主导判断转向平民的大众参与，从经济效益至上转向经济、社会、环境的协调发展等，形成丰富的城镇化理论研究体系。针对这个复杂的系统，本章对经典城镇化及相关理论进行了回溯，架构出了完整的城镇化理论体系；从多角度检讨了现有理论对陕西城镇化发展的指导作用，指出现有城镇化研究成果对指导陕西城镇化发展有很大的局限性，难以满足陕西城镇化发展的实践需要；通过对近年来城镇化研究领域出现的一些新观点和新理论归纳梳理，拓宽了理论研究视野，拓展了研究切入视角①。

第一节 经典理论回顾

一 古典区位理论

古典区位理论以农业区位论、工业区位论、中心地理论（城市区位论）和市场区位论为代表，萌芽于资本主义商业、运输业大发展的 18 世纪，到 20 世纪上半期初步形成完整体系。由经济学家杜能（J. H. Thunen）奠基，经过韦伯（A. Weber）较为系统的研究，克里斯塔勒（W. Christaller）和廖什（A. Losch）等进一步发展，到 20 世纪上半期

---

① 张沛、董欣、侯远志：《中国城镇化的理论与实践——西部地区发展研究与探索》，东南大学出版社 2009 年版，第 22—56 页。

初步形成完整体系。该理论认为规模经济、运输成本和集聚效益是促进经济要素集聚的决定因素，产业、企业区位的选择过程和结果促进了空间结构的演变[①]。

（一）杜能的农业区位论

1826 年德国农业地理学家杜能出版了《孤立国对于农业及国民经济之关系》一书，提出了著名的农业区位论。杜能对距离城市远近与农业耕作方式的关系以及影响产品运输的诸因素（如产品的体积、重量、易损坏和易腐性等）做了深入分析后发现，农业土地利用类型和农业土地经营集约化程度，不仅取决于土地的天然特征，而且更重要的是依赖于其经济状况。他以城市为中心，按距离远近划成 6 个同心环带，从内向外依次的土地利用方式为精细城郊农业、林业、集约种植业、栅栏农业、粗放的三年轮作、牧业与粗放种植业，被称为"杜能环"（图 2.1）。杜能的理论指出并论证了农业生产空间差异的形成和模式。

农业区位论实质上是指以城市为中心，由内向外呈同心圆状分布的农业地带，因其与中心城市的距离不同而引起生产方式和利润收入的地区差异。在商品经济条件下，全部或绝大部分农产品都要以商品形式投入市场，因而利润的大小成了农业布局的决定性因素。其意义不仅在于较为明确阐明了市场距离对于农业生产集约程度和土地利用方式的影响，更重要的是首次确立了土地利用方式（或农业类型）的区位存在着客观规律性和优势区位的相对性。

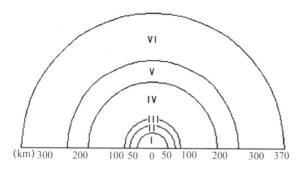

Ⅰ 精细城郊农业
Ⅱ 林业
Ⅲ 集约的种植业
Ⅳ 栅栏农业
Ⅴ 粗放的三年轮作
Ⅵ 牧业与粗放种植业

图 2.1　杜能的农业同心圆经营圈

① 张沛：《区域规划概论》，化学工业出版社 2006 年版，第 56—57 页。

（二）韦伯的工业区位论

1909 年阿尔弗莱德·韦伯（A. Weber）的《论工业的区位》发表，标志着工业区位论的正式诞生。在假定条件下，韦伯认为理想的工业区位和企业厂址，应当选在生产费用最低的地点。影响生产费用的区位因素有原料和燃料、工资、运费、集聚、地租、固定资产的维修、折旧和利息等，其中，起主导作用的是运费、工资和集聚。运费起着决定性作用，决定着工业区位的基本方向，理想的工业区位是生产和分配过程中所需要运输的里程和货物重量为最低的地方；工资影响可引起运费定向区位产生第一次"偏离"；集聚作用又可使运费、工资定位产生第二次"偏离"，即在运费、工资和集聚三者关系中寻求最佳区位，并以此为基础，联系其他因素对区位的影响（图 2.2）。韦伯的理论至今仍为区域科学和工业布局的基本理论，但在实际应用中有很大局限性。

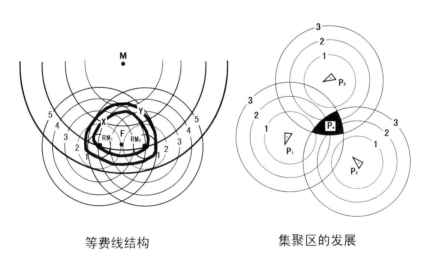

等费线结构　　　　　　　　　集聚区的发展

图 2.2　韦伯的工业区位模型

（三）克里斯塔勒的中心地理论

中心地理论产生于 20 世纪 30 年代，由德国地理学家克里斯塔勒（W. Christaller）通过对德国南部城市和中心聚落的大量调查研究后提出，是研究城市群和城市化的基础理论之一，也是西方马克思主义地理学的建立基础之一。1932 年，克里斯塔勒出版了《德国南部的中心地》一书，首次运用"中心地"的概念，从市场、交通和行政三个原则分析中心地的空间分布形态，探讨一定区域内城镇等级、规模、数量、职能关系及其空间结构的规律性，论证了城市居民点及其地域体系，揭示了城市、中心居民点发展的区域基础及等级—规模的空间关系，将区域内城市等级与规模关系形象地概括为正六边形模型（图 2.3）。

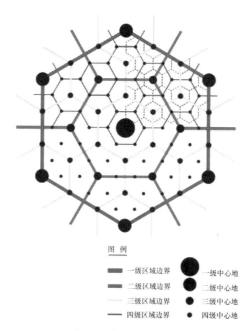

图 例

　█████ 一级区域边界　　●　一级中心地

　█████ 二级区域边界　　●　二级中心地

　———— 三级区域边界　　●　三级中心地

　———— 四级区域边界　　·　四级中心地

图 2.3　克里斯塔勒的中心地理论模型

（四）廖什的市场区位论

　　廖什（A. Losch）在 1940 年发表《经济空间秩序》一书，把生产区和市场范围结合起来，提出了市场区及市场网的理论模型，实质仍是工业区位论。廖什用企业配置的总体区位方程来求解各生产者的最佳配置点，通过产品的价格、运费等推导出需求曲线和销售量。当空间中一家生产或在开始阶段几家同时生产某种产品时，会形成圆形的市场区。随着竞争者不断出现，圆形市场区演变成正六角形的市场区。企业势力的消涨取决于其六边形的市场圈的扩大和发展，但每种商品都有一个最大的销售半径，由于排出和吸入两种力量的不断作用，市场圈产生扩张和收缩的变化。随着销售半径的扩大，运费增加，价格上升，销售量也逐渐减少，从而影响利润的大小。其特点是把生产区位和市场范围结合起来，特别重视市场区对工业布局的关系，即正确地选择区位是谋求最大市场和市场区，并获得最大的利润，开辟了从消费地研究工业布局理论的新途径。

区位理论认为城市是一种社会生产方式，它以社会生产的各种物质要素和物质过程在空间上的集聚为特征。社会经济系统由不同的城镇个体及子系统组成，城镇之间及系统之间存在着相互作用，城市的集聚性创造出大于分散系统的社会经济效益，这是城市化的动力源泉。区位理论虽然不是专门谈城镇集聚的，但是产业、企业区位的选择过程和结果与城镇集聚过程并无本质差别。埃地温·米尔斯和布鲁斯·汉密尔顿的城市形成模型表明了它们之间的关系（图2.4）。规模经济、运输成本和集聚经济的作用成为促进要素集聚于特定区位的经济力量。

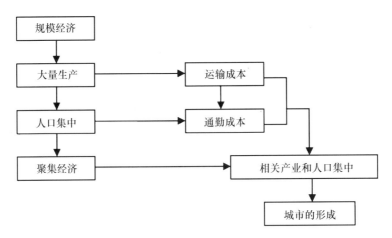

图2.4　城市形成的米尔斯—汉密尔顿模型

二　空间开发模式

（一）增长极理论

增长极的概念，被认为是区域经济学中经济区域观念的基石。针对古典经济学家的均衡发展观点，法国经济学家弗朗索瓦·佩鲁（F. Perrox）于20世纪50年代在《增长极概念的解释》一文中正式提出增长极的概念，并从技术创新与扩散、资本的聚集与输出、规模经济效益、集聚经济效果四个方面论证了现实世界中经济要素的作用完全是在一种非均衡的条件下发生的。经济增长并非同时出现在所有地方，它以不同的强度首先出现于一些增长点（增长极）上，然后通过不同的渠道向外扩散，并对整个经济产生不同的积极影响。在非均衡的发展条件下，增长极具有潜在或现实较高经济增长率，并对整个区域经济增长起举足轻重作用的经济支撑点。增长极有两个过程作用于周围地区：一是"极化过程"，即增长极以其较强的经济技术实力和优越的地理区位将周边区域的自然资源、劳动力和资本等经济发展要素潜力吸引过来；二是"扩散过程"，即增长极对周围地区投资或进行经济技术援助，为周围地区初级产品提供市场，吸收农村剩余劳动力。在增长极形成的初期，以"极化"为主，区域经济发展不平衡程度增加；在增长极发展的中后期，以"扩散"为主，区域发展水平趋于均衡[①]（图2.5）。

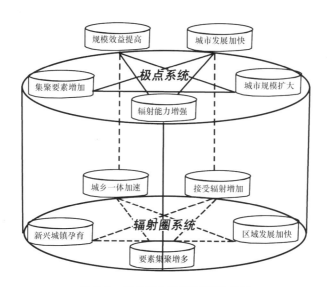

图 2.5　增长极与辐射圈谐动关系

佩鲁的"增长极"概念最初只涉及工业部门间的关联和乘数效应，用以论述推进型产业或关键产业在经济发展中的作用，而不是指工业和经济发展的空间据点开发，因而只具有经济含义，与地域空间系统无关。后

---

① 胡际权：《中国新型城镇化发展研究》，博士学位论文，西南农业大学，2005 年，第 51 页。

来，很多学者在此基础上从不同角度提出各种形式的增长极概念，将增长极的经济含义延伸到地理区位，使该理论得以发展和完善。其中以法国经济学家布代维尔（J. B. Boudevile）、美国经济学家赫希曼（A. O. Hir-schman）和弗里德曼（J. Friedman）、瑞典经济学家缪尔达尔（G. Myrdal）的研究最为经典。

1957 年，法国地理学家布代维尔将"极"的概念引入地理空间，提出了"增长中心"这一空间概念，使增长极同极化空间、同城镇联系起来。这样，增长极就包含了两个方面的含义：一是作为经济空间上的某种推动型产业；二是作为地理空间上产生集聚效应的城镇，即增长中心。他提出投资应该集中于增长中心，以此带动周边地区发展的观点。从 20 世纪 60 年代起，人们对增长极的研究自然就沿着产业增长极和空间增长极两条主线展开。

缪尔达尔、赫希曼和弗里德曼借用增长极理论分别提出了内容大致相当的"扩散效应"与"回波效应"、"极化效应"与"涓滴效应"、"中心—外围理论"，用以解释区域之间尤其是城乡之间的发展不平衡现象，也被称之为"地理二元结构"论。赫希曼进一步论证了尽管"极化效应"和"涓滴效应"会同时起作用，但在市场机制自发作用下，极化效应占支配地位，并进而提出了"边际不平衡增长理论"，以及"核心与边缘区理论"。他们认为，经济发展初期阶段，极化效应将起主导作用，地区差距趋于扩大；经济发展到成熟阶段，在政府采取积极干预的政策下，扩散作用将发挥主导作用，使地区差距转向缩小，整体变化轨迹呈一条倒"U"型曲线。

一个国家或地区（特别是发展中国家）因受人力、物力和财力的限制，单纯强调国民经济各部门均衡发展和各种产品的广大市场的全面形成，会造成生产效率低下。因此，只能优先选择特定的、能够快速实现高效增长的地理空间作为中心，通过对有限的生产要素集约利用，使中心地成为区域中处于支配地位的增长极，通过区域经济增长的乘数效应以及发展成熟再增长的受遏，将其资本、技术、劳动力逐渐向其他地区和部门扩散，从而带动整个地区的发展。但我们应清醒地认识到，增长极理论是建立在非均衡发展基础之上，其实质是一种区域内部发展理论，强调区域内部增长中心本身的形成与发展，带动区域经济发展。但增长极理论的形成主要针对经济发展步入成长阶段或成熟阶段的区域而言，其前提是发达的市场经济和市场的有效需求。如果增长极的扩散效应大于集聚效应，就会带动周边经济发展，但由于累积循环因果关系，集聚效应往往大于扩散效应，形成地理上的二元经济，区际经济差距日益增大，甚至形成独立于周边地区的"飞地"。在我国改革开放初期，国家政策向东部倾斜，资金、劳动力等要素大量流向东部地区，东部经济快速发展起来。而西部地区就成为资金、劳动力等要素的流出地。东部对西部的回波效应大于扩散效应，东西部经济差距日益扩大①。

城镇和乡村作为构成区域的基本地域单元，其经济的发展是相互促进、相互影响、相互制约的。城镇在区域经济发展初期具有比较优势而先于乡村发展，成为经济相对发达的地区，而乡村则成为经济欠发达地区。城镇不断地从其腹地——乡村地区获得一切有利于其发展的各种要素和资源，从而使城镇的经济发展水平不断提高，乡村的发展则受到压制。不少国家都曾把经过转换或包装后的增长极理论作为一种战略思想、政策工具和发展模式用于指导城乡区域经济的部署，其主旨是解决诸如大城市过分拥护、萧条地区经济停滞不前和边远农村地区贫困落后等区域问题。我国正处于体制转型时期，如何正确审视并指导城乡经济的协调发展，改变城乡差距不断扩大的局面，是目前乃至今后一段时期城乡经济发展必须面对和解答的问题。所以，正确运用这一学说对于解决城乡经济发展失衡这一问题具有现实的指导意义②。

（二）点—轴渐进扩散理论

点—轴开发和网络开发理论从空间组织形式角度来研究区域开发战略，是在吸收增长极理论、梯度理论、区域技术传播理论与空间一体化理论的基础上形成的。我国学者陆大道在增长极理论的基础上，于1984年首次提出点—轴渐进扩散理论。点—轴开发理论中的"点"是指区域中的各级中心城镇，"轴"是联结点的线状基础设施束，其实质是依托沿轴各级城镇形成产业开发带，通过城镇点和轴带的等级确定发展时序的演进，进而带动整个区域的发展，点—轴渐进扩散理论是城乡空间一体化过程中前期的必然要求。点—轴开发模式顺应了经济发展在空间上集聚成

---

① 张沛、董欣、侯远志等：《中国城镇化的理论与实践——西部地区发展研究与探索》，东南大学出版社2009年版，第26—27页。

② 黄坤明：《城乡一体化路径演进研究》，科学出版社2009年版，第36—38页。

点，并沿轴线渐进扩展的客观要求，有利于发挥聚集经济的效果，使工业、农业、城镇的发展和布局与区域线状基础设施的发展相融合，统一规划，同步建设，协调发展，互相配套，避免实践中常常出现时空上的相互脱节；有利于区域生产力要素的流通，使区域经济开放式地发展。20世纪90年代以来，学者提出的网络开发理论是高度发展的点—轴系统向广度和深度的延伸与完善，是城乡、区域空间一体化过程的必然趋势。

点—轴渐进扩散理论顺应生产力发展必须在空间上集聚成点、发挥集聚效果的客观要求，既重视发挥中心城镇的作用，又注意经济布局与基础设施之间的最佳组合，有利于区域之间的交通通讯便捷，有利于发挥各级中心城镇的作用，有利于把经济开发活动结合为一个有机整体，有利于发挥集聚经济的效果。1984年，陆大道提出我国应将海岸线和长江沿岸作为全国一级发展轴线，组成国土开发和区域发展的"T"字型结构，将有较大发展潜力的铁路干线附近作为二级发展轴，并确定若干中心城市，组成不同层次重点建设的"点—轴"系统。这样的发展系统有助于加强三大经济地带的横向联系，实现由点到线、由线到面的协调发展，并逐步实现经济由东向西的梯度转移。这样的宏观格局，准确地反映了我国国土资源、经济实力和发展潜力空间分布的基础框架，提示了我国生产力空间分布、空间运动的客观规律。"点—轴"开发模式和"T"字开发战略提出后，在国家和地方计划部门及学术界引起了积极反响。陕西省将陇海铁路沿线作为全省生产力布局的主轴线，将渭北、汉江沿岸和神府榆三个地带作为生产力布局的二级轴线，就是点—轴渐进扩散理论的具体应用①。

（三）区域空间演进理论

区域空间演进理论是在古典区位理论基础上发展起来的、总体的、动态的区位理论，是一定区域范围内社会经济各组成部分及其组合类型的空间相互作用和空间位置关系，以及反映这种关系的空间集聚规模和集聚程度的理论。经济发展推动区域空间结构的演进与成长。区域空间以"核心—外围—网络"为基本结构单元，在集聚与扩散的相互作用下，呈阶段性的空间结构演变规律。在传统农业阶段、工业化初期阶段、工业化中期阶段、工业化后期及后工业化阶段的四个阶段演进过程中，空间结构类型依次为均质化空间、极核化空间、点轴化空间和一体化空间。其空间的

---

① 陆大道：《区域发展及其空间结构》，科学出版社1998年版，第16—18页。

组织形态由分散的点状、无发展轴、无规模等级结构逐渐向点轴系统，进而向空间网络一体化系统演进，空间关系由共生、分离、对立逐步走向空间融合。其空间结构变迁特征如表2.1所示：

表2.1　　　　　　　　　　　　　　区域空间结构演进的一般特征

发展阶段	产业结构		空间结构	消费收入结构	
	三次产业	主导产业		消费结构	收入水平
传统农业阶段	Ⅰ > Ⅱ > Ⅲ	农业	低水平均衡状态	恩格尔系数高	低
工业化初期阶段	Ⅱ > Ⅰ > Ⅲ	轻工业、采矿业	极化发展	工业品需求增加	相对较高
工业化中期阶段	Ⅱ > Ⅲ > Ⅰ	重化工业	点—轴发展、城镇体系初步形成	耐用消费品、劳务服务消费增多	较高
工业化后期及后工业化阶段	Ⅲ > Ⅱ > Ⅰ	高新技术产业、第三产业	空间分布均衡化、城镇体系序列化	文化娱乐享受	高

1. 传统农业阶段

在农业社会或前工业化社会的漫长历史时期，绝大多数人口从事广义的农业，生产力水平低下，只能满足基本的生活需求。在均质的农业区域上，散布着一些农村居民点。随着商品经济的发展，以商品交换为主要职能的小城镇慢慢出现。但小城镇对乡村的影响较小，构不成等级关系，城镇与乡村之间缺乏有机的联系，基本上处于相互分割的隔离状态。城乡之间人员、物资、信息交流很少，道路等区域性基础设施水平低，社会发展缓慢，没有形成区域间经济发展的疏密问题，空间结构状态具有较大的稳定性，即呈现低水平的空间均衡发展状态。

2. 工业化初期阶段

产业革命后，开始了工业化和城镇化的过程。社会内部的变革和外部条件的变化促进了经济的较快发展，农业产品有了一定的剩余，社会分工明显加快，一部分人从事手工业、矿业、小规模的原材料加工业和制造业。随着水上交通、铁路和公路运输的出现，商品生产和交换的规模进一步扩大，在工矿业和港口附近逐渐形成新的城镇。优越的地理条件和相对完善的基础设施，使城镇不断吸取周围地区的资源，并向周边地区输出商品，发挥政治、经济领导和组织职能，成为经济发展的增长极，低效的空间均衡状态被打破。空间结构特征表现为人口高度集中在比较狭小的地域空间，城镇高度密集地经营着各种经济活动特别是制造业活动。远离城镇的边缘地带乃以落后的农业生产为主，空间经济梯度和城镇等级规模逐渐突显。

3. 工业化中期阶段

经济的发展使国民收入大幅度增长，社会和私人投资能力扩大；科学技术的发展进一步解放了生产力，钢铁、机械、化工、动力、纺织等部门逐渐成为社会的主导产业，第三产业开始大量出现，工业化和城镇化速度逐步加快。大城市、集聚区继续发展的同时，由于资源开发和经济增长，区域的第二级第三级中心得到加强，稠密的交通网深入到区域的各部分，单纯的"中心—边缘"结构逐渐变为多核心结构。城镇之间的交换、交流关系极为频繁，落后地区的资源更多地被吸引到经济循环中来，并分配给原有的中心和形成新的中心，城镇职能分工和等级体系初步形成。由于经济实力还不是很强大，并不是所有的边缘地带都得到了充分的开发，相反，由于集聚经济在社会经济区位决策中的统治地位，社会及产业主要集聚于高等级的城市和轴线上，"点—轴系统"逐步形成，区域间经济发展不平衡愈演愈烈，空间结构仍处在变化之中。

4. 工业化后期及后工业化阶段

科学技术高度发展，并在国民经济以及城乡建设、国土开发与保护等方面得到广泛的应用。经济增长率大大超过人口增长率，社会成员收入达到很高的水平。现代化的交通和通讯系统深入到人们生产和生活的各个领域，经济发展的区位因素大大下降，过疏过密问题逐步解决，地区间的就业、收入、消费水平和机会选择的差异逐渐消失。生态文明理念受到高度重视，各地区的空间和资源得到更加合理的利用，整个区域范围内形成一个有机联系的城镇等级体系和城乡复合体，"点—轴"空间系统逐步完善，等级差别愈来愈小，区域的空间和资源得到更充分合理的利用，空间差异逐渐缩小，空间结构的各组成部分完全融合为有机的整体，整个空间结构系统重新恢复到"均衡"状态。

上述分析揭示了区域经济发展从"低水平有序"走向"高水平有序"的非均衡过程，经济增长与区域不平衡发展之间存在明显的倒"U"型关系。在漫长的农业社会，社会经济的空间结构在理论上是"平衡"的；

随着社会经济的发展，"集聚经济"效应开始出现，空间不平衡加剧；伴随着科学技术的发展和交通通讯技术的提高，"集聚经济"发展超过了所能允许的边界，形成了所谓的"集聚不经济"，到了工业化的后期或后工业化时期，空间结构又重新回到"平衡"状态。

三　经济结构转换理论

（一）二元经济结构理论

城镇与乡村，是人类赖以生存、活动和发展的地域实体。"二元经济结构理论"是由诺贝尔经济学奖获得者威廉·阿瑟·刘易斯（W. Arthur. Lewsi）于 20 世纪 50 年代提出来的，是对发展中国家普遍存在的一种经济现象的描述，先后经过费景汉（John C. H. Fei）和拉尼斯（G. Ranis）、乔根森（D. W. Jorgenson）、托达罗（J. R. Todaro）等人加以发展完善[1]。二元经济结构是存在于发展中国家初级发展阶段的一种典型的国民经济结构，任何发展中国家的工业化过程都不同程度地导致了国民经济的二元结构。城乡二元经济结构是从传统的农业社会走向工业化和现代化必经的过渡形态，是社会内部生产方式矛盾运动和外部政策、制度相互作用的必然结果[2]。

1954 年，刘易斯在其经典作品《劳动无限供给条件下的经济发展》一文中系统地提出了发展中国家经济二元结构的理论模型。刘易斯认为，在发展中国家存在着性质不同的两种部门：一个是工业部门，又称为现代部门；另一个是农业部门，又称为传统部门。这两个部门在劳动生产率、工资水平、资本运用、生产规模、生产方式、生产效率、收入水平等方面都存在着明显的不同。传统部门劳动力供给构成了二元经济的内在特征，经济发展的过程也就是经济结构转变的过程，即农业比重逐渐下降而工业比重逐步上升的过程[3]。

二元经济发展的核心问题是传统部门的剩余劳动力向现代部门转移

---

① 张应禄、陈志钢：《城乡二元经济结构：测定、变动趋势及政策选择》，《农业经济问题》2011 年第 11 期。

② 段禄峰、张鸿：《城乡一体化视域下的西安市城乡二元经济结构解析》，《生态经济》2011 年第 8 期。

③ ［英］阿瑟·刘易斯：《二元经济论》施伟等译，北京经济学院出版社 1989 年版，第112—115 页。

的问题。在传统农业部门，农业生产的边际报酬递减，劳动边际生产率为零或负数，人多地少的矛盾产生大量剩余劳动力，而剩余劳动力的生存压力构成了劳动力向其他部门转移的动力。另一方面，由于工业劳动力的边际生产率明显高于农业，代表着一种复杂劳动，因此其劳动收益远远高于农村，促使农业劳动力源源不断地从农村流向城市。这一过程将一直延续到农村剩余劳动力被城市完全吸收，农村工资和城市工资趋向一致，城乡差别逐步消失，国民经济达到现代化，二元经济结构即转化为一元经济[1]。

费景汉和拉尼斯对刘易斯的二元结构模型作了批评和修正，从而形成了"刘易斯—拉尼斯—费景汉"模型。与刘易斯二元结构理论相比较，拉尼斯—费景汉的二元结构理论比较清楚地说明了工业部门发展与农业部门发展之间的关系，强调了传统经济向现代经济转化中，农业剩余对工业部门扩张和对农业剩余劳动力转移的重大意义。拉尼斯和费景汉指出，不重视农业在促进工业增长方面的重要性，就会造成农业的停滞[2]。农业剩余劳动力转移的同时伴随着农业剩余的转移，而农业剩余的增长和农业劳动生产率的提高是农业劳动力向非农产业转移的前提条件，因此农业部门的作用并不是被动消极的。一个几乎没有新的技术进步和投资的农业，是停滞萎缩的农业，它将引起非农产业成本的急速高升，从而侵蚀用于非农产业发展的利润和资金，使非农产业吸收农业剩余劳动力的过程处于停滞状态。所以，拉尼斯和费景汉认为，必须大力发展农业，提高农业生产率，使得农业生产率与工业生产率同步增长，工业部门的扩张才不会受阻，农业部门的发展才不会停滞，经济发展才会顺利进入到商业化和现代化阶段。费景汉、拉尼斯详细地论述了在经济结构转换中就业结构转换的条件和阶段，提出城乡协调发展的思想，注重产业结构转移中的制约因素，使二元结构理论取得了进一步的发展，形成了二元结构的经典理论。

乔根森（D. W. Jorgenson）于 1961 年提出具有古典经济学色彩的二元经济模型，以新的假定和角度考察了城乡人口迁移，对刘易斯二元结构模

①　W. A. Lewis, "Economic Development with Unlimited Supplies of Labor", *Manchester School Studies*, Vol. 42, No. 6, May 1954.

②　王振亮：《城乡空间融合论——我国城镇化可持续发展过程中城乡空间关系的系统研究》，复旦大学出版社 2000 年版，第 66—67 页。

型中产生劳动力无限供给现象的各种假设作了深刻反思，他拒绝承认农业有边际生产率等于零的剩余劳动存在，也不承认农业与工业的工资水平是固定不变的[①]。乔根森认为，为了使经济持续发展和避免陷入低水平均衡陷阱，工业部门积累资本是必要的，但是，其先决条件是农业的剩余，即农业产出达到了人口最快增长时所需要的农产品数量，农业部门就会出现剩余劳动力。而农业劳动力向工业部门转移的速度取决于农业剩余的增长速度和工业部门的技术进步状况。工业部门的技术进步越快，其储蓄率就越高，劳动力增长越快，经济增长也就越快，最终完成二元经济结构的转化。

1975 年，托达罗从发展中国家城乡普遍存在失业的前提出发，提出了农村—城市人口流动模型，得出了与刘易斯模型相反的政策举措，对发展中国家的经济发展具有指导意义。托达罗认为，一个农业劳动者决定他是否迁入到城市的原因不仅取决于城乡实际收入差距，而且还取决于城市的失业状况，是较高收入概率和失业风险之间的利弊权衡。发展中国家较为严重的城乡收入差距，促使农村人口源源不断地涌入城市，造成城市劳动力市场的严重失衡，失业问题日益严重。因而发展中国家要从城乡协调发展的角度出发，重视农业和农村自身的经济发展，增加农村就业机会，缓解城市人口就业压力[②]。

大多数发展中国家的二元经济结构，是在工业化的发展过程中自然形成的。我国的二元经济结构则是社会内部生产方式矛盾运动和外部政策、制度相互作用的结果。20 世纪 50 年代推进的重工业化、户籍制度和统购统销政策，又大大强化了这一结构，使得原本属于工业化发展进程中的一个阶段性特征深化为制度性安排而长期存在。以户籍制度为基础，形成了二元就业制度、二元福利制度、二元教育制度和二元公共事业制度等一系列不平等的社会制度体系，不仅严重损害了农民的利益，而且影响社会的稳定，严重制约着国民经济的可持续发展。改革开放后，二元社会经济结构问题并没有随着经济的发展而消除，反而成为制约我国社会经济发展的体制性障碍。

---

① D. W. Jorgenson, "The Development of a Dual Economy", *Economic Journal*, Vol. 71, No. 6, August 1961.

② Harris, J. R. Todaro and M. P. Migration, "Unemployment and Development: A Two - sector Analysis", *American Economic Review*, Vol. 71, No. 9, July 1970.

发展中国家走向现代化进程，也是实现城乡二元经济结构向一元现代经济结构转变的过程，因而二元经济结构理论对解决发展中国家城乡经济社会失衡具有十分重要的启示意义。首先，工业部门较高的收益吸引了大量的农村人口进入城市，从而推进城镇化的发展和城乡空间结构的演进；其次，二元结构是发展中国家在实现工业化过程中的必然现象，城乡之间的差距将出现先升后降的"U"型变动趋势，二元结构也逐渐向一体化结构转变。因此，经济建设应顺应城乡发展的客观规律，根据实际情况有计划、有步骤地进行[①]。

改革开放后，尽管陕西产业结构不断优化，但由于相关政策的滞后，城乡关系依然处于失衡状态，二元经济结构仍具有明显的"刚性"，呈现高强度和超稳态的特征，严重阻碍了陕西产业结构的优化调整，导致资源配置效率低下，城乡收入、消费差距拉大，广大农村市场难以拉动而使整个经济陷入内需不足的境地[②]。陕西已进入工业化快速发展阶段。在一个完全竞争、自由迁徙的社会，人们以用脚投票的方法，进行职业选择，从效益较差的产业流入效益较好的产业，因而工业化是农村剩余劳动力向城市工业部门不断转移的进程。但突出的城乡二元经济结构特征成为陕西由农业社会转向工业社会的严重障碍。如何打破城乡二元经济结构，促进经济、社会和谐发展，最终实现陕西人民共享改革开放成果，实现社会的公平正义具有重要的理论和现实意义。

（二）产业结构理论

产业结构的全面转换，是现代经济增长的本质特征。1691 年，英国经济学家威廉·配第（William Petty）在其《政治算术》中描述，从事工业往往比从事农业、从事商业往往比从事工业能够得到更多的收入，这种不同产业收入的相对差异，促进了劳动力由农业向工业、商业移动。1940 年，英国经济学家科林·克拉克（Gregory Clark）在配第的关于收入与劳动力流动之间关系的学说以及新西兰经济学家费希尔（A. B. Fischer）的"三次产业"划分思想的基础上，通过开创性的统计分析和研究，揭示了人均国民收入水平与结构变动的内在关联，重新发现了这些规律，即

---

① 黄坤明：《城乡一体化路径演进研究》，科学出版社 2009 年版，第 29—31 页。

② 何念如、吴煜：《中国当代城镇化理论研究》，上海人民出版社 2007 年版，第 68—72 页。

随着经济的发展，劳动力由第一产业向第二、第三产业转移，劳动力在产业间的分布呈现出第一产业人数减少、第二和第三产业人数增加的格局，这就是著名的配第·克拉克定律。美国著名经济学家、"GNP 之父"西蒙·库兹涅茨（Simon Kuznets）从国民收入和劳动力在产业间的分布入手，对伴随经济增长中的产业结构变化作了深入的研究，认为农业部门实现的国民收入，随着年代的延续，在整个国民收入中的比重以及农业劳动力在总劳动力中的比重均不断下降；工业部门国民收入的相对比重大体上是上升的，然而，如果综合各国的情况看，则工业部门中劳动力的相对比重大体不变或略有上升；服务部门的劳动力相对比重呈上升趋势，但国民收入的相对比重却并不必须与劳动力的相对比重的上升趋势同步，综合起来看是大体不变或略有上升。

在人口不断增长、土地资源有限的情况下，第二、第三产业不仅是增加就业机会的最佳途径，也是提高人均收入的最好方式。与此同时，随着劳动力在不同产业间的转移，劳动力在空间上也实现了转移。城镇是非农产业的主要聚集地，劳动力空间转移最主要的表现形式是由农村向城镇的转移。因此，产业结构的演进导致了经济的非农化、工业化和服务化，产业空间布局的转移导致了人口定居方式的聚居化、规模化和城镇化①。

配第、克拉克、库兹涅茨的研究表明，产业结构高度化是世界各国经济发展的共同趋势，表现为在国民经济结构体系中，第一产业占优势比重逐渐向第二、第三产业占优势比重演进；劳动密集型向资金密集型再向技术知识密集型产业演进；传统技术产业向现代技术产业再向高技术产业演进，以产值高度化、劳动结构高度化、技术结构高度化为特征。产业结构调整包括不同产业之间重大比例关系调整和相同产业内部资源配置调整两部分。产业结构调整是当今世界经济发展的重要课题，是区域经济发展成败的关键，其目的在于通过产业结构的优化发展，促进资源合理利用和产业结构优化升级，全面促进区域经济协调发展。

我国一些学者通过对城镇化与产业结构调整的关系研究，认为城镇化首先是产业结构优化过程，第二产业和第三产业在整个国民经济构成中所占的比例越高，则城镇化水平越高。产业结构合理性的主要标志有：先进技术的推广、资源的合理利用、社会需要产品和服务的提供、劳动者充分

---

① 田明：《中国就业结构转变与城市化》，科学出版社 1998 年版，第 101 页。

就业的机会的供给、最佳经济效益的获得等。产业结构的演变规律，在一定程度上反映了陕西城镇化发展趋势。老百姓进城了，但他们没有谋生的职业，会产业一系列的社会问题，因而，没有产业支撑的城镇化，就是一句空谈。陕西要实施"产业强市"方略，通过政府导向，发展与自身环境、资源相匹配的产业，进一步调整和优化产业结构，全面提升工业化、信息化、城镇化与农业现代化水平。

四　城镇体系理论

城镇体系（Urban System），也称为城市体系或城市系统，是指在一个相对完整的区域或国家以中心城市为核心，由一系列不同等级规模、不同职能分工、相互密切联系的城镇组成的系统。城镇体系是区域的骨架，区域内经济活动主要是在城镇体系中进行的。20世纪20年代，克里斯塔勒、廖什、维宁（R. Vining）就开始了对区域城镇体系的研究，但直到60年代才作为独立概念，用于描述美国的国家经济和国家地理，中国自80年代开始将其应用于规划之中，开始由点到面的，以资源开发、生产力布局和环境整治为中心的国土规划工作。改革开放后市场机制对经济和社会发展作用越来越明显，我国城镇的发展方向呈现了多元化趋势，关于城镇体系的研究也逐渐向纵深方向发展。主要研究集中在城市经济增长与发展，城镇体系的空间相互作用，城镇规模的规律性，城镇体系的互相依存性、扩散性等方面的理论与实践探讨。

城镇体系因其特殊的结构和系统性，具有整体性、层次性和动态性等性质。它以一个区域内的城镇群体为研究对象，而不是把一座城市当作一个区域系统来研究，通过合理组织体系内各城镇之间、城镇与体系之间以及体系与其外部环境之间的各种社会经济等方面的相互联系，在开放系统条件下，强化体系与外界进行的"能量"和物质交换，引导城镇的发展方向，确定城镇的职能分工，控制城镇的规模等级，架构城镇的空间布局，促使体系走向有序化，达到社会、经济、环境效益最佳的总体发展目标。合理的城镇体系结构要求不同规模等级城镇之间保持合适的比例关系，中间不出现断层也不缺少环节，只有这样，城镇的职能作用才能通过城镇网络依次有序地逐级扩散到整个体系。大城市尤其是特大城市国际交易成本比较低，它的主要作用是国际交易的平台；中等规模的城市是区域交易的中心和增长极，在区域经济发展中起领头羊的作用；小城市是周边集镇的交易平台，集镇又是周边农村农副产品的交易平台和服务体系①。

城镇体系在西方国家主要被用于研究国家经济和国家地理，但少有用于规划和实践。城镇体系规划自 1984 年中国国务院颁布《中国人民共和国城市规划条例》以来，已经成为城乡规划的一种重要形式，由国家建设部负责编制地方各级规划部门。它旨在对一个特定的区域内合理进行城市的布局，配置区域基础设施，改善区域环境，确定不同层级城市的地位、性质和作用，协调城市之间的关系，以促进区域的合理发展。

五　城镇化道路理论

改革开放后，中国化进程摆脱了长期徘徊不前的局面，进入了一个较快的发展时期。但中国走什么样的城镇化道路，是以大城市、中等城市，还是以小城镇为主一直是学术界和政策界争论的焦点问题。中国的城镇化发展是城镇发展方针及其政策的直接反映，即"政府推动"的因素大于"自然演变"的因素②。新中国成立后，由于受到种种因素的影响，我国对城镇化发展道路没有给予足够的重视，城镇化发展道路的确定也经历了多次调整和变化。中国城镇化进程既应遵循世界城镇化发展的一般规律，又应符合中国特殊的国情，走出一条具有中国特色的城镇化道路。根据世界城镇化发展的阶段性规律，当前学者普遍认为我国的城镇化进程正处在诺瑟姆"S"型曲线的中期阶段。今后中国城镇化将进入加速发展的关键时期，但究竟走什么样的城镇化道路，是选择大城市、中等城市，还是小城镇至今没有形成统一的观点。

（一）小城镇论

1980 年经国务院批准实施的中国城镇发展基本方针是"控制大城市规模，合理发展中等城市，积极发展小城市"，与此相呼应，中国的城镇化首先表现为农村人口向小城镇转移而非传统意义上的大中城市。1983年费孝通发表了《小城镇，大问题》的长篇报告，全国掀起了小城镇研究的热潮，以小城镇为主要内容的农村城镇化成为这一时期中国城镇化的主流观点，甚至被提到了"标志"、"奇迹"、"捷径"的高度③。

---

① 段禄峰、张沛、卞坤等：《基于主体功能导引的我国城镇化发展多维解析》，《改革与战略》2009 年第 2 期。

② 陈甬军：《中国城市化：实证分析和对策研究》，厦门大学出版社 2002 年版，第 56 页。

③ 何念如、吴煜：《中国当代城市化理论研究》，上海人民出版社 2007 年版，第 68 页。

该理论的主要观点是解决农村剩余劳动力问题要以小城镇为主、大中小城市为辅，认为我国的小城镇发展已有相当的基础，发展小城镇是消除城乡二元分割体制的重要载体，符合我国城镇建设资金短缺的国情，主张"实行农工相兼、亦工亦农、主农兼工、主工兼农、吃住在家、就地消化、离土不离乡"，以防止农村人口大量涌入城市①。小城镇可以把城乡两个市场较好、较快地连接起来，是沟通城乡物资交流的桥梁，所以加强小城镇建设是进一步搞活农村经济，调整工业布局，改组我国不合理的经济结构的战略需要，而且避免了大中城市过分膨胀带来的环境污染等一系列的问题，总的说来，是有利的，是符合经济发展规律的。进一步说明虽然小城镇与大中城市相比，是一种低效益的城市型社区，以小城镇作为城镇化的战略重点，绝不是最理想的选择，然而"发展小城镇是一条具有中国特色的农村城镇化道路"，"是当前阶段城镇化唯一正确的道路"②。在整个80年代，发展小城镇被认为是中国"城镇化"的正确道路。

（二）中等城市论

《经济学动态》编辑部于1984年召集一批学者共同探讨中国城镇化的道路问题，首次提出了"中等城市论"。认为中等城市一般正处于规模扩张阶段，相对于小城市，具有更高水平的聚集效益和都市文化，具有较强的吸引力，可以成为吸纳农村人口、缓解大城市压力、推动工业化和区域繁荣的增长极。中等城市兼有大小城市的优点而少有两者的不足，可以实现经济效益、社会效益和生态效益的统一，我国大城市已经面临人口过度膨胀、交通拥护、环境污染、生态破坏、失业率上升等"城市病"；小城镇过于分散，浪费耕地、能源，污染环境，空间积聚效益低。可见"中等城市论"是对"大城市论"和"小城镇论"的折中和调和。

中等城市论者认为，中等城市分布较为均匀，不像大城市集中于我国沿海和长江、黄河流域。因此，从长远说，中等城市对于带动较不发达的内陆与山区发展，承担着更为艰巨的历史使命，在这些地域，中等城市往往是经济活动的中心。因此，必须大力强化与健全中等城市的各项综合功能，尤其是大力改善其交通、通信、水电供应等基础设施条件，扩大其辐

---

① 郑宗寒：《试论小城镇》，《中国社会科学》1983年第4期。
② 邹农俭：《费孝通同志在江苏省小城镇研究汇报会上的讲话》，《江苏社会科学》1986年第3期。

射面，增强其吸引力，引导它们合理增长，使之真正发挥地区"经济增长点"的作用，推动区域的平衡发展①。

有学者提出，西方发达国家城镇化发展有一个基本趋势——中间化，即随着经济的发展和城镇体系的不断完善，中间层次的城镇人口规模会越来越大，从整个城镇体系结构以及城镇与腹地的关系来看，这些中间层次的城镇就是区域性的中心城镇。通过发展区域性中心城镇，一方面承接城市的辐射带动作用，另一方面向农村进行辐射，搭建起沟通城乡的桥梁，在整个城镇体系中起到重要的承上启下的作用②。

（三）大城市论

主张重点发展大城市的学者认为，"以发展大城市为重点的'集中型城镇化'是我国初级阶段城镇化道路的基本形式"。大城市论的理论基础是城市的规模效益，在我国现阶段人均国民生产总值还很低，资金和技术力量严重不足的情况下，城镇化战略理应以大城市为重点，集中有限的资金和技术力量，重视大城市的发展。我国城镇化的滞后和区域经济发展不平衡的一个重要原因就是具有较强辐射能力的中心城市太少，由于大城市在我国国民经济中起着主导作用，所以"我国大城市不是多了，而是发展不够的问题"，"现阶段必须选择以大城市为主体的城镇化模式"，"因此建大城市、走城市集约化之路是我国城镇化的必由之路"③。"大城市病"和城市规模大小并无必然联系，如交通拥挤、水源紧张、供电不足等"大城市病"在我国许多中小城市往往更严重，只有管理无能才去控制城市规模。小城镇只不过是广大农民在城市还对他们实行封闭的条件下迫不得已的选择，并不是他们实现城市梦想的终级目标，充其量只是一种过渡形式，并非我国城市化道路的理想选择④。

"大城市论"者通过对国外城镇化发展过程的考察，认为存在"大城市超前发展的客观规律"。大城市对城镇化发展起着重要的带动作用，特别是在城镇化进程的初期阶段和中期阶段，大城市在数目和人口总量的增

①　孔凡文、许世卫：《中国城镇化发展速度与质量问题研究》，东北大学出版社2006年版，第36页。

②　邓玲：《国土开发与城镇建设》，四川大学出版社2007年版，第135页。

③　中国科学院国情分析小组：《城市与乡村——中国城乡矛盾与协调发展研究》，科学出版社1994年版，第83页。

④　阎军：《试论我国城市化的道路与模式选择》，《江苏科技大学学报》（社会科学版）2005年第1期。

长方面都明显超过中小城市，这种情况被称为大城市超先增长理论。实践证明，同中小城市比较起来，大城市在资金、人才、信息、交通、市场、管理、效率等方面具有更大的优势。大城市提供城市的基本标准和城市生活方式的成本要低，这是由城市的比较成本决定的，是大城市经济聚集作用的结果。研究表明，超过100万人口的城镇化综合发展成本，是人口少于10万人以下的小城市的1/6到1/8，亦即小城市每吸纳一个人所付出的成本，如果同样投入到人口超过100万以上的大城市，则可吸纳6—8人[①]。因此，在城镇化进程中，大城市较之中小城市超先增长（表2.2）。

表2.2　　　　　　　中国各级规模城市经济效益综合比较

项目 ＼ 城市规模	小城市	中等城市	大城市	特大城市	超大城市
城市综合投入产出比	0.533	0.676	0.798	1.157	1.606
各类城市综合投入产出的比较	1.00	1.27	1.50	2.17	3.01
人均 GDP 比较	1.00	2.19	2.47	2.72	3.32
城市劳动生产率比较	1.00	1.13	1.23	1.30	1.60
人均收入比较	1.00	1.74	2.30	2.54	2.89
城市每增加1万人的新增产值比较	1.00	1.61	2.34	2.85	3.67

（四）多元城市论

虽然整个90年代国家城镇化政策仍然限制大城市发展，以合理发展中小城市为主，但学术界在认识上已经摆脱了它的束缚，随着顾朝林的博士论文《中国城镇体系》（1992）的出版，城镇体系概念得到普及。

持多元论观点的学者摈弃了"大、中、小"城市"独善其身"的发展观，认为不存在统一的能被普遍接受的最佳城市规模，指出各级城镇都有发展的客观要求，应是大中小并举，数量和质量并重，职能等级协调。推进城镇化需要大中小城市的共同发展和提高，单靠某一类城市的片面发展不能完成任务。因此，不要人为地限制某一类城市类别的发展，应当在资源自由合理流动的基础上促进各类城市的共同发展。具有合理规模的大

---

① 叶维钧：《中国城市化道路初探》，中国展望出版社1988年版，第139页。

城市要发展，还要带动其他规模较小的城市和城镇的发展；中小城市和小城镇也要加快发展，尤其是要引导成长性较强的城市和城镇扩大规模，提高管理水平和城市素质。各类城市的发展，要立足于优势互补、互相促进，实现整体区域的协调发展，不断提高现代化水平①。

伴随着快速的工业化、城镇化、农业现代化进程，陕西所面临的国土、资源、生态、环境等问题的压力较高，在选择城镇化道路时，绝不能走美国大规模蔓延式的发展道路，应根据城镇化的发展规律和我国现阶段社会经济状况，考虑如何减小、节约土地、水、矿产、能源资源的集中型城镇化道路。2006 年《中华人民共和国国民经济和社会发展第十一个五年规划纲要》规划指出，"坚持大中小城市和小城镇协调发展，提高城镇综合承载能力，按照循序渐进、节约土地、集约发展、合理布局的原则，积极稳妥地推进城镇化，逐步改变城乡二元结构"，明确了我国的城镇化道路，确立了未来我国城镇发展新模式。

在当陕西人口较多、城市病及农村病并行的情况下，既不可能把绝大多数居民都迁移到大城市，也不可能让所有的居民都居住在小城市和小城镇。陕西需要把西安建设成大都市，宝鸡、杨凌应建成集聚人口的大城市，同时也需要建设一批富有特色、专业性强、人居环境适宜的中小城市和城镇群。应当看到大城市具有中小城市不可替代的作用，中小城市和小城镇也具有大城市所没有的特色。由于各地资源、环境、经济、科技、文化等条件不同，城镇化模式和城镇发展规模不可能千篇一律。

六　城市规划理论

城市规划是对一定时期内城市的经济和社会发展、土地利用、空间布局以及各项建设的综合部署、具体安排和实施管理。城市规划是建设城市和管理城市的基本依据，是保证城市土地和空间资源得以合理利用和城市各项建设得以合理进行的前提和基础，是实现城市经济社会目标的重要手段。城市规划由于具有综合性、政策性和前瞻性，被称为城市建设与发展的"龙头"。城市规划作为一门具体的科学学科，到 20 世纪初才得以确立，经过半个多世纪的不断充实和完善，在 20 世纪中叶才得到了全面

①　熊季霞：《长江三角洲城市化发展战略研究》，《广西经济管理干部学院学报》2005 年第1 期。

发展。

（一）沙里宁的"有机疏散理论"

面对城市过于集中的发展困境，芬兰建筑师 E. 沙里宁（E. Saarinen）于 1942 年在他的著作《城市：它的发展、衰败和未来》一书中提出了关于城市发展及其布局结构的理论——"有机疏散理论"。其主导思想有：卫星城是治理大城市过分拥挤问题的一种方法，但并非一定要另建城市来实现这样的目的，大城市可以通过本身的有机疏散，达到相同的目的；城市和自然界的所有生物一样，都是有机的集合体，城市发展的原则是可以从自然界的生物演化中推导出来的；城市作为一个有机体，其发展是一个漫长的过程，其中必然存在着两种趋势——生长与衰败，应该从重组城市功能入手，实行城市的有机疏散，以实现城市健康、持续生长，保持城市的活力。他主张将原先密集的城区分裂成一个个的集镇，使它们彼此之间用保护性的绿化隔离带连接起来。同时把个人日常生活和工作的区域作集中布置；把不经常的"偶然活动"场所作分散布置。日常活动尽可能集中在一定范围内，使活动需要的交通量减少到最低程度。沙里宁的"有机疏散理论"的可取之处在于他将城市与外围乡村作为一个整体，通过规划和产业再布局实现城乡分工协作与耦合发展，通过有机疏散的城市发展方式，使人们居住在一个兼具城乡优点的环境中。

（二）霍华德的"田园城市"理论

1898 年，英国城市学家埃比尼泽·霍华德（Ebenezer Howard）出版的《明日：一条通向真正改革的和平道路》（Tomorrow：A Peaceful Path to Real Reform）一书，总结了他对当时社会状况的充分调查与思考提出田园城市理论，思想源于空想社会主义者倡导的"乌托邦"式的社区和城市改革方案以及他自己对当时社会状况的充分调查与思考。他指出：在城乡分离的社会，工业和农业截然分开，城市和乡村都各有其优点和相应缺点，像磁铁一样吸引着各自的人口，而第三块磁铁城市—乡村则避免了二者的缺点，城市和乡村必须成婚，这种愉快的结合将迸发出新的希望、新的生活和新的文明[①]（图 2.6）。在物质空间上，田园城市人口规模很小，但足以提供丰富的社会生活，而且四周有永久性农业地带围绕，城市的土

[①] ［英］埃比尼泽·霍华德：《明日的田园城市》，金经元译，商务印书馆 2000 年版，第 88—89 页。

地归公众所有，由一委员会受托掌管。必要时可以由若干个田园城市组合成一个城乡交融、群体组合的社会城市。霍华德在描述和解释田园城市的构想的基础上，还为实现田园城市的理想进行了细致的思考。比如，他对控制土地，以及建设城市的筹资、实施等方面都作了详细研究。霍华德的"三磁铁图"为我们描绘了城乡一体化的美好前景，一个中心城市和若干个由农业地带分隔的田园城市共同构成城市群，取代城乡对立的旧社会结构形态，正是一个城乡一体化的城市区域。田园城市理论展示了城市与自然平衡的生态魅力，深深地影响着当代的城市规划思想与方法，田园城市模式也一度成为世界所推崇的模式。

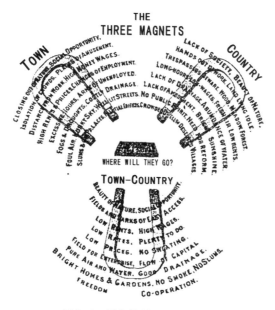

图 2.6　霍华德的三磁铁图解

（三）勒·柯布西埃的"城市集中论"

为解决城市发展中遇到的困境，勒·柯布西埃提出了"城市集中论"。他认为，解决大城市危机应从根本上改造大城市，而出路在于运用先进的工程技术减少城市的建筑用地，提高人口密度，改善城市的环境面貌。1931 年，柯布西埃提出了"阳光城市"（The Radiant City）的规划模型，其原理是把整个城市分为若干平行带：用于教育的卫星城、商业区、交通区（包括有轨和空中运输）、旅馆和使馆区、绿化区、轻工业区；重工业区（仓库和铁路货运区）。他认为城市必须集中，只有集中的城市才有生命力，由于拥挤而带来的城市问题完全可以通过技术手段进行改造而得到解决。这种技术手段就是采用大量的高层建筑来提高密度和建立一个高效率的城市交通系统。他的理想是在机械化的时代里，所有的城市应当是"垂直的花园城市"，而不是如霍华德所提出的水平向的每家每户拥有花园的田园城市。虽然柯布西埃的"阳光城市"从未实现，但它对战后欧洲和其他地区的城市发展产生了广泛的影响。柯布西埃的规划思想充分体现了他对现代城市规划的一些基本问题的探讨，他所倡导的"现代建筑运动"成为20世纪的主流，逐步形成了理性功能主义的城市规划思想[①]。

（四）王如松的"天城合一"生态城市思想

生态环境是人类生存发展的重要外部条件，城镇化则是区域经济社会发展的重要引擎，二者能否实现有机结合，对经济社会的可持续发展至关重要。改革开放以来，我国的城镇化经历了一个持续快速发展的过程，城镇化率由1978年的17.92%急剧增加到2014年的54.77%。在持续快速城镇化的过程中，伴随着人口由农村向城镇的转移，城镇中的非农化产业得到进一步发展，吸纳了大量的农业剩余人口，促使城乡社会结构的进一步转变，同时人们的生活方式、行为方式和价值观念也发生了巨大的变化。但是，在城镇化发展过程中由于受人类活动影响和自然环境自身变化，出现了大量制约和影响城镇发展的与生态环境有关的问题，诸如：人口激增、交通拥堵、垃圾包围、污染排放、沙尘暴频发、水资源短缺、环境质量下降和容量不足等问题，严重地影响着城镇化发展的质量，而这些问题在中国有愈演愈烈之势。

国内著名生态学家马世骏和王如松1984年提出，城市是典型的社会—经济—自然复合系统。在此基础上，王如松1994年提出了建设天城合一的生态城市思想。他认为生态城市的建设要满足以下原则：（1）人类生态学的满意原则；（2）经济生态学的高效原则；（3）自然生态学的和谐原则。他还提出了生态城市建设的生态控制论原理，包括胜汰原理、

---

① 张沛、董欣、侯远志等：《中国城镇化的理论与实践——西部地区发展研究与探索》，东南大学出版社2009年版，第33页。

生克原理、拓适原理、反馈原理、乘补原理、循环原理等。认为生态城市的调控的具体内容是调控城市生态的时、空、量和序四种表现形式。总的看来，生态学界在生态城市理论研究方面进行了深入的研究①。

生态城镇是随着人类文明的不断发展，人们对人与自然关系认识的不断升华而提出的理想人居状态。城镇是人们改造自然最彻底的人居环境综合体，它以人为主体，以自然环境为依托，以经济活动为基础。在不同的历史阶段，城镇都是人类改造自然的价值观和意志的真实体现，生态城镇作为城镇发展的高级阶段，它不仅反映了人类谋求自身发展的意愿，最重要的是它体现了人类对人与自然关系更为理性的规律性认识。

七　城乡一体化理论

工业革命推动了城乡空间结构的巨大变革。在发展中国家的整个社会结构体系里，同时并存着比较现代化和相对非现代的两种社会形态。城市的道路、通信、卫生和教育等基础设施发达，而农村的基础设施落后；城市的人均消费水平远远高于农村；相对于城市，农村人口众多等。城市以现代化的大工业生产为主，逐渐成为人类文明先进的象征；而农村以典型的小农经济为主，渐渐沦于愚昧、落后的困境。城乡分离的社会大分工，使城市和乡村的协作关系笼罩上了城市中心论的阴影，长期以来城市聚落和乡村聚落相互分离、独立发展带来一系列的社会问题。这种状态既是发展中国家的经济结构存在的突出矛盾，也是这些国家相对贫困和落后的重要原因。发展中国家的现代化进程，可以说在很大程度上是实现城乡二元经济结构向现代经济结构的转换。许多思想家、社会学者开始研究理想社会，提出了城乡协调发展的观点，认为城乡关系发展的最高阶段将走向城乡一体化。其中比较有影响的有空想社会主义者的"乌托邦"、马克思和恩格斯的"城乡阶段发展理论"、芒福德的"城乡发展观"和麦基的"亚洲城乡一体化模式"等。

（一）空想社会主义的"乌托邦"

16 世纪初，英国著名空想社会主义的创始人托马斯·摩尔提出理想中的"乌托邦"社会方案，主张通过社会组织结构的改革来实现他心中

---

① 王如松、欧阳志云：《天城合一：山水城建设的人类生态学原理》，《现代城市研究》1996 年第 1 期。

的"理想王国"。19 世纪初，圣西门、傅立叶、欧文主张实行工业生产和农业生产结合、脑力劳动和体力劳动结合，建立"新协和村"。空想社会主义者对资本主义社会城镇化过程中的矛盾有着深刻的认识，主张农业与非农业职业、农村与城市居民相互替换；主张消灭城乡对立，使工业与农业、城市与农村协调发展，为城乡发展理论提供了有益的参考和借鉴①。

（二）马克思和恩格斯的"城乡阶段发展理论"

马克思和恩格斯批判吸收了空想社会主义的观点，创立了科学社会主义学说。他们从历史和逻辑发展的角度阐明了城乡关系的演变过程，即乡育城市—城乡分离—城乡对立—城乡融合几个阶段，经济社会发展到一定阶段后城乡对立将消除。指出工业和农业的分工结果导致各种资源向城市集中，促使城乡分离；另一方面，工业与城市经济带来的规模效益和聚集效益大大促进了生产力的发展，又为城乡统筹发展奠定了坚实的基础。随着城镇化的发展，城市与乡村之间的依存度大大加强，城市与乡村之间逐步走向融合，并最终实现城乡一体化发展②。

（三）芒福德的"城乡发展观"

美国城市学家刘易斯·芒福德（Lewis Mumford）对霍华德的"田园城市"理论大加赞扬，说"霍华德把乡村和城市的改进作为一个统一的问题来处理，大大走在了时代的前列"。到了 20 世纪 60 年代，他又明确指出："城与乡，不能截然分开；城与乡，同等重要；城与乡，应当有机结合在一起，如果问城与乡哪一个更重要的话，应当说自然环境比人工环境更重要"。与美国建筑师 F. L. 赖特的思想一样，他主张通过分散权利来建造许多"新的城市中心"，形成一个更大的区域统一体，重建城乡之间的平衡，最终达到霍华德的"田园城市"的发展模式③。

（四）麦基的"亚洲城乡一体化模式"

20 世纪 60 年代以后，亚洲国家工业化和城镇化进程明显加快。人们发现亚洲一些国家和地区，如泰国、印度、印尼等，随着中心城市的空间范围迅速扩张，城市边缘出现了规模庞大的城乡交接地带，表现为城市和

---

① ［美］乔·奥·赫茨勒：《乌托邦思想史》，张兆麟等译，商务印书馆 1999 年版，第 106 页。

② ［德］马克思：《资本论》，人民出版社 1975 年版，第 98—99 页。

③ ［美］刘易斯·芒福德：《城市发展史：起源、演变与前景》，倪文彦、宋峻岭译，中国建筑工业出版社 1989 年版，第 116 页。

农村之间的传统差别逐渐模糊，形成农业经济活动和非农经济活动融合的地域组织和空间结构。改革开放后，我国江浙地区乡镇企业的快速发展，使"农村逐渐包围城市"，传统城乡之间的界线也日益模糊。同时，由于交通基础设施的发展，不仅使过去独立发展的城市之间产生了密切的联系，而且在城市之间的交通通道上形成了新的发展走廊，这些区域具有特殊的既非城市，也非农村的空间形态，被学者称之为"灰色区域"，借助于城乡间强烈的相互作用，带动了劳动密集的工业、服务业和其他非农产业的迅速增长，实现了居民职业活动和生活方式的转变，促进了城乡空间结构的融合。这种变化与西方发达国家的都市区发展类似但又有着显著区别，引起了西方经济学家的关注。1987 年，加拿大学者麦基（T. G. Mcgee）针对这种新型空间结构提出了 Desakota 的定义（Desa 指乡村，Kota 指城镇），它既不是传统意义的乡村，又不是通常意义的城市，而是聚合了乡村与城市特征的一种新型空间形态。Desakota region（城乡一体化区域）延伸在大城市之间的交通走廊地带，借助于城乡间强烈的相互作用，带动了劳动密集的工业、服务业和其他非农产业的迅速增长，实现了居民职业活动和生活方式的转变，促进了城乡空间结构的融合。

其城乡一体化区域具有以下几点特征：（1）人口密度高，城乡联系紧密。（2）农业活动和非农活动混杂。（3）各种用地方式高度混杂。（4）交通基础设施条件较好，人流、物流频繁。（5）跨越行政区划界线。城乡一体化区域不仅在于城市与乡村生活的融合，还在于它可能会跨越行政区划界线，成为政府行政管理的"灰色区域"。我国的城镇群地区京津冀、长三角、珠三角、山东半岛、海峡西岸、哈长、辽中南、中原地区、长江中游、成渝、关中平原、北部湾、晋中、呼包鄂榆、黔中、滇中、兰州—西宁、宁夏沿黄、天山北坡，大城市相互向对方扩散，通过交通轴线而形成狭长的发展地带，以高度的人口增长和偏低的经济发展为特征，引起这类地区空间结构转换的主要原因在于高密度的人口压力。可见，"城乡一体化区域"是一种既非城市又非农村，但又既是城市又是农村的各种城乡构成要素在一定地域空间高度混合而形成的特殊空间结构与形态。

（五）岸根卓郎的城乡融合理论

日本学者岸根卓郎的城乡融合理论认为：21 世纪的国土规划目标应该体现一种新型的、集约了城市和乡村优点的设计思想。其基本思想是创造自然与人类的信息交换场。其具体规划方式是以农、林、水产业的自然系统为中心，在绿树如茵的田园上、山谷间和美丽的海滨井然有致地配置学府、文化设施、先进的产业、住宅，使自然与学术、文化、生活浑然一体，形成一个与自然完全融合的社会。其"新国土规划"使自然系、空间、人工系综合组成三维"立体规划"，目的在于创立在"自然—空间—人类系统"基础上的"同自然交融的社会"，亦即城乡融合的社会。城乡融合设计理论对于正确认识和处理城乡关系，协调人与自然的关系，形成人地和谐可持续发展的区域具有指导意义①。

第二节　多维视野检讨

一　城镇化发展观的片面性

（一）经济发展观

经济发展观也称经济增长观，这是发展观的最初形式。经济发展观认为发展就是经济的增长，把发展过程片面地归结为单纯的经济增长过程，把经济增长过程又片面地归结为物质财富的增长过程，认为依靠市场机制的自发调节，就可以自然地实现物质财富和经济的增长；其次，把财富、财富的增长乃至财富的增长速度看做衡量发展的基本尺度；再次是割断经济增长与文化价值的联系，不关心价值追求的合理与否，直接把功利当做唯一的价值标准。它使用"传统社会"与"现代社会"的二分法，并将二者对立起来，认为非西方国家要走出传统社会，实现现代化，唯一可能的选择就是抛弃已有的一切文化传统，模仿西方国家，重演西方国家的现代化过程，甚至全盘接受西方现代化的历史经验②。

在经济发展观的指导下，许多国家都强调以工业化为核心的"经济增长第一"的传统发展战略以促进城镇化和现代化的进程。然而，许多国家实践的结果却出现了"有增长而无发展"的令人沮丧的局面。实践的恶果暴露了经济增长观这种指导思想具有不可克服的内在缺陷。由于科技理性的扩张，经济增长成为发展的根本目的，人变成了实现经济增长的工具和手段，发展失去了本身的目的和意义，造成了经济发展与社会发展之间的失衡，加剧了二者的紧张关系。它排除了文化在发展中的地位，造

---

① 董利民：《城市经济学》，清华大学出版社 2011 年版，第 461—462 页。

② 童星：《发展社会学与我国现代化》，社会科学文献出版社 2005 年版，第 96—99 页。

成了经济和文化之间的紧张与对立，造成文化的分裂，导致拜金主义、享乐主义、个人主义滋生蔓延，社会的人生观、价值观、道德观出现倾斜；导致资源破坏、环境污染，生态失衡，贫富两极分化，人类赖以生存的环境遭到严重破坏，加剧了人类社会和自然环境之间的冲突，人类的今天和未来之间的矛盾。从某种意义上说，这种经济发展观是以牺牲环境为代价的。

总之，经济发展观决定了发展目标的单一、发展模式的畸形以及发展结果的片面，常常导致"有增长而无发展"。尽快转变片面的经济发展观，确立新的发展观，已经变得刻不容缓。

（二）社会发展观

20世纪70年代，发展理论和发展科学达到了一个新阶段，社会协调发展观取代片面的经济发展观，成为发展观的新潮流。社会协调发展观认为，发展应当是整体的、综合的、协调的，它注重人与人、人与环境、人与组织的关系，强调发展是社会发展，包括经济增长、政治民主、社会转型、文化变迁、自然协调、生态平衡等多方面的综合。

社会发展观强调加强经济发展下社会发展的均衡，要求把发展看成是以民族、历史、环境、资源条件为基础，包括经济增长、政治民主、科技水平提高、文化价值观念更新、社会转型等各方面因素的综合过程。社会性质和社会结构的变迁必须同迅速的经济增长并驾齐驱，而且应切实减少现存的地区、部门和社会内部的不平等。

社会发展观强调发展是"整体的"、"综合的"和"内在的"。所谓整体性，是指发展模式必须有一个整体的观点，既要考虑到作为整体的社会和人的各个方面，又要看到人们相互依存关系中出现的多样性；所谓综合性，是指各个部门、各个地区的协调一致；所谓内生性，则是指充分利用本国的力量和资源来促进发展。

社会发展观明确提出人是社会发展的主体，是社会发展的规划者和决策者，同时又是发展的参与者和实践者。因此，社会发展必须以人为中心，发展的最终目的就是使人本身获得全面发展，一切其他的发展都是为人的发展创造条件和机会。同时，只有依靠人才能获得发展，人是发展的动力，没有人的参与，任何发展都是不可能的。

社会发展观突破了"经济发展就是发展全部内涵"的狭隘观念，是从"狭义的发展"到"广义的发展"的转变。它将社会的发展看做是全面的、综合的、协调的发展过程，注重经济发展和社会发展两个子目标的综合协调，重视经济结构和社会结构的同步优化、相互适应。但社会发展观强调人在社会发展中的作用，注重对社会发展中主体的素质以及社会发展的文化含量、人文品位的提高的同时，还未将人的发展置于发展的中心位置，未能从人类社会整体的角度去认识。其次，开始强调人与自然和谐统一的关系，对传统经济发展理论造成的"增长第一"、"有增长而无发展"、忽视人类共同利益等问题有所察觉并予以猛烈批判，但并没有采取有力措施来遏制全球性的能源危机、资源浪费、环境污染、生态恶化等既危害当代人类利益，又威胁子孙后代长远利益的严峻问题。

长期以来，我国在经济社会发展观上存在偏差，注重增长速度，忽视增长质量。对城镇发展一直缺乏正确的认识和引导。要么极右，试图通过大干快上"一日建成罗马"；要么极左，又把城镇发展视为资本主义腐朽生活方式的巢穴，恨不能将城镇全面摧毁。改革开放以后，在城镇定位、城镇功能、城镇职能、城镇规模、城镇结构、城镇规划、城镇经济与社会协调发展方面都有着许多认识的偏差，不是片面强调发展大城市，就是片面强调发展小城镇；过分注重城镇的综合性而忽略城镇的协作性和专业性，从而造成各层次的城镇之间产业联系不畅，使城市的功能不能有效地发挥。城镇间产业结构雷同，重复建设现象严重，致使城镇缺乏产业支持而失去活力，在市场竞争中被淘汰；过分注重城镇经济发展偏废了环境保护和社会文化发展。凡此种种，都使我国的城镇化发展出现畸形。

陕西的现代化和城镇化进程也深受这两个片面发展观的影响。西部地区历史上出现的两次要素西进，使得陕西过分地追求经济的片面增长，再加上对社会和经济的协调发展关注不足，造成陕西的畸形化发展。尽管在后来的以人为中心的发展观、可持续发展观的推动下不断前进，但历史遗留的问题仍然限制了陕西城镇化的健康发展，造成陕西现代化道路的崎岖难行。

二 城镇化动力的缺失性

经济发展是城镇化进程的根本动力，农业推力是城镇化的初始动力，工业是城镇化的基本动力，第三产业是城镇化的后续动力，产业结构持续高级化是城镇化的持续动力。陕西的农业生产总体仍然比较落后，农业投资也远远落后于东中部发达城市，农业生产效率的低下和农民收入水平的缓慢增长，不利于农村人口的转移和生活方式、价值观念的转变。

陕西产业城乡、区县之间没有形成一个整体，城乡分割，城市内部循环不畅；劳动者技能单一，职工跨行业流动受阻，失业率居高不下；城市区位状况阻碍了经济活动跨地区的循环能力；环保投入不足，污染治理水平低等特点。这些传统的高投入、高污染产业的发展虽然构成了城镇化的基本动力，但其产业发展的可持续性不强，再加上区域配套服务业的落后和产业结构的不均衡，也不利于城镇化的后续发展，不利于资源节约型、环境友好型社会的建设。

三　物质性规划主导的阻碍性

城镇化是指社会生产力的变革所引起的农村自然经济向城市社会化大生产转变的过程。包括人类生产方式、生活方式和居住方式的改变，不但有量上的城镇人口和城镇数目不断增加，用地规模不断扩大，更重要的是物质上的城市基础设施和公共服务设施水平不断提高，城市居民的生活水平和居住水平的改善，城市文化和价值观念的形成和扩散。

城镇以功能比强弱、以产业奠基础、以空间视优劣、以文化论输赢、以环境促发展、以制度促增长、以协同促共赢。由于陕西客观的发展条件限制，陕西通过不断发展壮大城镇城区（增长极），完善区域发展的基础设施，来促进市域的现代化和城镇化进程，但受物质性主导规划的影响，陕西在注重城镇数量和城镇规模及区域性基础设施增长的同时，却把城镇数量的增加、城镇规模的扩大、人口城镇化率的提高和城镇经济增长简单地等同于城镇化，片面追求城镇化的速度，片面强调物质建设的重要性，却忽视了城镇化对城市文化和价值观念的形成和扩散，忽视城镇化的内在质量，忽视自然资源的合理开发利用和生态环境保护，忽视人与自然、社会的协调发展，不健全的制度体系，不甚协调的发展格局致使城镇化后续发展动力的不足，空间城镇化和人口城镇化的速度远远领先于社会经济的发展水平，社会和文化的发展落后于空间的城镇化，很大程度上表现为不协调的城镇化道路[1]。

---

[1]　张沛、董欣、侯远志等：《中国城镇化的理论与实践——西部地区发展研究与探索》，东南大学出版社 2009 年版，第 34—37 页。

第三节　现代理论动向

一　可持续发展理论

（一）理念提出

人类与自然的关系经历了三个阶段：人对自然的惧怕（农业社会）、人对自然的控制（工业社会）、人与自然的和谐发展（后工业社会）。当人类与自然建立和谐关系，可持续发展成为国际社会的共识，标志着人类的新觉醒，昭示着人类新文明的曙光。工业革命以后，科学技术的发展和机器的广泛运用，大大提高了人类改造自然的能力，人类面对自然界取得了一些阶段性的胜利，人与自然和谐发展的朴素思想也逐渐被"人是自然界主宰"的观念取代。当人类正陶醉于对自然界的胜利时，大自然对人类非理性行为的报复却也从来没有停止过，气候变暖、酸雨蔓延、洪水泛滥、生态破坏、资源短缺……人类正遭受着日益严重的生态环境危机。面对未来，我们必须选择一种生态资源环境保护和经济生活兼顾的可持续发展方式。

1962 年，美国海洋生物学家蕾切尔·卡尔逊《寂静的春天》的发表，如同春天里的一声惊雷，震惊了陶醉于工业革命胜利成果中的世人，也引发了人类对自身的传统行为和观念进行深入系统的思考和反思。1972 年，联合国人类环境会议在瑞典斯德哥尔摩召开，人类第一次将环境问题纳入世界各国政府和国际政治事务的议程，标志着人类在历经劫难后开始正视发展中的环境问题。1980 年，由国际自然资源保护联合会、联合国环境规划署、世界自然基金会和许多国家政府参与制定出版的《世界自然保护战略：为了可持续发展的生存资源保护》一书，第一次从资源保护和人类社会发展相结合的角度提出了"可持续发展"的理念。明确提出可持续发展定义并使其得到广泛应用的是挪威前首相 G·H·布伦特兰（G. H. Brundland）夫人。1987 年 4 月，布伦特兰夫人在《我们共同的未来》的报告中，将可持续发展定义为："既满足当代人的需求，又不对后代人满足其需求的能力构成危害的发展"，这一定义得到世界各国政府组织和舆论的极大重视和广泛接受。1992 年 6 月，联合国在巴西里约热内卢召开了环境与发展大会，对工业革命以来形成的"高生产、高消费、高污染"的传统发展模式和"先污染、后治理"的行为方式给予了否定，通过了《里约环境与发展宣言》和《21 世纪议程》两个纲领性文件，强调了人类在追求自身生存权利时应当保持与自然和谐的关系，而不应当凭借技术和投资，采取耗竭资源、破坏生态等方式来追求经济的增长；明确了保护环境必须成为全人类的一致行为，标志着可持续发展从理论走向了实践。2002 年 8 月，以"拯救地球、重在行动"为宗旨的可持续发展世界首脑会议在南非约翰内斯堡隆重召开，并通过了《约翰内斯堡可持续发展承诺》和《可持续发展世界首脑会议执行计划》两份重要文件。会议认为贫穷、落后、不平等和日益恶化的全球生态环境，是笼罩在人类前进道路上的阴影，社会进步和经济发展必须与环境保护、生态平衡相互协调。21 世纪必将是一个以环境保护为主旋律的绿色时代。

（二）基本内涵

1. 以发展为核心

普遍而言，发展的目的是为了不断满足人类日益增长的物质和精神文化需求。可持续发展的最终目标是不断满足人类的全面需要，而只有发展才能满足人们的需要，也只有发展才有能力来保护自然。因此，可持续发展以"发展"为核心，但与单纯追求经济增长的传统发展观不同，可持续发展强调经济发展、社会发展和生态发展的统一。

2. 以协调为目标

这里所说的协调包括人与自然之间的协调和人与人之间的协调。自然环境是人类发展生产的物质基础，只有人与自然保持和谐，生产的发展才能获得永续的空间。统筹人与自然协调发展的关键是在实现经济社会发展的同时，逐步提高资源的利用效率，保护人类赖以生存和发展的生态环境，实现人与自然的携手、生物与非生物的共进、过去与现在的统一、现在与未来的对话、时间与空间的协调。人是可持续发展的核心与主体，人与人的协调关系到可持续发展的成功与否。人与人的协调关系，从共时性角度看，生活在同一时代的不同国家、地区和社会群体，在自身发展时，最基本的要求是不危及其他国家、地区和社会群体生存和发展的需要。从历时性角度看，当代人必须担负起不同代际之间的责任，给后代人留下一个可供其持续发展的自然环境和社会环境。

3. 以公平为关键

可持续发展的关键问题是资源分配问题。资源分配在时间和空间上都应体现公平，追求公平一直是国际社会可持续发展的主旨。时间上的公平是指本代人之间的横向公平，即代内公平，就是要满足全人类的基本需求，让他们有均等的发展机会，以实现他们较好生活的愿望。空间上的公平是世代之间的纵向公平，即代际公平，主要指当代人不要为自己的发展与需求而损害人类世世代代满足需求的条件，从而保证世代公平利用自然资源的权利。没有资源分配的公平，人与自然的协调、人与人的协调只能是空想。

4. 以限制为手段

相对于人类无穷尽的需求而言，不可再生资源的数量、可再生资源的更新能力以及自然环境的容量都是有限的，人类活动一旦突破生态阈值，就会危害环境、破坏人类生存的物质基础，发展本身也就衰退了。因此，必须将人类活动限制在生态可能的范围之内，保护和加强环境系统的生产和更新能力。由此可见，限制是可持续发展重要的调控手段①。

由于可持续发展涉及多学科、多领域，随着可持续发展理论的进一步发展，各个学科从各自的研究视角、侧重不同属性对可持续发展进行了不同的阐述（表 2.3）。

表 2.3　　　　　　　　　不同学科对可持续发展的定义

学科	研究视角	定义
经济学	侧重经济属性	不降低环境质量和不破坏世界自然资源基础的经济发展。（世界资源研究所，1992—1993）
社会学	侧重社会属性	在生存于不超出维持生态系统涵容能力的情况下，改善人类的生活质量。（《保护地球——可持续生存战略》，1991）
生态学	侧重自然属性	改进人类的生活质量，同时不超过支持发展的生态系统的负荷能力。（世界自然保护联盟，1991） 保护和加强环境系统的生产和更新能力。（国际生态学联合会和国际生物科学联合会，1991）
技术科学	侧重技术属性	建立极少产生废料和污染物的工艺或技术系统（世界资源研究所，1992—1993）

---

① 段禄峰：《西安大都市区城乡空间一体化发展策略研究》，西安地图出版社 2012 年版，第 29—30 页。

二　新兴古典城市化理论

（一）新兴古典城市化理论的产生

20 世纪 80 年代开始，罗森（Rosen）、贝克尔（Becker）、杨小凯（Yang）、博兰（Borland）和黄有光（Ng）等一批经济学家，采用超边际分析等现代数学分析工具重新将古典经济学中关于分工和专业化的思想变成决策和均衡模型，将现代经济理论进行重新组织，这种比新古典经济学思想更古老，比新古典经济学躯体更年轻的分析框架被称为新兴古典经济学。新兴古典经济学去掉了新古典微观经济学中消费者与生产者绝对分离的假定，抛弃规模经济而改用专业化经济的概念，并考虑各种交易费用的一般均衡意义。在新兴古典经济学的框架下，许多新古典经济学不能解释的现象都能在一个共享的统一分析框架下得到合理的解释。

城市的出现和分工之间存在着某种内在的联系是人们很早就认识到的一个事实。古罗马时期的色诺芬就认为分工同城市之间存在着某种内在的联系。配第发现城市能够降低交易费用，从而提高分工水平。第一个解释城市出现和分工演进之间内在关系的全部均衡模型是 1994 年由杨小凯和赖斯建立的新兴古典城市化和层级结构模型，这个一般均衡模型能显示出城市的起源以及城乡的分离都是分工演进的结果。在此以后，又产生了几个有关城市理论的模型。这些理论成为新兴古典经济学的重要组成部分，被统称为新兴古典城市化理论。

（二）新兴古典城市化理论的主要内容

（1）城市出现和存在城乡差别的原因。在杨小凯和赖斯的模型中，假定生产每种商品都有专业化经济，即专业化程度越高，生产效率也越高，同时在贸易中会产生交易费用，这就会出现一个专业化经济同交易费用之间的两难冲突。当交易效率很低时，人们会选择自给自足，此时没有市场更没有城市。当交易效率提高一些以后，分工结构以自给自足跳到局部分工，这时农民分散居住，而工业品生产者则选择离农民很近的地方居住，出现市场，但仍然没有城市。当交易效率进一步提高时，专业制造者和专业农民以及不同制造业三者出现了高水平的分工，就出现了城市以及城乡的分离状况。

杨小凯和赖斯还证明，随着分工在工业中的发展及互不往来的社区数的减少，每个城市的规模会增加，同时在分工和城市发展的过程中，全部均衡从自给自足演进到完全分工的过程中会经过一些不平衡的分工结构。这是由于城市节省交易费用的功能更强，使得城市的工业品生产者的专业化水平、生产率以及来自市场交易的收入高于农村居民，但由于农村居民可以自由迁入城市，使得城乡居民之间的真实收入水平在远期会实现均等化，这一进程被称为自然过渡性二元结构，它会随着交易效率的不断提高和分工朝完全专业化状况发展以后而消失。但是假如居民没有自由选择居住地的自由，二元结构就不会消失，城乡之间会出现真实收入的不平衡。

（2）集中交易可以改进交易效率。聚集效应有两类：Ⅰ类聚集效应是指从事制造业的人集中居住从而改进交易效率和促进分工而产生的效应；Ⅱ类聚集效应是指分工的网络效应和集中交易对提高交易效率的效应。Ⅱ类聚集效应可以用来解释城市如何从分工中产生出来。当分工水平提高而使交易的网络扩大时，总的交易费用会超比例地扩大；但如果参加交易的人将交易集中在一个中心地点，则会大幅度地降低交易费用。假如分工产生正的网络效应，则分工的网络效应使得某种大交易网络集中在一个小区域，从而提高交易效率。分工的正网络效应和集中交易提高效率之间交互作用促使城市的产生。建立在分工水平之上的城市化效应是由于分工的网络效应带来的，这种网络效应使交易和经济活动在地理布局上的集中产生了一种特别的经济效果，而这种经济效果是解释城市地价的决定因素，城市地价最主要是由分工网络的大小决定的，而分工网络的大小同该城市在交易中所处的重要性有关，另外分工网络的大小还取决于交易效率，而交易效率又取决于交易的地理布局。集中交易提高交易效率的效应最终取决于分工的水平。杨小凯和赖斯的模型还证明了分工的发展使城市的个数减少，而使城市的规模扩大，城市会形成一个分层结构，居于上层的是少数大城市，居于中间的是中等城市，居于下层的是众多小城镇。而这种大、中、小城镇的分层结构是市场选择的结果，而不是人为设计的。

（3）居住格局的决定与决定城乡地价差别的因素。为了解释居民的居住格局和城乡之间地价的差别是如何内生的，孙广振和杨小凯为此发展了一个一般均衡模型对这个问题进行探讨。城市出现后，居住在城市中的居民比住在乡村的人有更高的交易效率和较低的交易费用系数，城市的集中使第Ⅱ类聚集效应增加，城市所带来的方便使得人们倾向于居住在城市，结果是使城市人均消费的土地面积减少，地价上涨。由于人们有自由迁居的自由，折中的结果是有一部分人会留在农村，形成较为稳定的居住格局和交易格局。从根本上讲，居民居住地分布、交易的地理分布、土地消费状况、城市和乡村相对地价以及分工网络大小等诸多因素都是彼此依存的。

（4）最优城市结构层次及其形成。城市有很多好处，但城市并不是越大越好，运转良好的市场会自由选择出最优的分层城市结构。假如将交易都集中在一个城市会造成不必要的交易费用，而如将所有交易都集中在一个城市的好处是可以在交易中加深分工的机会，可以利用更多的交易中的专业化经济，使交易效率改进。这种对集中交易的好处和坏处进行两难折中的结果是城市会是一个分层结构，既不会仅有一个超级城市，也不会把所有交易完全分散在各地进行。由市场自发形成的由大、中、小城市组成的城市分层结构对全社会而言是最优的，这是因为人们自由择业保证了人们在各个层次之间以及各行业之间的自由进出，从而没有任何人可以操纵交易的层次数和每层的人数[①]。

三　城市群理论

城市群（城市带、城市圈、都市群或都市圈）是指在一定距离内可以频繁往返进行商务活动、由一个或若干特大城市为龙头，众多中小城市协调分布，城市间由农田、林地、水面等绿色空间相分隔，通过高效便捷交通走廊相连接的一种城市空间形态。发展城市群的优越性在于能增强城市的综合功能，并在单一功能向多功能发展过程中，产生功能上的叠加效应。城市群由于有现代化的交通相连接，不会降低大城市的规模经济和集聚经济；由于是多中心的，可以防止单个城市过度扩张带来的"城市病"；由于城市是相对集中布局的，又可以避免分散型城市化带来的土地浪费。在城市群范围内，中心城市发挥辐射和带动作用，中小城市为大城市提供功能配套和支持；既保持城市群落中每个城市的相对独立性，又打破行政区域的分割与封闭，组成紧密联系的社会经济网络，优势互补，资源共享，协调发展；依靠经济的、市场的手段来配置资源，减少行政和人为因素的干扰，使城市系统灵活而有生命力。通过建立若干城市群，可以实现经济发展在空间上的多极带动，使大中小城市合理分工，协调发展。

---

① 张沛、董欣、侯远志等：《中国城镇化的理论与实践——西部地区发展研究与探索》，东南大学出版社 2009 年版，第 44—45 页。

　　"十一五"规划指出，"坚持大中小城市和小城镇协调发展，提高城镇综合承载能力，按照循序渐进、节约土地、集约发展、合理布局的原则，积极稳妥地推进城镇化，逐步改变城乡二元结构"，明确了我国的城镇化道路，确立了未来我国城镇发展新模式。但是，大中小城市和小城镇协调发展并不是空间布局的均衡发展，也不是对不同级别的城镇发展平均用力，我国城镇化进程还不具备发达国家水平，还是应以发挥集聚效应为主，构建大城市、大城市群。我们必须要考虑到地理基础、发展阶段和环境条件的差异，实行非均衡、非对称、非线型的城镇化发展格局。中国特色城镇化道路就要打破地区和城镇之间的壁垒，促进生产要素在各个城镇之间合理流动，让城镇群成为未来我国新的经济增长极，在大城市、城市群的带动下，我国大中小城市和小城镇将得到进一步发展。

　　在我国城镇化快速发展过程中，城市群在区域经济发展中的重要地位和作用正日益凸显。我国目前已进入城镇化攻坚阶段，城市群的崛起已成为我国区域社会经济发展的新亮点，已成为构成和支撑我国区域社会经济发展的重要社会组织形态。从调整城镇体系的空间结构入手，以提高城镇化的质量为主要目标，致力于形成环渤海地区、长江三角洲和珠江三角洲三个大城市群，使之形成产业分工合作、群体优势互补、基础设施对接、政策制度统一的经济共同体，发挥对内地经济发展的带动和辐射作用，加强三大城市群及群内城市的分工协作和优势互补，增强城市群的整体竞争力。同时，要实现由工业生产中心向商贸流通中心、科技创新中心等的转变，让全国3%的土地生产出65%的GDP来，此时中国其他广大地区的发展压力才会得到缓解。珠江三角洲城市群将以高速公路为走廊，以港口城市为依托，向粤东、粤西扩展，形成东南沿海巨大城市群，香港将在此发挥国际大都市的职能；长江三角洲将沿长江综合交通走廊向中上游地带延伸，形成沿长江巨大城市群，上海将发挥国际大都市的职能；环渤海城市群将向辽中南、山东半岛伸展，形成环渤海巨大城市群，北京、天津这对组合城市将发挥国际性大都市的职能①。美国的三大城市群占全美经济总量的69%，日本的三大城市圈在日本占69%，而中国三大城市群仅占中国GDP的37.4%，相差很远，远未形成国家财富积聚的战略平台。我

① 傅崇兰、周明俊：《中国特色城市发展理论与实践》，中国社会科学出版社2003年版，第56—59页。

们国家提出到 2020 年这三大经济圈要占全国 GDP 的 65% 左右，就是说要到 2020 年赶超世界水平。

有条件的区域（如哈长、辽东南、山东半岛、海峡两岸、中原、长江中游、成渝、关中），可在壮大现有城市规模和提高质量的基础上，在适宜聚集经济和人口的条件较好的地区，以区域性中心城市为核心，以大中小城市为依托，以交通通道为纽带，逐步完善城市基础设施，加快中心城市的发展，培育有发展潜力的城市群，以此来带动经济的快速发展。

21 世纪是全球经济一体化的世纪，也是城市群的世纪。城市群既是创造就业和人口集聚的城市密集区域，也是支撑经济发展和参与国际竞争的核心区域。城市群已成为国家城市化的主体形态，当今世界上多数经济发达国家的城镇化就是以此为发展模式。全球经济一体化，意味着全球城市群的交流、合作。只有大城市才能具备与国际交流所需要的基础设施，只有大城市才有足够的产业集聚和经济规模参与全球的经济竞争，可以从某种意义上说，21 世纪竞争的基本单位既不是企业，也不是国家，而是大城市群。中国要想在 21 世纪竞争中获胜，必须放弃粗放型的经济发展方式，寻找集约型的发展道路，促进城镇化的可持续发展。城市群的发展模式，在我国未来城镇化发展中可能成为最有效率和效益、最切合实际的一种形式。

陕西依据《陕西省主体功能区规划》提出的构建三大空间战略格局的现实要求，以大西安为核心，以西咸新区为引领，以陇海铁路和连霍高速沿线为横轴，以包茂高速沿线为纵轴，以陕北长城沿线、陕南十天高速沿线为两带，以京昆、福银、沪陕高速沿线为三条走廊，以宝鸡、榆林、汉中、渭南为四极，构建"一核两轴两带三走廊四极"的城镇群格局。

四　大都市区空间治理理念

大都市区空间治理理论可以归结为三大流派，即传统区域主义、"公共选择"学派和新区域主义。它们的本质区别在于集权和分权之争。传统区域主义主张建立集权式的大都市政府结构，"公共选择"学派主张在大都市区推行分权化市场竞争的多中心治理结构，而新区域主义是二者的综合与发展，在治理模式上走的是以网络化合作为特征的"第三条道路"（网络化的区域合作模式）。

传统区域主义者把大都市区内存在的大量独立辖区视为有效治理的主

要障碍。他们认为政治上的"细碎化"难以克服跨地区的外部效应问题，无法实现公共产品和服务的规模经济效益，不能有效解决宏观经济稳定问题，难以通过收入的再分配促进社会公平①。以此为基础，加上深信公共官僚机构的理性规划能力，传统区域主义者倡导通过区内政府合并，建立权威的大都市区政府，使行政边界符合大都市区经济和社会发展的地域范围，从而提高政府的管理效率，解决整个大都市区面临的主要问题，实现区域经济社会发展一体化。

源于 20 世纪 50 年代之后的"公共选择"学派，批判传统区域主义的观点，反对将辖区合并作为解决大都市区问题的方法。他们认为，与大都市区政府相比，分割的地方政府更接近选民，具有信息优势，从而更加了解当地居民的公共服务需求，能够更快地对这种需求变动作出快速反应，从而克服大都市区政府对社会需求的非敏感性，并节省大都市区政府直接管理的成本。在人口完全自由流动的情况下，大量地方自治机构的存在制造了一个类似市场的情形，在这里市民可以选择税收—服务组合，从而最好地满足个人偏好。由于受到居民"用脚投票"的威胁，自治的地方政府主动成为公共服务的提供主体，地区间的竞争会最终促进公共服务均等化②。

新区域主义认为有效的大都市区治理并不一定需要机构合并，地区范围的治理可以通过以利益相关主体之间的谈判为基础的合作安排来实现。来自不同地域层面的各个公共机构和私人相关利益主体通过市场中介来界定和分配地区服务范围。因此，新区域主义认为大都市区的有效治理，是相关政策主体间谈判的结果，而不是通过科层制或市场竞争来实现的。

从上述分析可知，传统区域主义、"公共选择"学派和新区域主义在大都市区治理问题上的分歧可以归结为政府与市场的资源配置权限划分以及不同层级政府之间的关系。传统区域主义和"公共选择"的分歧就在于是以政府还是以市场作为资源配置的主体，前者主张倚仗政府的权威，而后者强调市场的力量；"新"、"老"区域主义的分歧在于政府权限在不同层级政府之间的分配，传统区域主义主张集权式的上层政府协调模式，

---

① 黄丽：《国外大都市区治理模式》，东南大学出版社 2003 年版，第 46—48 页。

② Michael Porter, *The Competitive Advantage of Nations*, New York: Free Press, 1990, pp. 126 – 128.

而新区域主义主张分权式的地方政府合作模式①。

五 精明增长理念

二战后，美国工业快速发展，小汽车数量急剧增加，大量中产阶级流向郊区，享受明媚的阳光和清新的空气。然而，随着"郊区化"的发展，贫富差距进一步拉大；对小汽车的依赖加重了交通拥挤和环境的进一步恶化，大量的自然资源被消耗，导致社会成本上升。20世纪80年代，继"郊区化"后，美国城市又出现了一种无限制低密度的扩展现象，被称之为"城市蔓延"。无节制的"城市蔓延"消耗了大量土地，增加了市政基础设施的投入，就业和居住空间的分离带来了一系列的社会问题②。在这种情况下，美国规划协会（APA）提出城市精明增长计划（Smart Growth Project），通过拓宽城市增长途径为基础，控制土地的粗放利用，解决由蔓延产生的经济、社会和环境问题，实现城市的可持续发展。它包括以下内容：土地地混和使用；设计紧凑的住宅、满足各种收入人群的符合质量标准的住宅；适合步行的社区，具有自身特色、极具场所感和吸引力的社区，加强引导现有社区；多种选择的交通方式；公众的参与，城市增长的可预知性、公平性和经济性；保护开敞空间、农田和自然景观以及重要的环境区域。"精明增长"理念通过现有城区的再利用、生态环境许可的生熟地开发，将城市边缘区的建设开发压力转移到城市或基础设施完善的近城市区域。因此，精明增长是一种高效、集约、紧凑的城市开发模式。

"精明增长"理念以其较强的针对性在国内外规划界引起了广泛的关注，其全新的城市发展规划理念对我国的城市空间扩展具有很强的启发性。随着陕西城镇化进程的加快，城市空间向外急剧扩张。以"开发区"建设为主的郊区无限制低密度蔓延；同时，小汽车的大量使用也加快了城镇蔓延的步伐，工作向郊区迁移的速度远远赶不上城镇物质实体扩张，有限的土地资源使用极为粗放。因此，陕西在制定城市发展政策上，要借鉴美国的"精明增长"理念，结合具体区情，突破传统的城市规划和土地开发利用模式，创造一系列适合不同收入水平选择住房的机会，提供多样

---

① 洪世键：《大都市区治理》，东南大学出版社2009年版，第39页。

② 诸大建、刘冬华：《管理城市成长：精明增长理论及对中国的启示》，《同济大学学报》（社会科学版）2006年第4期。

化和高效的交通出行方式，加强对现有社区的改造和再开发，设定城市增长边界以期使城市发展达到最优，设计交通导向系统使人们出行和谐。总之，"精明增长"给了人们一个全新的城市发展规划理念，给了人们一个更大的研究空间①。

六　主体功能区划理念

主体功能区是基于不同区域的资源环境承载能力、现有开发密度和发展潜力，将特定区域确定为特定主体功能类型的一种空间单元，为未来我国城镇化的健康发展指明了方向，是区域和谐发展的新思维②。国家"十一五"规划纲要中首次提出推进形成主体功能区，按照区域的主体功能定位来调整完善分类政策和绩效评价，规范空间开发秩序，形成合理的空间开发结构。主体功能区形成的前提基础是区域之间自然、生态、经济、社会等要素的差异，基于比较优势和绝对优势原理，任何地区均有自己的特色与优势，也有自己的问题与不足，在与其他地区长期竞争、合作的过程中，逐渐形成自己在更大区域范围中的地位分工和角色定位，即自己的主体功能。主体功能区划是新时期我国编制空间规划、优化城乡布局的理论基础，是协调各类空间规划和专项规划、提高资源利用效率的重要举措，是推动经济社会发展，促进人口、资源、环境相协调的重要载体。

（一）基本内涵

我国"十一五"规划纲要指出，要根据资源环境承载能力、现有开发密度和发展潜力，统筹谋划我国未来人口分布、经济布局、国土利用和城镇化格局，将国土空间划分为优化开发、重点开发、限制开发和禁止开发四类主体功能区，按照主体功能定位调整和完善区域政策和绩效评价，规范空间开发秩序，管制开发强度，逐步形成人口、经济、资源与环境相协调的空间开发格局，逐步实现"一方水土"、"一方经济"与"一方人口"相协调③。优化开发区域是指国土开发密度已经较高、资源环境承载

---

① 张娟、李江风：《美国"精明增长"对我国城市空间扩展的启示》，《城市管理与科技》2006年第8期。

② 段禄峰、张沛：《从主体功能区建设审视西部城镇化发展》，《商业时代》2009年第2期。

③ 段禄峰、张沛、卞坤等：《基于主体功能导引下的我国城镇化发展多维解析》，《改革与战略》2009年第2期。

能力开始减弱的区域；重点开发区域是指资源环境承载能力较强、经济和人口集聚条件较好的区域；限制开发区域是指资源环境承载能力较弱、大规模集聚经济和人口条件不够好并关系到全国或较大区域范围生态安全的区域；禁止开发区域是指依法设立的各类自然保护区域。

主体功能是在某一地区多种功能并存的情况下，从资源与环境容量的"最短板"出发，基于空间开发导向与空间管治一体化，按照地区资源环境承载能力、现有开发密度和发展潜力，考虑自然属性、开发利用现状及社会经济需求，来确定自己的主导功能，从而使生态保护科学化、空间管理定量化、资源开发合理化、动作过程信息化，突出区域发展的总体要求。

（二）主要特征

我国比较常见的区划类型有行政区划、自然区划和经济区划。行政区划是指按照省、市、县、乡镇等不同层级政府管辖行政区域进行的空间单元划分；自然区划是指依托地形、地貌、降水、植被、流域等自然要素进行的空间单元划分；经济区划是指依据产业、人口、城镇、交通等经济要素进行的空间单元划分。主体功能区划不同于单一的行政区划、自然区划或者经济区划，而是根据资源环境承载能力、现有开发密度和发展潜力，统筹考虑未来我国人口分布、经济布局、国土利用和城镇化格局，将国土空间划分为不同类型的空间单元。主体功能区通过主体功能区划得以形成和落实，主体功能区划依靠主体功能区来支撑和体现。

主体功能区划是一个包含划分原则、标准、层级、单元、方案等多方面内容的理论和方法体系，主要具有以下几个方面的特征：

基础性特征。主体功能区划是基于国土空间的资源禀赋、环境容量、现有开发强度、未来发展潜力等因素对于国土空间开发的分工定位和布局，是宏观层面制定国民经济和社会发展战略与规划的基础，也是微观层面进行项目布局、城镇建设和人口分布的基础。

综合性特征。主体功能区划既要考虑资源环境承载能力等自然要素，又要考虑现有开发密度、发展潜力等经济要素，同时还要考虑已有的行政辖区的存在，是对于自然、经济、社会、文化等因素的综合考虑。

战略性特征。主体功能区划事关国土空间的长远发展布局，区域的主体功能定位在长时期内应保持稳定，因而是一个一经确定就会长期发挥作用的战略性方案①。

有效推动主体功能区的形成，既要发挥政府的作用，又要发挥市场的作用。主体功能区建设强调在市场经济条件下，统筹规划第一、第二、第三产业布局、均衡配置基础设施的数量、等级、规模，构建科学的城镇、城乡体系，引导城乡人民享有大体相当的生活水平和公共服务。城乡资源构成不同，经济、社会、文化背景不同，统筹城乡发展，加快新型城镇化进程，并不是要把所有农村变为城市，关键要形成城镇与乡村和谐相融、历史文化与现代文明交相辉映的城乡一体的经济社会发展格局。通过主体功能区划，对城乡区域的经济社会活动施加主体功能限制，使城乡区域在提供自然财富和社会经济财富之间做出选择，从而实现人与自然和谐、经济社会发展和区域资源环境承载力之间的协调。政府要按照形成主体功能区的要求，大力推进规划体制机制改革，摒弃过去以行政区为界，重视产业布局的刚性规划，转向以区域资源环境承载力、现有开发密度和发展潜力为划分标准的主体功能区划，从而确定不同区域的主体功能，把生态、生活、生产功能落实到具体的空间，在更大的空间范围内，整合利用资源，统筹城乡区域协调发展。

七　参与式发展规划

参与式发展起源于对传统发展模式的反思。传统的发展模式是西方式的"现代化道路"，即工业革命后，西方逐步创造出了现代的政治、社会、经济组织和高度发达的技术体系，具体体现在：社会道德方面以个人主义、自由主义为基础；政治制度方面以自由民主主义为特征；技术结构以物化的技术革命为特征。以这种文明为标准，广大的发展中国家几乎都把"西方的文明"，至少是技术革命的内容作为其国家发展的战略，这在20世纪中叶表现尤为明显。但结果是，很少有发展中国家能在现代化的道路上取得令人满意的成绩。亚洲少数国家取得的进步在20世纪90年代金融危机的打击下，其发展道路也受到质疑，而且它们有很强的地域性和特殊性。因此，在20世纪70年代掀起了对西方现代化道路的反思热潮，并引发了一场深刻的变革。

---

① 国家发展改革委宏观经济研究院国土地区研究所课题组：《我国主体功能区划分及其分类政策初步研究》，《宏观经济研究》2007年第4期。

在科学技术突飞猛进、科学门类不断细化的今天，在创造人类前所未有的巨大进步的同时，人类也面临着进步所带来的消极作用，如环境危机、资源危机、贫困化等问题，而且有些问题已经威胁到人类的生存基础。这使得人们不得不反思传统的科学方法论，并提出了不同于"实验"、"归纳"等传统科学方法论的新的科学范式，如"整体发展观"（Holistic Development）和"新的学习过程"（New Learning Process）等。他们认为，对世界的认识上，没有统一的答案，所有的当事人均有同等的地位，而非"科学"一家之言；经验和理性无法面对总是处于不确定状态以及变化中的问题；所有发展中的角色都应不断地了解变化中的世界，而且应该运用不同的知识来理解世界；对世界的认识不只有一种认识论，参与式是系统理解世界的基本要素。在对科学方法反思的同时，对科学技术本身也开始产生了怀疑。胡塞尔认为科学理性和经验研究方法不能获得非时间性的绝对可靠的知识。一些西方可持续发展有重要的作用，并强调"新的知识学习途径，外部角色对自然和农村的认识存在的局限性"，在农村发展的实践中提出"让农民在第一位"、"超越农民第一"等理念。

"参与式发展"方法是上述反思在发展实践中的具体体现。"参与式发展"方式带有寻求多元化、非线性发展道路的积极取向。

参与式发展成长于对发达国家与发展中国家的发展合作的反思和完善之中。据不完全统计，从第二次世界大战到20世纪90年代，国际多边和双边机构对发展中国家发展技术合作的总额达到了3000亿美元。然而到20世纪90年代早期，南北在发展上的差距仍在不断拉大。人们不得不对此提出疑问："为什么？"技术和资金本身是对发展中国家的支持和援助，这应当是没有问题的，人们只能对发展设计的哲学、对发展操作的程序、对发展相关机构提出怀疑，并且认为，贫困人口和被领导者能够而且应该分析他们所处的真实状况，应当促使村民分享、更新和分析其生活知识和条件，进行计划并采取相应的行动。需要所开展的发展活动公开和透明，把发展和机会赋权给发展的目标群体。人们认识到，鼓励和倡导人民大众参与国家或区域的发展活动是至关重要的。我们需要促进人们自主地组织起来，分担不同的责任，朝着一致的发展目标努力；发展活动的制定者、计划者及执行者之间形成一种有效的、平等的"合伙人关系"等。这些都发展和丰富了"发展理论"。参与式发展在20世纪60年代开始萌芽，70—80年代早期在东南亚和非洲国家逐步推广和完善，并形成参与式发展的一系列方法和工具。20 世纪 80 年代后期至现在，参与式发展理论得到极大的推广。我国的发展活动自 20 世纪 80 年代中期开始引入参与式发展理论。

与此同时，可持续发展成为潮流，可持续发展的产生也和上述发展战略的反思紧密联系在一起。发展战略在近半个多世纪一直处于不断的反思和调整中。在经历了经济增长战略、兼顾经济增长和公平分配战略及基本需求战略之后，自 20 世纪 80 年代开始，可持续发展战略成为时尚。反贫困领域认为，要改善贫困人口的生活状况，满足其基本需求，所制定和实施的发展战略必须保证环境和社会方面的可持续性，维护和加强经济发展所依赖的自然和人口资源需要的国家政策、法律和法规的引导，使经济行为注意在生态与环境的合理性方面，而且发展战略要与当地原有的社会价值观念和组织结构相一致。可持续发展与参与式发展方法紧密相关，没有公众的广泛参与，任何发展都不会具有可持续性。

八　"反规划"途径

（一）"反规划"的提出

改革开放以来，我国经济社会持续发展，城镇化进程逐步加快，设市城市逐渐增多，城市规模亦逐步扩大。城市快速扩张在提高市民生活水平的同时，也带来了生态负效应：河流水域被污染，山体植被被破坏，城市热岛效应严重，大量绿色生态空间被蚕食，城市总体生态环境质量不断恶化。人们对生态安全的需求及一部分专家学者对传统理性城市规划理论提出质疑，针对以往城市建设和开发规划中对自然系统缺乏认识和尊重，以牺牲自然过程和格局的安全、健康为代价的城镇化途径，从土地伦理的角度去探讨解决城镇化进程中的生态安全问题，提出了"反规划"及其实践方法。

（二）"反规划"的内涵

"反规划"是相对于传统城市规划理论而言的，不是不规划，也不是反对规划，它是一种景观规划途径，是通过优先进行不建设区域的控制和生态基础设施的建设，来保证区域的生态安全和区域未来发展的弹性，并指导城镇的空间布局。其主要包括以下四个方面的含义：

（1）反思城市状态。它表达了对我国城市和城市发展中一些系统性问题的一种反思。

（2）反思传统规划方法论。它表达了对我国几十年来实行的传统规划方法的反思。

（3）逆向的规划程序。首先以生命土地的健康和安全的名义和以持久的公共利益的名义，而不是从眼前城市土地开发的需要出发来做规划。

（4）负的规划成果。在提供给决策者的规划成果上体现的是一个强制性的不发展区域，构成城市发展的"底"和限制性格局，而把发展区域作为可变化的"图"，留给市场区完善。这个限制性的格局同时定义了可建设用地的空间，是支持城市空间形态的格局。

第四节　本章小结

本章系统总结了城镇化发展的一般规律、经典理论；对城镇化进程中出现的一系列问题进行多维度检讨、反思；同时也对现代城镇化发展理论进行典型介绍，为后面陕西城镇化发展研究奠定了理论基础。通过理论梳理我们可以得知：陕西在推进城镇化进程中，必须保护和合理利用自然资源，开展对环境污染和水土流失的综合治理，加强生态恢复和保护，从而达到资源的可持续利用，经济和社会的可持续发展，实现生产、生活、生态空间的有效结合和统一；同时，要发展人的主观能动性，积极推动政府、企业、人民参与陕西城镇化建设浪潮，共建美好家园，共享改革开放成果。

第三章 陕西城镇化发展基础解析

第一节 区域概况

一 地理区位

陕西位于中国内陆腹地，地处东经 105°29′—111°15′，北纬 31°42′—39°35′之间。东邻山西、河南，西连宁夏、甘肃，南抵四川、重庆、湖北，北接内蒙古，居于连接中国东、中部地区和西北、西南的重要位置。中国大地原点就在陕西省泾阳县永乐镇。全省总面积为 20.56 万平方公里。陕西地域狭长，地势南北高、中间低，有高原、山地、平原和盆地等多种地形。南北长约 870 公里，东西宽 200 至 500 公里。从北到南可以分为陕北高原、关中平原、秦巴山地三个地貌区。其中高原 926 万公顷，山地面积为 741 万公顷，平原面积 391 万公顷。主要山脉有秦岭、大巴山等。秦岭在陕西境内有许多闻名全国的峰岭，如华山、太白山、终南山、骊山。

作为中国南北气候分界线的秦岭山脉横贯全省东西。秦岭以北为黄河水系，主要支流从北向南有窟野河、无定河、延河、洛河、泾河（渭河支流）、渭河等。秦岭以南属长江水系，有嘉陵江、汉江和丹江。陕西横跨三个气候带，南北气候差异较大。陕南属北亚热带气候，关中及陕北大部属暖温带气候，陕北北部长城沿线属中温带气候。其总特点是：春暖干燥，降水较少，气温回升快而不稳定，多风沙天气；夏季炎热多雨，间有伏旱；秋季凉爽较湿润，气温下降快；冬季寒冷干燥，气温低，雨雪稀少。降水南多北少，陕南为湿润区，关中为半湿润区，陕北为半干旱区。

陕西的关中地区位于我国沿海、沿江、沿线三大经济开发轴的"沿线"带上，也是西部大开发长江上游、西陇海—兰新线、西南出海口三条一级开发轴线及关中"一线两带"发展轴线的重要组成部分，是东部地区物质进入西部地区的重要入口，是国家资源开发和生产力布局由东向西梯度推移的重要支点，是联系国内东、中、西三大经济带、与世界接轨的重点区域。西安作为陕西中心城市，同时作为西部地区最大、最具活力的城市之一，南接云贵川，北连蒙甘宁，在国家提出开发大西部的今天具有非常突出的战略地位。

二　资源文化

陕西横跨黄河、长江两大流域。全省人均水资源量为 1280 立方米，但时空分布严重不均，往往造成汛期洪水成灾，春夏两季旱情多发。秦岭以南的长江流域，面积占全省的 36.7%，水资源量占到全省总量的 71%；秦岭以北的黄河流域，面积占全省的 63.3%，水资源量仅占全省的 29%。自然土壤包括粟钙土、黑垆土、褐土、黄褐土和棕壤等，土地类型主要有山地、丘陵、平原、川地、沙地、沼泽六大类。

陕西生态条件多样，植物资源丰富，种类繁多。秦岭巴山素有"生物基因库"之称，区内大熊猫、金丝猴、羚牛、朱鹮等 12 种被列为国家一级保护动物。草原主要分布在陕北，有发展畜牧业的良好条件。陕西地质成矿条件优越，陕北及渭北以优质煤、石油、天然气、铝土矿、水泥灰岩、黏土类及盐类矿产为主；关中以金、钼、建材矿产、地下热水和矿泉水为主；陕南秦岭巴山地区以有色金属、贵金属、黑色金属和非金属矿产为主，基本保证了省内生产建设的矿产资源需求[①]。

陕西旅游资源富集，被誉为"天然的历史博物馆"。如"世界第八大奇迹"秦始皇陵兵马俑，中国历史上第一个女皇帝武则天及其丈夫唐高宗李治的合葬墓乾陵，佛教名刹法门寺，中国现存规模最大、保存最完整的古代城垣西安城墙，中国最大的石质书库西安碑林。境内有以险峻著称的西岳华山、气势恢宏的黄河壶口瀑布、古朴浑厚的黄土高原、一望无际的八百里秦川、婀娜清秀的陕南秦巴山地、充满传奇色彩的骊山风景区、六月积雪的秦岭主峰太白山等。

陕西是中华民族及华夏文化的重要发祥地之一。早在 80 万年前，蓝田猿人就生活在这里。坐落在陕北黄陵县的中华民族始祖轩辕黄帝陵，成为凝聚中华民族的精神象征。先后有西周、秦、西汉、前赵、前秦、后秦、西魏、北周、大夏、隋、唐等十余个政权在陕西建都，时间长达

---

① 王圣学：《陕西产业发展研究》，中国统计出版社 2002 年版，第 56 页。

1000 余年，是我国历史上建都朝代最多、时间最长的省份，长期成为中国政治、经济、文化中心，留下了极为丰富的历史文化遗产。陕西在历史长河中不仅展现了朝代更替的变化历程，铸造了民族盛衰、强弱易势的历史印迹，同时，也孕育和创造了丰富深邃的物质文明和精神文明，造就了一大批光照千古的文化巨匠，他们为人类留下了灿烂的文化艺术成果。从西周"制礼作乐"的周公旦，到秦代创制隶书的程邈；汉代大史学家司马迁及班彪、班固、班昭，关中经学大师马融；唐代大诗人王维、白居易、杜牧，大书法家柳公权、颜真卿，画家阎立德、阎立本，训诂学家颜师古；等等。他们的不朽著作和业绩，树起了人类文化史上的巍巍丰碑，广为世人敬仰。两千多年前，以古长安为起点的"丝绸之路"开通，是连接当时东西两大帝国的纽带，是展示中华传统文化的最佳地区之一，陕西成为全国对外开放的发源地，都城长安成为闻名中外的中西商贸集散地。

三　交通设施

铁路。全省有郑西客专、陇海、宝成、宝中、宁西、西康、襄渝等重要干线，纵贯南北，横跨东西，辐射甘肃、宁夏、河南、山西、四川、湖北、重庆等省市部分地区，是承东启西、连接南北的咽喉要道，是进出川、渝、滇、黔西南地区的运输通道，是西北乃至全国重要客货流集散地和转运枢纽之一，在全国路网中具有重要的战略地位。2013 年，铁路正线延展里程达到 9625 公里，铁路营业里程达到 4803 公里。铁路运输网密度 0.02 公里/平方公里。全年旅客发送量 6123 万人，货物发送量 35804万吨，货物周转量 151469 百万吨公里。

公路。全省公路基本形成了以西安为中心，四通八达的骨干网络。2013 年，公路线路里程达到 165249 公里。等级公路 148991 公里。运输网密度 0.804 公里/平方公里。全年旅客发送量 110963 万人，货物发送量116711 万吨，货物周转量 195654 百万吨公里。

航空。陕西有咸阳、阎良、窑村、户县 4 个机场，其中咸阳国际机场是我国重要的航空干线机场和我国西部的航空枢纽。2013 年，航线里程达到 70643568 公里。航线条数 632，国际航线 24 条，港澳航线 14 条。通航城市 88 个，国际航线通航城市 10 个，港澳航线通航城市 2 个。全年旅客发送量 849 万人，货物发送量 6 万吨，货物周转量 96 百万吨公里。

便捷的交通系统是城镇化发展的物质载体。中心城市西安处于我国内陆中心，是欧亚大陆桥的重要组成部分和古代"丝绸之路"的起点，是我国西北地区重要的交通枢纽和节点城市，是辐射全国陆域空间最大的核心，其突出的交通区位条件决定了西安在西部乃至全国重要的对外交通地位，以西安为中心的航空、铁路、公路等构成的交通体系四通八达，已形成较为完善的交通网络体系（图 3.1）。

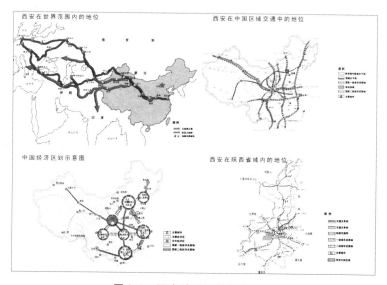

图 3.1　西安地理区位及交通图

四　技术条件

陕西文教科研产业密集，是我国科学研究、国防科技和高新技术产业的重要基地，是西北地区的科学技术中心。区内拥有多所高等院校、大学科技园区、多家科研及技术创新机构、国家级重点实验室、国家级技术研究中心、行业测试中心、省级重点实验室等。人才、文化、环境、氛围等软件及设施、场地、实验条件等硬件的相对集中，使其具备了相应的科研环境，有效推动了更多科研成果的创造和高层次人才培养，已成为科技和教育的高地；同时，通过市场和现代通信工具远距离扩散，创造出广泛的带动效应。

2013 年着力培育新的支柱产业，结构调整呈现出全方位变化。针对经济结构特点和资源环境约束趋紧的现实，陕西提出培育新支柱产业的战略举措，积极发展汽车、电子信息、航空及航空服务、文化、新材料和生物医药等产业，同时继续推动能源产业高端化和传统产业的升级，深入实施"一市一策"举措，及时解决民营企业的困难，产业、区域和所有制结构调整的效果不断显现。全年汽车产量41万辆、产值千亿元，以闪存芯片研制为依托的电子信息产业链加快构建。30个重点文化项目建设全面启动，旅游收入创2135亿元新高。全省新增中小微企业3万户，非公有制经济占比又提高一个多百分点，延长集团成为西部首家世界500强。关中、陕南各市增速普遍高于全省，陕北板块在困难中逆势增长。

2013年规模以上工业中，八大支柱产业增加值7032.72亿元，比上年增长12.6%。其中，能源化工工业4220.48亿元，增长10.1%；装备制造业932.09亿元，增长15.9%；有色冶金工业666.1亿元，增长16.8%；食品工业627.75亿元，增长15%；非金属矿物制品业285.97亿元，增长27.3%；医药制造业144.75亿元，增长13.4%；纺织服装工业80.89亿元，增长14.2%；计算机、通信及其他电子设备制造业74.69亿元，增长10.8%。

第二节　历史沿革

陕西城镇化发展大致经历了四个阶段：第一阶段（1949—1957）：城镇化正常推进阶段；第二阶段（1958—1960）：过度城镇化阶段；第三阶段（1961—1978）：独特的逆城镇化阶段；第四阶段（1979—　）：持续快速城镇化阶段。

一　城镇化正常推进阶段

第一阶段（1949—1957）。这一阶段是国民经济恢复和第一个五年计划顺利实现的时期，也是大规模工业化和城镇建设时期。陕西绝大多数人口从事广义的农业，生产力发展水平低下，只能满足基本的生活需求。随着商品经济的恢复和发展，以商品交换为主要职能的小城镇不断增多，但小城镇及城乡之间的相互影响较小，构不成等级关系。城乡之间人员、物资、信息交流很少，道路等区域性基础设施水平低，社会发展缓慢，没有形成区域间经济发展的疏密问题，城乡空间结构状态具有较大的稳定性，即呈现低水平的空间均衡发展状态。陕西城镇开展了大规模的清理整顿工作，恢复正常秩序，发展城镇经济，加强城镇基础设施建设，改善城镇人民居住环境，初步改变了全省城镇的环境面貌，城镇经济得到很大的发展。9 年间城镇化水平不断上升，城镇人口的增长与国民经济的发展基本上是相适应的，人口在城乡之间合理流动，迁移自由。

二 过度城镇化阶段

第二阶段（1958—1960）。1958—1960 年全国展开了以"三年超英，五年赶美"为目标的盲目"大跃进"，在经济发展战略上，实施优先发展重工业的方针，强调以钢为纲，全民大炼钢铁。社会内部的变革和外部条件的变化促进了经济的一定发展，农业产品有了一定的剩余，社会分工明显加快。作为内陆经济强省的陕西，由农村向城镇调动大批劳动力，部分人口从事手工业、矿业、小规模的原材料加工业和制造业，城镇人口比重快速上升，是上个世纪提高速度最快的时期之一。随着铁路和公路运输线的不断扩展、延伸，商品生产和交换的规模进一步扩大，在工矿业和港口附近逐渐形成新的城镇。优越的地理条件和相对完善的基础设施，使城镇不断吸取周围地区的资源，并向周边地区输出商品，发挥政治、经济领导和组织职能，成为经济发展的增长极，低效的空间均衡状态被打破。远离城镇的边缘地带乃以落后的农业生产为主，空间经济梯度和城镇等级规模逐渐突显。但这种增长违背了客观规律，国民经济比例严重失调，农业生产连续减产，城镇发展明显超过了国民经济特别是农业的承受能力，致使许多城镇供水、供电严重不足，交通、通信困难，许多市政设施超负荷运转，从而制约了国民经济的正常发展。

三 独特的逆城镇化阶段

第三阶段（1961—1978）。盲目"大跃进"致使城市物资供应不足，国民经济比例严重失调，经济发展出现了严重的困难。建立在快速、低质、低效的工业化发展基础上的快速城镇化，不得不进行调整。国家通过行政手段，提高设置市镇标准，大量精减职工并压缩城镇人口；"文化大革命"又把大批城市知识分子和干部下放到农村劳动，非农就业人口比重和城镇人口比重急剧下降，城镇建设工作受到严重冲击。陕西城镇化进程遭受严重挫折，城镇人口不断减少，城镇建制基本停顿。

四　持续快速城镇化阶段

第四阶段（1979—　）。党的十一届三中全会以后，陕西的农业生产和农村经济得到迅速发展，农村由自然经济向商品经济转化的步伐不断加快，经济的活跃为城镇化奠定了坚实的基础。乡镇企业异军突起，为90年代陕西城镇化的快速推进创造了条件，城镇化出现了多元化的特征，突出标志是90年代自下而上乡村城镇化的快速发展。经济的发展使国民收入大幅度增长，社会和私人投资能力扩大；科学技术的发展进一步解放了生产力，钢铁、机械、化工、动力、纺织等部门逐渐成为社会的主导产业，第三产业开始大量出现，工业化和城镇化速度逐步加快。省会西安继续发展的同时，由于资源开发和经济增长，区域的第二级、第三级中心得到加强，宝鸡市、咸阳市、铜川市、渭南市、延安市、榆林市、汉中市、安康市、商洛市、杨凌示范区城市空间不断扩张。稠密的交通网深入到区域的各部分，单纯的"中心—边缘"结构逐渐变为多核心结构。城镇之间的交换、交流关系极为频繁，落后地区的资源更多地被吸引到经济循环中来，并分配给原有的中心和形成新的中心，城镇职能分工和等级体系初步形成，西陇海沿线城镇带已具雏形。由于经济实力还不是很强大，并不是所有的边缘地带都得到了充分的开发，相反，由于集聚经济在社会经济区位决策中的统治地位，社会及产业主要集聚于高等级的城市和轴线上，"点—轴系统"逐步形成，区域间经济发展不平衡愈演愈烈，空间结构仍处在变化之中。2014年，陕西城镇化水平为52.58%（图3.2），而1978年为16.33%，提高了36.25个百分点，年均增长1.07%。

与西方发达国家不同，我国城镇化具有明显的政府主导特征，国家战略、政府干预对城镇化道路有着重要影响。新中国成立初期我国城镇人口主要集中在东部沿海地区，后来随着国民经济逐步恢复以及工业生产向"三线"地区转移，陕西城镇人口中所占比重开始快速上升。改革开放以前，我国中、西部地区城镇人口增长速度都要快于东部和东北地区，改革开放后，由于东部沿海地区原有经济基础和人文条件较好，东部地区城镇化进程明显加快，在全国城镇人口中所占比重也随之逐步提高。

2014年，全省城镇固定资产投资为18657.84亿元，而2009年为6194.86亿元，增长2.96倍。城镇市政公用设施实现县城以上全覆盖，城镇垃圾处理、污水处理、供水、供气、供热等设施水平大幅提高。伴随着城镇化的快速推进，民生事业加快发展，城镇新增就业超过 200 万人。在教育、医疗、卫生、文化、体育、养老、就业和社会保障等领域建成了一大批基本公共服务设施，有效推进了城乡公共服务设施一体化进程。

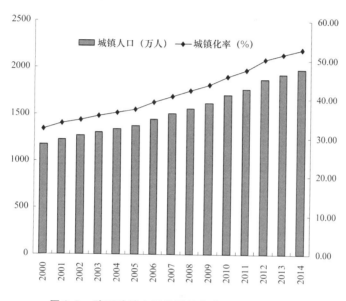

图 3.2 陕西城镇人口及城镇化率（2000—2014）

第三节 空间格局

一 空间发展历史

"空间"是人类进行社会经济活动的场所，是任何公共生活形式和权利动作的载体。空间在历史发展中产生，并随着历史的演变而重新结合和转化。空间结构是人类各种经济活动在特定经济区域内的空间分布状态及空间组合形式，是政治、经济、社会、文化、生产、自然条件、工程技术和建筑空间的综合反映①。

陕西是中华民族的发祥地之一，其历史演变可大致分为史前文明时期、西周时期、秦时期、西汉时期、东汉魏晋南北朝时期、隋唐时期、宋

① 杜肯堂、戴士根：《区域经济管理学》，高等教育出版社 2004 年版，第 91 页。

元时期、明清时期和民国时期。1949 年 10 月 1 日中华人民共和国成立以后，陕西的发展进入新的时期。

新石器时代原始氏族公社时期的文化遗存在陕西西安、临潼、渭南等地多有发现。属于母系氏族公社时期仰韶文化的有半坡人、姜寨人和史家人等，以半坡人最为典型。

陕西从西周时期起，进入了一个新的历史发展时期。关中地区地理环境、气候条件优越，农业开发历史悠久，为城市的诞生提供了区位和经济保证。公元前 1000 多年，周的先民在沣河西岸相继建立了沣京和镐京。约在公元前 1027 年（武王十年），经过牧野之战，周灭商建立了西周王朝。西周时期，陕西经济特别是农业经济有了很大的发展。农具有了较大改进，出现了适宜于快耕和扒地除草的耜和镈，休耕轮作制度逐渐推广，开始使用绿肥和堆肥，并已有了完整的沟渠灌溉系统。

春秋战国时期，咸阳已经开始跨渭河发展。公元前 221 年秦王嬴政统一全国后，将全国富豪 12 万户迁到咸阳，从而使这里人口激增到将近百万，成为当时世界上最大的城市。西安、咸阳处于关中平原腹地，直线距离只有 25 公里，自古以来联系密切，同为历史文化名城，本来是同一地域的同一城市，在不同时期，既合二为一，又一分为二，随势而变①（图 3.3）。

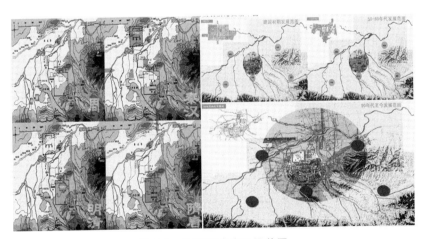

图 3.3 西安历史发展沿革图

---

① 王圣学：《西安大都市圈发展研究》，经济科学出版社 2005 年版，第 9 页。

汉朝是中国历史上继秦朝之后的又一个统一强盛的王朝。鉴于关中地区有利的军事地理位置和富饶的经济条件，都城长安成为全国的政治、经济、文化中心，是中国历史上第一个大规模的城市，当时世界上只有欧洲的罗马城可以与之媲美。

经汉代以后三国两晋南北朝的战乱与衰落，隋、唐两朝先后建都长安。此时，始于汉代的"丝绸之路"的作用得到了更充分的发挥，东西方经济文化交流更为广泛和频繁，以长安为中心的关中地区和周边地区经济得到恢复发展并逐渐繁荣。唐末，朱温迁唐都于洛阳，千载名都长安从此失去了昔日的规模与盛况，但西安仍为中国西部地区的区域性政治、经济、文化中心。

经过五代十国的战乱，到北宋统一时，由于经济、政治中心的东移与少数民族力量的崛起，陕西地区已处于中央统治和经济中心的边缘地带。

元、明、清时期，陕西城镇基本稳定。统治阶级为巩固其政权，采取了一系列有利于工农商业恢复和发展的措施，并从江淮、山西向陕北、关中大量移民，开垦荒地，发展手工业产品，出现了一批带有资本主义萌芽性质的工商业城镇。

1840 年鸦片战争爆发，中国沦为半殖民地半封建社会。陕西地处西北内陆，受列强操纵影响较小，封建性的经济基础依然根深蒂固。其特点是经济落后、文化保守、发展缓慢、交通闭塞、城镇结构单一、建筑风格沿袭传统模式等。西安市由于唐代以后的多年战争，城市遭到严重破坏，明代修筑的西安城墙仅为唐长安城的七分之一。至辛亥革命后，西安城市建设才有所进展，以钟楼为中心，将东、北大街进行拓宽。

1931—1937 年，陇海铁路修筑并贯通关中全境；1939—1941 年修通了咸铜铁路；1936 年川陕公路修通，随后又修建了西宝公路、咸宋公路，使陕西内外交通条件大大改善。随着交通条件的改善，陕西经济长期封闭的局面开始打破，全省各地城镇相应地获得发展。西安市处于陇海铁路主要中转位置，又有西堂、西潼、西兰等公路干线相互配合，农产品的输出和外地工业品的输入都比较便利。工业体系的建立，改变了以往陕西工业基础薄弱的状况，并且促进了商业的发展和城市人口的增加。1937 年抗日战争全面爆发，东部沦陷区的工厂和学校大量内迁，大量人口的涌入，加速了当时城镇的发展。

解放后，陕西作为国家重点建设地区，布局了大批国家重点项目和配套工程，大量的工人、技术人员和管理干部及其家属迁入陕西，同时许多高等院校或系科也陆续迁入陕西及其周边地区，陕西社会经济发展进入快速发展阶段。虽然"大跃进"和"文革"使陕西的经济发展和城镇建设受到很大的影响，但改革开放后，大批农村剩余劳动力进城务工经商，不但促进了区域及城镇经济的发展，也加速了城镇人口的增长。

二　人口城镇分布

陕西现辖 10 市 1 区，即西安市、宝鸡市、咸阳市、铜川市、渭南市、延安市、榆林市、汉中市、安康市、商洛市、杨凌示范区（共有 10 个省辖市和 1 个杨凌农业高新技术产业示范区、3 个县级市、80 个县、24 个市辖区、1142 个镇、74 个乡、204 个街道办事处）。近年来，陕西区内城镇化进程不断加快，内部城镇密集，西陇海沿线城镇带已具雏形（图3.4）。2014 年末，全省常住人口 3775 万人，其中，城镇人口 1985 万人，占 52.58%，乡村人口 1790 万人，占 47.42%。

近年来，西安对周边地区辐射带动作用明显，区域内城镇化进程不断加快，内部城镇密集，西陇海沿线城镇带已具雏形。2014 年，宝鸡、咸阳两市市区常住人口超过 50 万，榆林、延安、安康三市市区常住人口超过 20 万，虽然西安一支独大的局面没有动摇，但陕西城镇体系中间层次弱化现象得以改观。以西安为核心的关中城市群，内部结构不断优化，大、中、小城市，小城镇，新乡村组成的城乡体系趋于合理。

在中国的城市发展政策中，长期以来渗透着城市布局和城市发展的均衡论思想。我国在政策上更加强调对于西部地区、经济落后地区增加城镇建设的力度，在城市化战略上表现为"低效的对称"，而很少考虑到自然基础的差异、地理区位的差异、发展阶段的差异和生态条件的差异等对于城市格局和结构的影响①。陕北地区多高山、丘陵、沟壑、荒漠，气候干旱寒冷，风沙天气较多，人类生存的自然条件相对恶劣，故人烟稀少；关中地区多平原和低山丘陵，气候温暖湿润，为人类提供了适宜的生存环境，故人口稠密；陕南包括秦岭、巴山和汉江谷地，山岭、沟壑纵横，不适于承载过多人口。城镇布局与人口布局、经济发展水平呈密切正相关关系。所以，若说陕西城市布局不均衡，更突出的表现是与人口分布和经济发展水平的不均衡。推进陕西城市的均衡布局，陕北、陕南地区城市数量

---

① 付晓东：《中国城市化与可持续发展》，新华出版社 2005 年版，第 81 页。

当然应该继续增加，但主要应是关中地区人口和城市数量的增加。陕北、陕南地区相对密集，关中地区相对稀疏的多元城市空间分布是陕西经济社会发展和自然选择的结果，也将是陕西未来城镇布局的正常状态。刻求陕西城镇的均衡布局，既不具可能性，也有碍于加快城镇化进程①。

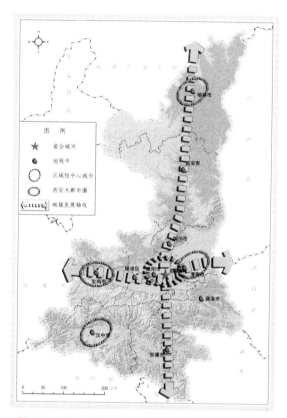

图 3.4　陕西省城镇化战略格局图（2014—2020）

三　发展阶段特征

陕西城镇化发展的框架结构基本形成，中心城市西安的政治、经济、文化中心性很强。从区域空间演化看，陕西目前以极化发展的空间结构深化为主要特征，由于缺乏协调管理机构，大城市的空缺和空间结构的不合理，西

---

①　段禄峰、张沛：《我国城镇化发展模式探讨》，《商业时代》2009 年第 6 期。

安对周边地区持有较强的吸引力，但辐射和扩散的作用范围有限，造成区域内首位城市与其他城市差距不断扩大，经济活动过于集中在中心城市西安。在区内虽然出现物质、信息流向周边扩散和流动现象，但还是以聚集作用为主导；西安周边城镇经济发展不平衡，大都以传统工业或农产品加工为主，与核心城市的高新技术产业脱节。目前陕西区内企业的集聚仅仅是空间上的集中，企业间缺乏联系，没有形成具有较大规模的专业化的生产体系和从原料采购到生产销售的完整产业链，更没有形成深植于本地文化的特色产业体系。另外，陕西的经济实力还有待提高，2014 年底，陕西 GDP 为 17689.94 亿元，人均 GDP 为 46929 元，距 1 万美元中等发达国家和地区的水平还有相当大的差距。因此，陕西目前处于工业化和城镇化的快速发展阶段。同时，由于其拥有较强的研发和创新实力，有快速成长的动力和潜力。

根据对陕西省历年统计年鉴和统计公报数据显示，2000—2014 年，全省城镇人口增加 809 万，多数流向大中城市，西安城市人口增加 176.08 万。大城市优化发展的趋势明显（图3.5）。

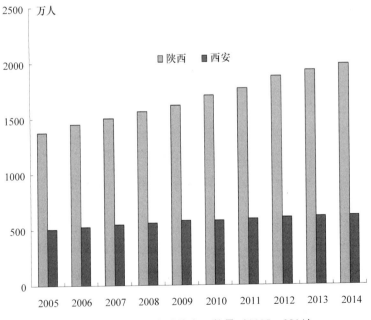

图 3.5　陕西及西安城镇人口数量（2005—2014）

四　空间发展障碍

人口、城镇空间分布受到自然条件、经济发展水平、交通等多方面的影响，在地域上具有很大的差异性。它是一个区域的自然环境、经济结构和社会结构在空间上的投影，是一系列职能不同、等级规模各异的城镇在空间上的组合形式①。陕西域内城镇化率已超过50%，已形成城镇群发展格局，但大、中、小城市，尤其是小城镇普遍发育较差。

陕西境内地貌自北而南可分为四个各具特色的地貌单元，即：陕北沙漠高原、陕北黄土高原、关中断陷盆地及陕南秦巴山地。（1）陕北沙漠高原。陕北沙漠高原区主要分布在最北部长城以北地区，是毛乌素沙漠的南缘，地形平坦，以活动沙丘、沙垄及片沙为主。沙丘沙地绵延不断，风蚀严重，风沙移动显著，土地沙化普遍。沙丘、沙地之间湖泊、海子星罗棋布，滩地交错，土地盐渍化有逐渐扩大的趋势。依据形态特征，可分为三种次级地貌类型：沙丘沙地、草滩盆地、风沙河谷。（2）陕北黄土高原。陕北黄土高原是在第三纪末起伏和缓的准平原基础上，历经第四纪以来多次黄土堆积和侵蚀作用，使得地形破碎、沟壑发育。延安以北为黄土梁峁区，沟壑纵横，地面非常破碎，水土流失极为严重，生态环境相当脆弱；延安以南的西、南缘分布有岛状基岩低中山。南部为中低山夹黄土塬，山区植被覆盖率高，局部地方病流行，塬面平坦适宜农作物生长。根据形态特征可分为七种地貌类型：沙盖黄土梁、黄土梁峁、黄土残塬、黄土梁塬墹地、黄土塬、河谷阶地、基岩低中山。（3）关中断陷盆地。关中断陷盆地，南依秦岭，北连黄土高原，为西狭东阔的新生代断陷盆地，渭河横贯其中。盆地两侧地形向渭河倾斜，由洪积倾斜平原、黄土台塬、冲积平原组成，呈阶梯状地貌景观。根据形态特征可分为三种地貌类型：冲积平原、黄土台塬、洪积平原。（4）陕南秦巴山地。陕南秦巴山地由陇山余脉、秦岭和巴山组成，为中生代末以来全面隆起的褶皱山地。以中山地貌为主体，高峰林立，断陷盆地星散于群山之中，汉江谷地贯穿于秦岭、巴山之间。根据形态特征可分为五种地貌类型：高山、高中山、中山、低山丘陵、盆地。陕西横跨三个气候带，南北气候差异较大，陕南属北亚热带气候，关中及陕北大部属暖温带气候，陕北北部长城沿线属中温

---

① 崔功豪：《中国城镇发展研究》，中国建筑工业出版社1992年版，第72—78页。

带气候。另外，陕西地域狭长，地势南北高、中间低，有高原、山地、平原和盆地等多种地形。由于差异较大的气候条件及地形特征，城市之间、城乡之间缺乏有效整合，生产要素优化配置和有效流动不畅，城镇群所表现出的综合竞争力与陕西实现快速发展的要求不相适应。下面用分离度系数对 2014 年陕西小城镇的空间分布进行量化分析。空间分离度系数算式：

$$F = (0.5 \times \sqrt{N/A})/S \tag{3.1}$$

式中：N 代表小城镇数量，A 代表小城镇镇区平均面积，S 代表小城镇总面积在区域面积中的比重。F 值越小，表明分布越密集，小城镇之间距离越小。分析结果显示，2013 年，陕西小城镇的空间分离度系数为 0.13，说明小城镇间距小，空间布局分散化程度高，小城镇的集聚效应差。

改革开放以来，陕西大片的地域空间被工业化、城镇化，地域空间急剧变迁。大家都知道三次产业结构的不合理，但很少注重空间结构的不合理。急于改变贫穷落后的现状，使陕西各地区竞相招商引资，开发区遍地开花，大量农田被占用，导致工业空间偏多，生态空间偏少，带来生态系统整体功能的退化，许多国土成了不适宜人居的空间。陕西尚处于工业化的中期阶段，极化效应大于涓滴效应，问题的严重性在于，尽管中心城市西安已明显表现出工业和人口过分集中的弊病，却仍然存在着继续集中的趋势。陕西复杂的地质地貌，频发的自然灾害，恶劣的生存环境，脆弱的生态环境，构成了制约陕西城镇化发展的空间障碍（图 3.6）。

图 3.6　陕北地区地形地貌即景

第四节　产业发展

一　产业结构诊断

（一）产业结构诊断

产业结构是指社会再生产过程中各产业部门之间的相互组合关系以及生产要素在各个产业部门之间的配置状态。产业是支撑城镇发展的基础，农民进城，不只是空间的迁移，更为重要的是职业的转变。由于特殊的区位，陕西是新中国成立后"一五"、"二五"计划和"三线"建设时期国家重点投资建设的工业基地，是国家国防科技工业最为集中的区域，是我国航天、航空、兵器、核工业的重要研发生产基地，也是目前西北地区规模最大的制造业基地、综合工业中心，同时也是全国最为重要的电子信息、电力机械、航空航天、仪器仪表最为发达的地区。改革开放后，特别是中央实施西部大开发战略以来，陕西在高新技术产业、文化教育产业、医药制造业、食品加工业、房地产业、旅游业、果业等方面也有了较快发展。

2013 年陕西 GDP 为 16045.21 亿元，三次产业产值结构比例为 1:5.84:3.67，产值结构以第二、第三产业为主，初步形成"二、三、一"结构，进一步说明陕西正处于工业化的中期阶段（表3.1）。

表 3.1　　　　　　　　　陕西产业产值结构现状表（2013）

区域	生产总值（亿元）	第一产业（亿元）	第二产业（亿元）	第三产业（亿元）	三次产业比例	总人口（万人）	人均生产总值（元）
陕西	16045.21	1526.05	8911.64	5607.52	1:5.84:3.67	3764	42692

数据来源：根据《陕西统计年鉴（2014）》计算整理。

1. 第一产业

陕西第一产业以小麦、玉米、棉花、油料、豆类、温带林特产品为主，其中以苹果、猕猴桃、梨为代表的果业生产优势更为突出，猕猴桃产量居全国第一位，渭北高原更是被国内外专家誉为"地球上六大苹果最佳适生区"之一，杨凌高新科技农业示范区为全国所独有。"十二五"期间，全省认真贯彻中央一号文件和强农惠农各项政策，围绕促进农民增收、统筹城乡发展这条主线，粮食生产连续丰收，苹果面积产量稳居全国首位；设施蔬菜面积成为西北最大的省份，果业、畜牧业、设施蔬菜等产业成为农业发展和农民增收新的支撑点；坚持"稳粮、优果、兴牧、扩菜"的发展思路，加快农业经济结构调整，农业特色优势产业快速发展。

陕西农业经济总量不断扩大，由 2000 年的 1804.00 亿元增长到 2014 年的 17689.94 亿元；而比重继续下降（个别年份稍有反弹），由 2000 年的 14.31% 降到 2014 年的 8.85%（表 3.2，图 3.7），农业在国民经济中所占比重持续下降的同时，农产品深加工程度不断提高。以果业、畜牧业、蔬菜为代表的农业产业化的发展迅速，使农业结构调整取得了实质性的进展，农村产业社会化、多元化和商品化程度明显提高。依托龙头带动和科技支撑，陕西省先后在关中形成了以奶畜、肉牛、蔬菜、粮食为重点的主导产业原料带，在陕北形成了以羊子、小杂粮为重点的潜力产业原料带，在渭北形成了以苹果为重点的优势产业原料带，加工原料基地建设水平持续提升。与之相对应的是有越来越多的农产品品牌做强做大。陕南"生态猪"、陕北"有机羊"、关中"高端奶"等优势区域品牌格局逐步形成；爱菊面粉、海升果汁、本香猪肉、银桥乳品、红星羊乳粉、太白山蔬菜、盘龙茶叶等诸多企业名牌脱颖而出，成为陕西农业的靓丽名片。农村电子商务的发展，带动了农产品向工业、服务业领域延伸，传统农业开始向农工贸一体化经营跨越。

陕西境内杨凌农业高新技术产业示范区，由国务院于 1997 年批准成立，纳入国家高新区管理，是中国唯一的农业高新技术产业示范区，通过体制改革和科技创新，把科技优势迅速转化为产业优势，依靠科技示范和产业化带动，推动干旱、半干旱地区农业实现可持续发展，带动这一地区农业产业结构的战略性调整和农民增收，并最终为我国（陕西）农业的产业化、现代化做出贡献，并要在"农业改革发展思路"、"培养、吸引、发挥人才作用"、"农科教结合"、"产学研结合"、"科教体制改革"、"干旱农业研究和开发"、"对外交流与合作"、"省部共建"、"农业产业链延伸"以及"行政管理体制改革"等十个方面发挥示范作用。

表 3.2　　　　　　　　　陕西产业产值结构变动表（2000—2014）

年份	生产总值（亿元）		第一产业（亿元）		第二产业（亿元）		第三产业（亿元）	
	金额（亿元）	比重（%）	金额（亿元）	比重（%）	金额（亿元）	比重（%）	金额（亿元）	比重（%）
2000	1804.00	100.00	258.22	14.31	782.58	43.38	763.20	42.31
2001	2010.62	100.00	263.63	13.11	878.82	43.71	868.17	43.18
2002	2253.39	100.00	282.21	12.52	1007.56	44.71	963.62	42.76
2003	2587.72	100.00	302.66	11.70	1221.17	47.19	1063.89	41.11
2004	3175.58	100.00	372.28	11.72	1553.10	48.91	1250.20	39.37
2005	3933.72	100.00	435.77	11.08	1951.36	49.61	1546.59	39.32
2006	4743.61	100.00	484.81	10.22	2452.44	51.70	1806.36	38.08
2007	5757.29	100.00	592.63	10.29	2986.46	51.87	2178.20	37.83
2008	7314.58	100.00	753.72	10.30	3861.12	52.79	2699.74	36.91
2009	8169.80	100.00	789.64	9.67	4236.42	51.85	3143.74	38.48
2010	10123.48	100.00	988.45	9.76	5446.10	53.80	3688.93	36.44
2011	12512.30	100.00	1220.90	9.76	6935.59	55.43	4355.81	34.81
2012	14453.68	100.00	1370.16	9.48	8073.87	55.86	5009.65	34.66
2013	16205.45	100.00	1460.97	9.02	8912.34	55.00	5832.14	35.99
2014	17689.94	100.00	1564.94	8.85	9577.24	54.14	6547.76	37.01

数据来源：根据《陕西统计年鉴（2015）》计算整理。

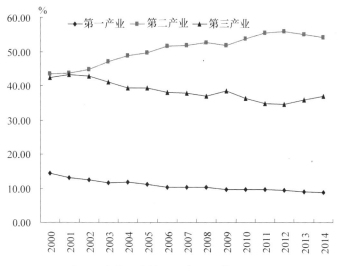

图 3.7　陕西三次产业产值比重变化趋势图（2000—2014）

2. 第二产业

特殊的地理区位使陕西成为新中国成立后"一五"、"二五"计划和"三线"建设时期国家重点投资建设的重化工业基地。随着陕西工业化进程的进一步加快，第二产业构成了区域经济增长的主要内容。能源化工、现代化工、新能源及新能源汽车、新材料、先进装备制造、汽车制造、航空航天、电子、兵器、3D 打印、显示器件、生物医药，新一代信息技术、生物技术、节能环保技术，另外，还有传统产业的有色冶金、食品加工、纺织服装、建筑材料等构成陕西工业化中期阶段的重要支撑产业。作为国家的老工业基地，陕西拥有西安、阎良、宝鸡、渭南、榆林、咸阳 6 个国家级高新技术产业开发区（基地）和西安国家级经济技术开发区，已形成具有相当实力的以航空、航天、汽车、机床、机械、材料、电子、兵器、通讯设备为主导的加工制造业生产、研发体系。

响应国家产能升级和节能减排号召，陕西积极淘汰、减少落后产能，如小火电、炼钢、水泥、焦化、电石、铁合金、造纸等产业。在此基础上，陕西第二产业产值总量由 2000 年的 782.58 亿元增长到 2014 年的 9577.24 亿元，14 年间增长了 12.24 倍；产值比重从 2000 年的 43.38% 增长到 2014 年的 54.14%，期间，2012 年达到峰值，为 55.86%。这说明陕西还处于工业化的快速发展时期，大力推进工业化进程已然是政府工作的重点。

3. 第三产业

产业结构的全面转换，第三产业的迅速增长是现代经济的重要特征。第三产业的发展对增加就业岗位、提高人民生活水平、改善产业结构、转变发展方式发挥着十分重要的作用。陕西是我国中西部链接的交通枢纽和商品集散中心，深厚的历史文化与绮丽的自然风景交相辉映，金融保险、商贸物流、旅游文化、信息传媒、咨询设计、房地产业等现代服务业发展迅速。金融业方面，仅西安市就拥有银行、证券、保险、风险投资等金融机构 300 多家，西安正成为西北及至西部地区的金融中心。商贸物流业方面，货运总量快速增长，物流企业和商贸网点数量快速增加，西安新筑、咸阳空港等物流园区和一批物流中心正在加速建设。2014 年 1 月，国务院正式批复陕西设立西咸新区，西咸新区正式成为第七个国家级新区，对于创新城市发展方式、探索和实践以人为核心的中国特色新型城镇化道路，促进工业化、信息化、城镇化、农业现代化同步发展，着力建设丝绸之路经济带重要支点，着力统筹科技资源，着力发展高新技术产业，着力健全城乡发展一体化体制机制，着力保护生态环境和历史文化，着力创新体制机制，努力把西咸新区建设成为我国向西开放的重要枢纽、西部大开发的新引擎和中国特色新型城镇化的范例。旅游文化方面，陕西已成为历史文化和自然风光兼备的境内外旅游重点地区。另外，以西安为中心，一大批文化创意、设计策划、广电传媒和信息开发服务机构及企业正在迅速发展。

2014 年，陕西服务业增加值达 6547.76 亿元，占生产总值的 37.01%。但与发达地区相比较，陕西第三产业发展相对滞后，不但总量不足，远远落后于同处西部的四川（10486.20 亿元）和近邻河南（12875.90 亿元），与发达地区北京（16627.00 亿元）和上海（15271.89 亿元）相比，差距更大，只是与重庆（6672.51 亿元）相比差距不大，而且结构单一，面向生活服务的产业发展较快，但交通运输等基础产业的瓶颈劣势明显，信息产业正处于初级发展阶段，知识产业、教育产业还未步入正轨，丰富的旅游资源产品尚处于初级层面。

（二）产业结构偏离度

1. 产业结构偏离度的定义

产业结构是指各产业的构成及各产业之间的联系和比例关系[1]。产业结构偏离度是指某一产业的就业比重与增加值比重之差，是反映就业结构与产值结构偏离程度的指标之一[2][3]。产业结构偏离度大于 0，就业比重大于产值比重，劳动生产率较低，存在劳动力转出的推力；产业结构偏离度小于 0，就业比重小于产值比重，劳动生产率较高，存在劳动力转入的引力。无论处于竞争均衡的发达工业化国家，还是处于结构转型的发展中国家，经济发展必然伴随着产业结构的调整，劳动力将会从第一产业向第二、第三产业转移[4]。库兹涅茨、钱纳里、赛尔奎因、克拉克、西姆斯等学者研究表明，随着经济的发展，第一产业结构偏离度由正偏离逐步缩

---

①　王立新：《经济增长、产业结构与城镇化——基于省级数据的初评研究》，《财经论丛》2014 年第 4 期。

②　李丽萍、黄薇：《武汉市产业结构的偏离度趋势》，《统计与决策》2006 年第 8 期。

③　朱相宇、乔小勇：《北京第三产业就业潜力与调整升级——基于产业结构偏离度的国际比较与分析》，《经济体制改革》2014 年第 2 期。

④　闫肃：《产业结构变迁、劳动力转移与收入分配——基于 VAR 模型的初评研究》，《财经论丛》2012 年第 1 期。

小，第二、第三产业结构偏离度由负偏离向 0 逐渐靠拢。当就业结构与产值结构相符，偏离度为 0，产业结构效益高，劳动者收入相对平均，社会更加公平正义①。

本书界定三次产业偏离度绝对值之和，称为产业结构总体偏离度。在一个完全竞争、自由迁徙的社会，人们以用脚投票的方法，进行职业选择，从效益较差的产业流入效益较好的产业。与此同时，产业结构总体偏离度随着三次产业结构偏离度的缩小，也逐步向 0 靠拢，达到资源利用效率最高、经济效益最好的所谓"帕累托最优"。产业结构偏离度的分析对特大城市更有意义，本书以陕西省会西安为案例进行实证研究。

2. 西安产业结构偏离度的历史演进与比较

(1) 历史纵向演进

随着经济的发展和产业政策的调整，西安产业结构呈良性调整状态，产业比例关系逐步与工业化、农业现代化发展趋势对接，产业结构逐步向高级演变。西安三次产业就业比重从 1985 年的 1∶0.73∶0.46 演变为 2012 年的 1∶1.41∶2.07，由"一、二、三"结构向"三、二、一"结构转变。三次产业产值结构从 1985 年的 1∶3.52∶2.05 演变为 2012 年的 1∶9.62∶11.70，由"二、三、一"结构也向"三、二、一"结构转变。

1985—2012 年间，西安产业结构总体偏离度虽有反复，但整体态势趋于下降（表 3.3、图 3.8），由 1985 年的 61.14 下降为 2012 年的 35.70，产业结构整体效益逐步提高，结构水平不断优化。这期间可划为两个阶段：①1985—2003 年间，产业结构总体偏离度在 60 左右徘徊。由于第一产业结构偏离度相对稳定（30 左右），第二产业结构偏离度反复螺旋上升，第三产业结构偏离度反复螺旋下降导致总体偏离度没有大的变化。根本原因在于固化的城乡二元体制，把农民束缚在日益减少的土地上；第二产业以资本密集型的重化工业为主、加之技术进步也影响了第二产业吸纳就业能力的提高；另外，政府消极保守的第三产业政策和西安相对僵化的思想意识，也制约了就业队伍扩大的可能性。②2004—2012 年间，产业结构总体偏离度下降趋势明显，由 58.33 下降为 35.70。这 8 年期间，由于政府的城镇化、城乡一体化发展战略，极大地解放了劳动力，促进了市场经济的快速发展，三次产业结构偏离度绝对值都在下降。劳动力从第一

---

① 段禄峰：《我国产业结构偏离度研究》，《统计与决策》2016 年第 6 期。

产业转出流向第二、第三产业（尤其是第三产业），第一产业劳动生产率提高，第二、第三劳动生产率相对下降所致，西安产业结构优化升级得到显著提升。

具体到三次产业，情况又有所不同，但总体优化趋势明显。第一产业产业结构偏离度由 1985 年的 30.57 下降到 2012 年的 17.85。这期间也划为两个阶段：①1985—2003 年间，产业结构偏离度在 30 左右，农村隐性失业现象没有得到改善，农业生产效率低下；②2004—2012 年间，产业结构偏离度下降趋势明显，表现为农民由第一产业向第二、第三产业转移，农民收入增加，西安正由农业社会逐步向工业社会过渡。

第二产业产业结构偏离度由 1985 年的 − 20.32 上升为 2012 年的 − 11.55。整个期间变化趋势反复，但总体表现为上升向 0 靠拢态势，尤其是自 2007 年后，这种态势更加明显，负偏离呈逐步缩小状态。现阶段，西安市刚刚进入工业化的中期阶段，第二产业就业比重从 1985 年的 33.22% 到 2012 年的 31.55%，28 年间都没有成为西安就业的主力军，说明西安第二产业根植性不强，三产间的关联性差，无法推动地区经济快速发展。如果第二产业不能顺利脱困，地区产业发展将有直接退到低层次的"三、二、一"结构的危险[①]。

第三产业产业结构偏离度由 1985 年的 − 10.25 上升为 2012 年的 − 6.30。整个期间与第二产业变化趋势一样反复不定，但总体还是上升向 0 靠拢趋势，自 2002 年后，这种趋势显著，就业比重快速提升，成为三次产业中就业结构与产值结构最为协调的产业。但这种相对协调是低层次的协调，是就业结构与产值结构的双重滞后。

表 3.3　　　　　　　西安市产业结构偏离度（1985—2012）

年份	就业构成（L）			GDP 增加值构成（G）			三次产业结构偏离度 Y =（L − G）			产业结构总体偏离度 K = Σ|Y|
	L1	L2	L3	G1	G2	G3	Y1	Y2	Y3	
1985	45.79	33.22	20.99	15.22	53.54	31.24	30.57	− 20.32	− 10.25	61.14

① 段禄峰、张鸿：《城乡一体化视域下的西安市城乡二元经济结构解析》，《生态经济》2011 年第 8 期。

续表

年份	就业构成（L）			GDP 增加值构成（G）			三次产业结构偏离度 Y =（L－G）			产业结构总体偏离度 K = Σ│Y│
	L1	L2	L3	G1	G2	G3	Y1	Y2	Y3	
1986	42.56	33.60	23.84	14.58	51.47	33.95	27.98	－17.87	－10.11	55.96
1987	41.76	34.52	23.72	13.38	47.02	39.60	28.38	－12.50	－15.88	56.76
1988	42.37	32.99	24.64	11.56	46.95	41.49	30.81	－13.96	－16.85	61.62
1989	42.75	31.99	25.26	11.68	44.72	43.60	31.07	－12.73	－18.34	62.14
1990	43.62	31.11	25.27	11.96	43.05	44.99	31.66	－11.94	－19.72	63.32
1991	43.79	31.12	25.09	12.61	41.91	45.48	31.18	－10.79	－20.39	62.36
1992	43.29	30.83	25.88	11.39	41.99	46.62	31.90	－11.16	－20.74	63.80
1993	42.35	31.35	26.30	9.84	48.30	41.86	32.51	－16.95	－15.56	65.02
1994	42.11	29.77	28.12	10.93	44.26	44.81	31.18	－14.49	－16.69	62.36
1995	41.17	29.43	29.40	12.53	40.97	46.50	28.64	－11.54	－17.10	57.28
1996	40.45	28.78	30.77	11.53	39.72	48.75	28.92	－10.94	－17.98	57.84
1997	39.79	28.42	31.79	10.50	40.50	49.00	29.29	－12.08	－17.21	58.58
1998	38.84	28.04	33.13	9.87	41.14	48.99	28.97	－13.10	－15.86	57.93
1999	38.62	27.62	33.77	7.89	42.15	49.96	30.73	－14.53	－16.19	61.45
2000	37.79	27.57	34.65	6.91	42.89	50.20	30.88	－15.32	－15.55	61.75
2001	37.27	27.99	34.74	6.24	42.58	51.18	31.03	－14.59	－16.44	62.06
2002	36.02	28.10	35.88	5.78	42.77	51.45	30.24	－14.67	－15.57	60.48
2003	36.22	26.94	36.84	5.36	43.03	51.61	30.86	－16.09	－14.77	61.72
2004	34.62	27.27	38.10	5.46	43.26	51.28	29.16	－15.99	－13.18	58.33
2005	32.78	27.46	39.76	5.20	42.48	52.32	27.58	－15.02	－12.56	55.16
2006	32.00	27.50	40.50	4.78	43.36	51.86	27.22	－15.86	－11.36	54.44
2007	30.56	28.66	40.79	4.68	43.80	51.52	25.88	－15.14	－10.73	51.75
2008	28.54	29.07	42.39	4.46	42.34	53.20	24.08	－13.27	－10.81	48.16

续表

年份	就业构成（L）			GDP 增加值构成（G）			三次产业结构偏离度 Y =（L−G）			产业结构总体偏离度 K = ∑ | Y |
	L1	L2	L3	G1	G2	G3	Y1	Y2	Y3	
2009	26.41	28.45	45.15	4.05	42.02	53.93	22.36	−13.57	−8.78	44.71
2010	24.56	30.45	45.00	4.32	43.39	52.29	20.24	−12.94	−7.29	40.47
2011	24.41	30.51	45.08	4.48	43.35	52.17	19.93	−12.84	−7.09	39.86
2012	22.33	31.55	46.12	4.48	43.10	52.42	17.85	−11.55	−6.30	35.70

注：① 数据来源：根据《西安统计年鉴（2013）》计算整理。

② L1 表示第一产业就业比重；L2 表示第二产业就业比重；L3 表示第三产业就业比重。
G1 表示第一产业产值比重；G2 表示第二产业产值比重；G3 表示第三产业产值比重。

③ Y1 表示第一产业结构偏离度；Y2 表示第二产业结构偏离度；Y3 表示第三产业结构偏离度。

K 表示产业结构总体偏离度。

④ 单位:% 。

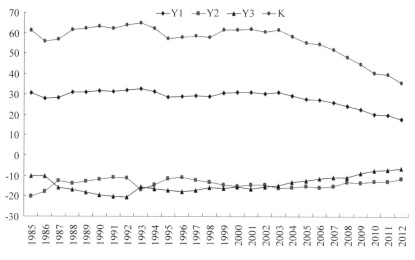

图 3.8　西安市产业结构偏离度变化趋势（1985—2012）

（2）区域横向比较

2012 年西安产业结构偏离度与全国，发达地区的北京、上海，及同为西部地区的成都、重庆作横向比较（表 3.4）。与全国相比，西安三次产业结构偏离度绝对值均小于全国水平，说明西安产业结构优于全国平均。但与发达地区的北京和上海相比，相差甚远。北京、上海三次产业结构偏离度绝对值均小于 5，体现出就业构成与价值创造的深度耦合性，表现为资源利用效率高，充分就业，社会和谐安定。西安产业结构优于同为西部的重庆，落后于成都。近年来，成都一直致力于"统筹城乡经济社会发展，推进城乡一体化"的战略部署，发挥政府引领作用，使劳动力能够按照市场需求合理流动，取得了经济发展与劳动力充分就业的较好成效。

表 3.4　　　　西安与全国及其他城市产业结构偏离度比较（2012）

区域	就业构成（L）			GDP 增加值构成（G）			三次产业结构偏离度 Y =（L-G）			产业结构总体偏离度 K = Σ ∣ Y ∣
	L1	L2	L3	G1	G2	G3	Y1	Y2	Y3	
西安	22.3	31.6	46.1	4.5	43.1	52.4	17.9	-11.6	-6.3	35.7
北京	5.2	19.2	75.6	0.8	22.7	76.5	4.4	-3.5	-0.9	8.8
上海	4.1	39.4	56.5	0.6	38.9	60.4	3.5	0.5	-3.9	7.9
成都	17.9	34.7	47.4	4.3	46.3	49.5	13.6	-11.6	-2.1	27.3
重庆	36.3	25.9	37.8	8.2	52.4	39.4	28.1	-26.5	-1.6	56.2
全国	33.6	30.3	36.1	10.1	45.3	44.6	23.5	-15.0	-8.5	47.0

注：① 数据来源：根据《中国统计年鉴（2013）》《西安统计年鉴（2013）》《北京统计年鉴（2013）》《上海统计年鉴（2013）》《成都统计年鉴（2013）》《重庆统计年鉴（2013）》计算整理。

② L1 表示第一产业就业比重；L2 表示第二产业就业比重；L3 表示第三产业就业比重。G1 表示第一产业产值比重；G2 表示第二产业产值比重；G3 表示第三产业产值比重。

③ Y1 表示第一产业结构偏离度；Y2 表示第二产业结构偏离度；Y3 表示第三产业结构偏离度。

K 表示产业结构总体偏离度。

④ 单位：%。

3. 西安产业结构偏离度的时序预测

（1）第一产业结构偏离度

将 1985—2012 年间西安产业结构偏离度数据录入 Excel，绘制散点图，添加趋势线，判断回归分析模型，并通过 SPSS19.0 进行 R^2、F 检验、T 检验，确定最佳模型。西安市第一产业结构偏离度拟合方程为：$y = -0.0016x^3 + 0.0322x^2 - 0.0539x + 29.821$。其中，y 为偏离度预测值；x 为时间序列号，1985 年时间序列号为基期 1，1986 年为 2……2012 年为 28（下同）。对发展趋势前推 6 年，即到 2018 年终时，第一产业结构偏离度基本为 0（图 3.9）。

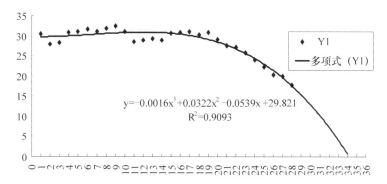

图 3.9　西安第一产业结构偏离度拟合曲线及发展趋势

（2）第二产业结构偏离度

同理，西安市第二产业结构偏离度拟合方程为：$y = 0.0039x^3 - 0.1769x^2 + 2.2129x - 20.55$。对发展趋势前推 4.5 年，即到 2017 年底时，第二产业结构偏离度基本为 0（图 3.10）。

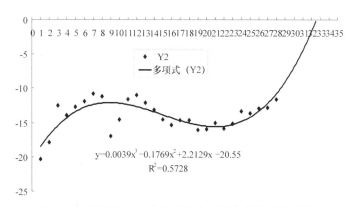

图 3.10　西安第二产业结构偏离度拟合曲线及发展趋势

（3）第三产业结构偏离度

同理，西安市第三产业结构偏离度拟合方程为：$y = 0.0003x^4 - 0.0172x^3 + 0.4257x^2 - 4.046x - 6.106$。对发展趋势前推 2.5 年，即到 2015 年中时，第三产业结构偏离度基本为 0（图 3.11）。

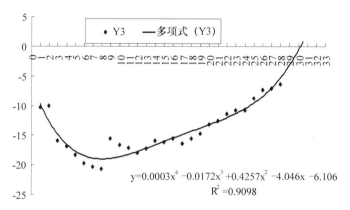

图 3.11　西安第三产业结构偏离度拟合曲线及发展趋势

（4）产业结构总体偏离度

西安市产业结构总体偏离度拟合方程为：$y = -0.0033x^3 + 0.0643x^2 - 0.1082x + 59.643$。对发展趋势前推 6 年，即到 2018 年底时，产业结构总体偏离度基本为 0（图 3.12）。

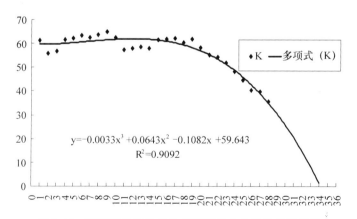

图 3.12　西安产业结构总体偏离度拟合曲线及发展趋势

二 产业集群态势

产业集群是区域产业发展战略的正确选择，是区域经济竞争力的源泉，也是经济发展到一定阶段的必然趋势。20 世纪 70 年代，西方发达国家掀起了一股研究产业集群的热潮。在我国，对于产业集群的研究才刚刚起步，集群经济还是一个十分新鲜的话题。位于我国西北地区的陕西由于市场化改革严重滞后，集群发展与区域实践结合不够紧密，造成产业园区只追求企业数量，而对园区企业持续竞争力和区域特色产业优势的培育并没有给予应有的关注，导致产业集群化、集约化程度低，集群内的分工协作与配套能力不强。当前，陕西产业集群经济发展的症结主要表现在以下几个方面：

缺乏有竞争力的产业集群。我国产业集群发展起步较晚，对于产业集群的研究还处于实证研究阶段，缺乏系统的理论指导。与东部沿海地区产业集群发展的良好势头相比，以通过基础设施建设和各种优惠政策吸引企业入驻的陕西产业集群规模小、产品关联度低、创新程度低，多数以仿制生产为主，处于"一流设备、二流管理、三流产品、四流创新"的低端生产状态。由于缺乏龙头企业与大型跨国公司的带动，竞争力有限，多数还不能够算作真正意义上的产业集群。

产业链缺损，不能形成产业自身发展的内在机制。陕西的工业体系大多数是在"三线"时期作为全国的能源、原材料基地，并在国家重点投资推动下建设起来的。重工业超前发展政策导致工业结构畸形、产业链缺损、专业化分工低、产业布局混乱，使产业难以形成内在的发展机制，企业缺乏由此产生的外部经济和集体效率，优势资源得不到充分发挥，制约着陕西的经济发展。另外，陕西的优势产业大多为资源密集型产业，自身的不足限制了产业链的延长，使产业集群的自我发展能力受到限制。

缺乏产业集群形成的制度环境。产业集群的形成需要完善的市场体制环境，经过 30 多年的经济体制改革，我国社会主义市场经济体制虽然初步建立，但还不十分完善。陕西区内军工企业、国有企业多，经营模式相对落后，且各自为政，自成体系，缺乏企业之间的相互协作和分工，既无大企业的规模效益，也无中小企业的专业化和低成本优势。在经济联系方面，各种行政干预和地方保护主义行为严重制约了生产要素在地区产业之间的流动，阻碍了生产要素的集聚和关联产业集群的形成。

三　产业空间布局

合理的产业布局可以充分发挥区域内各种资源要素的整合能力，突出技术进步与创新对产业的推动作用。陕西产业沿陇海主轴一带布局集聚。国外工业化过程表明，工业化在空间上应该是集聚的过程。陕西正处于工业化的中期阶段，乡村工业化从空间效应角度上看，实际上是一种分散工业化过程，分散布局是陕西乡村工业化的空间特征。工业空间分布的基尼系数可以定量表达小城镇工业分布的空间特征①。具体计算公式为：

$$JN = \sum_{i=1}^{n-1} (M_i Q_{i+1} - M_{i+1} Q_i) \tag{3.2}$$

其中：JN 是各城镇工业空间分布的基尼系数；n 表示城镇数；M_i 是第 1 个城镇至第 i 个城镇工业产值的累积百分比；Q_i 是第 1 个城镇至第 i 个城镇个数的累积百分比。通常认为：基尼系数在 0.2 以下表示高度平均；0.2—0.3 之间表示相对平均；0.3—0.4 之间表示较为合理；0.4—0.5 之间表示差距偏大；0.5 以上为差距悬殊。根据公式计算得到 2013 年陕西各城镇工业空间分布的基尼系数为 0.25，表明陕西乡村工业空间布局分散化程度较高。

四　产业发展问题

总体上看，"十二五"以来，全省产业结构不断优化，支柱产业逐步发展壮大。但由于目前陕西产业结构仍处在工业化中期较低层次，产业结构的"二元化"特征短期内仍将难以改变，支柱产业规模相对比较小，集中度不高，产业的竞争优势还不明显，区域之间产业协作配套能力较低。

（一）产业发展层次较低

2013 年陕西 GDP 为 16045.21 亿元，列全国第 16 位，在西部地区排在四川、内蒙古之后，位列第 3 位，全省 GDP 仅占全国的 2.55%，人均GDP 为 42692 元，稍高于全国平均水平。产业层次较低，第一产业仍然以传统农业经济为主体；第二产业中能源资源开采比重较高；第三产业仍以批发零售业和交通运输仓储邮政业等传统服务业为主，金融、互联网 +

---

① 陈晓华：《乡村转型与城乡空间整合研究——基于"苏南模式"到"新苏南模式"过程的分析》，安徽人民出版社 2008 年版，第 89 页。

等现代服务业相对滞后。

以国有经济为主体的陕西，由于产权改革、军转民品滞后，计划经济体制下的条块分割问题依然严重，企业"大而全"、"小而全"的问题始终没有得到根本解决，导致整个地区经济发展活力不足，第三产业发展滞后，工人失业现象严重。区内产业规模普遍偏小，缺少大型企业集团，无论是西飞公司，还是陕飞公司、陕汽集团，其经济规模都无法与世界甚至国内某些大集团相比，缺乏像三星、东芝或海尔、格力那样的能带动区域经济发展的大型企业集团。

产业结构不协调严重制约着经济的发展和总体效益的提高。陕西产业结构不协调主要表现在三次产业结构、就业结构、产业内部结构、企业组织结构、产品结构、技术结构、城乡结构等方面。从农业来看，陕西农业基础依然薄弱，龙头企业、生产基地和农户三者之间大多数只是一种产品买卖关系，完整的产业链并未建立。由于经营管理方式落后，组织化程度不高，农业产值比重远远低于农业就业比重，农民隐形失业严重，增收放缓，从而严重影响农村市场的开拓和整个国民经济的快速增长，导致许多"三农"问题长期没有得到有效解决。从工业来看，单就规模而言，陕西装备制造业在整个西部、西北地区占据了重要的位置，但由于低技术生产能力过剩、高附加值产业开发不足，再加上内部产业结构趋同，缺乏比较优势和梯度互补，导致规模优势并没有转化为经济优势，制造业的利润总额在全国同行业的比重为负值，整体处于亏损的境地。从服务业来看，2013年，陕西服务业增加值占GDP的比重为35%，远低于北京的77%和上海的62%。服务业不发达，就不能为其他产业提供便捷、高效、质优、价廉的服务，就难以促进其他产业的专业化分工和技术创新，影响竞争力的提高，并最终降低经济增长的效益。三大产业发展不协调，产业结构的高度化受制于技术瓶颈，粗放型的经济增长方式大大降低了资源环境的承载能力[1]。

（二）区域城乡发展不平衡

1. 区域空间

总体上看，三大区域产业发展差异巨大，关中的三次产业比例为

---

[1]　杜黎明：《主体功能区区划与建设——区域协调发展的新视野》，重庆大学出版社2007年版，第56页。

1:5.66:4.24，陕北的三次产业比例为 1:11.99:4.01，陕南的三次产业比例为 1:2.74:1.86。与全省的平均水平相比，关中工业基础良好，产业体系完备，以绝对的优势引领全省经济的发展，关中的第一产业比例较低，但第三产业发展态势良好；陕北的第一、第三产业比例明显较低，但第二产业比例较高；陕南的第一、第三产业比例明显高于全省，但第二产业比例较低（表 3.5）。

表 3.5　　　　　　　　　陕西不同区域经济发展状况（2013）

区域	GDP	第一产业	第二产业	第三产业	三次产值比
关中	10046.13	921.69	5216.8	3907.64	1:5.66:4.24
陕北	4200.89	247.12	2963.65	990.12	1:11.99:4.01
陕南	1997.16	356.82	976.02	664.32	1:2.74:1.86
陕西	16045.21	1526.05	8911.61	5607.52	1:5.84:3.67

注：① 数据来源：根据《陕西统计年鉴（2014）》计算整理。

　　② 由于统计原因，陕西的并不等于各区域之和，但相差不大。

　　③ 单位：亿元。

2. 城乡空间

陕西正处于大规模的工业化、城镇化建设时期，由于城市优先发展的思维惯性，政府长期内没有从城乡经济协调发展的高度来优化城乡经济布局，没有从"以工补农、以城带乡"的发展路径上调整农村经济结构，推动农村发展。级差地租效应驱使工厂从高地产值的中心市区迁出，以促进环境优化和工厂技术改造，但由于缺乏科学论证，规划布局混乱，一些企业迁移到生态脆弱的农村地区，往往造成更大的环境污染。

在城市和区域经济研究中，几乎所有研究都视产业趋同为制约区域经济一体化的一个主要障碍。由于缺少高效的协调机制，同质化的地方政府在经济利益的驱动下，争相出台优惠政策招商引资，导致各开发区产业发展方向相似，产业在同一领域或同一层次竞争，多数产业及企业的市场品牌效应尚未形成。虽然西安与其他市县经济联系在加强，但远未形成以西安为核心、优势互补、资源共享、市场共通、利益共存的都市区经济一体化格局，近距离范围内的产业趋同，必然会在生产要素和市场方面存在激烈竞争。

另外，在分散型农村工业化基础上建立的小城镇，制约了城镇化的正常发展，带来了环境污染、土地资源浪费、资源总配置效率损失等负面影响，进而产生了比"城市病"更严重的"农村病"。乡镇企业多数是由农民自筹资金创办的集体所有制企业，由于环境意识与生态观念淡薄，在农村商品经济和致富心理的直接驱动下，不少企业为了追求生产利润，形成一种"靠山吃山、靠水吃水"的资源开发形式。其次，乡镇企业往往存在着资金短缺、设备陈旧、工艺技术落后等缺陷，再加上布局分散，各种污染物无力控制，更无法回收处理，因而造成环境污染和土地资源浪费①。

相对于大中城市，由于资金的缺乏和认识的不够，县域在环境建设上明显滞后，一些企业不愿在中小城镇扎根，使工业合理布局不能顺利展开，另外，特色的缺乏，更难以留住人才、吸引外资。国家出台压缩过剩产能和关闭"五小"企业的产业政策，导致中小企业较为集中的县域在发展中经常处于不利地位。在国家宏观调控导向和市场配置资源导向的双重作用下，自然资源、资金、技术、人才、信息等生产要素，越来越向大中城市、大型企业集聚和集中，导致县域经济增长不够快，产业结构落后，对外开放程度不高，难以带动乡村经济发展。

（三）体制机制滞后

陕西"二元经济"特征明显，国有企业改革相对滞后，民营经济比重远低于沿海发达省份。加快以国有企业改革、壮大非公经济为主要任务的体制改革，突破体制瓶颈制约，已经成为配置优势资源，推动产业结构优化和升级，做强做大支柱产业的关键环节。

陕西是科技资源大省，但原始创新能力和集成创新能力不强，具有自主知识产权的核心技术、关键技术装备产品不多，科技成果转化及产业化进程仍然比较缓慢。科技人才的整体素质和结构不适应发展的要求。陕西在某些科技、文化、理论创新方面接近甚至超越了国内发达地区，但在体制、机制、观念、意识等发展理念方面与国内发达地区相比存在明显差距，缺乏系统有效的产业服务体系和创新机制。先进制造技术研发孵化产

---

① 刘青松、张咏、郝英群：《农村环境保护》，中国环境科学出版社2003年版，第201—202页。

业，地域性优势资源深精加工产业缺乏；入区企业急需的生产力促进中心、投资咨询中心、产权交易中心、人力资源开发中心及投融资机构等依然是空白；另外，军转民平台、科研院所与市场（企业）对接平台的缺失，使地区科技优势与地区产业两层皮。

第五节　社会现状

一　城乡收入差异明显，相对差距有所缩小

城镇与乡村作为一种非均质的地域经济空间，是人类赖以生存、活动和发展的地域实体。陕西居民收入不但增长迅速，而且来源多样化、市场化。城镇居民有工资性收入、经营性收入、财产性收入及转移性收入；广大农民也不再依靠传统农业收入，大量的农民进入二、三产业，非农收入所占比重不断增加。但也应清醒地认识到，城乡、行业之间收入差距在不断拉大，收入最高的金融业是住宿和餐饮业的 3.2 倍。新世纪以来，陕西城乡居民收入差异明显，城乡收入比在高位波动徘徊，最高为 2009 年的4.11，最低为 2000 年的 3.49（表 3.6）。自 2010 年后，城乡收入比有下降趋势，2012 年为 3.60。据世界银行统计，发达国家城乡收入比一般为1.2，中等收入国家为 1.5，即使最落后的发展中国家城乡收入比率也在 3以下。陕西城乡收入比一直都在 3 以上，甚至达到 4 的高位；如果考虑到城乡居民享有的各种补贴、劳保福利和社会保障等隐性收入，以及农民尚需从纯收入中扣除各种税用于再生产的部分，陕西城乡居民的实际收入差距为 5—6 倍，说明城乡收入差距过大，社会收入分配极度不公。2012年，我国城乡收入比为 3.10，东部的山东、福建分别为 1.89、2.81；同处西部的四川和重庆分别为 2.90、3.11，而陕西却为 3.60，显而易见，陕西城乡收入水平的二元性非常突出（表 3.7）。另外，虽然相对差距近期有所缩小，但陕西城乡绝对收入差距却在不断扩大，由 2000 年的 3654元演变为 2012 年的 14971 元。收入是消费的基础，收入水平直接决定消费开支和消费结构。较大的城乡居民收入差距，一方面使城乡居民消费之间出现严重断层，工业在满足城镇居民需求之后，农村的需求无法跟上，导致消费品市场需求不足，进而影响了经济增长速度和城乡居民生活水平的提高。

表3.6　　　　　陕西城乡居民人均收入及消费水平（2000—2012）

年份	农村居民家庭人均纯收入（元）	城镇居民家庭人均可支配收入（元）	城乡收入比	农村居民家庭恩格尔系数（%）	城镇居民家庭恩格尔系数（%）
2000	1470	5124	3.49	43.5	35.8
2001	1520	5484	3.61	41.9	34.3
2002	1596	6331	3.97	37.9	34.1
2003	1676	6806	4.06	39.3	34.6
2004	1867	7492	4.01	42.4	35.9
2005	2052	8272	4.03	42.9	36.1
2006	2260	9268	4.10	39.0	34.3
2007	2645	10763	4.07	36.8	36.4
2008	3136	12858	4.10	37.4	36.7
2009	3438	14129	4.11	35.1	37.3
2010	4105	15695	3.82	34.2	37.1
2011	5028	18245	3.63	30.0	36.6
2012	5763	20734	3.60	29.7	36.2

数据来源：根据《陕西统计年鉴（2013）》计算整理。

表3.7　　　　我国不同省份城乡居民人均收入及消费比较（2012）

区域	农村居民家庭人均纯收入（元）	城镇居民家庭人均可支配收入（元）	城乡收入比	农村居民家庭恩格尔系数（%）	城镇居民家庭恩格尔系数（%）
全国	7916.6	24564.7	3.10	39.3	36.2
陕西	5763.0	20734.0	3.60	29.7	36.2
四川	7001.0	20307.0	2.90	35.9	29.9
重庆	7383.3	22968.1	3.11	44.2	41.5
山东	13645.3	25755.2	1.89	17.0	20.2
福建	9967.0	28055.0	2.81	46.0	39.4

数据来源：根据各省2013年统计年鉴及《中国统计年鉴（2013）》计算整理。

二 城乡消费水平差距大，生活质量差异悬殊

消费需求是推进经济增长的主导力量之一。改革开放以来，陕西的消费水平和消费结构都发生了巨大的变化，消费水平和消费结构升级。收入水平决定消费水平，过大的城乡居民收入差距，必然导致城乡居民消费水平的悬殊。2000—2008 年间，陕西农村居民家庭恩格尔系数高于城镇居民家庭恩格尔系数；2009—2012 年间，情况却反了过来。但这并不说明陕西农村生活好于城镇，恰恰相反，由于农村较低的收入基数，加之社会保障的不健全，使广大农民对未来有较低的生活预期，少花钱、少消费也就成为理性选择。总体而言，农村居民消费水平低，以温饱型家庭为主，主要消费在食品、衣着、医疗、居住方面；城镇居民消费水平较高，舒适品和服务产品比例较大，以住房、教育、旅游、汽车消费为主，不少家庭迈入小康、富裕家庭行列。陕西城乡居民消费水平的二元性并没有明显改善，这从另一个侧面反映出农民享受到改革开放的实惠极少。

2014 年我国 GDP 增长 7.3%，其中消费、投资、出口分别拉动 3.8、3.4 和 0.1 个百分点，消费对经济增长的贡献率达到 46.7%。在国内资产泡沫极度膨胀、出口受阻的情况下，现今消费已成为经济增长的首要因素。2014 年，陕西农村人口占 47.43%，是扩大市场需求潜力最大的群体。近几年，农民消费需求不足成为制约陕西经济发展的重要因素。农村消费水平偏低，广大的农村消费市场难以打开，造成国内市场消费不振，极大地影响到社会的总需求，影响到国民经济的健康发展，造成产能过剩、库存增加、劳动力就业困难，城乡、区域间过大的发展差距及利益冲突不断引发新的社会冲突。如果通过新农村运动，由国家投资作为引导，启动农村的消费，则对推动陕西国民经济快速发展的意义是十分重要的。

三 农业与非农业劳动生产率二元性显著

（一）比较劳动生产率

比较劳动生产率，即一个部门的产值比重同在此部门就业的劳动力比重的比率。设 G 为总产值，L 为总劳动力数，G_1 为农业部门产值，G_2 为非农业部门产值，L_1 为农业部门劳动力数，L_2 为非农业部门劳动力数。显然 $G_1 + G_2 = G$，$L_1 + L_2 = L$。比较劳动生产率的计算公式为：

$$B_1 = \frac{G_1/G}{L_1/L} \qquad\qquad (3.3)$$

$$B_2 = \frac{G_2/G}{L_2/L} \qquad\qquad (3.4)$$

由于农业的天然弱质性，第一产业比较劳动生产率通常低于1，而非农产业（第二产业＋第三产业）的比较劳动生产率高于1。第一产业和非农产业的比较劳动生产率的差距越大，经济的二元性越显著。从时间序列考察，当经济结构二元性处于加剧阶段时，农业部门的比较劳动生产率逐渐降低，非农业部门的比较劳动生产率逐渐升高；在两部门的比较劳动生产率差别达到最高点后，农业部门比较劳动生产率又转而逐渐升高，从低于1的方向趋于1，非农业部门比较劳动生产率则趋于下降，从高于1的方向趋于1。所以，农业部门比较劳动生产率的变动轨迹呈现"U"型特征。同时，非农业部门比较劳动生产率的变动轨迹呈现倒"U"型特征。

从表3.8及图3.13可以看出，2000—2012年间，陕西农业产值比重即G1/G↓，农业就业比重即L1/L↓，农业产值比重下降幅度与农业就业比重下降幅度相差无几，B1稍有波动，但变化不大，陕西城乡经济二元性具有稳态趋势；非农产值比重即G2/G↑，非农就业比重即L2/L↑，且非农业产值比重上升幅度小于非农业就业比重上升幅度，B2趋于变小，表明非农产业吸纳劳动力的能力不断增强，陕西城乡经济二元性有变小趋势；综合以上情况，B2－B1的差值从2000年的1.68降到2012年的1.23，说明陕西城乡经济二元性在新世纪呈现出逐步弱化的趋势。

表3.8　　　　陕西劳动生产率二元性变动表（2000—2012）

年份	G1	G2	G	G1/G	G2/G	L1	L2	L	L1/L	L2/L	B1	B2	B2—B1	R1	R2
2000	258.22	1545.78	1804.00	0.14	0.86	1010	803	1813	0.56	0.44	0.26	1.93	1.68	0.13	0.41
2001	263.63	1746.99	2010.62	0.13	0.87	994	791	1785	0.56	0.44	0.24	1.96	1.73	0.12	0.43
2002	282.21	1971.18	2253.39	0.13	0.87	1003	871	1874	0.54	0.46	0.23	1.88	1.65	0.12	0.41
2003	302.66	2285.06	2587.72	0.12	0.88	997	915	1912	0.52	0.48	0.24	1.85	1.62	0.12	0.40
2004	372.28	2803.30	3175.58	0.12	0.88	965	976	1941	0.50	0.50	0.24	1.76	1.52	0.13	0.38
2005	435.77	3497.95	3933.72	0.11	0.89	957	1019	1976	0.48	0.52	0.23	1.72	1.50	0.13	0.37
2006	484.81	4258.80	4743.61	0.10	0.90	956	1030	1986	0.48	0.52	0.21	1.73	1.52	0.12	0.38

续表

年份	G1	G2	G	G1/G	G2/G	L1	L2	L	L1/L	L2/L	B1	B2	B2—B1	R1	R2
2007	592.63	5164.66	5757.29	0.10	0.90	933	1080	2013	0.46	0.54	0.22	1.67	1.45	0.13	0.36
2008	753.72	6560.86	7314.58	0.10	0.90	909	1130	2039	0.45	0.55	0.23	1.62	1.39	0.14	0.34
2009	789.64	7380.16	8169.80	0.10	0.90	876	1184	2060	0.43	0.57	0.23	1.57	1.34	0.14	0.33
2010	988.45	9135.03	10123.48	0.10	0.90	856	1218	2074	0.41	0.59	0.24	1.54	1.30	0.15	0.31
2011	1220.90	11291.40	12512.30	0.10	0.90	824	1235	2059	0.40	0.60	0.24	1.50	1.26	0.16	0.30
2012	1370.16	13083.52	14453.68	0.09	0.91	797	1264	2061	0.39	0.61	0.25	1.48	1.23	0.17	0.29

注：①数据来源：根据《陕西统计年鉴（2013）》计算整理。

　　②GDP 单位：亿元；劳动力单位：万人。

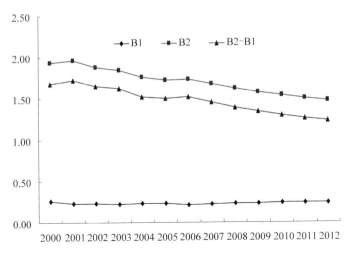

图 3.13　陕西比较劳动生产率变化趋势图（2000—2012）

（二）二元对比系数

二元对比系数是建立在比较劳动生产率基础之上，即第一产业比较劳动生产率与非农产业比较劳动生产率的比率。由于第一产业比较劳动生产率一般小于 1，而非农产业比较劳动生产率通常大于 1，故二元对比系数理论上处于 0—1 之间。该指标与经济结构二元性的强度呈反向变动关系。发达国家二元对比系数一般为 0.52—0.86，发展中国家二元对比系数通常为 0.31—0.45。

设 R1 为二元对比系数，二元对比系数的计算公式为：

$$R1 = \frac{B1}{B2} \tag{3.5}$$

其中：B1、B2 计算方式同公式 3.3、公式 3.4。

从表 3.8 及图 3.14 可以看出，2000—2012 年间，陕西城乡二元对比系数中间虽有小的波动，但总体态势平稳上升，从 2000 年的 0.13 上升到 2012 年的 0.17，说明陕西城乡二元经济性在变弱，但还远远不够，不仅远远落后于发达国家的 0.52—0.86，而且和发展中国家的 0.31—0.45 也有相当差距。

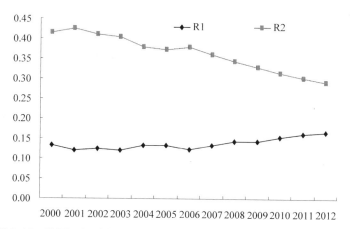

图 3.14　陕西二元对比系数、二元反差系数变化趋势图（2000—2012）

（三）二元反差系数

二元反差系数，即第一产业的产值比重与劳动力比重之差的绝对值与非农产业的产值比重与劳动力比重之差的绝对值的平均值。二元反差系数理论上也为 0—1 之间，与二元对比系数相反，二元反差系数越大，第一产业和非农产业的差距越大，城乡二元经济性越显著；当二元反差系数为 0 时，二元经济转变为一元经济，二元性消失。

二元反差系数的计算公式为：

$$R_2 = \frac{1}{2} \times \left(\left| \frac{G_1}{G} - \frac{L_1}{L} \right| + \left| \frac{G_2}{G} - \frac{L_2}{L} \right| \right) \tag{3.6}$$

从表 3-8 及图 3.14 可以看出，2000—2012 年间，陕西城乡经济二元反差系数一直趋于下降，从 2000 年的 0.41 下降到 2012 年的 0.29，说明陕西城乡经济二元性趋于变弱。

陕西城乡二元结构依然严重，第三产业发展缓慢。在当今社会逐步向知识经济社会过渡的时期，陕西的发展要善于利用知识经济所带来的信息、技术、市场能量不断加强生态产业和知识经济的发展，逐步改进城乡二元化结构，加快城镇化的进程。

四　城乡公共服务事业差距

城乡之间的差距，不仅反映在城乡居民收入和城乡消费生活水平方面，公共服务的差距同样十分悬殊。公共服务供给长期偏向城市，公共财政的阳光并没有全面覆盖农村。费景汉、拉尼斯指出：仅仅以收入为基础定义贫困的方法有一个严重的缺陷，即它没有考虑对公共品，如医疗、教育、可饮用水的获得以及卫生的最低限度的支配权[①]。现在的城乡差距不仅是收入的差距，更为突出的是居民在公共服务方面的差距。事实上，农村、农业、农民已处于社会公共服务的边缘地带。

（一）社会保障

社会保障制度作为一种社会经济制度，是公共选择的结果，是社会经济发展到一定阶段的产物。它通过养老、失业、工伤、医疗保险、社会救助等措施调整区域国民收入分配，促进区域要素的配置与收入分配的再调整，弥补个人保障能力不足、增强抵御外部风险，达到区域所有制结构、产业结构、市场结构的帕累托改进，从而增加区域福利，为区域经济、社会的健康运行提供稳定的发展环境。完善的社会保障制度作为现代社会的一个重要标志，在社会经济运行中起着"安全网"的作用。

经济发展水平决定着社会保障制度的供给能力和需求水平。我国城镇早在20世纪90年代初就已开始建立居民最低生活保障制度和各种社会求助制度，城镇社会救助制度已经比较完善，而农村居民最低生活保障2007年才全面启动，农村社会救助制度的保障水平有限，处于不稳定状态。

陕西基本确保国有企业下岗职工基本生活和离退休人员养老金发放；建立了国有企业下岗职工基本生活保障、失业保险和城镇居民最低生活保障；以养老保险、失业保险、医疗保险为主要内容的社会保险制度基本确

---

① ［美］费景汉、拉尼斯：《增长和发展：演进观点》，洪银兴等译，商务印书馆2004年版，第136页。

立，并已覆盖绝大部分城镇职工；建立了多渠道筹集社会保障资金制度，社会保险管理服务社会化取得了重大进展（表3.9）。

表3.9　　　　　**陕西省城镇职工参加社会保险统计表（2013）**

区域	失业保险	养老保险	医疗保险	工伤保险	生育保险
陕西	339.67	684.51	1244.26	378.06	240.25

注：①数据来源：根据《陕西省2013年国民经济和社会发展统计公报》计算整理。
②单位：万人。

2013年末全省城镇失业保险参保人数339.67万人；城镇职工养老保险参保人数684.51万人；基本医疗保险参保人数1244.26万人；工伤保险参保人数378.06万人；职工生育保险参保人数240.25万人。陕西城镇社会保险对象限定为城镇职工，进城就业的农民工事实上被排除在外，农村社会保障亟待发展。同二元经济结构相适应，社会保障体系也呈现明显的二元化特征：城镇初步建立了相对完善的体制和制度，农村目前是以家庭保障和土地保障为主、以国家救济和乡村办福利为重点的保障类型；在城乡社会保障水平上，农民还没有享受到社会保障的公平权利。"农保"水平与"城保"和"镇保"水平相距甚大，税费改革使县乡经费短缺，在经济落后区域，农村最低生活保障覆盖面虽宽，但标准很低，甚至形同虚设，不能真正发挥作用，农村基本社会保障体制和制度仍在探索之中。

（二）教育

正如美国政治哲学家罗尔斯所说，受教育是一种基本权利，它的作用在于让人们在竞争中处于相同的起跑线上。城乡之间公共品分享最不平等的首推教育。陕西的教育实力在全国各大城市中位居前列。但陕西农村基础教育硬件环境与中心城区存在较大差距，加大了城乡基础教育领域教学质量的差距，如缪尔达尔所描述的地理上的"回波效应"那样，由于农村教学条件比较艰苦、老师待遇比较低下，农村优秀老师大都向城镇尤其是向西安市区集中，西安中心六区成为教育"高地"。目前，陕西农村学校的很多教师是由原来的民办教师转过来的，学历层次偏低，年龄偏高，严重影响了农村教育水平，教育也面临着严重的资源分布不均问题。

2005 年之前，本应该由国家财政来承担的农村义务教育，资金的主要来源却是乡镇和农村教育费附加，而乡镇财政收入的主要来源是农民缴纳的农业税。现在虽经改革变成由县级财政负责，但由于陕西大多数地区县级财政基本上还是"吃饭财政"，很难做到对农村义务教育真正负责，最终农村义务教育主要还是要靠农民负担，经费不足严重制约着农村教育的发展。与之相比，城市的义务教育则是由国家承担，城乡教育差距不断扩大。转移农村剩余劳动力是解决"三农"问题的根本出路，是统筹城乡发展、实现城乡一体化的重要途径。然而农民科学文化素质整体较低已经严重地影响到了农村剩余劳动力的转移步伐和城镇化质量的提升。从整体上看，陕西农民仍然是个"知识贫困"的群体。

（三）医疗卫生

20 世纪 80 年代农村实行家庭联产承包责任制以来，农村合作医疗体系基本解体，农村卫生保健工作明显削弱，大部分乡镇卫生院濒临倒闭或勉强度日。体制的改革与经济的发展促进农村优势卫生资源向城镇加速集中，先进医疗设备大多配置在城市。整个关中地区甚至陕北、陕南的卫生资源向中心城市西安高度集中，而西安市的卫生资源又向中心 6 区集中。

改革开放虽然促进了经济的发展，但城乡医疗卫生资源差距却在不断扩大。2014 年，西安城乡人均卫生费用比、千人拥有的医疗卫生技术人员比分别为 3.7、1.6。农村合作医疗在机构建设、人员待遇方面存在诸多问题，如医疗设施落后，农村合作医疗人员年龄偏大，学历、专业水平、技术职称偏低等，且农村卫生资源利用率也低于城市。

城镇职工参加基本医疗保险，由用人单位和个人共同缴费，实行社会统筹和个人账户相结合的管理模式；农民参加新型农村合作医疗，以家庭为单位，由个人、集体和国家三方出资，属自愿行为，保障程度很低，基本上处于自费医疗的状态；医药费用的过快增长，大大超过了农民的收入增长，农民因病致贫和返贫现象时有发生。

（四）就业

陕西有大量的国家三线建设时期投资的国有企业，近年来，虽然国有企业就业比重下降较快，但仍是城镇人员就业的主力军；乡镇企业从业人员从改革开放时期的迅速增长到如今的日渐式微，从另一个角度说明我国商品短缺时代已经过去，供给侧改革势在必行；近年来，城镇私营及个体从业人员上升较快，体现了陕西经济的勃勃生机。总体而言，随着国有企业改革的深化，经济结构的调整和产业结构的升级换代，加之众多的人口，使得劳动力供大于求的矛盾一直未能得到根本性改变①。

近年来，陕西就业人员不断增加，从 2000 年的 1813 万增长到 2013 年的 2058 万，但相比于较大的人口基数，就业率增长缓慢，农村劳动力转移缓慢，严重影响了国民经济的发展和社会的进步（表 3.10，图 3.15）。国有企业就业比重下降较快，但仍是城镇人员就业的理想选择。陕西城镇化率虽然已超过 50%，进入了城市社会，但乡村依然是从业人员的主阵地，2013 年达 62.05%，与城镇化发展水平相背离，说明陕西二次、三次产业发展落后的现实，农民进城了，但多数却仍在乡村劳作，违背了社会经济发展规律。2013 年，陕西一、二、三产业的产值分别为 1526.05 亿、8911.64 亿和 5607.52 亿元，就业人员为 779 万、516 万和 763 万人，产值结构为二、三、一，就业结构为一、三、二，体现了陕西城乡二元经济的刚性。

表 3.10 　　　　　　　　陕西从业人数变动表（2000—2013）

| 年份 | 合计 | 按城乡分 | | | | | 按三次产业分 | | | | | | 三次产业比 |
| | | 城镇 | | 乡村 | | 城乡比 | 第一产业 | | 第二产业 | | 第三产业 | | |
		人数	比重	人数	比重		人数	比重	人数	比重	人数	比重	
2000	1813	463	25.55	1350	74.45	0.34	1010	55.71	299	16.49	504	27.80	1:0.30: 0.50
2001	1785	444	24.89	1341	75.13	0.33	994	55.69	297	16.64	494	27.68	1:0.30: 0.50
2002	1874	504	26.88	1370	73.12	0.37	1003	53.52	308	16.44	563	30.04	1:0.31: 0.56
2003	1912	507	26.51	1405	73.49	0.36	997	52.14	364	19.04	551	28.82	1:0.37: 0.55
2004	1941	506	26.09	1435	73.91	0.35	965	49.72	361	18.60	615	31.68	1:0.37: 0.64
2005	1976	531	26.87	1445	73.13	0.37	957	48.43	368	18.62	651	32.95	1:0.38: 0.68
2006	1986	554	27.90	1432	72.10	0.39	956	48.14	375	18.88	655	32.98	1:0.39: 0.69

① 王圣学：《西安大都市圈发展研究》，经济科学出版社 2005 年版，第 88 页。

续表

年份	合计	按城乡分				按三次产业分						
		城镇		乡村		城乡比	第一产业		第二产业		第三产业		三次产业比
		人数	比重	人数	比重		人数	比重	人数	比重	人数	比重	
2007	2013	591	29.37	1422	70.63	0.42	933	46.35	401	19.92	679	33.73	1:0.43:0.73
2008	2039	611	29.95	1428	70.05	0.43	909	44.58	420	20.60	710	34.82	1:0.46:0.78
2009	2060	622	30.20	1438	69.81	0.43	876	42.53	493	23.91	691	33.56	1:0.56:0.79
2010	2074	683	32.93	1391	67.06	0.49	856	41.25	561	27.04	657	31.69	1:0.66:0.77
2011	2059	738	35.84	1321	64.16	0.56	824	40.02	585	28.41	650	31.57	1:0.71:0.79
2012	2061	746	36.20	1315	63.80	0.57	797	38.67	498	24.16	766	37.17	1:0.62:0.96
2013	2058	781	37.96	1277	62.05	0.61	779	37.85	516	25.07	763	37.07	1:0.66:0.98

注：①数据来源：根据《陕西统计年鉴（2014）》计算整理。

②人数单位：万人。

③比重单位:%。

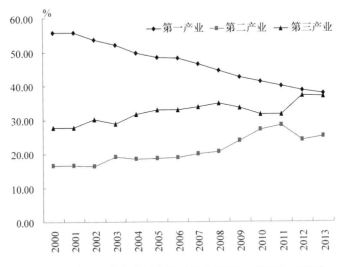

图3.15 陕西三次产业就业比重变化趋势图（2000—2013）

第六节 生态环境

经过各级政府的努力，陕西城乡环境质量总体稳定，水源保障供给能力有所提高，水土流失得到初步遏制；重点区域、流域环境治理取得一些阶段性成果，如渭河综合治理规划、秦岭北麓生态环境保护专项整治、陕北黄土高原水土流失整治等工作全面推进；涌现出一批环境与经济协调发展的典型，如西安高新区成为全国第八个获得 ISO14000 认证的示范区，杨凌建成国家级生态示范区等。改革开放以来，陕西在经济迅速发展的同时，生态环境也日益恶化，表现在区域内外生态环境的某些组成要素过多或不足，或匹配不合理，严重制约了生态系统功效稳定持续地发挥，加上人类自身活动对生态环境恶化的加剧，造成了陕西生态环境与城镇化发展的突出矛盾。

一 生活模式传统，先天条件不足，城镇发展环境不佳

陕西长期以来形成的传统农业和工业发展模式、传统的生产生活方式、传统的生态资源消费模式，使得居民生态环境利用和保护观念十分淡漠，城镇外部多年来焚山毁林，焚烧垃圾，破坏植被，水土流失，土地荒漠化和水源地污染破坏等现象比比皆是。城乡结合部未经处理的牲畜粪便和生活垃圾等废弃物直接进入环境对生态环境造成严重危害；许多规模化养殖场没有污染防治设施，大量粪便、污水未经有效处理直接排入水体，造成严重的环境污染，导致陕西生态环境十分脆弱和极度恶化，而脆弱恶化的生态环境又导致陕西严重缺水，干旱、半干旱区域面积日益扩大，关中、陕北地区尤其严重，加之持续不断的沙尘暴等因素都成为制约陕西城镇化发展的严重瓶颈；就城镇内部而言，传统的生产生活模式致使陕西城镇居民在垃圾分类处理、三废排放治理、水资源合理利用、违章搭建拆除和噪声污染防治等方面缺乏生态环境保护和循环经济发展的前瞻性思维和理念，不仅难以提升陕西整体经济社会发展的实力，更进一步阻碍了城乡居民生态环保理念的接受和思维观念的转变，进而导致陕西城镇化发展环境质量不佳的现状长期难以得到改善。

陕西经济欠发达地区尚没有能力抑制住资源衰竭、环境退化的势头，人口的生存压力迫使掠夺开发，继续造成植被破坏、水土流失、江河断

流，重要湖泊、湿地日趋萎缩，地下水位下降，森林草原退化直至荒漠化，动植物物种资源灭绝；迅速膨胀的经济总量、迅速提高的生活水平的背后却是落后技术的支撑，从而引起耕地、能源、水等稀缺资源的更大占用和消耗。强烈的现代化需求、频繁的人类活动、快速的结构性增长和高物耗、高污染型的产业发展对城镇及区域生态环境的胁迫效应正以正反馈形式发展[1]（图 3.16）。资源禀赋、自然生态和技术条件的区际差异性导致不同地区的资源环境承载能力和发展潜力差异较大，而相对薄弱的经济基础和科技转化为现实生产力的不足，使经济发展采用了以大量消耗资源和粗放经营为特征的发展模式，造成了对自然资源和生态环境的破坏。

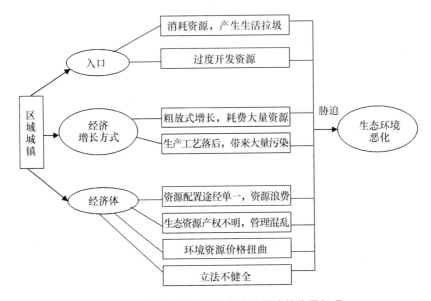

图 3.16 城镇化进程中生态胁迫效应的作用机理

二 人口分布不均，生态消费过度，城镇体系发育不全

陕西人口居住分散，关中地区人口稠密，陕北、陕南人口相对稀疏。陕北、陕南人口规模小，人工环境呈点状低密度散布于自然环境当中，导

---

① 杨家栋、秦兴方、单宜虎：《农村城镇化与生态安全》，社会科学文献出版社 2005 年版，第 97 页。

致人口聚居区相对数量较多,使得陕西在现有城镇体系中建制镇的数量相对过多,城市太少;在建制镇中大城镇、中心城镇太少,小城镇过多。2014 年底陕西城镇总数为 1156 个,其中地级市 11 个,县级市 3 个,建制镇 1142 个。这种人口的点状低密度散居状态使得陕北、陕南的居民长期以来在生产生活过程中对周围环境的依赖度逐步增强,人们在不断提升自己生活质量的同时却人为弱化了对自然生态环境的保育,忽视了城镇建设中各种防灾减灾措施的落实,进而加剧了山洪、泥石流等自然地质灾害在城镇生活和发展过程中的危害,导致现有的城镇公共基础设施很难杜绝隐患,应对日益严重的排涝、泄洪、风灾等自然灾害,为广大城镇居民提供安居乐业的生活生产场所。同时就城镇非农化人口数量和规模而言,由于人口分布的极度不均衡,使得陕西存在大城市(西安)人口过密、小城镇人口过疏的弊端,大城市和小城镇之间缺乏城市体系演变的过渡环节——中等城市,这种不甚合理的城镇体系在对生态环境构成严重影响的同时,也制约着陕西城镇化的演变体系的完善。

三 产业结构初级,生态压力加剧,城镇经济发展乏力

陕西长期以来生产技术落后,产业结构较为传统,一、二产业相比东部发达地区比重较大,第三产业发展滞后,工业企业主要以能源、煤炭、石化、采掘、原材料和初级产品加工为主,设备、技术陈旧,这些传统的产业大多属于高能耗、高污染、高排放的"三高"产业,且大多数已属于夕阳产业和产能落后的待淘汰产业,这些产业对陕西经济社会发展的综合贡献能力较弱,在经济社会发展与生态环境保护中性价比极低,产业关联度不高,严重制约陕西城镇化发展的同时进一步恶化了陕西人居生态环境。由于产业结构比较初级,所以在既有技术条件下,陕西工农业生产率低,且各类要素配置已经接近或达到最优状态,依靠重新配置生产要素不会使产能有显著增加,为区域城镇化发展提供新的资源禀赋和经济发展机会。加上陕西目前正面临着传统产业结构转型带来的劳动力剩余、资本短缺、技术停滞、工农业基础设施薄弱、生产规模狭小以及自我造血功能不足等一系列困难,致使陕西必须在调整现有产业结构,加快产业升级换代,承接产业梯度转移,走新型工业化道路,在资源节约型和环境友好型社会建设中为区域内城镇化发展寻求新的增长契机和动力机制。

四　协调发展困难，"两型"社会难建，城镇整体质量不高

城镇化从来就不是一个单纯的城镇发展的问题，它与区域内人口、资源、环境和发展彼此依存，互为制约，相互作用形成了独特的城镇化发展系统。"孤立地追求生态保护不能遏制全球环境的衰退"，"公共地悲剧"及环境问题的一个重要原因是市场失效。生态环境建设必须是一种经济活动，目前实行的经济市场机制与生态环境建设的计划经济体制，导致生态建设缺乏经济利益的驱动，不能充分调动农民的生态环境建设积极性[①]。陕西生态环境监管协调机制不健全主要表现在：一是相关法律法规不健全、不完善，生态保护政策不配套。资源的廉价或无偿占有，"守法成本高、违法成本低"的经营理念，助长了一些企业污染环境的行为。二是认识不到位、工作不到位的现象时有发生，有法不依、执法不严的问题仍然存在。为了当地眼前的经济利益，在生态保护问题上"上有政策、下有对策"，使资源和环境受到破坏。三是生态保护事前参与决策少、事后监管多，特别是在规划决策时监管乏力，造成执法成本高。四是生态监管能力建设滞后于经济发展，编制少、经费不足，装备落后，执法人员水平参差不齐，不能适应生态保护工作的要求。

由于人口的自然增长速度远高于城镇化过程中的人口转移速度，加之人口结构不合理，人口素质较低，环保意识观念淡漠，致使陕西资源环境承载力面临巨大困境。而陕西又由于人口分布不均衡，资源禀赋差异很大，生态环境区际分异较强，各地区都依赖区域独特自然资源、矿产资源和区位优势形成了无法复制的产业结构和工业布局，这些特色产业和独特的工业布局虽然在短期内促进了本地区经济的增长和城镇化进程，但从长远来看，这种缺乏人口、资源、环境和发展高度协调的经济发展和发展模式，落实在陕西城镇化过程中表现为以简单的资源采掘、开发、消费引导经济发展，进而形成人口在城乡之间的无序转移，而这种资源的无序开发利用在本身促使生态环境恶化的同时，伴随着人口的流动又进一步加剧了城镇内部一系列问题的集中爆发，无法在稳健的基础上促进中小城镇的健康发育，也给城镇内部的管理工作带来诸多考验，在破坏人居环境的同

---

① 延军平等：《中国西北生态环境建设与制度创新》，中国社会科学出版社 2004 年版，第99 页。

时，也使得陕西城镇化质量难以提高①。

　　以 GDP 为导向的发展观、政绩观，片面认为发展就是推进 GDP 增长，提高物质生活水平，从而忽视经济结构的变化和环境承载能力的下降。其结果是与物质增长相关的指标增长较快，而与人的全面发展相关的"民生性"指标则不能同步发展，进入了先污染再治理、越治理越污染的怪圈，最终影响经济的发展。经验证明，在发展观上出现了盲区，往往会在政绩观上陷入误区，而正确政绩观的缺乏，往往会在实践中偏离科学的发展观。陕西生态环境的恶化已经成为影响和制约城镇化发展的重要因素，而城镇化又是陕西加快经济社会综合发展，平衡东西差距，实现全面建设小康社会战略目标的重要引擎。为此，把生态环境问题与陕西城镇化发展问题结合起来研究，探索生态环境视角下陕西城镇化发展问题，才有可能从根本上改变陕西目前面临的生态环境恶化与城镇化发展的困局。

第七节　本章小结

　　本章通过历史资源和翔实数据从区域概况、历史沿革、空间格局、产业发展、社会现状、生态环境六个方面对陕西发展现状进行全面解析，总结陕西近年来经济社会发展和生态环境建设的成果和不足，掌握最新发展动态，为下面章节奠定研究基础。

---

　　① 赵国锋、段禄峰：《生态环境与西部地区城镇化发展问题研究》，《生态经济》2012 年第2 期。

第四章　国内外城镇化发展的
典型经验及启示

第一节　国外城镇化发展的实践案例

一　伦敦

伦敦，一般是指大伦敦（Greater London）都市区，由 33 个区构成，面积 1611 平方公里，占全国的 0.6%，2011 年普查人口达到 817.41 万人，占英国总人口的近 13%，人口密度为 5074 人/平方公里。大伦敦又被划分为伦敦核心区、内伦敦和外伦敦。英国是最早开始工业革命的国家，也是最早实现城镇化的国家。1801 年伦敦人口仅为 96 万，到了 1901 年为 454 万。伦敦城市规模的迅速膨胀，使城市交通拥挤不堪，公共卫生环境恶劣，住房紧缺。1898 年，英国城市规划学家比尼泽·霍华德出版了《明日：一条通往真正改革的和平道路》（1902 年修订版更名为《明日的田园城市》），提出以田园城市的概念和方案促进实现城乡结合，以解决各种城市问题。这是城市规划史上第一次将城市问题的解决视角置于城市之外的区域。之后，盖迪斯（Patrick Geddes）于 1915 年出版了《进化中的城市：城市规划运动和文明之研究导论》，运用区域规划的综合研究方法，系统阐述了人文主义规划思想，并明确提出：真正的城市规划须首先是区域规划。

受上述区域规划思想的影响，1944 年 P. 阿伯克比（Patrick Abercrombie）主持编制完成了伦敦地区的总体发展规划，解决伦敦人口和产业过于集中的问题，对战后伦敦重建以及大伦敦地区的平衡发展做出了贡献。P. 阿伯克比主张分散人口、工业和就业，提出用绿带限制内城的扩张，在绿带外围设立卫星城，以疏散伦敦中心区过于密集的人口和产业，大规模的新城建设运动由此展开，其中作为第三代新城，密尔顿·凯恩斯凭借合适的人口规模和次级区域中心城市功能而成为英国新城建设的成功典范。规划方案将伦敦由内到外划分为四层，即伦敦管理郡、内城、郊区和农业区。这四层的地带形状是以伦敦市区核心地带为圆心的同心环状。伦敦管理郡要向外迁移工业和人口，降低人口密度；内城不再考虑新的开发项目；郊区为居民提供休闲去处，提高人均绿化面积，保护生态环境，阻止城市无序蔓延；农业区成为城市建设的重点地区，规划中设立了8个卫星城，分别距市30—50公里，以容纳从中心区疏散出来的人口和产业。

1946—1950年间，在伦敦周围建立的8个第一代新城的共同特点是规模较小，规划人口为6—8万人，强调就地实现职住平衡。这种仅限于解决中心城市拥挤问题的建设方案，把新城建在远离城市的农业区，投资巨大，且没有得到接纳地政府的积极支持，主要的服务功能仍依赖中心区。由于就业困难，生活单调，对年轻人尤其缺乏吸引力，发展相对缓慢。对第一代新城建设进行反思后，20世纪60年代中期，伦敦规划思路从控制内城规模转变为将增长引导到更广大的区域中去，对单中心同心圆模式进行修改，并在距伦敦80—140公里的增长带终端分别建设三座城市，作为伦敦的"反磁力中心"，每一个城市都有完善的基础设施，规划人口也扩大到15—25万，以增长集聚效益。通过伦敦市政府与外围接纳地政府进行合作协商，依托已有的小城镇进行建设，更多地考虑将新城建设成经济增长中心，在更大的地域范围内，实现伦敦及其周围地区经济、人口和城市的均衡发展，而不是单纯解决中心地区的拥挤问题。同时，顺应了第三产业发展的要求，注重完善公共服务设施和文化娱乐设施，因而较为成功。1965年成立大伦敦城市议会（Greater London Council，G. L. C），负责大伦敦地区发展战略规划以及交通规划等。为了改变大伦敦规划中同心圆封闭布局模式，1969年G. L. C制定了《大伦敦发展规划》，它通过规划建设三条向外扩展的快速交通干线，以期在更大区域范围内实现地区经济、人口和城市的合理均衡发展。

进入20世纪70年代后，伦敦人口一直处于稳定增长态势，人口结构特别是年龄结构和种族构成也发生了巨大变化，不断趋向年轻化和多元化，无论是内城还是外城，都面临着更多的住房需求。自2008年金融危机爆发，伦敦经济处于缓慢增长态势，人口增长、经济低迷及追求生活品质等问题使伦敦的生活、交通、环境等基础设施面临巨大考验。2012年在伦敦东部利亚山谷地区成功举行第30届夏季奥运会和残奥会，伦敦希望通过这一举世瞩目的体育盛会，改善运输基础设施更好地连接伦敦中心区和郊区；改善河流通道和优化运河网络。

最新的《伦敦规划2011》于2011年7月正式公布，它是最具权威性的大伦敦城市空间综合发展战略规划，对社会、经济、环境、交通等重大问题进行战略分析并做出有效应对。主要内容：（1）对于加强城市经济竞争力，伦敦将继续鼓励传统产业如金融业、信息与通信技术、交通服务、旅游经济等的发展，并利用丰富的研发与创新资源，不断推动新产业部门和新企业的持续增长和基于低碳经济发展目标的产业创新和政策创新。（2）对于促进城市社会融合，伦敦将采取提供足够的多元化住房、就业机会和基础设施等，满足不同人群日益增长的物质文化需求；增加对劣势群体的政策倾斜（住房发展战略、健康保障公平性战略），减轻贫困者负担；提高就业者教育或技能水平、促进劣势地区经济复兴等，增加就业以解决社会贫困和公平分配；设计多元化的融合社区，促进不同族群社会的和睦发展。（3）对于保护城市生态环境，伦敦将通过"绿色城市"设计，鼓励绿化工程，增加城市绿地空间，来为城市"降温"，适应环境变化；通过"低碳城市"设计，应用分散化的能源网络和利用可再生能源来减少碳足迹，减缓气候变化；通过对自然环境和生物栖息地的强化保护，使城市充满活力、不断增长和实现多样化。（4）对于空间分区战略导向，伦敦制定了潜力增长区、机遇增长区、强化发展区及复兴地区等特殊发展区域的分区战略，制定有针对性的地区发展规划；通过对外伦敦、内伦敦及中央活动区的产业发展和交通网络的分析，为减缓不同圈层经济社会差异、区域协调发展和区域合作提供路径参考。

大伦敦规划提出的绿带加新城控制中心城蔓延、放射线加同心圆（环路）疏导过境交通的空间发展模式，较好地解决了交通拥堵、生态恶化、住房匮乏等问题，成为战后世界各国效仿的大都市区空间发展模式之一①。

二　巴黎

巴黎，即大巴黎，包含两个层次：一是巴黎大都市区：法国中央政府于2014年批准由原先的巴黎市和周边的近郊3省合并成为巴黎大都市区（2016年正式生效），面积约762平方公里，人口约660万。二是巴黎大区，即"法兰西岛"区域：由巴黎大都市区与周边4省组成，面积约1.2万平方公里，人

---

①　黄序：《北京城乡统筹协调发展研究》，中国建材工业出版社2004年版，第56—58页。

口约 1100 万，本书中的大巴黎，指的是巴黎大区，它位于巴黎盆地中心，具有独特的地形、地貌和气候特征；在经济与人口方面是法国 22 个行政区中最重要的地区。该地区拥有 1096.5 万人口，占全国总人口的 18.9%；国民生产总值占全国总量的 27%，人均国民收入居全国首位；第三产业十分发达，拥有众多的文化设施和历史遗产，是全世界排名第一的旅游胜地。

　　巴黎作为法国的首都，具有悠久的城市建设史，形成了独特的城市格局。巴黎不但有塞纳河自市中心穿过，河两岸亦多为丘陵与缓坡。由于防卫的要求，巴黎最初选择在塞纳河中的城岛上修建并发展起来。此后，城市的发展虽然历经波折，但主要趋势还是以城岛为中心，从塞纳河两岸不断向外扩展，随着城市的膨胀，城墙一圈圈向外扩大，而中心城址基本上保持不变（图 4.1）。20 世纪，巴黎先后进行了六次城市地区区域规划①。1934 年规划首次尝试从区域高度对城市建设发展的空间组织进行调整和完善；1956 年提出促进区域均衡发展的新思想；1960 年设想构建"多中心的城市结构"体系；1965 年提出"沿城市发展轴建新的城市极核"的规划思想；1976 年规划侧重于对现状建成区的改造与完善；1994 年规划提出"通过建立多中心的巴黎地区和推进合理、可行、可持续的区域发展来提高区域整体的吸引力和竞争力，奠定了今天巴黎地区的城市发展格局。

图 4.1　巴黎塞纳河

　　① 黄序：《法国的城镇化与城乡一体化及启迪——巴黎大区考察记》，《城市问题》1997 年第 5 期。

19 世纪末，巴黎城市发展进入扩张阶段。面对日益严重的郊区扩散带来的交通拥挤、生态环境恶化等一系列社会经济问题，1934 年巴黎规划应运而出，从区域道路结构、绿色空间保护和城市建设范围三个方面对城市建成区进行调整和完善。为迎合日益增多的汽车交通需求，规划提出放射路和环路相结合的道路结构形态，使之成为城城和城乡相互联系的依托；为抑制郊区无序蔓延，规划限定了城市建设用地范围，并提出了严格保护现有森林公园等空地和重要历史景观地段的措施。作为法国有史以来的第一次区域规划，它以绿色空间和非建设用地的形式保留了大面积的空地，为未来城市发展储备用地，相当具有远见。另一方面，由于限定了建设用地的范围，规划在遏止郊区蔓延的同时也限制了巴黎地区的合理扩展。

1956 年的巴黎规划沿承了 1934 年规划中以限制为重点的规划思想，继续主张通过划定城市建设区范围来限制巴黎地区城市空间的扩展，同时也提出了通过加强区域基础设施建设，特别是区域交通网络建设，推动人口和产业向郊区转移，从而降低巴黎中心区密度、提高郊区密度、促进区域均衡发展。但由于该阶段正处于战后过渡转折时期，社会发展的各方面均呈波动状态，行政干预力量非常微弱。这一时期巴黎地区的发展便明显呈松散式管理状态，尤其是巴黎塞纳区以外区域，发展严重失控，同时整个地区的发展也缺乏系统性配合建设，城市的建设发展主要集中在巴黎周边 10 至 15 公里范围左右的内外郊区。城市规划回避区域社会经济加速发展和人口不断增长的现实，违背了城市化发展的客观规律，注定在实施中难以取得理想的效果。这使巴黎地区面临重重严峻困难：人口增长、住房危机、交通设施落后、缺乏公共设施等问题。

面对城市蔓延的猛烈趋势，1960 年巴黎规划几乎是 1956 年规划的翻版，仍是通过限定城市建设区范围来遏止郊区蔓延，追求地区整体均衡发展，通过改造和建立新的城市发展极核重构城市郊区，鼓励巴黎地区周边城市的适度发展或在巴黎地区以外新建卫星城镇，提高农村地区的活力。与 1956 年规划相比，1960 年规划的创新之处在于将建设新的发展极核作为城市发展战略的重要内容，这是所谓"新城"概念第一次出现在正式区域规划文件里。面对城市发展向郊区蔓延的现实，上述规划均采取了以限制为主的保守态度，其关注点常常还是局限于城市建成区现状，没有将其广大腹地纳入规划范畴中统一考虑，狭隘的区域概念成为上述规划的致命弱点。

从 1960 年开始整个巴黎地区的城乡规划政策发生了根本性改变。1963 年巴黎地区二十年发展规划草案初步形成；1964 年，大巴黎地区政府成立。基于人口不断增长和建成区面积不断扩大的现实，在对以前规划进行深入探讨的情况下，1965 年出台的《巴黎地区国土开发与城市规划指导纲要》，即第四次巴黎规划在完善现有城市聚集区的同时，有意识地在其外围地区为新的城市化提供可能的发展空间，被称为巴黎区域规划的转折点。该规划首先考虑了到 2000 年的人口规模问题，并由此对四十年之后的区域性城市发展状态做了预测性展望。这一城乡规划过程对发展的结果产生了重大影响，它使 20 世纪前半叶的巴黎密集地区过渡到了大巴黎城市区域。该规划认为主要交通干线的走向决定了城市空间布局，建议根据自然环境、地理条件、历史发展以及实施的可行性，将新的城市建设沿主要交通干要道布局，形成城市发展轴线，打破现有的单中心布局模式。面对经济和人口双重增长的现实，1965 年大巴黎规划提出了城市发展轴线和新城等概念，构架了区域空间格局的雏形，为城市建设提供了新的发展空间，对未来的区域发展产生了深远影响。其主要特点有疏解城市中心区人口，提高城市生活环境品质；利用城市近郊区发展多中心城市结构；沿城市主要发展轴和城市交通轴建设卫星新城；建设发展区域性交通运输系统；合理利用资源保护自然环境。

作为 1965 年规划的继续，1976 年规划重申了大巴黎城市发展的基本原则：城市建设沿南北两条轴线布局，形成多中心的空间发展格局；城市化建设遵循综合性和多样化原则；划定"乡村边界"，限制城市建成区无序蔓延；建设环形加放射状的区域交通系统。与 1965 年规划相比，1976 年规划更侧重对现状建成区的改造与完善，主张加强保护自然环境，在城市化地区内部开辟更多的绿色空间。

随着经济全球化的进一步发展，全球经济结构出现重大调整，城市竞争日益激烈，城市综合规模成为制胜的关键。1994 年大巴黎规划制定了新世纪巴黎地区发展总体目标和战略。该规划认为巴黎要成为世界城市，必须打破行政边界的隔阂，加强城市之间的联系，以区域整体力量甚至整个法国的力量参与竞争；并且提倡大巴黎区域在不同层面上进行平衡发展，将社会、文化、环境等人文因素融合在城市空间整合、自然空间保护和交通设施建设等多个方面；强调不同层次城市在规模、功能和区位上加强联系与协作，奠定了今天巴黎地区的城市发展格局①。

新世纪以为，可持续发展思潮成为全球发展趋势，为了以持续方式管理区域空间，政府当局采取了一系列战略措施保护地区自然环境、农业发展以及城市综合环境等，如：建立区域性土地利用与管理模型、实施绿色空间计划、区域自然公园、废弃物管理、给排水管理、城市交通出行规划以及城市偏僻地带发展计划等。2008 年，文化部提出"大巴黎，大挑战"理念，构思 2030 年的巴黎城市发展蓝图。在"自由梦想，大胆设计"的氛围下，从各个不同方面畅想巴黎的未来。所有设计方案都围绕着 3 大主题：京都议定书签订之后的可持续发展、交通网络的重组，以及消除巴黎郊区的闭塞状况。"大巴黎计划"交通计划耗资200 亿欧元，在 10 年内建设 130 千米的"8"字形或称双环形全自动化地区快车线（RER）。规划利用快车线将主要经济就业中心联系起来，提升郊区的生活质量，缩小城郊"距离感"，同时巩固巴黎各个新生产业集群在郊区的发展。该项目一改以往巴黎地铁网络以巴黎为中心向各个周边郊区放射的做法，第一次考虑以环形线路直接把郊区各个城镇联系起来以支持它们的发展。在新的空间治理模式下，新的区域联盟将专注于大都市战略资产的管理和发展。"大巴黎计划"新建和融合一大批金融、医疗、可持续发展、创新研究、通信技术等园区，并使其形成"集群"效应。这个政策与 2005 年法国政府在各地扶持 60 多个不同产业的科技园区以打造"竞争力集群"政策相结合，同时可以进一步发掘区域差异，优化并形成错位发展。

三　纽约

纽约大都市区，即大纽约市或大纽约地区，由曼哈顿等 5 个区、纽约州的 10 个县、新泽西北部的 12 个县及康涅狄格州南部的 1 个县组成。面积约为 12928 平方英里，是世界上最大的都市区之一；人口近 2000 万，也是美国人口密度最大的地区。纽约作为都市区的核心城市，其对周边地区社会经济影响和辐射范围远远超越了纽约市。因此，应在更宽阔的空间

---

①　刘健：《巴黎地区区域规划研究》，《北京规划建设》2002 年第 1 期。

范围内进行资源配置，实现区域经济发展的帕累托改进，促进大纽约的可持续发展。

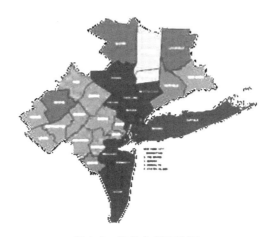

图 4.2　纽约大都市地区

20 世纪，大纽约共有三次著名的大规模区域规划（表 4.1）。20 世纪初，随着城市郊区化的迅速发展和私人小汽车拥有量的快速增长，工作地和居住地日益分散，城市蔓延趋势严重，城市功能跨越行政区范围发展，因而需要从更为宽广的地域范围来考虑城市规划，以克服传统规划的局限性[①]。1921—1929 年，纽约规划协会对纽约大都市地区进行第一次区域规划，规划范围包含 3 个州和上百个自治市，制订了《纽约及其周围地区的区域规划》，从区域整合角度出发，对跨州共同事务问题如基础设施、大区管理和社区系统等提出了针对性措施，开展了跨越州市边界的长期性、战略性区域规划，催生了一些专门的跨区域政治机构，负责实施部分区域规划措施。这次规划的核心是"再中心化"。规划提出用环路系统来鼓励建设一个理想的都市景观：办公就业从中心城市（曼哈顿）疏散出去；工业布置在沿着主要的郊区交通枢纽的工业园中；居住向整个地区扩散，而不是形成密集的邻里；这样，留出来的许多空地作为开放空间，吸引白领阶层到该区来生活。《纽约及其周围地区的区域规划》是世界上第一个大都市区的全面规划，在长达半个世纪内影响着西方国家的跨区域发

---

① 孙群郎：《美国城市郊区化研究》，商务印书馆 2005 年版，第 152—157 页。

展规划。

事实上，由于种种原因，演进中的纽约大都市地区并没有实现理想中的再中心化，也不像芒福德等人所设想的达到区域平衡。20世纪60年代，美国城市郊区化发展趋势愈演愈烈，被称之为"铺开的城市"（spread city）。低密度的住宅区沿着交通设施在纽约大都市地区迅速蔓延，城市基础设施缺乏、生态环境污染等问题严重①。1968年，纽约大都市区第二次区域规划提出了五项基本原则以解决大都市区无序蔓延问题：一是建设新的城市中心来刺激就业，以多中心模式重构纽约大都市区；二是建设更好的公共交通体系来确保区域多中心之间的联系；三是更新老城区的基础设施和环境，重新提升老城区的吸引力和活力；四是提供多样化的住宅，以满足不同收入水平的居民需求；五是强调对自然生态区域的保护。这次规划为纽约大都市区域在20世纪80年代的增长高潮奠定了基础②。

1996年，纽约规划协会以应对全球化挑战为目标，制订了第三次纽约区域规划③。他们认为，全球经济增长缓慢和未来发展的不确定性、发展方式的不可持续性、多元化下严重的社会分化、环境污染和城市蔓延等问题使得纽约的国际金融中心地位正在下降，纽约—新泽西—康涅狄格3州大城市地区处于危险之中。规划提出了旨在提升生活质量的3E目标，即经济（Economy）、环境（Environment）、公平（Equity），并通过5大行动，即绿地、中心、流动性、劳动力、治理来整合3E目标，从而提高区域的生活质量，突破了单纯追求经济增长的目标局限，凸显了公平、环境的重要性；并且在一个更长的发展期限内，通过整合经济、社会和环境目标，将区域带向一个更加繁荣、公平，更具竞争力和可持续发展的未来，体现了大纽约着眼全球，提高地区竞争力的广阔视野。

①　Allan W. A., *Studies in African Land Usage in Northern Rhodesia*, Cape Town: Oxford University Press, 1991, pp. 156 – 159.

②　谷海洪:《由"第三部门"主导的区域规划的成功范例——纽约大都市区规划》,《国际城市规划》2007年第5期。

③　J. H. Boeke, *Economics and Economic Policy of Dual Societies as Exemplified by Indonesia*, New York: Institute of Pacific Relations, 1953, pp. 168 – 171.

表 4.1　　　　　　　　　　　20 世纪纽约大都市区发展规划

	编制时间	规划背景	规划主题	规划思路
第一次	1921—1929 年	需要解决城市无序蔓延、开敞空间缺乏等问题	再中心化	将城市功能布局原理应用于大都市区规划；提出加强 CBD 建设，建设区域性公路网、铁路网和开放空间系统
第二次	1968 年	二战后，以公路建设为导向，低密度郊区迅速蔓延，形成"铺开的城市"	抑制城市蔓延	强调大都市区的"再聚集"；复兴旧城；修改新住宅政策；继续关注区域景观与交通
第三次	1996 年	20 世纪末，纽约国际金融中心地位受到威胁，社会出现分化，环境质量下降	经济、环境与社会协调发展	提出经济、环境与社会公平目标同等重要；并实施五大行动，实现可持续发展

2007 年的世界地球日，纽约市宣布实施纽约市的新一轮综合规划 PlaNYC，目标是到 2030 年将纽约市建成"21 世纪第一个可持续发展的城市"，为全球的其他城市做出表率。规划首先分析了纽约市当前发展所面临的三大挑战：增长、基础设施老化、环境恶化，并从土地、水资源、交通、能源、空气、气候变化几大方面，制订了 127 项计划有针对性地解决纽约城市发展的问题。这些计划从短期规划譬如在纽约市种植 100 万棵行道树，到长期规划诸如清理和开发《更葱绿、更美好的纽约》等。更重要的是，PlaNYC 第一次将"可持续化"（sustainability）发展的理念贯彻到城市公共政策的制订中，唤醒了民众对城市长期规划的兴趣。

四　东京

东京大都市圈由以东京市区为核心、半径 80 公里的区域组成，总面积 13400 平方千米，占日本全国面积的 3.5%；人口多达 3400 万人，约占全国人口的 27%；城市化率达到 80% 以上。东京建立于公元 1457 年，明治维新之前，东京被称为"江户"，是一个人口稀少的小渔镇。1457 年，一位名叫太田道灌的武将在这里构筑了江户城，形成了日后日本关东地区的商业中心。1603 年，日本建立了中央集权的德川幕府，江户城成了当时封建幕府政权的所在地，来自全国各地的人都集中到这里。据记载，19 世纪初，"江户"人口已超越百万，是日本最大的城市，也是世界上少有的超级城市。同时，"江户"城迅速发展为全国的政治中心，史称"江户时代"。1868 年，日本开始了明治维新，也是在这一年，日本皇室从京都迁到"江户"，并将"江户"改名为东京。经过明治维新和工业革命后，大量资本、人口、企业等向东京集中，东京经济、人口、城市规模不断扩张，成为日本的经济、政治、文化中心。

受 1923 年的大地震以及第二次世界大战的破坏，东京经济极度萧条，城市一蹶不振。1945 年 12 月，政府出台了《战灾地区复兴规划基本方针》，制定了战后城市复兴方案。1946 年，东京相继出台了《东京城市震灾复兴规划》，范围包括东京区所属部分的城市，人口控制到 350 万；土地利用方面，采取环状空间布局，在城市周边规划卫星城市、外围城市和绿化带等。随着战争中被疏散的人口重返东京，东京人口规模急剧膨胀，打破了《规划》中 350 万的控制人口，高达 382 万人。从 1950 年开始，日本经济逐渐复苏，城市重建步伐加快，产业结构开始发生变化，出现了大规模制造业的空间集聚，大量的农村人口开始涌入城市，政府机关、公司总部和商业服务机构等在东京都聚集，东京包括其周边地区在内的城市发展正朝着大都市区方向迈进。面对战后东京城市的高速增长，1956 年日本通过了取代《国家首都重建法》的《国家首都地区开发法》，明确规定以东京为中心、半径 100 公里内的区域构建一个"首都圈"，包括东京及周围 7 个县；依法成立国家首都地区发展委员会，负责制定首都发展规划，实行"首都圈整顿方案"，并颁布了《首都圈整治法》，在以后的历次规划中，控制东京城市规模扩张，防止人口、产业和功能过度集中，尤其是向核心区集中，始终是规划的主要目标①。日本政府从 20 世纪 50 年代制定首都圈规划开始到 20 世纪末完成的 5 次规划。

1958 年，日本政府制定了《第一次首都圈建设规划》，主要仿照 1944 年大伦敦规划：一是提出建立卫星城市的方案，在东京都建成区外围 8—10km 的地域规划为近郊地带，并保留部分绿地，防止东京都向周边地区无序扩张，同时将新宿、涩谷、池袋建设成综合性副中心；二是调整东京城区的建设，将 8—10km 近郊地带的外围区域规划为"城镇开发区"，建设 13 座卫星城，防止人口、产业和职能向核心区过度集中，开始了由传统单中心城市向多中心城市转变的努力。

---

① ［日］岸根卓郎：《迈向 21 世纪的国土规划》，高文琛译，科学出版社 1990 年版，第 69 页。

1968 年，日本政府颁布了《第二次首都圈建设规划》，建议转变单中心城市发展模式，在更广阔的地域范围内建立多中心结构，将规划范围扩展至"一都七县"，提出将东京作为全国经济高速增长的中枢，并对东京城市的空间结构进行了调整，使得东京中心城区实现了大规模的改造，且城市外围区域得到了开发建设。同时，区域内修建了铁路、公路等交通体系，缩短了城市间的通达时间，实现了构造广域都市圈的设想。东京都市圈前三阶段制定的"一极集中"结构的发展模式，使东京城市空间的扩张失去了控制，快速的人口集聚以及区域连绵外溢成了东京都市圈极其典型的特点。

在《第三次首都圈建设规划》中，日本政府设想形成首都圈区域多中心城市"分散型网络结构"，即多级结构的广域城市复合体，分散东京城市中枢管理的功能，培育都市圈核心区。到了 1985 年，日本国土厅大东京都市圈整备局对区域进行了改造规划，提出将东京"一极集中"的地域结构改变为"多心多核"的地域结构规划。大东京都市圈分成了多个核心城市，且不同的核心城市形成自立性的区域，在这些自立性的区域间又细分为核心城市与次核心城市，培育出自主独立的都市圈。

在第三次规划的基础上，第四次规划中日本政府进一步推进了首都圈从"一极集中"的地域结构向"多心多核"的结构规划转变，将东京都心的功能分散到各个核心城市，在一定程度上解决了东京城市的人口与产业的压力。1999 年，日本出台了《第五次首都圈建设规划》，其发展目标是将首都圈建设成为一个独立的、自主化的可持续发展的功能区域，设想构建区域多中心城市"分散型网络结构"的空间模式，增加东京都外围区域近郊地带业务核心城市的数量。"分散型网络结构"的设想，打破了先前以中心城市和周边城市为核心的放射状格局，通过增加业务核心城市、发展广域交通等基础设施，对都市圈空间职能进行重组，进而改变了东京都单极依存的结构，形成了区域间网络化结构，实现了圈内经济与社会相互协调发展的区域整体。同时，该战略还将整个首都圈区域分成了都市开发区域、近郊整备地带（含近郊绿地保全区域）和既成市街地等三大部分。

2000 年，东京提出面向 21 世纪的总体奋斗目标是"成为有吸引力，领导世界的国际城市"，并提出城市空间结构为"多极多核"的空间结构。2001 年，东京都政府发布了首次由地方政府制定的《首都圈大都市地区构想》，强调了建立跨行政区域协调机制的重要性，同年，"首都圈再生会议"作为首都圈内"七都县市首脑会议"的常设机构正式成立，以进一步推动地方政府间的合作，提升东京都市圈在经济全球化背景下作为国际城市的竞争力。2004 年，日本中央政府宣布不再编制全国性的国土开发计划，并在区域开发计划中承认地方政府的主导地位，中央政府只负责协调与政策引导。目前，大东京都市区正形成中心—副中心—郊区卫星城—邻县中心构成的多中心构架，各级中心多为综合性的，但又各有特色，互为补充。传统中心向其他次级中心疏散次级职能，而专注于作为世界城市的国际金融功能和日本政治中心功能。新宿、涩谷、池袋等七大副中心，位于距中心 10 公里范围内，主要发展以商务办公、商业、娱乐、信息业为主的综合服务功能。郊区卫星城距中心约 30 公里，以居住功能为主。在东京外围 8 个邻县中心，距中心约 50 公里，主要接纳从建成区迁出的科研教育机构，建设以研发为主的科学城。东京多中心城市结构的形成，改变了原有的单中心模式，一定程度上实现了通过建设次中心，分散城市次级功能，控制城市人口过快增长和过于集中的设想①。

第二节　国内城镇化发展的实践案例

一　北京

改革开放以来，北京的城镇化建设快速推进，达到了很高的水平。2015 年末，全市常住人口 2170.5 万人，城镇人口 1877.7 万人，城镇化率为86.5%，预计到 2020 年，全市城镇化水平将达到 89%；其中户籍人口1345.2 万人，比上年末增加 11.8 万人。北京市总面积 1.64 万平方公里，下辖 14 区、2 县。中央实施"一带一路"、京津冀协同发展、长江经济带三大战略，部署筹办 2022 年北京冬奥会，推动京津冀全面创新改革试验区建设，推进北京服务业扩大开放综合试点，支持办好世界园艺博览会等，有利于北京更好地落实城市战略定位，提升北京在全球资源配置中的地位和作用，加快建设以首都为核心的世界级城市群，打造中国经济发展新的支撑带。同时，北京城镇化建设也面临着一系列问题和难题。一是城市规模和人口的快速扩展，给资源环境和社会运行造成较大压力，出现一系列"大城市

---

① 黄序：《北京城乡统筹协调发展研究》，中国建材工业出版社 2004 年版，第 166—168页。

病"问题。二是中心城过度集聚的状况没有发生根本改变，新城和小城镇在带动城镇化发展方面的作用尚未完全发挥。三是从土地使用来看，城镇建设用地和集体建设用地使用效率差距较大，城镇化质量有待进一步提高。要解决城镇化建设中一系列问题和矛盾，需要加快北京郊区农村经济发展方式转变进行顶层设计，在空间布局、产业布局、组织体制机制建设等多个领域，正确选择和科学决断郊区发展的战略和政策，走新型城镇化道路。

（一）优化城市区域功能

优化城市区域功能要服从和服务于落实首都城市战略定位、强化首都核心功能、统筹区域发展的需要。以资源环境承载能力为底线，以优化首都功能配置为主线，优化调整区域功能定位，进一步推进各类区域差异发展、集约发展、联动发展、协调发展，形成城市功能由中心城和新城共同支撑的格局。（1）提升城六区服务保障能力。城六区，包括东城区、西城区、朝阳区、海淀区、丰台区和石景山区，是首都"四个中心"功能的主承载区、国际一流和谐宜居之都建设的重要区域，也是疏解非首都功能的关键区域。要推进实施老城重组，优化调整行政区划，强化政治活动、文化交流、国际交往和科技创新等服务功能。坚持调整疏解与优化提升并重，集中力量实施东城区、西城区301项基础设施建设和环境改造提升项目，推进老城区平房院落修缮改造、棚户区改造和环境整治，着力提升综合承载力和现代化治理水平，建设国际一流和谐宜居城区。积极推进朝阳、海淀区内涵、集约、高效发展，优化完善丰台区、石景山区城市功能，为首都核心功能提供承载空间。促进金融管理、信息服务、商务服务等生产性服务业专业化、高端化发展，改造提升传统服务业，进一步提升生活性服务业发展品质。疏解非首都功能，降低人口密度，控制建设规模，提高企事业单位在城六区扩张的门槛，促进城市空间集约高效利用。加强城乡结合部和农村地区环境整治，创建宜居的城市环境。（2）增强平原地区功能承载能力。城六区以外的平原地区，包括通州区、顺义区、大兴区以及房山和昌平区的平原部分，是首都功能疏解承接地和新增首都功能的主要承载区，是首都科技文化、教育医疗、国际交往服务功能和"高精尖"产业的重要集聚区，也是面向津冀协同发展的前沿区。平原地区要发挥区位条件优、发展基础好、发展空间大的优势，大力提升基础设施、公共服务和生态环境水平，增强吸引力和承载力，缓解城六区功能过度集聚的压力，逐步解决城市发展不平衡问题。围绕首都核心功能，主要承接和集聚国际交往、文化创意、科技创新等高端资源，重点发展生产性服务业、战略性新兴产业和高端制造业，更好地支撑首都城市战略定位。（3）强化山区生态涵养能力。山区，包括门头沟区、平谷区、怀柔区、密云区、延庆区以及房山区和昌平区的山区部分，是京津冀西北部生态涵养区的重要组成部分，是首都生态屏障和重要水源保护地，也是首都生态文明建设先行区，主要功能是生态保障和水源涵养。要坚持把增强生态服务功能放在第一位，继续推进山区搬迁工程，完成宜林荒山造林，加强森林抚育，进一步扩大环境容量生态空间。因地制宜提升旅游休闲等服务功能，发展生态服务型沟域经济，建立生态友好型产业体系。有序承接中心城疏解的部分教育、医疗、文化等公共服务资源，提高公共服务能力。

（二）有序疏解非首都功能

客观认识有序疏解非首都功能是落实城市战略定位、治理"大城市病"、实现可持续发展的阶段性要求，符合城市转型升级的一般发展规律。有序疏解非首都功能是一项复杂的系统工程，要坚持政府引导与市场机制相结合，充分发挥市场主体的作用，区别不同情况，综合施策、有序推进，锲而不舍、久久为功，统筹增量存量，创新政策机制，严控人口规模，推动功能、产业、人口合理布局，更好地坚持和强化首都核心功能。（1）严格控制增量。强化源头管控，坚守功能禁止和限制底线，严控增量、控制总量，为调整疏解存量留足时间和空间。（2）有序疏解存量。按照非首都功能疏解方案要求，分层次、有梯度推进存量功能疏解，带动城市内部功能重组和人口疏解。坚决调整退出一般性产业特别是高消耗产业，依托"4＋N"产业合作平台，引导和推动一般制造业龙头企业新增产能、非科技创新型企业向京外转移疏解，推进企业在京津冀全产业链布局。（3）强化政策支撑。统筹规划、政策、标准、管理、服务等措施，健全倒逼和激励机制，有序推出促进非首都功能疏解的改革举措和配套政策。实施全域空间管控，划定城市增长边界和生态保护红线，统筹城乡建设和生态保护空间管控，集中建设区集约高效，限制建设区减地增绿，生态红线区严格管控，形成"两线三区"全域空间管控机制；严控新增建设用地，实施减量化发展战略，严格控制城镇建设用地规模，加强存量建设用地盘活利用，促进集体建设用地减量和集约高效利用；加强腾退空间管控，系统规划使用城六区非首都功能疏解腾退空间，主要用于服务保障首都核心功能、改善居民生活条件、加强生态环境建设、增加公共服务设施。（4）加强人口调控。严控城六区人口规模，通过非首都功能疏解、严格控制居住和产业用地规模等方式，逐步降低人口密度；推动城六区以外的平原地区有序承接疏解功能和人口，抓住产业空间布局调整的机遇，适度增加就业岗位，促进职住协调；保持山区人口基本稳定。

（三）推进区域协调发展

推进区域协调发展是有序疏解非首都功能、治理"大城市病"的必然要求。要着眼优化提升首都核心功能，以功能分区引导发展方向，以布局优化提升发展质量，着力推动城市内部功能重组，推进城乡区域协调发展。（1）规划建设好市行政副中心。突出绿色、宜居、人文、智慧发展，注重创业就业与居住功能均衡，在通州高起点规划、高水平建设市行政副中心，突出行政办公职能，配套发展文化旅游、商务服务，确保到2017年市属行政事业单位部分迁入取得实质性进展，带动其他行政事业单位及公共服务功能转移，建设国际一流和谐宜居之都的示范区。加强与周边地区功能统筹，建立健全协同管控机制，避免无序建设和盲目开发。严格控制建设规模和开发强度，优化组团式布局，避免过多功能聚集。严格控制增长边界，实现与中心城和周边地区的有效生态隔离，避免集中连片。实施精细化、智能化的城市管理，全面提升副中心城市品质。（2）加快建设功能差异的新城。按照首都功能区域优化的整体要求，依据新城资源条件和发展基础，差异化定位新城功能，培育优势特色产业，建设功能清晰、分工合理、特色鲜明、协调发展的新城体系，打造首都功能新载体。把新城作为未来城市发展的重点，建设更加完善的基础设施，建立更高效率的城市管理系统，配套更高水平的公共服务，科学配置生产、生活、生态空间，大力提升综合承载和服务能力。加快完善新城交通网络，强化中心城与新城的交通联络，为中心城功能、产业和人口疏解创造条件。合理配置教育医疗文化等基本公共服务，推动部分高校、医院等疏解项目落地。加快新城休闲公园和公共绿地建设，在条件具备的区域建设大面积城市森林。（3）促进城乡一体化发展。抓住功能疏解和布局优化调整的历史机遇，以推动大兴农村集体经营性建设用地改革试点，房山、通州国家新型城镇化综合试点和平谷国家中小城市综合改革试点为契机，加强体制机制创新，统筹城市功能和发展要素配置，推动基础设施、公共服务和城市管理加快向农村覆盖，促进高端资源加快向郊区流动，推动城乡一体化发展。加大农村投入力度，实施乡村路网、供水管网、污水管网、垃圾清运网、电网、互联网等"六网改造提升工程"，继续全面实施农民住宅抗震节能改造工程，健全完善农村基础设施运营管护机制，促进基础设施城乡统筹和基本公共服务均等化，推进城市服务管理向农村延伸，推动新型农村社区建设，在保留村庄特色和田园风貌的基础上，提升人居环境，将郊区农村建成绿色低碳田园美、生态宜居村庄美、健康舒适生活美、和谐淳朴人文美的美丽乡村，让城市和乡村各美其美。

二　上海

上海全市土地面积为6340.5平方公里，占全国总面积的0.06%，共有18个区、1个县；由于大量人口迁入和外来流动人口增长迅速，上海人口总量呈集聚和不断扩大趋势。上海开埠时人口不足10万；1949年末户籍人口为520万；2015年末，全市常住人口2415.275万，城镇化率已接近90%。上海承担着到2020年基本建成国际经济、金融、贸易、航运中心和社会主义现代化国际大都市的国家战略任务，肩负着继续当好全国改革开放排头兵、创新发展先行者的重要使命，承载着促进社会公平、提高生活质量的百姓期盼。虽然上海在我国改革开放的历史进程中，走到了时代的前列，但不可否认的事实是上海郊区农村在经济发展、社会公共事业和收入分配等方面与中心城区相比差距十分明显，城乡二元结构依然突出。上海市在全面建设小康社会的进程中主要面临的压力主要有：一是土地资源压力。目前全市人均耕地不足0.2亩，中心城区土地资源紧缺，郊区农田不断被蚕食。二是城市交通压力。由于中心城市的高度极化，现代城市病——交通拥挤逐渐明显，造成出行办事难，导致生活、生态环境恶化。三是人口分布失衡压力。上海户籍人口加上外来流动人口已近2400多万，而且人口空间分布结构与城市区位功能结构严重失衡。四是就业保障压力。上海城镇下岗职工和农村失地农民就业难的矛盾日益突出。另外，上海已提前进入老龄社会，社会保障面广，农村社会保障和城镇保障水平差距较大。要从根本上突破城乡二元经济结构和体制的制约，迅速提升城镇化发展质量，上海必须优化城镇功能空间布局，深入推进长三角地区协同发展等措施。

（一）优化城镇功能空间布局

把以人为本、集约高效、绿色低碳、传承文脉的理念全方位融入城市发展，提高城市设计品质和规划建设水平，进一步提升主城区、新城和集镇功能，实现集约紧凑、功能复合，增强城市的宜居宜业宜游性。

（1）提升主城区发展能级。聚焦国际大都市核心功能，大力提升主城区创新经济发展能级，促进现代服务业集群式发展，增强高端要素集聚和辐射能力。促进中心城（外环线以内）各区域发展统筹协调，着力优化苏州河以北地区的城市功能。强化中心城周边城市化地区生态约束，控制城市蔓延，加强基础设施、公共服务设施配套，激发地区活力。以"增功能、增空间、增活力"为导向，有序推进城市更新，增加公共绿地面积，增加公共活动空间，以社区为载体，打造便捷舒适的生活圈。划定历史文化保护红线，扩大历史风貌保护区范围，更加注重整体规划、成片成街坊保护。创新旧区改造模式，完成黄浦、虹口、杨浦等中心城区 240 万平方米成片二级旧里以下房屋改造。积极推进"城中村"地块整体改造。

（2）大力推进新城功能建设。发挥新城优化空间、集聚人口、带动发展的重要作用，按照控制规模、把握节奏、提升品质的原则，分类推进新城建设。将松江新城、嘉定新城、青浦新城、南桥新城、南汇新城打造成为长三角城市群综合性节点城市，强化枢纽和交通支撑能力，完善公共服务配套，加快人口和产业集聚，加强与周边地区联动发展，成为相对独立、产城融合、集约紧凑、功能混合、生态良好的城市。优化金山新城、城桥新城发展规模，优化人居环境，发展城市个性和特色风貌，推进金山国家新型城镇化试点建设。提高新城人口密度，提升基础设施建设标准。加强新城与周边工业园区、大型居住区的联系，提升服务业发展水平。全市重大功能性项目、重大基础设施在布局上优先向新城倾斜。加大对新城社会公共服务设施的建设和投入力度。完善新城建设市区统筹协调推进机制。

（3）分类推进镇的发展。编制完成全覆盖、分层次的镇域规划。中心城周边镇，要严格控制建设用地扩张，重点加强基础设施和公共服务资源配置。新城范围内的镇，要重点强化与新城的协同发展，组团式配置公共设施和交通基础设施。中心镇按照中等城市标准配置服务功能，强化对区域辐射能力和综合服务、特色产业功能，按需增设高等级设施及服务配套。一般镇按照服务地区的小城市标准配置服务功能，突出现代农业、生态保护等功能，发挥对农村发展带动能力。区位条件较好、人口集聚度较高、具有独立发展潜力的集镇（非建制镇），要加强基础设施、公共服务设施和执法管理力量配套。

（二）促进城乡发展一体化

坚持以城带乡、城乡一体，整体规划、协调推进，加大城市支持农村力度，持续推动公共服务资源配置向郊区人口集聚地倾斜、基础设施建设投入向郊区倾斜、执法管理力量向城乡结合部倾斜，深化农村综合改革，全面缩小城乡发展差距，实现高水平的城乡发展一体化。（1）深化农村综合改革。积极稳妥推进农村各项改革，维护和保障农民合法权益。全面完成村级集体经济产权制度改革，有序开展镇级集体资产权界定，推进镇级集体经济组织产权制度改革取得明显进展。坚持由集体经济组织掌控集体土地和不动产项目，以不动产经营作为农村集体经济发展和农民长期增收的稳定来源。切实加强农村"三资"管理，理顺村经关系，完善集体经济组织的治理结构。分类推进农村土地制度改革，积极推进土地承包经营权规范有序流转，完善农村承包地流转公开市场。切实做好宅基地、集体建设用地使用权确权登记发证工作。完善征地补偿制度，探索对被征地农民合理、规范、多元的保障机制，探索建立保障集体经济组织和农民分享土地增值收益的长效机制。积极稳妥推进集体经营性建设用地入市试点。（2）推进美丽乡村建设。遵循乡村发展规律，加快转变农村生产生活方式，建设国际大都市的美丽乡村。优化村庄规划布局，推进郊区村庄布点规划编制。加强保护村的环境整治和风貌保护，鼓励发展休闲、旅游、创意等产业，提高农民收入。改善保留村的人居环境，按照"三个集中"的要求，优化生产生活布局。逐步撤并受环境影响严重以及规模小、分布散的村庄点。加大对承担农业生产、生态建设、耕地保护等重要功能的纯农地区支持力度，进一步完善支农政策统筹机制，整合支农政策资金，提高使用绩效。鼓励纯农地区统筹盘活存量设施用地，优先保障都市现代农业设施需求。充分利用城市化区域的基础设施和公共服务配套资源，强化政策激励和约束，引导存量宅基地自愿和有偿退出，促进农民由分散居住向城镇相对集中转变，提高农民生活质量。（3）加强农村基础设施建设和环境综合整治。完善农村公路网，改善出行条件。落实各区县对镇村道路建设资金的统筹，将村内道路的养护管理纳入镇级统筹范围。以水环境为重点，加大农村环境整治力度，加快推进郊区城镇污水处理厂能力提升、提标改造和污染源截污纳管，完善农村生活污水处理设施。加快拆除农村非集建区内的工业点。（4）推进城乡基本公共服务均等化。完善城乡一体的基本公共服务资源配置标准，以服务半径、服务人口为主要依据，加快推进教育、卫生、文化、养老和社区事务等领域基本公共服务设施补点建设，充实基层执法管理力量，增强农村基本公共服务的可及性。完善公共文化配送、巡回医疗等机制，推广应用信息技术，促进优质公共服务资源向农村地区延伸。健全农村养老服务设施，提升专业服务能力。加强基本公共服务的市级统筹力度和区县责任。健全激励教师、医生等专业人才服务农村的长效机制。

（三）增加绿色生态空间

严格保护并积极拓展城市生态空间，坚持以人为本、量质并重、优化布局，显著增加绿地林地总量，基本建成多层次、成网络、功能复合的绿色生态网络框架。（1）严守城市生态空间。划定生态保护红线，形成以生态保育区、生态走廊等生态战略保障空间为基底，以外环和郊环绿带、生态间隔带为锚固，以楔形绿地和大型公园为主体的市域环形放射状生态空间格局，到2020年生态用地面积达到3500平方公里，森林覆盖率达到18%。按禁建区和限建区对现有生态资源实施分级分类严格管控，建立完善生态补偿、空间管控、建设项目分类引导等生态保护红线制度。加强湿地自然保护区建设和管理，实现河湖水面稳中有升及自然湿地动态平衡。加快推进陆域及海域生态建设和生态修复，清退不符合功能导向的建设项目。推进崇明、青浦、闵行等开展国家生态文明先行示范区试点。（2）千方百计增加绿色休闲空间。大力实施城市"更新增绿"，加快形成"地区公园—社区公园—口袋公园"三级公园绿地系统和城市绿道，提高居民绿色感受度。推进外环绿带、黄浦江两岸重点地区绿地、桃浦中央绿地、大居结构绿地等重点绿化项目建设，到2020年，人均公园绿地面积比2015年增加1平方米，中心城区基本实现步行10分钟可到达一块公园绿地。沿苏州河、黄浦江等建设1000公里城市绿道，改造提升现有公园绿地的连通性和开放性，积极发展立体绿化，优化中心城区绿色慢行空间。（3）系统实施林地建设。加快基本生态网络规划落地，进一步增加林地总量、完善布局，推动郊区"退厂还林"，集中建设区外现状工业用地减量复垦后优先用于造林。探索农林复合利用，实施农田林网建设。建成廊下、长兴、嘉北、浦江、青西、广富林、松南等郊野公园和临港、奉贤等森林公园。推进近郊绿环及沿路滨河等一批生态廊道建设和重点环境整治区域防护隔离林建设。实施更为严格的林地保护管控措施和制度。

（四）深入推进长三角地区协同发展

主动服务、积极作为，与苏、浙、皖三省深化合作，在新的起点共同促进长三角地区率先发展、一体化发展。（1）提升长三角地区合作水平。积极拓展合作领域，加强交通、能源、信息、科技、环保、信用、人社、金融、涉外服务、城市合作、产业、食品安全等领域合作。以共建长三角世界级城市群为目标，加快形成互联互通的基础设施、联防联控的生态环境、共建共享的公共服务和统一开放的市场体系，打造区域创新网络和科技交流合作平台，完善跨界污染防治制度和生态保护修复机制，加强大气、水环境等重点领域联合防治。完善三级运作、统分结合的区域合作协调机制，建立健全多层次、全方位的区域合作体系。（2）加强与周边城市协同发展。着力提升上海国际经济、金融、贸易、航运、科技创新和文化等城市功能，推动非核心功能疏解。促进与苏州、嘉兴、无锡、南通、宁波、舟山等周边城市同城化发展，打造大上海都市经济圈。加强跨区域基础设施协同规划建设，共同保护太湖流域、杭州湾、长江口等跨界地区生态环境。争取国家支持共同创建江南水乡国家公园。推进养老、医疗、教育和旅游等跨区域合作。加强产业升级、科技创新合作，探索跨区域产业园区共建、企业兼并重组、股份合作等方式，共同打造若干规模和水平居国际前列的先进制造业产业集群。

三　四川

四川省位于中国西南，东西长 1075 公里，南北宽 900 多公里，面积48.5 万平方公里。四川东连重庆，南邻滇、黔，西接西藏，北界青、甘、陕三省，全省地貌东西差异大，地形复杂多样。2015 年末常住人口 8204万人，城镇人口 3912.5 万人，乡村人口 4291.5 万人，城镇化率 47.7%。在四川省城镇化发展不断取得成绩的同时，也还存在不少困难和问题，具体表现为：（1）城镇化水平偏低，差距较大。2015 年，中国城镇化率为56.1%，四川城镇化率为 47.7%，低于全国平均水平 8.4 个百分点。（2）城镇等级规模体系不合理。四川设市城市数量总体偏少，缺少特大城市和大城市，不利于有效地推动全省经济空间的有机协调发展；小城镇数量多，但规模普遍偏小，造成了经济发展和人口聚集的分散，削弱了城镇对周边经济的带动力，对城镇化发展十分不利。（3）城镇化发展的区域差异明显。2014 年城镇化镇化水平最高的成都与最低的甘孜差 43.5 个百分点。（4）城镇发展的产业支撑不足。四川第二、三产业发展不充分，直接导致城镇对劳动力的吸纳能力减弱，导致城镇化动力不足。（5）城镇发展质量不高，吸纳扩散作用弱。区域性中心城市和城市群发展不够，特别是经济发展的聚集吸纳能力与城市发展需要不匹配，对区域内城镇化的带动力不强。四川要走新型城镇化道路，推动城镇化可持续发展。

（一）有序推进农业转移人口市民化

（1）促进农业转移人口落户城镇。严格控制成都中心城区的人口规模，明确农业转移人口的落户标准；全面放开其他城镇的落户限制，清理并废除不利于农业转移人口落户的限制条件，促进农业转移人口落户城镇，享受城镇居民同等权益。（2）保障农业转移人口随迁子女平等享有受教育权利。将农业转移人口随迁子女义务教育纳入教育发展规划和财政保障范畴，公办义务教育学校应对农业转移人口随迁子女普遍开放，完善和落实农业转移人口随迁子女在流入地参加中考、高考和接受中等职业教育免学费政策。（3）确保农业转移人口享有公共卫生和基本医疗服务。推动城镇基本医疗卫生服务资源均衡配置，建立健全社区卫生计生服务网络，将农业转移人口及其随迁家属纳入社区卫生服务体系。把农业转移人口纳入居民健康档案管理、慢性病管理和免疫服务等基本公共卫生服务范围。（4）将农业转移人口纳入社会保障体系。建立健全城乡统一的基本养老和基本医疗保险制度，完善社会保险关系转移接续办法，将农业转移人口参加的医疗保险和养老保险规范接入城镇社保体系。健全农业转移人口社会保障体系，强化用人单位参保缴费责任，全面落实统一农业转移人口与城镇职工失业保险政策。（5）强化农业转移人口创业就业的政策扶持。加强农业转移人口职业技能培训，扩大培训覆盖面，完善城乡一体公共创业就业服务体系。实行城乡统一的就业失业登记制度，将符合条件的农村劳动者全部纳入就业失业登记范围，按规定平等享受职业介绍、职业培训等公共就业服务。

（二）优化城镇化布局和形态

根据主体功能区和资源环境承载能力，优化城镇空间布局，构建以四大城市群为主体形态，大中小城市和小城镇协调发展的"一轴三带、四群一区"城镇化发展格局（图4.3）。

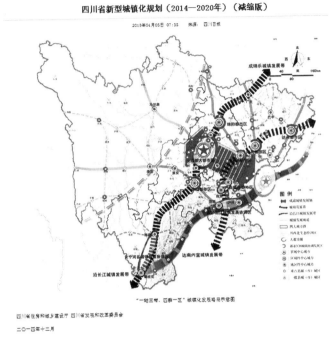

图 4.3　四川"一轴三带、四群一区"城镇化发展格局示意图

1. 加快发展四大城市群

（1）率先发展成都平原城市群。突出绵阳—成都—乐山城镇发展带，强化成都—遂宁城镇发展带、成都—资阳城镇发展带以及三台—中江—淮口—简阳—成都新机场—仁寿城镇发展带，构建一体化城市群空间形态。严格控制成都中心城区人口规模，推动成都提质升位、转型发展。把成都平原城市群建设成为西部地区核心增长极、内陆开放高地、最具竞争力的城市群。（2）大力发展川南城市群。推进内自泸宜聚合发展的川南大都市圈建设，加快沿长江城镇发展带、内泸—贵州城镇发展带和内宜—云南城镇发展带建设，构建多中心城市群空间形态。提升四个区域中心城市综合承载能力，加快发展中小城市。把川南城市群建设成为辐射滇黔、向东向南开放的一体化发展地区和成渝经济区发展的新兴增长极。（3）着力培育川东北城市群。强化南达城镇发展带、广巴达城镇发展带和沿嘉陵江城镇发展带建设，构建开放型网络状城市群空间形态。结合资源环境承载能力，强化城镇功能定位和职能分工，引导差异化发展。把川东北城市群

建设成为川渝合作和川陕革命老区振兴发展示范区、全省发展的新兴增长极。（4）积极培育攀西城市群。强化安宁河谷—攀枝花城镇发展带和金沙江沿江城镇发展带，构建点轴状城市群空间形态。提高攀枝花城市建设质量和水平；严格保护自然生态和民族文化，突出西昌城市特色。把攀西城市群建设成为以战略资源开发为特色的新兴增长极、四川南向开放的桥头堡。

2. 合理引导川西北生态经济区城镇发展

以康定和马尔康为中心，依托县城和重点镇，构建点状的城镇化发展格局，走一条具有高原特色的城镇化发展道路。把川西北生态经济区建设成为中国重要的生态旅游区、国际生态旅游目的地、青藏高原东缘三江流域生态屏障和四川面向西藏、青海、甘肃等西部地区的交往纽带和桥梁。

3. 促进大中小城市和小城镇协调发展

（1）推动成都转型发展。支持成都率先发展，疏解非省会城市主导功能，强化全省行政中心、文化中心和西部科技创新中心、现代服务业中心等功能，加快推进城市空间、产业、生态、管理和城乡形态转型升级，促进成都由单中心向多中心、组团式发展的转变，把成都建设成为具有国际影响力的现代化大都市和国家级区域中心城市。（2）大力发展区域中心城市。强化区域中心城市的交通枢纽功能、商贸物流功能和金融中心功能，壮大城市规模，增强辐射带动能力，充分发挥其对城市群发展的核心引领作用。大力发展现代服务业，加快发展特色优势产业和战略性新兴产业，积极承接产业转移，增强就业吸纳能力。着重提高南充、泸州和绵阳等城市的发展质量，加快发展自贡、攀枝花、达州、内江、宜宾和遂宁等城市，重点培育乐山、德阳、西昌、巴中、广元、资阳、眉山、广安和雅安等城市。（3）做强做优县城。坚持把宜居放在首位，围绕加快发展四大城市群，尽快培育发展一批经济基础较好、人口规模较大、资源环境承载力较强的县城，充分发挥其对城市群发展的重要支撑作用。成都平原城市群的县城要注重提升发展质量，成都周边县城，要加强与中心城市发展的统筹规划与功能配套，逐步发展成为卫星城；川南城市群的县城要注重壮大规模，川东北城市群的县城要注重分工协作，攀西城市群和川西北生态经济区的县城要注重提升服务能力。（4）加快发展小城镇。抓好"百镇建设行动"300个试点小城镇，特别是发挥21个省级重点镇建设的示范作用，带动全省小城镇健康发展，充分发挥小城镇以工促农、以城带乡的重要节点作用。围绕四大城市群有重点地发展小城镇，中心城市周边的小城镇，要强化与中心城市的协调配合，逐步发展成为卫星城镇，有条件的可以发展成为小城市；远离中心城市的小城镇，要完善基础设施和公共服务，发展成为服务农村、带动周边的综合性小城镇。

（三）促进产城融合发展

围绕构建多点多极支撑的发展格局，强化产业发展与主体功能区和城镇体系的结合，依托四大城市群优化区域产业布局，推动形成产业布局与城镇化空间布局相协调的发展格局。将各类产业园区纳入城镇规划建设统一管理，统筹产业功能、服务功能和居住功能，引导产业向园区集中、园区向城镇集中。加强现有园区城市功能改造，推动单一生产功能向城市综合功能转型。推动产业结构转型升级与城镇功能结构优化相结合，实现以产促城、依城兴产，促进产业和城镇融合发展。

依托科技、教育和人才资源优势，推动城市走创新驱动发展道路，支持成都率先建成国家创新型城市，增强四川天府新区和绵阳科技城创新能力。营造创新的制度环境、政策环境、金融环境和文化氛围，激发全社会创新活力，推动技术创新、商业模式创新和管理创新。推动高等学校提高创新人才培养能力，大力推进高等学校之间，高等学校与科研院所、行业企业、政府机构及国内外研究机构的深度合作，建立产学研协同创新机制，加强知识产权运用和保护，健全技术创新激励机制。强化企业在技术创新中的主体地位，发挥大型企业创新骨干作用，激发中小企业创新活力。

（四）推动城乡发展一体化

（1）实施县（市）域的"多规合一"规划。进一步强化"多规合一"，加强城乡规划的空间统筹。推动县（市）域"多规合一"规划编制工作，实现一个县（市）一本规划一张蓝图、各项事业相互协调的发展格局。统筹安排县（市）域生态建设、农田保护、产业发展、重大设施和城乡建设等各类用地，确保全域空间得到合理有序利用。（2）推动城乡统一要素市场建设。加快建立城乡统一的人力资源市场，落实城乡劳动者平等就业、同工同酬制度，引导科技人员、大中专毕业生到农村创业，深入实施边远贫困地区、民族地区和革命老区人才支持计划。逐步建立统一的建设用地市场，加快推进农村土地承包经营权确权登记颁证，保障农民公平分享土地增值收益。加快建立商业性金融、合作性金融、政策性金融"三位一体"的农村金融服务体系,引导各类金融机构提高涉农贷款比例。(3)推进城乡基础设施和公共服务一体化。统筹城乡基础设施建设,加快基础设施向农村延伸,强化城乡基础设施连接,推动水电路气和信息通信等基础设施城乡联网、共建共享。加快公共服务向农村覆盖,以"6+1"村级公共服务中心建设为载体,加快形成政府主导、覆盖城乡、可持续的基本公共服务体系,推进城乡基本公共服务均等化。(4)加快农业现代化进程。加快转变农业发展方式,推动成都平原和安宁河谷地区率先实现农业现代化,积极探索丘陵山区现代农业发展路径。创新农业经营方式,坚持家庭经营在农业中的基础性地位,发展多种形式规模经营。把粮食安全和重要农产品质量安全放在首要位置,完善粮食主产区利益补偿机制,健全农产品价格保护制度,严守耕地保护红线。加快完善现代农业产业体系,提高农业科技创新能力,构建农业社会化服务体系,完善财政支持的农业保险大灾风险分散机制。积极培育新型流通主体,加快建立形成多层次、多类型、多形式的农村现代流通体系,积极推动农村电子商务发展,促进农产品营销从传统模式向现代模式转变。(5)加快推进幸福美丽新村建设。以深化农村改革为主线,充分尊重农民意愿,围绕业兴、家富、人和、村美的幸福美丽新村建设,加快形成城乡一体化发展新格局。坚持宜聚则聚、宜散则散,采取新建聚居点、更新提升旧村庄与保护传统院落民居相结合的方式,优化村落和人口布局,防止"空心村"现象。按照"慎砍树、禁挖山、不填湖、少拆房"要求,推行"组团式、生态化、微田园"的规划理念,科学规划建设新村聚居点,保持"房前屋后、瓜果梨桃、鸟语花香"的田园风光和农村风貌。做好现有村庄改造提升,加强传统村落保护和历史文化名村的保护,注重地域特色和文化传承。

第三节 实践经验借鉴

通过上述分析可知,国内外城市城镇化整体规划由城市中心偏向规划理念逐步向城乡统筹规划理念转变。但中外城乡整体规划思路明显不同,国外的城市规划是为了解决中心城区过分集聚、郊区无序蔓延等问题;我国的城市整体规划的出发点一般是如何打破城乡二元结构,解决日益严重的"三农问题"。西方发达国家,在工业化和城镇化的过程中同时实现了农业产业化，并在工业化、城镇化和农业产业化之间形成一种内在互动机制。工业化的发展为农业提供了完善的基础设施，现代化的农业不仅扩大了工业的基础资源，而且为工业生产提供了资金、劳动力和市场，促进了工业化和城镇化的大发展。新中国建国之初，为了工业化的原始积累，采取了优先发展重化工业的战略，把发展重点放在城市，而农业部门只是向工业部门提供粮食、原料和劳动力，导致农业减产、粮食供应紧张、农业部门长期滞后、城乡差距加大，使整个国民经济陷入困境①，城镇化发展缓慢。陕西既要借鉴发达国家城市规划的成功经验，又要借鉴我国不同城市和地区在改变二元经济社会结构，促进社会公平方面所做的努力，促进陕西城镇化快速健康发展。

一　经济健康发展是推进城镇化发展的外部环境

城镇化就是一个国家或地区的人口由农村向城市转移、农村地区逐步演变为城市地区、城市人口不断增长的过程，宏观经济的健康发展是一切改革的基本前提和基础。经济增长对城镇化的影响机制主要表现在如下三个方面，即收入效应、规模效应和结构效应。

收入效应。城镇化的核心是以人为本，本质是农村转移劳动力的市民化，而以人为本纲领的实施和市民化的实现则需要稳定的经济增长环境和经济增长率。根据传统经济学理论和经济社会发展实践，经济增长可以创造就业机会、增加政府财政收入、最终表现为提高居民收入水平，即居民收入效应。并且能使转移劳动力在医疗、卫生、公共设施、教育、社会保障等方面享受与市民相同的待遇，实现真正意义上的市民化。经济增长的收入效应为转移劳动力实现市民化提供了基本前提和保障，避免了"虚假城镇化"的出现。

规模效应。城镇化发展体现在经济、社会、文化和生态等方面。经济增长在提升居民收入水平的同时，还会促进城市公共服务水平的提升，体现在社会、文化和生态三个方面，使得公共服务行业在两个方面呈现一定的规模效应。一方面，就政府层面而言，经济增长有助于政府加大在公共产品和公共服务领域的投资额度和力度，实现公共服务水平的提高和均等

---

① 周叔莲、金碚：《国外城乡经济关系理论比较研究》，经济管理出版社1993年版，第18—22页。

化，提高城镇化的质量；另一方面，公共服务行业私人投资和消费的增多，在很大程度上形成了规模发展效应，实现产品和服务集中生产、规模化和市场化。

结构效应。经济增长微观层面的资源优化配置和提高劳动生产率的作用，表现在宏观层面就是经济体产业结构、消费结构和劳动力资源结构的优化升级。经济增长引导社会有效需求不断升级，社会需求结构决定产业需求，进而决定产业结构的变化，产业结构的调整会促进经济结构的转型，最终对劳动力资源进行有效配置优化。另外，文化软实力的提升也是经济增长的内在动力和表现形式，在对于城镇化发展进程中的不合理体制和机制的破除具有重要意义。

推进城镇化是一个体制改革和制度创新的过程。陕西首先是保持宏观经济基本稳定，降低国际金融危机对陕西的影响；其次是转变经济发展方式，强化节能减排约束，改变目前主要由投资带动的经济发展模式，调低税率，刺激和鼓励国内消费，启动巨大的乡村消费市场；第三是调整优化产业结构，大力发展服务业，改变目前经济主要依靠工业带动为三次产业协调拉动；第四是改革垄断行业，加快事业单位改革，鼓励民营企业参与国有企事业单位改革、改制，促进民营经济发展。

二　城乡统筹规划是实现城镇化可持续发展的前提

长期以来，我国始终实施农村支撑城市、农业支持工业的发展思路。新中国建立后，随着重工业优先发展战略的确定，采用计划经济体制和统购统销经济制度，配合人民公社制度、户籍管理制度等限制人员城乡流动的系列辅助政策，通过工农产品"价格剪刀差"方式，抽取农业剩余迅速建立了新中国现代工业。改革开放后，除了短暂时间外，随着经济建设投资向城市的过度倾斜，以及社会主义市场经济建立后，城乡二元制度下的"土地剪刀差"和"工资剪刀差"的出现，城市发展仍从农村获取大量支持。导致我国"三农"问题已经相当严峻，城乡间的居民收入、公共服务、社会保障形成了巨大差距，这种局面如果不尽快得到扭转，必将使我国社会经济产生一系列的严重后果。

英国在 200 年前就对乡村社区的规模、功能等做了设想。20 世纪初霍华德田园城市的思想业已形成，田园城市的理念深刻地影响了百年后伦敦城市布局和土地利用格局，为伦敦都市区的城乡景观烙下深深的印记：

在乡村，村镇分布在广阔的乡村田野上；在城市，除了伦敦城市中心区外，伦敦就是由一条条街道、一个个村庄和一个个花园构成的富有自然气息的城市。另外，英国的实践证明：新城在承担城市析出的产业和人口方面所起的作用远远不如数目众多的村镇。由此可见，在城市化后期，村镇聚落的发展对大都市区域的协调发展非常重要。我国很长一段时间以来的持续高速发展是以资源超前消费、环境污染破坏、能源过度消耗、文化丢失为代价。必须全面实施城乡一体化发展，才能发挥农村在保障国家和城市资源安全、环境安全、能源安全、粮食安全方面的作用，挖掘其在促进经济增长、传承历史文化、建设和谐社会方面的巨大潜力，实现社会经济持续健康发展。

陕西即有为数众多的城镇，也有覆面辽阔的农村，政府在推进城镇化进程的宏观调控中，城乡统筹规划始终是重要的工具。打破行政界线，建立有效的区域协调机制，既注意城乡之间以及经济、社会与环境的协调发展，又注意城市发展与资源配置和产业结构变化紧密联系，从城乡区域整体角度对进行统一规划，是实现陕西城镇化可持续发展的前提。用城乡总体规划和土地利用规划来控制城乡土地的使用，使城乡发展相互衔接，从根本上防止城镇无限无序蔓延，保护农业发展。通过建设高度发达的道路交通系统，缩短城乡之间的距离，方便人们的出行和货物运输，从而使整个地区的社会、经济兴旺发达。

当前，陕西绝大部分市、区、县和小城镇都已编制了发展规划，新农村建设也在各地如火如荼地进行，不少区县甚至进行了多次修编和调整。但是，由于我国城乡发展规划的法律约束力弱，随意改动现象严重，致使规划难以落实。只有通过立法，加强规划的约束力，才能保证规划的权威性。城乡统筹规划关系到广大人民的切身利益，不仅仅是规划专家和政府的事情，必须允许社会公众参与并得到他们的认可。西方国家所有的规划必须通过市民的审议程序，值得我们学习和借鉴。我们要充分转变政府职能，以人为本，充分尊重社会公众的利益，不断增强服务意识，通过强化社会公众对城乡规划和管理的参与和监督，引导和帮助公众去改善发展环境。

三　发挥政府职能是提升城镇化质量的关键

正如社会经济发展离不开政府的积极干预一样，城镇化的演进也从来不是单纯自发的市场选择，自发市场力量与政府计划力量在其间的博弈始终存在。西方国家市场经济为中心的制度设计，决定了在城镇化过程中市场选择的基础地位和政府的辅助作用。与西方城镇化发育的制度土壤不同，中国的城镇化诞生于全能型国家政府的完全权力时期，并在以渐进式分权为线索的改革过程中转型发展。计划经济的制度起点与超越式发展的社会任务决定了政府在社会经济发展过程中必然、必要的主导地位。

1960年代中期开始，政府对城镇化的干预大致分为3个阶段：改革开放前的压抑型城镇化、改革开放初期的恢复型城镇化以及1990年代中后期开始的扩张型城镇化。政府主导下中国城镇化的选择从属于国家总体的社会经济发展战略，是在产业政策、人口增长、体制转轨等一系列社会经济因素下的必然。城镇化受制于特定时间背景下政府的价值倾向、理性判断以及社会控制程度。虽然在城镇化的过程中一起存在非公平的政策安排并伴随着社会、生态矛盾的累积，但城镇化作为实现国家更大发展目标的手段之一，在政府的积极干预下基本完成了社会经济主要任务赋予它的责任。因此，在政府的主导作用下，城镇化的发展和演变从来不是囿于城镇化问题自身而是遵循"宏观社会经济的主要任务—城镇化责任—政府作为—城镇化表现"的主要逻辑线索，以宏观的社会经济需求作为其逻辑起点并决定了政府干预城镇化的重点。政府的主导作用既是形成中国特色城镇化历程、造就城镇化辉煌成果的主要原因，也是城镇化过程能够超越于自身发展从而满足更为宏观的社会经济发展诉求的根本原因。诚然，随着市场经济的成熟，市场机制在城镇化中的作用将不断增强，当代中国城镇化演进的动力也将日趋多元，而政府对于城镇化的直接能力则相应减弱；但在社会经济全面改革尚未完成、社会矛盾和制度摩擦多发的时期，政府的主导作用依旧突出且责任重大。

城镇化快速健康发展对于像中国这样的发展中国家，尤其是位于西部的陕西来说，离不开政府对农业、农村和农民的重视扶持和保护。一些人相信市场的力量，认为西方发达国家的城乡二元结构随着社会经济的发展而自然消失，陕西可以通过人为地加速城镇化进程来消解城乡二元结构，实现城乡空间的迅速融合。这种想法不但不可取，而且非常有害。市场经济的发展并不是完全放任自由的，公共物品、外部性、垄断、信息不对称等因素常常给市场经济造成无序和混乱，政府作为社会公共利益的代表者，对于自由竞争发展中的影响社会经济可持续发展的阻碍因素，应当努力去调控和纠正。城镇化发展既有内在的规律性，也需要从外部加强引导和支持。另外，由于农业具有很强的外部性和公益性，农业生产周期长，农产品的需求供给弹性低等，因此，市场对农业的调节具有很大的局限性。在城镇化的发展过程中，政府对农村改革和农村现代化建设的支持参与程度，深刻影响着社会参与度和农村面貌改变程度。解决城乡二元结构，从陕西所处的国际、国内环境来看，必须要依赖政府的积极作为，采取强有力的措施来支持农业、农村的发展，提高农业、农村的生产能力和竞争能力。

四 推进农业现代化是实现城镇化发展的途径

城镇化水平的不断提高与发展，是整个社会经济发展的结果，其中自然少不了农业现代化的贡献。发达国家高水平的城镇化并没有消灭农业，农村作为农业生产的场所和人类聚落的一种形式，也不会完全消失。相反，农业的健康发展是推进工业化和城镇化协调发展的基础和前提。第一，农业现代化发展使得所需要的劳动力数量大幅度减少，加速了农村富余劳动力向城市的转移，为城市第二、三产业的发展提供充足的、相对廉价的劳动力。而且由于他们在农村的土地已经被纳入规模化、产业化经营范围，无须再定期返回从事农业生产，在城市的工作与生活相对稳定，对方便城市管理，减少城市社会问题具有积极的意义，也为他们尽快转化成为真正意义上的市民、推进人口城镇化奠定基础；第二，农业现代化带动农业企业不断壮大集中，促进小城镇发展，农村城镇化进程加速推进；第三，农业现代化带动农村经济走向繁荣，带领农民走上致富道路，城乡差距逐渐缩小，城乡一体化进程加快；第四，农业的现代化发展可以有效拉动城镇第二、三产业的发展。农用机械设备需求、农产品物流服务、农业企业的金融、咨询、法律等服务为繁荣城市经济和加强城乡联系创造着越来越多的机遇与条件。

陕西应从具体政策和资金投入上加强对农业产业和产品结构的优化调整及农业产业化经营的支持。在当前农业日趋市场化的形势下，通过龙头企业的订单农业，把分散的一家一户式的农民组织起来，解决农民种易卖难的后顾之忧；积极发挥市场对生产的指导协调作用，引导农民种植结构优化、品种优化的作物，面对国内、国际市场，提高农民在生产流通领域的利润增值问题。同时，要进一步落实"以城带乡，以工促农"的发展战略，进一步进行土地制度创新，以专业化、规模化、集约化为主攻方向，做大做强农业，不断培育壮大农业龙头企业，增强农业综合能力。大力推进农业产业化经营，提高农业综合效益和比较收益，推进传统农业向现代农业转变，推进新农村建设的进一步完善。

五　完善社会保障制度是实现城镇化发展的基础

社会保障是实现二次分配的一个重要手段，较高水平的社会保障体系能够在一定程度上降低贫困率，防止两极分化。显而易见，农村富余劳动力向非农产业转移的速度，农村人口转化为城市居民的速度决定着城镇化进程，而社会保障促进社会公平，为城镇化营造了稳定的社会环境。农村富余劳动力是否选择进入城镇取决成本—收益比较的结果。如果城镇的就业、教育、生活环境、收入等方面的情况都优于农村，那么农村富余劳动力就会选择迁居城镇。但在成本收益基本确定的情况下，人们首先考虑的是风险。如果存在着失业、工伤或者老年丧失劳动力而老无所依的风险，而这种风险又没有可以化解的途径，那么迁居的行为就会倾向于短期化，其徘徊期会延长，甚至放弃城镇化的努力；而另一部分在城镇中陷入困境的农村富余劳动力，还有可能会发生与社会对抗的现象，这都必然影响城镇化的步伐，反之则会推进城镇化的步伐。

影响城镇化进程速度的最直接原因是城镇能够提供的就业岗位的多少，而社会保障制度在一定程度上能够拉动内需，从而提供就业岗位。从理论上看，将农民纳入社会保障体系之内，会使户籍制度的彻底改革成为可能；制度障碍的消除和农民被纳入社会保障体系之内必然提高农民的城镇化倾向，农民城镇化倾向的提高会使农民进城踊跃，城镇对农民吸引力提高会增加农民自愿放弃农村土地的可能性；农民愿意放弃农村土地使规模经营成为可能，规模经济的发展又会促进农民收入的提高和市场的扩大；不断扩大的市场支撑必然会使非农产业加快发展；非农产业发展加快必然提供大量就业岗位；就业岗位增加必然使城镇化进程加快。

城乡一体化的社会保障制度，缩小了城乡间的差别，对农村城镇化建设起到了良好的推动作用。随着城乡一体化相关政策的实施，陕西社会保障制度取得了一定的进展，但问题仍然很多。陕西社会保障覆盖范围虽宽，但制度不够健全、管理基础比较薄弱、资金支付压力大、部分社会群体保障待遇不合理，特别是城乡社会保障不平衡、不衔接等问题尤为突出；其次，农村社会保障仍然非常薄弱。一是农村低保制度刚刚开始建立，贫困农民的基本生活保障还有待完善。二是新型农村合作医疗制度配套资金不到位，保障水平过低。三是新农村社会养老保险制度还没有定位，农村养老保障方面存在明显的制度缺失。

第四节　本章小结

21 世纪，陕西城镇化进入快速发展的关键时期，城镇数量的迅速增长和城镇规模尤其西安城市规模的持续扩张，一方面有力地推动了经济的快速发展，另一方面也给城镇基础设施和生态环境带来巨大的压力。在生态容量、技术水平和经济规模既定的条件下，总结国内外城镇化发展的典型经验，指出陕西应顺应人口和产业集聚与扩散的规律，通过发展经济、城乡统筹规划、发挥政府职能、推进农业产业化和完善社会保障制度等来调整城镇化布局，优化城乡人口分布，从而实现经济社会的可持续发展，促进城乡空间优化融合，推进陕西城镇化健康可持续发展。

第五章 陕西城镇化发展速度研判

第一节 城镇化发展速度内涵

城镇化发展速度主要表现在城镇人口占总人口比例的提高、城镇数量的增加和城镇规模扩大等方面。城镇化发展水平一般用城镇化率，即城镇人口占城乡总人口的比例来描述，而城镇化发展速度则用城镇化率的年增长率来表示。世界城镇化的历史表明，城镇化发展的宏观动力来源于社会经济的发展。城镇化与经济发展水平的关系最为密切。一般说来，经济发展水平越高，城镇化水平越高；经济发展水平越低，城镇化水平越低。

改革开放前，我国走的是优生发展重工业的超前工业化道路，并实行严格的城乡分割的户籍管理制度，限制农业剩余劳动力从事非农业和人口的自由流动。改革开放后，随着限制城镇化发展体制因素的逐渐消除，我国的城镇化水平快速提升，城镇化发展进入加速阶段，特别是在1996年城镇化水平达到30%以后，2014年达到54.77%，年均提高1.37个百分点，城镇化进程更是较之以往呈现出显著加快的态势。根据世界城镇化发展的阶段性规律，可将城镇化发展划分为初期（30%以下）、中期（30%—70%）和后期（70%以上）三个阶段，我国的城镇化进程应属于中期阶段。我国城镇化进程正处在快速发展时期，并且这种快速发展趋势还将保持较长一段时间。学术界虽有不同声音，但多数认为"变农民为市民"，优化人口结构和城镇空间布局，推动城镇化发展，将会成为拉动内需、结构转型、实现共享式和包容性增长的重要手段。城镇化发展速度受经济、社会和制度政策等多种因素影响，本章主要从产业演进角度，特别是第一、二、三产业发展对城镇化发展速度的影响进行分析①。

第二节　我国城镇化发展速度的主要争议

一　城镇化发展速度过快观点

以陆大道、周干峙、周一星、崔功豪、姚士谋为代表的学者们认为城镇化在推动我国经济增长的同时，脱离循序渐进的正常发展轨道，出现"冒进城镇化"、"虚假城镇化"态势。他们的依据主要有：

（一）我国城镇化水平存在虚高态势

中国城镇化发展速度过快，"十五"、"十一五"期间城镇化率年均增长分别为1.4%、1.3%，每年新增城镇人口1800万以上；全国有约2.6亿农民工被统计为城镇人口，对城市发展和经济增长作出巨大贡献，但他们并没有享受市民待遇；农村留守儿童约9700万，失地或部分失地农民约5000万人，且每年以约260万人的速度增加；部分中小城镇、资源型城镇衰落，农村空心化严重②。20世纪80年代，拉美国家由于城镇化速度过快，城市出现大量失业人口，贫民窟大量存在，出现不同程度的"城市病"，成为社会动荡的主要因素。2008年美国次贷危机，引起世界性的金融动荡，导致中国出口受阻，几千万农民工被迫离开东部沿海工厂，回到仍有土地和住房的家乡；虽没引起大的社会动荡，但虚高城镇化造成的社会隐患依然危险。

（二）土地城镇化速度过快

分税制后，地方政府经营城市、以地生财的冲动超越了经济发展的客观规律，导致土地城镇化速度快于人口城镇化速度。为响应新型城镇化发展战略，各地纷纷编制城镇群、城镇体系、新城、大学城、产业园、开发新区规划，多数规划盘子过大，投资密度过低，目标不切实际；政府通过行政区划调整，城镇辖区面积不断扩张，却忽视人口的集聚。全国各种开发区有4800多个，规划建设面积已接近我国几百年来形成的600多个城

---

① 孔凡文、许世卫：《中国城镇化发展速度与质量问题研究》，东北大学出版社2006年版，第24—30页。

② 陆大道、陈明星：《关于"国家新型城镇化规划（2014—2020）"编制大背景的几点认识》，《地理学报》2015年第2期。

市建成区的总面积①。地方政府注重城区扩张、热衷形象工程，造成用地失控、无序蔓延，郊区城镇化不断蚕食农地，土地资源浪费极大。目前中国城镇化正处于"大跃进"和空间扩展失控状态。

（三）就业岗位不足以支撑快速城镇化

我国人口基数过大，产业支撑与高速城镇化难以匹配，不可避免地引起城乡对立、城市内部阶层对立。改革开放以来，以出口导向为主的制造业推动了中国经济和城镇化快速发展。但近年来我国实行的"低端产品"发展模式难以为继，两次大规模的经济刺激计划带来了日益严重的结构性问题，"稳增长、调结构"成为学界和政府共识，资本、技术替代劳动进一步缩减了就业弹性。大城市特别是特大城市人口数量不断增加，而中小城市却发展缓慢。尽管北上广深一线城市已出现集聚不经济现象，但农民工仍在不断涌入，高校毕业生、复员退伍军人、下岗工人及失去土地的农转非人员亟待就业；中小城市最大的问题不是基础设施不足，而是产业支撑问题。虽然我国每年新增就业岗位 800 万左右，但面对 1200 万以上的就业需求，仍捉襟见肘。当前城镇化发展速度超出经济就业增长能力，是虚假、贫困和冒进的城镇化。

（四）资源环境支撑能力不足

巨大的经济和人口总量，长期低端产品"世界工厂"的发展模式，国土开发和基础设施建设使生态环境付出巨大代价。我国北方沙尘暴天气不断增多，南方水涝灾害愈来愈重，110 多个资源型城市转型困难，耕地、缺水、雾霾成为城市发展之殇；新增人口超过基础设施建设增长幅度，导致交通拥挤、住房紧张等一系列"城市病"，造成巨大发展和生存压力。生态城市、卫生城市建设流于形式，难以有效抵御诸如 SARS、生态灾难等公共突发性事件。城镇化发展水平应与经济增长、产业结构、就业岗位、资源环境保持相对平衡，避免"过度城镇化"现象②。

（五）城乡二元经济结构显著

30 多年来，政府主导的工业化道路，通过工农产品剪刀差、经营土地等形式推动了城市的繁荣和乡村的凋敝，城乡二元经济结构鸿沟难以弥

---

① 姚士谋、陆大道、陈振光等：《顺应我国国情条件的城镇化问题的严峻思考》，《经济地理》2012 年第 5 期。

② 周一星：《城镇化速度不是越快越好》，《科学决策》2005 年第 8 期。

合。国家虽然早已提出"以城带乡、以工促农"的长效机制，但现实中政府财政资金多数仍然投向城市，生产要素不断向城镇集聚，公共服务设施的空间配置对弱势的农民缺乏公平，城乡差距不断增大。中国两亿多农村青壮年进城打工，出现农村衰落和空心化现象。另外，城市内部不同行业收入差距巨大，阶层分化严重，导致城市内部二元结构，城市治理更为艰难。

（六）发达国家城镇化大都经历漫长过程

中国城镇化进程，无论是规模、还是速度，都前所未有。城镇化率从 20% 提升至 40%，英国、法国、德国、美国、苏联、日本分别经历 120 年、100 年、80 年、40 年、30 年，而中国只用了 22 年（1981—2003 年）[1]；1995—2003 年间，中国城镇化率每年增长 1.5%，而美国在城镇化高速发展阶段，城镇化率每年只提高 0.5%。现阶段，发达国家的城镇化率已达 70%—80%，但从事非农产业人口比重高于城镇化率。"九五"时期我国城镇化已高速发展，"十五"时期又提出"不失时机推进城镇化发展"，导致城镇化速度冒进，城镇化水平虚高；针对上述问题，虽然"十一五"规划提出要"积极稳妥推进城镇化"、"十二五"规划再次强调"统筹城乡发展，积极稳妥推进城镇化"，但地方政府在发展经济、做大 GDP 的冲动下，上述方针并没有得到认真贯彻执行。2000 年中国城镇化率为 36.22%，2014 年为 54.77%，年均增长 1.33 个百分点，城镇化高速增长态势仍未得到有效遏制。

二　城镇化发展速度并未过快观点

以诸大建、牛凤瑞、潘家华、罗志刚为代表的学者们认为城镇化是现代化的重要标志，城镇化发展有利于生态环境保护，有利于解决"三农"问题、构建和谐社会。当前不是简单地放缓城镇化发展速度，而是改变土地高消耗、人口低吸纳的城镇化发展模式。他们的依据主要有：

（一）非农意义上的城镇化并未达到相应的速度与规模

一方面，中国在土地城镇化方面确有"大跃进"之势，全国人均建设用地面积超过 130 多平方米，远高于发达国家的 82.4 平方米。另一方面，考虑到中国 2 亿多在城乡之间流动的农民工，他们在为城市作出贡献

---

① 陆大道：《地理学关于城镇化领域的研究内容框架》，《地理科学》2013 年第 8 期。

的同时，却由于户籍等原因而没有享受市民待遇；还有通过乡改镇、县改区等行政区划调整而形成的城镇区域上的许多原农民，他们有了城镇户口，却没有从事非农劳作，并不是真正意义上的市民，当前城镇化水平实际上要打不少折扣。我国产业非农化率、就业非农化率，远高于城镇化率，导致城乡之间巨大的收入差距。城镇化本质上一个自然而然的历史过程，调控政策只能起到暂时加速或延缓作用。近年来我国城镇化水平快速提升，既是经济社会发展的必然结果，也是经济社会发展的重要动力。

（二）适当的城镇化速度有利于经济的可持续发展

城镇化是工业化的空间载体，人口、物质等生产要素在地理空间上的积聚，有利于分工和专业化、降低交易成本；城市是产生新的科技知识的"天然实验室"，不同知识、观念的人群面对面的交流，易于激发创新灵感，且能实现新观念、新技术的低成本传播；城市能够提供更多非农就业岗位，增加收入，刺激消费。发展中国家从印度到中国都曾由于反资本主义的意识形态而抑制城镇化的发展，造成经济社会的全面落后。

拉美国家早期的快速城镇化极大地促进了农产品等初级产品的出口，带动了就业和经济的发展；但后来其经济发展重点迅速转移到高级产品生产，劳动力需求下降，并对"非正规就业"进行排斥，人民生活困苦，造成所谓的"拉美陷阱"，城镇化成了"中等收入陷阱"的替罪羊[1]。我国实行的农村土地承包制度，发挥社会稳定器作用，避免失地农村大量涌入城市的不利局面，也使得与相同经济发展水平国家相比，中国城镇化水平明显偏低[2]。城镇化发展的主要问题是城镇化滞后于工业化和经济发展，城镇化不是超前，更没有冒进，需要抓住有利时机提高城镇化水平。金融危机使钢材、水泥等建筑材料、价格下跌，可显著降低城镇化建设成本；国际石油、天然气价格下降，也使得市民的生活成本降低。因此，当下大力推进城镇化进程，是应对外部需求严重萎缩的唯一出路，是国家去库存战略的正确选择。

（三）城镇化有利于生态环境的保护

城市交通拥挤、环境污染、就业困难、空间无序蔓延、公共安全风险

---

① 罗志刚：《对城市化速度及相关研究的讨论》，《城市规划学刊》2007 年第 6 期。

② 陈明、王凯：《我国城镇化速度和趋势分析——基于面版数据的跨国比较研究》，《城市规划》2013 年第 5 期。

等成为发展之痛，但这是城市发展必须支付的成本。城镇是将资源环境转化为物质文明与精神文明的有效空间形态，当边际收益大于边际成本，城市规模扩张成为必然，过度夸大"城市病"的负面效应无异于因噎废食①，发展中的问题，需要用发展来解决。产业与人口在城市的高度集中，必然造成资源的大量消耗和"三废"的过度排放，但这也为集中处理污染提供了条件，依托城市的治污工程更有效率；城市发展循环经济，集约利用资源更具经济性和可行性；公共基础设施的集中使用，降低了边际使用费用。然而让更多的人留存农村搞现代化，污染治理及公共基础施放建设，将会是一种更大的资源浪费。因而，改变消耗大量资源的粗放式城镇化发展模式，走精明增长的城镇化发展道路，才是理性选择。

（四）当前城镇化速度并未过快

独特的政治生态环境，使中国城镇化迥异于一般大国发展规律。1960—1978 年间，计划经济对城镇化进程的人为抑制，使城镇化水平不升反降；改革开放初期，乡镇企业虽然带动了大规模的非农就业，但受户籍制度影响，城镇化进程缓慢；农村土地承包制度，承担了部分社会保障责任，但也削弱了农民进城闯天下的动力；地方权威政府垄断资源、土地市场，抬高了城镇化门槛，抑制了城镇化水平的进一步提升。

虽然发达国家的城镇化发展历程具有参照价值，但中国当前所处的经济发展水平、科技实力、产业结构与英国、美国过去城镇化发展环境截然不同，城镇化发展是否合理，不应以水平的高低、速度的快慢为依据。技术发明推动工业化，工业化推动城镇化。早期的技术发明的是一个缓慢的过程，二战后，工业技术体系已经成熟，很多技术可以"拿来"套用，极大地缩短了发展中国家的工业化进程，为快速城镇化提供了基础保证。罗志刚（2007）根据城镇化发展速度将城镇化划分为慢速城镇化（年均增长 0.4%—0.6%）、快速城镇化（年均增长 1%—2%）、超高速城镇化（年均增长 2%—4%）。日本在 1950—1955 年、韩国在 1965—1970 年城镇化水平年均提高均超过 2%，中国当前城镇化水平年均增长 1.33%，这是多年城镇化潜力集中释放，也是城镇化处于加速发展阶段的集中体现，并不过快。

（五）城镇化是破解城乡二元经济结构的途径

"三农"问题的根源在于农民数量的庞大，而减少农民的根本途径是

---

① 牛凤瑞：《我国城市化十五大热点之问与理性解析》，《上海城市管理》2013 年第 2 期。

城镇化。农村资源向城镇集聚是生产要素优化配置的必然结果，其对农村的负面影响是暂时的，正面影响则是长久的。只有城镇经济的发展壮大，才能为农村剩余劳动力提供就业岗位、为农产品提供市场、为农业发展提供技术支撑，才能贯彻"以工促农、以城补乡"政策。

农村青壮年进城打工降低了农业劳动力的平均素质，但农业机械化水平的提高为留守老人、妇女胜任农业生产提供了可能，我国粮食连年增产，充分说明了这一问题。农民家庭收入不减，又增加了一笔工资收入，提升了农民家庭的整体生活水平。与农民工相伴而生的夫妻分居、留守儿童、空巢老人等问题，是社会之痛，根源在于落后的城镇化政策。城镇化的过程，是农村人口比重大幅降低、自然村落大幅减少，城市文明向农村渗透、农村生活方式逐渐现代化的过程。

第三节　城镇化发展速度与产业发展的关系

一　城镇化发展速度与第一产业发展的关系

（一）农业发展是城镇化发展的基础和前提

（1）农业是一切社会的经济基础。人类所需要的最基本的生活资料及其原料，只能由或者主要由动植物产品来提供。因此，不论过去和可以预见的未来，农业都是人类社会的衣食之源和生存之本。而人类社会的其他经济、政治和文化活动，也只有当从事农业生产的劳动者，能够提供剩余农产品时才有可能。农业的这种特殊重要性，既不会因社会制度的改变而消失，也不会因其在国民经济中所占比重的降低而改变。

（2）农业剩余是城市产生的基础。城市的产生，是由社会经济的发展决定的，归根到底，是由生产力的发展决定的。具体说，城市产生于第三次社会大分工。人类社会的第一次大分工——农业和畜牧业的分离，形成了比较固定的居民点——聚落。聚落为城市的产生奠定了基础。人类的第二次社会大分工——农业和手工业的分离，形成了集市或比较固定的交易场所。人类社会的第三次社会大分工，形成了专门从事商品交换的产业和阶级——商业和商人。商业经济活动的性质决定了必须以城市为依托，以集中的城市作为活动中心和贸易中心。同时，城市地区的商品买卖活动，对周围地区产生了巨大的经济影响，加强了城市的吸引力与辐射力。

（3）农业发展是城镇化发展的基础和原动力。一般来说，城镇化首先是在那些农业分工完善、农村经济发达的地区发展起来，并建立在农业生产力发展到一定程度的基础之上。农业发展是城镇化发展的基础和原动力主要体现在：第一，农业为城镇化发展提供粮食保障。第二，农业为城市工业发展提供资金原始积累。第三，农业为城市工业生产提供原料。第四，农业发展能够促进农业人口向城镇转移，推动城镇化发展。

因此，农业发展是城镇化发展的基础和前提。从西方发达国家经济发展的历程来看，在工业化开始之前都曾有过一场"农业革命"。"农业革命"不仅使西欧、北美等发达国家开始摆脱了"马尔萨斯低水平均衡陷阱"，解决了传统社会周期性饥荒的困扰，而且大幅度地提高了农业生产效率，使农业劳动力向工业部门和城市的转移成为可能。

陕西在 20 世纪 50—60 年代，在国家政策引导下追求快速工业化，但却忽视了农业的发展。使其工业化和城市化的高速增长难以持续下去，农村在发展过程中陷于日益贫困的境地，出现城市繁荣与乡村贫困并存、发展极度不平衡的现象。

（二）城镇化促进农业发展

城镇化对农业发展的促进作用主要表现在以下几方面：一是城镇化有利于农业的规模经营；二是城镇化为农业现代化提供物质技术基础；三是城镇化为农业发展提供资金和技术；四是城镇化吸纳大量农业剩余劳动力。

由此可见，农业发展和城镇化发展可以形成良性互动。农业发展创造的农业剩余为人口脱离农业部门进入城市工业部门创造了条件，促进了工业增长和城镇化进程，而城镇人口的增加和城镇工业的发展又为农业的进一步发展提供物质基础和条件，为农业生产发展开辟了广阔的市场。

二　城镇化发展速度与第二产业发展的关系

工业化与城镇化是社会经济发展的两大主旋律，工业化、城镇化的过程，本来就是经济集聚与人口集聚的过程。世界银行在《2020 年的中国》中开宗明义：当前的中国正经历两个转变，即从指令性经济向市场经济转变和从农村、农业社会向城镇、工业社会的转变[1]。在经济发展的历史进程中，工业化与城镇化犹如同胞兄弟，同生同长，工业化是城镇化的经济

---

① 　世界银行：《2002 年的中国》，中国财政经济出版社 1997 年版，第 56—57 页。

内容，城镇化是工业化的空间落实。当由传统农业社会转向工业社会时，越来越多的农村富余劳动力离开农村，由农业转向工业、服务业等非农产业，导致原先分散居住在广大农村的人口向不同规模的城镇集聚，城镇居住人口占总人口的比重不断上升，工业化进程诱导城镇化进程；城镇规模的扩大、基础设施的逐步完善，为工业发展提供了良好的外部环境，吸引高素质人才、资金、科技创新等有利于工业进一步发展的要素向城市集聚，城镇化反过来又促进工业化进程，推动工业化不断向更高层次发展[①]。

（一）工业化是城镇化的根本动力

虽然农业发展是城镇化发展的基础和前提，但在农业社会里，由于经济活动集中在农村，以农业为主导产业的传统农业社会的城市规模狭小，发展缓慢。而作为工业化起点的工业革命和工业化的实现则极大地推动了城镇化的发展。工业革命扩大了生产规模，小城镇迅速发展为大城市；工业革命要求生产走向集中，工业集聚产生了大规模的城镇。工业革命冲破了自给自足、分散无序的农村自然经济的桎梏，使得资本和人口在机器大生产中高度集中，由此导致城市规模的不断扩张和城市数量的急剧增加。工业化与城镇化之间是社会经济内容与社会经济生活运行空间的关系，两者是不可分离的。

（二）城镇化促进工业化发展

工业化是城镇化的基础，工业化推动了城镇化发展。但城镇化又反作用于工业化，脱离城镇化的工业化将会受到城镇化滞后的约束。城镇化对促进工业化发展的促进作用主要表现在：（1）城镇化为工业化发展提供了必不可少的基础设施条件。城镇的各项生产生活设施比较完善，不仅具备工业生产发展需要供水、供电、仓储、供热、交通、通信等基础设施，而且具备工人生活消费需要的文化设施、教育设施、娱乐设施。（2）城镇化为工业化发展提供了高素质的人力资源。城镇化所形成的人口集结，各种熟练劳动力、技术人员和管理人员的会合，不仅使劳动力得到最合理的组织和最有效的使用，而且使企业人员更富有进取精神和竞争心理。（3）城镇化为工业化发展提供了技术和信息支撑。城镇是教育和科研机构集中的地方，科技力量较强，信息畅通，方便工业企业与科技和信息的结合利用，特别有利于新型工业的发展。（4）城镇化为工业化发展提供

---

① 叶裕民：《中国城镇化滞后的经济根源及对策思想》，《中国人民大学学报》1999 年第 5 期。

了消费市场。城镇人口集中，收入水平和消费水平较高，商业设施完善，是工业品的主要消费市场。

三 城镇化发展速度与第三产业发展的关系

（一）第三产业促进城镇人口不断增加

一方面表现在服务业创造单位产值所需直接劳动力多，另一方面，服务业对第一产业、第二产业会产生就业牵引效应，导致其他产业增加劳动力的投入量，从而间接吸纳劳动力。

（二）第三产业发展促进了城镇建设和发展

随着工业化的不断发展，特别是由轻工业化向重工业化演进，一方面，生产的规模化与专业化发展到了很高的程度，企业对外部市场经营环境及社会服务的依赖性不断增加，如企业生产要求有金融、保险、科技、通信业的服务；产品流通要求有仓储、运输、批发、零售业的服务；市场营销要求有广告、咨询、新闻、出版业的服务，等等。这样便促使生产性服务得到广泛的发展，相关的配套服务性设施不断完善。另一方面，随着工业化的不断发展，生产过程中从事技术和管理的白领阶层在社会就业人口中的比重增加，他们追求更为丰富多彩的物质消费与精神享受，如住房、购物、文化教育、体育娱乐、医疗保健、旅游度假、法律诉讼、社会福利等。于是便促使生活服务得到广泛的发展，相关的生活消费性配套服务性设施也不断完善。因此，由工业化的充分发展促成的第三产业的发展极大地促进了城镇建设和发展。

（三）第三产业促进城镇群或城镇带的形成

由于以服务业为主的第三产业关联性大，各产业间的联系强，所以许多服务部门在空间上不同形态的组合。如服务业与交通业、商业、旅馆业等部门在空间的组合，并且这种组合表现在空间上的具体形态，一般来讲多呈带状、群态。在许多国际性城市功能不同的服务企业通过前向和后向联系呈现城镇集群。

总之，在城镇化发展的初期，农业生产占据主导地位，城镇化的发展受到农业能够提供多少剩余农产品和剩余劳动力的制约。在城镇化的中级阶段，工业化是城镇化的主要动力；到了城镇化的高级阶段，第三产业成为城镇化的主要动力。在初级阶段，工业化率高于城镇化率，而到了城镇化的高级阶段，则会形成城镇化率高于工业化率的格局。

第四节　陕西城镇化发展速度判断

一　城镇化与工业化协调发展判断

（一）城镇化与工业化协调发展的意义

经过解放以来 60 多年的发展，陕西已经建立起了完整的工业体系和强大的工业基础，大片的地域空间被工业化、城镇化，地域空间急剧变迁。工业化是国民经济中一系列重要的生产函数连续发生由低级到高级的突破性变化，是一场包括工业发展和农业改革在内的社会生产力的变革[1]，是一个国家或地区由落后的农业部门占主导地位，向非农业占主导地位的转变过程。工业化是推动城镇化发展的根本动力，是传统农业经济迈向现代工业经济的必由之路，工业化进程的快速发展及工业生产规模的不断扩大，成为城镇数量和城镇人口规模大幅度扩张的最基本的因素[2]。促进城镇化与工业化的协调发展，是在目前陕西外部市场需求趋于衰减情况下，增加内需、保证经济可持续增长的需要；是解决"三农"问题、构建和谐社会的重要保障。2013 年，陕西人均 GDP 已达 42692 元，已进入城镇化与工业化快速发展阶段。要在其快速发展阶段确保其健康发展，必须掌握城镇化与工业化的发展现状和特点以及对未来的可能趋势进行预测，这样才能顺应经济社会发展规律，才能采取有针对性的政策措施进行科学引导，不断提高城镇化与工业化的可持续发展水平。

（二）陕西城镇化与工业化发展关系测度

1. IU、NU 比的 0.5 和 1.2 国际标准值法

城镇化与工业化的关系分为城镇化滞后于工业化，城镇化超前于工业化和城镇化与工业化协调发展等三种情况。如果一个国家或地区的城镇化与工业化协调发展，那么在工业社会的中前期，城镇化率（U）、工业化率（I）与非农化率（N）几乎是三条平行上升的曲线（图 5.1）。判断陕西城镇化与工业化的关系，需要用科学的方法和精确的数据进行度量[3]。

---

[1]　张培刚：《农业与中国的工业化》，华中工学院出版社 1988 年版，第 126 页。

[2]　李国平：《我国工业化与城镇化的协调关系分析与评估》，《地域研究与开发》2008 年第 5 期。

[3]　段禄峰、张沛：《我国城镇化与工业化协调发展问题研究》，《城市发展研究》2009 年第 7 期。

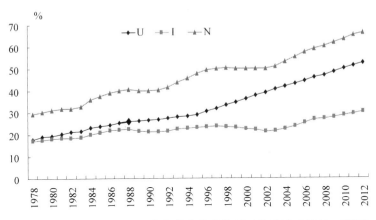

图5.1　我国城镇化、工业化与非农化的数量对比关系（1978—2012）

人们通常用 IU 比和 NU 比这两个指标来分析一个国家和地区的城镇化与工业化之间的发展关系。IU 比是指劳动力工业化率与城镇化率的比值，NU 比是指劳动力非农化率与城镇化率的比值。从1950—1980年，无论是发达国家还是发展中国家，随着工业化、非农化和城镇化的协调发展，IU 比越来越接近0.5，NU 比越来越接近1.2，IU、NU 比的0.5和1.2国际标准值法也就成为判断一个国家城镇化与工业化是否协调发展的基本方法。下面就用 IU、NU 比的0.5和1.2国际标准值法及《陕西统计年鉴（2014）》上的数据对陕西城镇化与工业化之间的关系进行分析，如表5.1及图5.2所示。

表5.1　陕西城镇化率与 IU 标准、NU 标准的数量关系（1985—2013）

年份	U	I	N	IU 比	NU 比	IU 标准	NU 标准	$U-IU$ 标准	$U-NU$ 标准
2000	32.27	16.49	44.29	0.51	1.37	32.98	36.91	-0.71	-4.64
2001	33.62	16.64	44.31	0.49	1.32	33.28	36.93	0.34	-3.31
2002	34.63	16.44	46.48	0.47	1.34	32.87	38.73	1.76	-4.11
2003	35.54	19.04	47.86	0.54	1.35	38.08	39.88	-2.54	-4.34
2004	36.35	18.60	50.28	0.51	1.38	37.20	41.90	-0.85	-5.55

续表

年份	U	I	N	IU 比	NU 比	IU 标准	NU 标准	U - IU 标准	U - NU 标准
2005	37.24	18.62	51.57	0.50	1.38	37.25	42.97	-0.01	-5.74
2006	39.12	18.88	51.86	0.48	1.33	37.76	43.22	1.35	-4.10
2007	40.61	19.92	53.65	0.49	1.32	39.84	44.71	0.77	-4.09
2008	42.09	20.60	55.42	0.49	1.32	41.20	46.18	0.90	-4.09
2009	43.49	23.93	57.48	0.55	1.32	47.86	47.90	-4.37	-4.40
2010	45.70	27.05	58.73	0.59	1.28	54.10	48.94	-8.40	-3.24
2011	47.29	28.41	59.98	0.60	1.27	56.82	49.98	-9.54	-2.70
2012	50.01	29.35	61.52	0.59	1.23	58.71	51.27	-8.70	-1.26
2013	51.30	30.56	62.15	0.60	1.21	61.13	51.79	-9.83	-0.49

注：①数据来源：根据《陕西统计年鉴（2014）》计算整理。

②U 表示城镇化率；I 表示工业化率；N 表示非农化率。

③IU 标准 = 2I；NU 标准 = N/1.2。

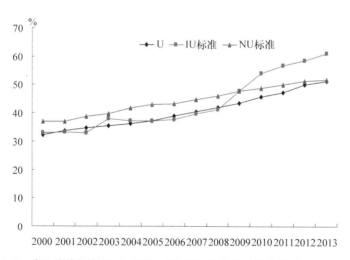

图 5.2　陕西城镇化率与 IU 标准、NU 标准的数量对比关系（1985—2013）

（1）IU 标准数学分析

我们以 U - IU 标准变化趋势，把 2000—2013 年的 14 年期间陕西省城镇化与工业化的关系划分为两个阶段：第一阶段，2000—2008 年，城镇化与工业化的关系基本协调，实际城镇化率与以工业化率推算出来的城镇化率相差不大，在 − 2.54 至 1.35 之间上下波动；第二阶段，2009—2013 年，城镇化滞后于工业化，且滞后现象趋于加大，2013 年达到 9.83 个百分点。可以对上述变化作如下分析：

①在 2000—2008 年间

$$|U - IU \text{标准}| = |U - 2I| = 2U|0.5 - I/U| \tag{5.1}$$

在这期间 I/U 基本上等于 0.5，城镇化与工业化趋于协调发展。

②在 2009—2013 年间，IU 比大于 0.5，则有：

$$|U - IU \text{标准}| = |U - 2I| = 2U|0.5 - I/U| = 2U(I/U - 0.5) \tag{5.2}$$

$U\uparrow$，I/U 基本不变，则 $|U - IU \text{标准}|$ 趋于变大，城镇化滞后于工业化现象逐步增大。

（2）NU 标准数学分析

我们以 $U - NU$ 标准变化趋势，把 2000—2013 年的 14 年期间陕西城镇化与工业化的关系也划分为两个阶段：第一阶段，2000—2008 年，城镇化滞后于工业化，且滞后现象相对稳定；第二阶段，2009—2013 年，城镇化滞后于工业化，且滞后现象逐渐缩小。在 NU 比大于 1.2 的情况下，数学分析如下：

$$|U - NU \text{标准}| = |U - N/1.2| = U\left|\frac{N/U}{1.2} - 1\right| = U\left(\frac{N/U}{1.2} - 1\right) \tag{5.3}$$

在 2000—2008 年间，$U\uparrow$，N/U 波动中下降↓，且 U 增大的幅度与 N/U 下降的幅度相差不大，则 $|U - NU \text{标准}|$ 相对稳定，城镇化滞后于工业化，但滞后现象相对稳定在 − 3.31 至 − 5.55 之间波动；在 2009—2013 年间，$U\uparrow$，$N/U\downarrow$，且上升幅度大小下降幅度，则 $|U - NU \text{标准}|$ 趋于变小，城镇化滞后于工业化现象逐步缩小。

综上可知，以 IU 标准来看，陕西在 2001—2008 年间，城镇化与工业化基本协调发展；而以 NU 标准来看，陕西城镇化始终滞后于工业化。我们知道，陕西是我国三线建设时期重要的工业基地，在新世纪的 2000—2009 年间，城镇化滞后于工业化现象非常容易理解，因为陕西国有企业、军工企业过多，且以重化工业为主，对推动第三产业发展能力有限，城市内失业人口过多，从而造成城镇化滞后于工业化。2009—2013 年间，无论以 IU 标准、还是以 NU 标准判断，陕西城镇化都滞后于工业化。城镇化滞后于工业化，造成城乡失衡，农业劳动力过剩，不利于实现自然、社会与经济协调发展，正在对各产业协调发展、扩大内需、生态环境、城乡统筹以及社会稳定产生破坏性影响，大大影响了陕西"三农"问题的解决。陕西要进一步加快城镇化步伐，促进城镇化与工业化协调发展。

2. 钱纳里标准法

对城镇化与工业化关系测度的另一种方法是广泛应用的钱纳里标准。钱纳里标准是美国经济学家 H. 钱纳里根据 100 多个国家经济发展历程的经济结构变化统计经验值，见表 5.2。

表 5.2　　　　钱纳里关于不同发展水平经济结构正常变化的统计分析

人均 GNP（美元）	工业增加值占 GDP 比重（％）	非农产业增加值占 GDP 比重（％）	工业就业比重（％）	非农产业就业比重（％）	城镇化率（％）
100 以下	17.8	49.2	7.8	30.2	12.8
100	21.0	56.4	9.1	35.8	22.0
200	28.7	69.5	16.4	46.5	36.2
300	33.0	75.9	20.6	53.6	43.9
400	36.1	80.0	23.5	59.0	49.0
500	38.3	82.7	25.8	63.4	52.7
800	42.9	87.7	30.3	73.3	60.1
1000	44.9	89.6	32.5	78.2	63.4
1000 以上	48.8	91.0	36.8	87.8	65.8

注：①资料来源：冯邦彦，马星. 中国城市化发展水平及省际差异［J］. 经济经纬，2005，22（1）：62 - 65.

②人均 GNP 为 1964 年美元计算。

学者研究城镇化与工业化的关系时，一般不要用钱钠里标准中的人均GNP、工业增加值、非农产业增加值来推测城镇化与工业化的关系，因为那样会涉及频繁的汇率计算，且人民币不是国际货币，存在币值低估现象，容易造成误差①。城镇化是工业化的必然结果，城镇化进程实际上就

---

① 张建新、段禄峰：《我国城镇化与工业化发展关系测度》，《生态经济》2009 年第 12 期。

是从事非农产业的非城镇居民逐步在城镇定居的过程，因此与城镇化水平相对应的工业就业比重和非农业就业比重是测量城镇化水平是否超前、滞后的重要指标，用产业就业结构来判断城镇化与工业化的关系较为准确。由于钱纳里标准中的工业范畴与我国现行范畴有所不同，因此，我们采取NU 比来测试城镇化与工业化的关系更为科学。

二　城镇化与经济协调发展判断

城镇化是在城乡空间系统下的一种经济转换过程，聚集经济和规模经济推进人口和经济不断向城镇集中。因而，城镇化的快速推进对经济的发展起着重要的促进作用，同时，也对空间的组织优化提出了更高的要求。世界城镇化的历史表明，城镇化与经济发展水平的关系最为密切，城镇化与经济发展之间必然存在正相关关系，即经济发展水平越高，城镇化发展水平也越高，这一点已被事实所证明[1]。例如，1981 年，瑞诺（Renaud）在对 111 个国家进行分析后，也发现一国经济发展与城市化水平紧密相关：当人均 CNP 从 250 美元增加到 1500 美元时，人口的城市化水平一般会从 25% 上升到 50%，当人均达到 5000 美元时，城市化水平会上升到75% 以上[2]。城市经济学家维农·亨德森（Vemon Henderson）还计算出世界各国城市化率与人均 GDP（对数）之间的相关系数是 0.85[3]。

美国经济学家 H. 钱纳里曾对 1950—1970 年间 101 个国家的经济发展水平数据与城镇化数据进行过回归分析，证明在一定的人均国民生产总值水平上，一定的生产结构、劳动力配置结构与城镇化水平相对应。世界银行的世界发展指数体系也表明，一个城镇或地区城镇化率与当地人均国内生产总值有显著的正相关关系。经济越发达，城镇化率就越高[4]（表5.3）。

---

[1]　孔凡文：《中国城镇化发展速度与质量问题研究》，东北大学出版社 2006 年版，第 35—36 页。

[2]　Renaud B., *National Urbanization Policy in Developing Countries*, Oxford University Press, 1981, pp. 17 - 18.

[3]　Henderson V., *How Urban Concentration Affects Economic Growth*, Oxford：Oxford University Press, 1999, pp. 106 - 108.

[4]　Kern M, *Future of Agriculture*, *Global Dialogue EXPO* 2000, *the Role of the Village in the 21st Century*：*Crops*, Germany：Hanover Press, 2000, pp. 56 - 58.

表 5.3　　　　　世界各国（地区）人均 GDP 与城镇化水平的关系

人均 GDP（美元）	290 以下	499	606	990	3318	7868	10461	16841
城镇化率（%）	20 以下	20—29	30—39	40—49	50—59	60—69	70—79	80 以上

　　我国学者也对城镇化与经济发展之间的关系进行了实证分析，得出了相同的结论。北京大学周一星教授对 1977 年世界 157 个国家和地区的资料进行分析，发现除了其中 20 个国家两种水平之间互不匹配外，其余 137 个国家和地区的这两个指标的对数曲线关系为：$y = 40.62 \lg x - 75.83$。式中，y 表示城市人口占总人口的比重（%），x 表示人均国民生产总值（美元/人），相关系数 $r = 0.9079$，标准差 $s = 9.8$[①]。

　　许学强教授根据美国人口普查局公布的 1981 年 151 个国家的资料，证明了城镇化水平与人均 GNP 之间也存在着对数曲线相关，相关系数达 0.81。而且他的研究还发现，人均 GNP 低的欠发达国家，城镇化水平随着 CNP 增加而提高的速度最快，人均 CNP 中等水平的国家，城镇化水平随着 GNP 增加而提高的速度较快，人均 GNP 高的发达国家，城镇化水平随着人均 CNP 增加而提高的速度变慢，并趋于稳定。这说明了城镇化水平随着人均 GNP 的增长而提高，但提高的速度又随人均 GNP 的增加而减缓[②]。

　　成德宁博士选择了 76 个国家作为大国样本进行分析，根据世界银行公布的 2002 年这 76 个国家人均 GNP（按 PPP 方法计算）和城镇化率资料，画出散点图，再根据散点图的分布形状，选配了对数曲线，证明城镇化水平与人均 GNP 之间也存在着对数曲线相关，其对数曲线为：$y = 15.312 \lg (x) - 74.107$，相关系数为 0.82，标准差为 15.1[③]。

　　我们根据 1978—2012 年我国城镇化率与 GDP 和人均 GDP 的数据进行分析，发现城镇化率与 GDP 和人均 GDP 都存在着明显的正相关关系。其中，城镇化率与 GDP 的对数相关曲线为：$y = 6.447 \ln (x) - 36.295$。式中，$y$ 表示城镇化率（%），x 为 GDP（亿元），相关系数 $R = 0.940$；城

①　周一星：《城市地理学》，商务印书馆 1995 年版，第 93—95 页。
②　许学强、朱剑如：《现代城市地理学》，中国建筑工业出版社 1998 年版，第 62—63 页。
③　成德宁：《城市化与经济发展——理论、模式与政策》，科学出版社 2004 年版，第 81—82 页。

镇化率与人均 GDP 的对数相关曲线为：$y = 6.934ln（x）- 24.416$。式中，y 表示城镇化率，x 为人均 GDP（元），相关系数 $R = 0.944$（分别见图 5.3 和图 5.4）。

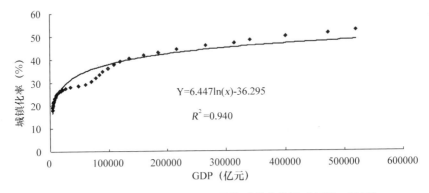

图 5.3 我国城镇化率与 GDP 总量的对数曲线图（1985—2012）

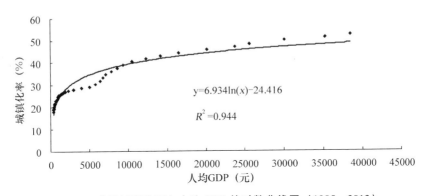

图 5.4 我国城镇化率与人均 GDP 的对数曲线图（1985—2012）

2013 年陕西人均 GDP 为 42692 元，根据城镇化率与人均 GDP 公式：$y = 6.934ln（x）- 24.416$ 计算，陕西城镇化率应为 49.5%，而实际城镇化率为 51.3%，与经济发展水平相关不大。

第五节 适度推进陕西城镇化发展速度

经过多年的发展，陕西经济活动空间加快集聚，城镇主体地位日益凸显。虽然城镇化水平一般用城镇人口比率来反映，但城镇化并不是简单的人口向城镇集聚。特殊的发展历史，造就了陕西在整体层面上城镇化滞后于工业化，导致城镇化发展水平与经济、社会发展水平极不协调的现象。因而，陕西应把推进城镇化放到社会发展与经济增长的首要位置，这不仅是解决城乡二元经济矛盾、缩小城乡差距的需要，更是在目前外部市场需求趋于衰减情况下，增加内需、保证经济可持续增长的需要。

面对城镇化与工业化的迅猛发展，陕西正以脆弱的生态环境承载着大量的人口，担负着巨大的资源消耗，同时也面临着空前的环境挑战。陕西城镇化发展应统筹发展速度和发展质量，从经济总量增长、产业结构调整、基础设施完善、科技文化发展、生活方式改变、环境质量提高、社会保障建立和城镇管理加强等方面，统筹城乡区域发展，实行工业反哺农业、城市支持农村，因地制宜地制定城镇化与工业化协调发展战略，实现人口、资源与环境的可持续发展①。在全国大力倡导工业信息化的潮流下，我们也应清醒地意识到工业信息化在提升产业结构、改进技术装备的同时，将会使劳动就业岗位相对减少，科学发展观强调"可持续发展"，但并不排斥劳动密集型产业。因而陕西不要盲目追求主导产业的高与新，而要基于自身的资源禀赋，正确处理好资本、技术密集型产业和劳动密集型产业的关系，选择合适的主导产业，带动制造业和服务业的发展，促进劳动力就业转移；从产业发展与生产力地域空间配置等方面引导城乡生产要素的合理流动，促进城乡产业融合，打破城乡二元经济结构，统筹城乡协调发展②。今后，陕西既不能沿袭传统的高能耗、高污染、低效率的前苏联的重工业化模式，也不能模仿和采用高消费、高消耗、高排放的发达国家的现代化模式，必须另辟区域经济社会协调、人与自然和谐相处、城镇化与工业化协调发展的绿色之路③。

一　稳步推进市民化与户籍制度改革

中央城镇化工作会议强调城镇化发展要"稳中求进"，努力实现"人

---

①　段禄峰、张沛：《我国城镇化与工业化协调发展问题研究》，《城市发展研究》2009 年第 7 期。

②　罗黎平：《新型工业化与城市化如何协同发展》，《农村经济》2008 年第 11 期。

③　孙红玲：《"3＋4"：三大块区域协调互动机制与四类主体功能区的形成》，《中国工业经济》2008 年第 10 期。

的城镇化"，标志着中国城镇化发展的重大转型。陕西城镇化滞后于工业化发展，推动城镇化加速发展，实现城镇化与工业化的良性互动，是政府政策的理性选择。伴随着城镇化、工业化的快速推进，陕西农业用地不断减少、机械化水平不断提升，农村劳动力剩余越来越多。近年来，各种生产要素不断流入城市，在追求效率的同时，却丧失了公平，城乡差距不断加剧，而农民工"市民化"进展缓慢，持续引发各种尖锐矛盾。Williamson（1990）对过一般均衡模型计算，认为城乡之间劳动力自由流动障碍造成工业革命时期英国损失了 3% 的 GDP[①]。如何有效转移农村劳动力，构建支持性的政策体系，减轻农村劳动力转移成本，将对陕西经济发展、社会转型产生重要影响。

"十三五"时期，政府需要做出顶层设计，建立市民化与城镇化的同步推进机制，直面城乡统筹发展问题。通过综合配套改革，逐步剥离户籍承载的各种权利和福利，建立城乡统一的户籍登记制度、社会保障制度、均等化的基本公共服务制度，实现权利公平、机会公平、规则公平、过程公平，形成市民化的长效机制，确保农业转移人口在政治、经济、社会和文化等领域全面融入城市，共享改革发展成果，平等参与民主政治[②]。

二　实现城镇化与产业互动融合发展

没有产业支撑的城镇化是"虚假的城镇化"，城镇化发展水平应与产业结构转型和新增就业岗位保持一致。欧美发达国家的经济虚拟化、产业空心化，一定程度上导致经济衰退和就业困难；20 世纪六七十年代，拉美国家快速城镇化时期，农村人口向城镇爆发式涌进的同时，多数城市由于没有主导产业，缺乏实体经济的支撑，吸纳就业能力有限，导致多数进城农民长期处于失业或半失业状态、贫民窟广泛存在、社会动荡等一系列"城市病"问题；2013 年，美国汽车城底特律申请破产，更是提醒政府在城市治理中要重新审视产业结构、经济发展与城镇化的关系。

陕西城镇化面临人口与产业空间分布不协调、服务业相对滞后、产城融合度不高等问题，在经济进入新常态，经济增速放缓、技术进步和劳动

---

①　Williamson, J., *Coping with City Growth during the British Industrial Revolution*, Cambridge University Press, 1990, p. 18.

②　魏后凯、王业强、苏红键：《"十三五"时期城镇化和区域发展战略研究》，社会科学文献出版社 2006 年版，第 10—11 页。

生产率提高等多种因素交织下，就业弹性呈逐年下降趋势。"安居才能乐业"，为此要根据资源环境承载能力、城镇公共基础设施容量，强化就业培训，依靠产业集聚引导人口集聚，警惕无产业或无就业的"虚假城镇化"，遏制造城运动现象，设法解决百姓生计问题，促进产城融合发展。西安致力于金融、商务、高新技术产业，发挥引领、示范和辐射带动作用；中小城镇应积极融入大城市产业链，致力于专业化发展，培育特色产业，如专注于电子产品、汽车业、纺织业等，为农村劳动力就近转移创造条件。考虑国家发展战略和农民工自身技能实际，统筹发展劳动密集型、资本密集型、技术密集型产业，促进城镇发展与产业支撑、人口集聚相统一，实现经济发展、民族振兴和充分就业。

特殊的地理区位使陕西成为新中国成立后"一五"、"二五"计划和"三线"建设时期国家重点投资建设的重化工业基地。随着陕西工业化进程的进一步加快，第二产业特别是工业增长构成了区域经济增长的主要内容。陕西在某些科技、文化、理论创新方面接近甚至超越了国内发达地区，但经济发展落后于同处西部的四川，与东部沿海省份相比差距更大。国有企业，给陕西带来了辉煌的过去，但由于各种体制、机制，发展惯性等问题，没有更快地带动陕西经济的发展。因此，陕西应加快国有企业改革，从体制、机制、观念、意识等发展理念方面创新，建立系统有效的产业服务体系和创新机制。一是加快发展先进制造技术研发孵化产业，地域性优势资源深精加工产业；二是建设入区企业急需的生产力促进中心、投资咨询中心、产权交易中心、人力资源开发中心及投融资机构等；三是建立军转民平台、科研院所与市场（企业）对接平台，以地区科技优势促进地区产业结构升级，形成产、学、研良性互动机制；四是在优势产业领域加快培育功能互补、协作有序的产业集群，促进生产要素有机结合，形成适应产业发展、分工明确、协作配套的产业集聚区，培育大型企业集团茁壮成长的土壤。

三 促进城镇化与生态文明协调发展

城镇化发展模式与生态保护、资源利用之间具有强烈的正负反馈关系，城镇化发展不能超越自然资源和生态环境的阈值。以往研究往往聚焦于城市最优聚集水平、规模经济效应、社会公平等问题，很少考虑资源、环境承载力的动态约束，即忽略了经济、社会与生态效用的一般均衡，造成总体福利的损失。

陕西正面临资源能源短缺、环境污染严重等发展问题，新型城镇化道路应融入生态文明理念，以科学发展观为指导，加快调整经济结构和产业布局，将节约理念贯穿于城市发展的生产、流通和消费的各个领域，合理、高效利用各种资源，减少环境成本；合理确定城镇边界，保护生态源区和生态廊道，探索建设用地与吸纳人口同步发展机制，提高城镇用地的集约化水平，发挥土地的最大效能；加强城市管制，治理交通拥挤、贫民窟、社会秩序混乱等问题；改变以 GDP 为导向的政绩考核观，探索绿色 GDP 考核机制，强化对资源消耗、生态效益、政府负债、科技创新的考核[1]，创建宜居、宜业的人居环境，实现人口、资源与环境的可持续发展。

四　优化城镇化规模格局和空间形态

构建科学合理的城镇化规模格局，优化城镇化的空间布局和形态，合理引导农业转移人口流向，推动形成以城市群为主体形态，大中小城市和小城镇合理分工、协调发展、等级有序的城镇化发展体系，有效遏制城镇增长的两极化倾向。

巩固发挥差距城市群的主体形态作用。城市群是指在一定地域范围内集聚了若干数目的城镇，它们之间大小规模不等，职能各异，彼此保持密切的经济社会联系，而又相对独立；在距离上既相互分离（中间隔有绿带），又易于交往的突破行政限制的经济、社会、空间一体化发展的区域集合体。城市群不仅是推进城镇化的主体形态，也是吸纳人口的主要载体。按照全国主体功能区划要求，积极培育壮大差距城市群，实行多中心网络开发战略，推进城市群区域一体化进程，构建高效、协调的国土空间开发格局。

特大城市西安"去功能化"。城市作为区域经济的增长极，通过集聚与扩散效应，实现生产要素的优化配置。城市规模并非越大越好，城市规模与规模经济存在着"倒 U"型关系，当递减的边际正外部性等于递增的边际负外部性时，城市达到最优规模。西安通过划定生态红线、"去功能化"、合理建设卫星城镇等措施，严控人口规模，防止城市空间过度蔓延，促进生产、生活、生态空间和谐有序发展。提高中小城市和小城镇的

---

① 王宏伟、李平、朱承亮：《中国城镇化速度与质量的协调发展》，《河北学刊》2014 年第 6 期。

人口吸纳能力。中小城市和小城镇着力加强基础设施建设，提高公共服务能力和水平，逐步培育一批生态宜居、设施完善、特色鲜明、优势突出、竞争力强的小城镇，吸引人口集聚。

依据《陕西省主体功能区规划》提出的构建三大空间战略格局的现实要求，以大西安为核心，以西咸新区为引领，以陇海铁路和连霍高速沿线为横轴，以包茂高速沿线为纵轴，以陕北长城沿线、陕南十天高速沿线为两带，以京昆、福银、沪陕高速沿线为三条走廊，以宝鸡、榆林、汉中、渭南为四极，构建"一核两轴两带三走廊四极"的城镇群格局（图5.5）。

图 5.5　陕西省"十三五"城镇发展格局图

五　统筹城镇乡村及区域协调发展

（一）统筹区域发展

现阶段陕西已进入城镇化的快速发展阶段，要不失时机地实施城镇化战略，提高城镇化水平，实现城镇化、工业化和经济发展水平的协调发展。西安要发挥领头羊作用，着力提高产业的技术水平，将技术成熟产业、劳动密集型和资源密集型产业有序地向陕西其他地区转移。作为国家重点开发区的关中，一方面要吸纳我国东、中部地区转移出来的产业，另一方面要吸纳陕北、陕南转移出来的人口和无法长期承载的产业。陕北、陕南要遵循"保护优先、适度开发"的方针，因地制宜地发展资源环境可承载的特色产业，又要引导人口向陕西重点开发区转移，缓解人与自然关系紧张的关系。

（二）城乡分工互补

以自然生态财富的生产为主体功能的广大乡村地区，在进行区域产业选择时应将经济社会活动对资源环境的压力降低到最小程度，改变农村产业发展规划、农村土地利用规划缺失的现象，按照建设资源节约型、环境友好型社会的要求，把土地利用规划、城镇体系建设规划和新农村建设规划有机整合起来，并在做好新农村建设的总体布局规划的同时，做好与之相配套的村庄布局、基础设施建设、产业发展等各项新农村建设的子规划。按照"集中集约发展"和"突出地方特色"的原则，重点发展农产品加工业、中心城市配套产业、农业科技服务业等。加强土地利用规划管理，科学布局农业用地区、城镇建设用地区和自然生态环境保护区，使新农村建设按照规划有条不紊地推进。

以集聚人口和发展经济为主体功能的城镇地区，是先进生产力和现代市场的重要载体，是区域经济发展的增长极和政治、经济、文化中心，通过集聚人流、物流、信息流、资金流等，与广大外围乡村地区发生各种联系，并进一步通过"涓滴效应"带动乡村地区发展。城镇应根据自身的比较优势，加强基础设施建设，重点发展现代制造业、现代服务业、高新技术产业和信息产业等。要从社会主义现代化建设全局出发，统筹城乡区域发展，实行工业反哺农业、城市支持农村，推进社会主义新农村建设。

（三）农村工业化

工业化是推动城镇化发展的根本动力。农村工业化是在农村地区推进的工业化，基其发展进程中，大量农村剩余劳动力被吸收到非农产业，农业就业比重不断降低，同时，农业发展获取更多资金支持，农村劳动生产率逐渐提高，农村居民收入不断增加，工业与农业逐步从隔离走向融合。其含义主要有：第一，农村工业化突出表现为对农村、农业资源的有效利用，农村工业化的起点低于城市工业化；第二，农村工业化和城市工业化都是国家工业化的组成部分，随着农村工业化的持续发展，农村工业化最终与城市工业化融为一体；第三，随着农村工业化的推进，农村产业结构、农民就业结构、农村人口分布以及农村经济增长方式都将发生根本性改变，最终逐渐实现从二元经济向一元经济的转变。工业化是三次产业发展的枢纽，统筹城乡发展的重要内容之一就是实现城市工业化和农村工业化协调发展，国家的"以工促农"政策，不仅是指城市工业对农业的促进作用，更强调乡镇工业对农业的促进和改造作用，因此，实现农村的工业化是城乡统筹机制形成的重中之重。

长期的城乡二元结构体制不仅造成了农村的贫困，也造成了城市承载力的低下。我国以家庭联产承包责任制为主要内容的农村经济体制改革，不仅使部分农民手中有了一些剩余资金，也使农业劳动力从隐性剩余转向显性剩余；同时，长期计划经济体制下积累的物资短缺，表现为巨大的市场需求。在国家政策的鼓励或默许下，寻找市场需求，查缺补漏，发展劳动密集型的农村集体经济和个体经济，为农民剩余资金寻找投资空间，为农村剩余劳动力寻找出路成为可能。改革开放之初应运而生的乡镇企业，在大大推进农村工业化的同时，也大大推进了农村城镇化，成为小城镇建设的基本依托。农村工业以农产品加工、资源开发、劳动密集型和轻型加工业为主，有助于改变我国普遍存在的轻、重工业不协调的产业结构，使我国工业结构更符合经济发展规律及资源禀赋状况。当乡镇企业以勃勃生机迅速兴起，过去那种由传统战略及其体制造就的城市搞工业和农村搞农业的二元经济结构格局被第一次打破了①。陕西在推进工业化进程中，应在深化城市工业化的同时，在城乡结合部和有条件的农村地区发展农村工业。

现今，由于国内市场绝大部分商品供大于求，再加上国际金融危机，外部经济环境恶化，乡镇企业出现了一些新困难和新问题。陕西农村工业

---

① 黄坤明：《城乡一体化路径演进研究》，科学出版社 2009 年版，第 56 页。

企业布局过于分散，不仅缺乏聚集规模效益，而且存在农村工业与城市工业产业结构类同、农村内部工业产业结构同质问题，没有形成城乡一体化的工业生产组织体系。大卫·李嘉图（David Ricardo）的比较优势理论（Law of Comparative Advantage）。认为，不论一个国家的经济处于什么样的水平，它都有自己的相对优势，即使总体上、大部分处于劣势，也可以从许多方面找到相对优势①。当前，陕西已进入工业化发展的中期阶段，面临着发展经济和保护环境的双重责任，要根据主体功能理念，科学布局城乡工业，充分发挥工业化空间拓展对乡村经济的带动作用，实现以工促农，同时注重解决工业化空间拓展造成过量耕地减少和环境污染问题。因此，进行体制机制创新，调整农村工业企业结构，实行城、乡工业合理分工，错位发展，是缓解城乡差距、实现城乡空间融合发展的必然选择。

首先，优化农村工业布局，调整产业、产品结构。第一，针对乡村工业空间布局分散，缺乏集聚效益问题，积极引导农村工业发展走出"村村办厂、户户冒烟"的小农经营模式，实现农村企业集聚式发展，推动小城镇建设。工业是集聚经济和规模经济效益明显的产业，对集聚效益和规模效益的追求，已成为乡村空间开始由分散转向集聚的动力源泉。陕西在加快农村工业化进程中，应加大对小城镇建设的扶持力度，鼓励企业向具有优势的小城镇搬迁，引导企业向园区集聚；在既有支柱产业的基础上改造升级，延伸产业链，加强企业集群建设，实现工业化空间聚集，走资源消耗低、环境污染少、人力资源优势得到充分发挥的新型工业化道路，解决乡镇企业分散布局引发的环境问题、规模不经济问题。第二，因地制宜，合理调整产业、产品结构。在发展工业企业过程中，必须依托本地优势资源，发展特色产业，通过大幅度提高农副产品加工业在第二产业中的比重，使农副产品加工业真正成为乡镇工业的主体；引进先进技术，加大对乡镇企业的改造和扶持力度，重点要抓好传统产业技术改造，扩大产品适用范围，抓好新产品开发；通过乡镇企业转型升级，促进乡镇企业环境治理，倒逼乡镇企业减少消耗。第三，不断优化企业结构。乡镇企业要走大、中、小并举，以大带小、以小促大，共同发展的路子，努力培植一批名、优、专、特、新企业。

---

① ［英］大卫·李嘉图：《政治经济学及赋税原理》，周洁译，华夏出版社2013年版，第33页。

其次，实行城乡工业的合理分工协作，加强城乡工业联合。乡镇企业的社区性使得小城镇与大中城市之间、小城镇与小城镇之间缺乏应有的分工与协作，导致小城镇规模小，进一步制约了产业集聚、人口集中和第三产业发展。陕西一是要将农村工业纳入社会化大生产体系，发挥劳动力价格低、自然资源丰富的优势，主要发展劳动密集型产业，与城市企业形成互为市场、相互依存、相互补充的关系，从而弥补城市工业的不足，实现城乡产业功能的互补、对接。二要促进双方资金、技术、人才、劳动力和设备等生产要素的合理配置，扩大生产规模，提高经济效益。乡镇企业与城市大工业联合、配套、协作，加速了农村自然经济的解体过程，使之融入到以城市为核心的商品经济和市场经济系统之中①。

总之，城镇化发展水平应与资源环境承载力、与产业结构转型和新增就业岗位保持一致。未来城镇化发展要走"以人为本、四化同步、优化布局、生态文明、文化传承"的新型城镇化道路。曾经支撑中国经济高速增长的大规模空间扩张的城镇化已不可持续，促进以"要素"和"空间"为核心的城镇化向以"人"为核心的城镇化转变，关注城镇化质量而非速度，精明增长、生态城市、海绵城市、数字城市将成为未来城镇化工作的重点②。

第六节　本章小结

本章论证了城镇化发展速度与产业结构演进之间的关系；通过城镇化率与工业化率、城镇化率与 GDP 之间的实证研究，得出陕西城镇化滞后的结论；提出应稳步推进市民化与户籍制度改革、实现城镇化与产业互动融合发展、促进城镇化与生态文明协调发展、优化城镇化规模格局和空间形态、统筹城镇乡村及区域协调发展等措施，稳步推进陕西城镇化发展速度，开辟区域经济社会协调、人与自然和谐相处、城镇化与工业化协调发展的绿色之路。

---

① 徐同文：《地市城乡经济协调发展研究》，社会科学文献出版社 2008 年版，第 66 页。
② 陆大道：《中速增长：中国经济的可持续发展》，《地理科学》2015 年第 10 期。

第六章　陕西城镇化发展质量研判

第一节　城镇化发展质量内涵

虽然城镇化水平一般用城镇人口比率来反映，但城镇化并不是简单的人口向城镇集聚。一些发展中国家的人口城镇化水平很高，但实际经济社会发展水平却很落后，存在着过度性人口转移，城镇土地掠夺性扩张，市区建设落后，贫民窟大量存在，出现城镇化发展水平与经济、社会发展水平极不协调的现象。因此，城镇化发展应包括城镇化发展速度和发展质量两方面内涵。城镇化的质量主要表现在城镇经济总量的增长、产业结构的调整、基础设施的完善、科技文化的发展、生活方式的改变、环境质量的提高、社会保障的建立和城镇管理的加强等方面。城镇化发展质量不仅要考察城镇化综合发展水平，而且要考察其发展的公平性和可持续性。

城镇化质量涉及对城镇化的深层次认知和对其本质的探讨。一般而论，城镇化质量涉及推进城镇化系统发展的"动力表征"、认识城镇化系统差异的"公平表征"、度量城镇化系统水平的"质量表征"和促进城镇化发展的集约表征。城镇化发展质量不仅要考察城镇化综合发展水平，而且要考察其发展的公平性和可持续性[1]。具体说，城镇化质量的内涵包括以下几方面[2]：

（1）经济发展

经济发展是城镇化质量的最根本体现，只有经济发展，城镇建设才能发展，居民的生活条件和水平才能提高，因此，城镇经济发展是城镇化质

---

① 朱洪祥：《山东省城镇化发展质量测度研究》，《城市发展研究》2007 年第 5 期。

② 孔凡文：《中国城镇化发展速度与质量问题研究》，研究报告，中国农业科学院，2006 年，第 40—41 页。

量提高的基础。城镇经济发展主要表现在城镇经济总量、发展速度、产业结构和经济效益等方面。

（2）社会发展

社会进步包括城镇的科学技术、文化教育、人口就业、医疗卫生和社会保障等各个方面。城镇社会进步可以使城镇更具凝聚力和竞争力，能够更好地满足城镇居民日益增长的物质文化需要，因此，社会进步是城镇化质量提高的重要目标之一。

（3）基础设施

基础设施包括城镇道路交通系统、给水排水系统、能源供应系统、邮电通信系统、环境设施系统及防灾减灾系统等，是城镇建设的物质载体，是城镇经济发展和人民生活赖以进行的必要的物质条件，是城镇存在和发展的基础保证，也是城镇现代化的重要标志，因此，城镇基础设施的完善是城镇化质量的重要体现。

（4）生活方式

生活方式是城镇化内涵丰富性的重要体现。城镇化过程是一个深刻的、全方位的变革过程。在这一过程中，人们的生活条件、生活习惯、消费结构、行为方式、思想观念、道德意识、社会交往、综合素质等方面都会发生转变，从而形成与乡村不同的生活方式。从某种程度上说，生活方式的改变对城镇化质量的影响更为深刻，难度也更大。因此，生活方式的城镇化，对提高城镇化质量有着极为重要的意义。

（5）人居环境

人居环境是城镇居民生活和工作的环境和条件。人类进入 21 世纪，在全球城镇化进程加快的背景下，人们为了追求高质量的生活，越来越多的人口聚居于城市，城镇人居环境建设问题也越来越受到各国政府和人民的高度重视，有人断言：人居环境建设关系到城镇和国家的未来和命脉。因此，人居环境是与城镇化质量关系最为密切的方面之一，城镇化质量的提高必须为城镇居民提供方便、舒适、健康的生活和工作环境。

（6）城镇管理

管理从内容上看，包括城镇的规划管理、经济管理、社会管理、生态环境管理、市政管理等诸多方面。城镇管理的实施涉及管理体制、运行机制、管理理念、管理手段、管理效率等问题。科学的、有效的城镇管理是城镇各个系统正常运转的动力，也是提高城镇化质量的重要保证。目前，陕西的城镇管理水平还不高，切实提高城镇管理水平已是当务之急。

第二节　评价指标体系建立

一　相关指标体系评介

（一）城乡一体化发展水平评价指标体系

城乡一体化发展水平指标体系主要是针对区域城乡一体化发展现状进行测评。考虑到影响城乡一体化进展的社会、经济、政治等各个因素，该评价指标体系的构建主要从更加富裕的生活水平、逐步对接的基础设施、彼此共享的公共服务设施、密切关联的产业结构、功能鲜明的空间布局、开放互通的要素市场、协调有序的生态环境七个方面对城乡一体化进展进行评价。在指标的筛选上，通过借鉴已有研究成果，参照相关指标体（表6.1），共确定7个领域作为分指数和35个具体指数作为评价因子。

表6.1　　　　　　　　　**城乡一体化发展水平指标体系**

领域	指标
更加富裕的生活水平	人均GDP（元/人）、城乡居民人均收入差距、城乡居民恩格尔系数比、城乡居民文化娱乐教育、医疗保健支出比率
逐步对接的基础设施	人均地方财政收入、财政支出中的支农情况、农村安全饮用水普及率、农村公路覆盖率
彼此共享的公共服务设施	城乡生均教育事业经费比、新增劳动力人均受教育年限、人医疗资源、群众文化经费支出增速、参加社会保险人数占全社会从业人员比重、城乡低保水平差异度评价、城乡社会治安满意度比较
密切关联的产业结构	三次产业比重、农业劳动生产率、农业产业化经营综合评价
功能鲜明的空间布局	城镇化率、非农产业从业人员比重、产业集聚程度评价
开放互通的要素市场	农民培训转移率、城乡居民交通通信费比率、城乡居民信息化实现程度比较、农业科技人员比重、农业生产户户均耕地面积、农业及乡镇企业农资比、城乡人均用电支出比
协调有序的生态环境	土地质量综合评价、环境质量综合评分、村庄整治率、农村垃圾集中处理率、农村卫生厕所普及率

（二）统筹城乡发展可持续性指标体系

可持续发展实质是通过社会、经济、自然环境的协调发展，实现人与自然的和谐共生。当前我国的统筹城乡发展同样应以可持续发展理论作为出发点，通过协调城乡经济、社会、资源环境、制度建设四个方面的发展，实现统筹城乡可持续发展。统筹城乡可持续发展是一个巨系统，因此该指标体系的建立以系统论为指导，通过参考国内外通行的可持续发展指标设计内容，将评价统筹城乡发展可持续性指标体系划分为：经济发展、社会发展、资源环境和制度建设四个子系统①（表6.2）。

表6.2　　　　　　　　　　评价城乡发展可持续性指标体系

经济发展	经济总量 经济结构 经济水平 经济效益	国民生产总值、人均国民生产总值、霍夫曼系数、区域产业结构相似系数、最低收入1/5人口的恩格尔系数、居民消费水平、社会商品零售总额；投资效果系数
社会发展	基础建设 生活质量 科技教育 政治权力	公路密度、电力供求比、国际互联网有权用户数、贸易市场交易额、城镇/农村居民人均可支配收入、人均医疗床位数、每万人拥有各类专业技术人员数、科研成果与专利数、科技对经济增长的贡献率、拥有人大代表比例
资源环境建设	资源利用 环境保护	人均占有水资源数量、再生资源利用率、固体废弃物产生数量和综合利用率、水废弃物排放数量和处理率积、环保与治理投资占GNP比、垃圾无害化处理率、居住区绿化率、人均园林绿地面积
制度建设	市场体制 政策体系 法律环境	非国有金融机构吸收存款比重、农村居民的税费负担、非国有经济在工业总产值中的比值、农民进入市场的制度保障、政策的运营能力和经济法规的执行情况、资金技术人才优惠政策、企业政策、企业安全保障措施、中介组织数量占工商企业总数的百分比、中介从业人数占就业总人数百分比

（1）经济发展。将协调发展的城乡经济，不断缩小的城乡差距作为城乡统筹能否实现可持续发展的基础。该子系统的指标围绕经济总量、经济结构、经济水平和经济效益四个方面展开。

（2）社会发展。社会发展是统筹城乡可持续发展的重要方面，其发

---

① 刘洪彬：《基于集群理论的统筹城乡发展研究》，经济科学出版社2008年版，第56页。

展水平直接关系到经济发展目标的顺利实现，是经济发展的保障。社会发展子系统围绕基础建设、生活质量、科技教育、政治权力展开指标的筛选。

（3）资源环境建设。城乡资源与环境的可持续利用是实现统筹城乡可持续发展最基本的内容，其相关评价指标围绕资源利用、环境保护两个要素准则进行选择。

（4）制度建设。制度建设是统筹城乡发展的重要保障，属于统筹城乡发展的软环境建设，该系统所包含评价因子，按照市场体制、政策体系、法律环境三个要素进行选择。

（三）PRED 协调发展指标体系

PRED 协调发展，就是要在科学发展观指导下，从区域经济增长、社会进步和环境安全的功利性目标出发，实现人口、资源、环境、发展四大要素和谐有序、动态平衡及协同互进，在保全和改善资源与生态环境质量及其持续发展能力的基础上，实现以人为本的经济、社会持续发展，即实现人地系统的高效运行和整体效益最大化[①]。PRED 协调发展指标体系从经济集约化发展、社会和谐化发展、政治文明发展、生态环境保护和建设指标四个方面进行指标体系的组建（表 6.3）。

表 6.3　　　　　　　　　　PRED 协调发展指标体系

分类	指标体系内容
经济集约化发展指标	GDP、GNP；人均 GNP（GDP）；城镇人均可支配收入；农村居民人均纯收入。 三次产业结构；农业内部结构；工业内部结构；霍夫曼系数；第三产业内部结构；经济外向度；空间集聚、产业集聚程度。 经济增长方式；技术进步对经济增长的贡献率；专利发明及应用情况；科技活动经费占工业增加值的比重；高新技术产业的产值占工业总产值的比重；高新技术增加值占 GDP 的比例。 GDP 年平均增长速度；人均收入年增长速度；财政收入年均增长速度；目标年各项指标比基准年增长的幅度。 农业生产率；工业生产率；服务业生产率；全社会劳动生产率；万元产值水资源消耗；万元产值能源消耗；万元产值废水排放率；万元产值废气排放量

---

① 张沛、董欣、侯远志等：《中国城镇化的理论与实践——西部地区发展研究与探索》，东南大学出版社 2009 年版，第 4—5 页。

分类	指标体系内容
社会和谐 发展指标	总人口及人口密度；人口结构；人口自然增长率；人口城镇化水平；全社会文盲率；出生时平均预期寿命。 人均收入水平；城市人均住房面积；农村人均住房面积；人均生活用电量；移动电话普及率；彩色电视普及率；电脑普及率；有线电视普及率；每万人拥有医生数；农村合作医疗覆盖率；人均消费支出；恩格尔系数；文化消费支出。 三次产业从业人员结构；脑力劳动者占社会劳动者的比重。 社会分配协调指标：地区差距；城乡差距；贫富差距；阶层差距。 城乡收入水平差异；城乡待业率；就业公平；城乡受教育公平程度；贫困人口占总人口的比重；贫困人口获得救济所占比重；万人刑事犯罪率；万人群体事件发生率；城乡社会保障覆盖率
政治文明 发展指标	依法决策；科学决策；民主决策。 政府公开指标；政府信息公开制度的建立健全程度；政府信息发布渠道的多样性；政府信息发布的时效性；民主监督制度的建立健全程度；民主监督方式的多样性；决策机构对社情民意的反应实效；决策效率；管理效率；工作效率。 执政理念创新；制度创新；机制创新；政策创新
生态环境 保护和建 设指标	水资源开发利用量；土地资源开发利用量；能源资源开发利用量；矿产资源开发利用量；森林资源开发利用量；水资源循环利用率；能源资源循环利用率。 废水排放总量；工业污水排放量；废气排放总量；工业废气排放量；固体废弃物产生量；废水、废气排放密度；城市生活垃圾、废水处理率；工业废水、废气处理达标率；工业固体废弃物综合利用量比率；城市交通噪声达标率；城市垃圾无害化处理率；水土流失面积、治理面积等；生物多样化及其变化；城乡森林覆盖率；空气质量指数；大气中粉尘微粒浓度；城乡安全饮用水普及率；资源环境安全系数

（四）可持续发展试验区指标体系

可持续发展作为一种新的发展理念和模式已被世界各国普遍认同，但由于学者们基于不同的研究对象和研究目的，其在可持续发展评价指标的结构体系、框架模式设计中表现出不同的关注点。而可持续发展试验区指标体系正是针对不同的自然条件、发展历史、政策环境和地理位置等方面的差异设计而成，充分考虑了区域可持续发展的不同类型，同时结合区域可持续发展的评价理论和区域可持续发展系统的构成要素进行体系构建。可持续发展试验区评价指标体系由经济系统、社会系统、资源环境三大系统构成，共30项指标（表6.4）。

表 6.4　　　　　　　　可持续发展试验区综合评价指标体系

系统	指标	计量单位
经济系统	年 GDP 增长幅度	%
	人均 GDP	万元/人
	地方财政增长率	%
	每万元产值耗能	吨标煤
	每万元产值耗水	吨
	第三产业增加值占 GDP 比重	%
社会系统	计划生育率	%
	人口自然增长率	%
	婴儿死亡率	%
	城镇居民可支配的年人均收入	元/人·年
	农民年人均收入	元/人·年
	饮用洁净安全卫生水人口比重	%
	城镇职工养老保险覆盖率	%
	农民养老保险覆盖率	%
	每千人卫生技术人员数	人/千人
	有线电视人口覆盖率	%
	城市户口登记失业率	%
	刑事案件发案率	%
	科技三项费占本级财政支出比重	%
	每万人口大专以上人口比重	%
	教育经费占本级财政支出比重	%
	青年文盲率	公顷/人
资源环境系统	工业废水排放达标率	%
	生活污水处理率	%
	工业烟尘排放达标率（废气净化处理率）	%
	工业固体废物综合治理率	%
	生活垃圾无害化处理率	%

二　指标体系设计原则

（1）系统性原则

城镇化发展质量是一个复杂的巨系统，涉及经济、社会、基础设施、生活方式、人居环境、城镇管理等多个领域，它们彼此之间既相互联系，又相互独立，共同构成一个有机整体。因此，对城镇化发展质量评价应该以系统性为原则，对评价对象进行系统性分析，通过综合考虑各个子系统的情况以及各个子系统之间的相互作用和联系，做到所选指标涵盖面广、层次性强，同时在力求指标内容全面的情况下，兼顾各指标之间的区别性，全面准确地反映经济、社会、基础设施、生活方式、人居环境、城镇管理等各子系统的主要属性及其相互关系，从多角度、全方位地反映被评价对象的综合特征。

（2）客观性原则

客观性原则要求从事实出发，以研究对象的实际情况为计量内容，真实反映研究对象的经济社会发展现状和趋势。因此指标的选取要尽量做到与现有资料的兼容，且易于量化计算。

（3）可比性原则

陕西城镇化发展质量评价指标体系设计要尽可能具有一定可比性，进而体现出不同领域、不同目标在不同时期发展情况的实际差异。由此指标体系的选取要在时间、地域等方面做到可以计量或者划分等级。

（4）代表性原则

城镇化发展质量涉及多个领域，因而指标的选取应在保证具有足够涵盖面的同时，尽可能选择在相应领域具有足够代表性的指标，尽量消除冗余，避免指标之间出现不必要的交叉重复。

（5）定量、定性相结合原则

城镇化发展质量涉及众多因素，有的可以通过数量来反映，有的则属于感性认识，难以量化。因此，要通过定性和定量相结合的方法，将定性描述转化为定量分析，以期综合客观地反映评价对象的实际情况。

三　指标体系内容描述

促进城镇化发展质量提升，是实现城乡和谐发展的重要途径。因而，对其发展的评价应是客观、公正、合理的全面评价，从而更好地促进区域城乡聚落的融合发展。本报告基于评价目标及指标体系设计的系统性、客观性、可比性、代表性等原则，同时通过借鉴相关指标体系，我们认为，陕西城镇化质量评价指标体系应包括三级指标，一级指标是总体指标（目标层），即城镇化发展质量指数，反映城镇化质量整体水平；二级指标是领域指标（准则层），包括人口就业、经济发展、社会发展、公共安全、居民生活、资源环境、城乡一体化七个方面；三级指标为是单项指标（因子层），共38个指标，可从不同角度对城镇化质量进行评价（表6.5）。

表6.5   城镇化发展质量评价指标体系

目标层（A）	准则层（B）	因子层（C）
质量指数	人口就业（B1）	人口城镇化率（C1）
		平均预期寿命（C2）
		平均受教育年限（C3）
		非农产业从业人员比重（C4）
		城镇登记失业率（C5）
	经济发展（B2）	人均GDP（C6）
		GDP增长速度（C7）
		非农产业增加值占GDP比重（C8）
		全员劳动生产率（C9）
		R&D经费支出占GDP比重（C10）
		单位土地面积GDP（C11）
		单位国内GDP能耗（C12）
		工业成本费用利润率（C13）
	社会发展（B3）	人均公共图书馆藏书量（C14）
		大专及以上学历人口占总人口比重（C15）
		万人拥有医生数（C16）
		基本社会保障覆盖率（C17）
		城镇人均道路面积（C18）
		城镇万人拥有公交车数（C19）
	公共安全（B4）	万人刑事案件立案数（C20）
		万人交通事故数（C21）

续表

目标层（A）	准则层（B）	因子层（C）
质量指数	居民生活（B5）	城镇居民人均可支配收入（C22）
		城镇居民恩格尔系数（C23）
		城镇居民人均住房使用面积（C24）
		城镇居民每百户家用汽车拥有量（C25）
		城镇居民水电气覆盖率（C26）
		城镇居民互联网普及率（C27）
	资源环境（B6）	人均耕地面积（C28）
		人均水资源（C29）
		空气质量良好率（C30）
		城镇人均公园绿地面积（C31）
		工业废水排放达标率（C32）
		生活垃圾无害化处理率（C33）
		污水处理厂集中处理率（C34）
	城乡一体化（B7）	城乡人均收入比（C35）
		城乡恩格尔系数比（C36）
		城乡环境综合评价比（C37）
		城乡社会保障覆盖率比（C38）

第三节　权重计算及成果合成方法

一　指标相对重要性等级

在评价体系中指标权重的计算是较为困难的问题，而对于权重计算方法也较多，基于客观性的考虑，本报告选择层次分析法作为权重的计算方法。层次分析法是一种多目标决策方法，该法将专家的智慧和理性分析相结合，在一定程度上提高了评价的客观性[①]。

---

① 李永进、张士运等：《北京创新型城市建设评价研究》，北京科学技术出版社 2009 年版，第 77—80 页。

对于处于指标赋权体系图中同一层次上的因素，根据斯塔的相对重要性等级表构造判断矩阵（表6.6）。

表6.6　　　　　　　　　　指标相对重要性等级表

等级标度	说明
1	第 i 个因素与第 j 个因素的影响相同
3	第 i 个因素与第 j 个因素的影响稍强
5	第 i 个因素比第 j 个因素的影响强
7	第 i 个因素比第 j 个因素的影响明显强
9	第 i 个因素比第 j 个因素的影响绝对地强
2、4、6、8	表示第 i 个因素相对于第 j 个因素的影响介于上述两个相邻等级之间
倒数	若因素比较得到判断 B_{ij}，则因素 j 与 i 比较得到的判断为 $B_{ji}=1/B_{ij}$

二　指标权重计算及评价

（1）指标权重计算

以人口就业系统 B1 为例：

对 B1 中 C1、C2、C3、C4、C5 两两比较形成判断矩阵（表6.7）：

表6.7　　　　　　　人口就业判断矩阵及权重计算和一致性检验

B1	C1	C2	C3	C4	C5	W_i	W_i^0	λ_{mi}
C1	1	2	2	3	5	2.268	0.387	5.019
C2	1/2	1	1	2	3	1.246	0.212	5.012
C3	1/2	1	1	2	3	1.246	0.212	5.012
C4	1/3	1/2	1/2	1	2	0.699	0.119	5.029
C5	1/5	1/3	1/3	1/2	1	0.407	0.069	5.014
Σ						$\sum wi$		

W_i 为各要素相对上层某要素的权重，W_i^0 为权重归一化处理，本研究用方根法，其中：

$$W_i\left(\mathop{\Pi}_{j=1}^{n} a_{ij}\right)^{\frac{1}{n}} \tag{6.1}$$

$$W_i^o = \frac{W_i}{\sum W_i} \tag{6.2}$$

（2）一致性指标计算

$$C.R. = \frac{C.I.}{R.I.} \tag{6.3}$$

其中：

$$C.I. = \frac{\lambda_{max} - n}{n - 1} \tag{6.4}$$

$$\lambda_{max} \approx \frac{1}{n}\sum_{i=1}^{n} \lambda_{mi} \tag{6.5}$$

$$\lambda_{mi} = \frac{\sum_{j=1}^{n} a_{ij} W_J}{W_i} \tag{6.6}$$

$R.I.$ 数值见下表：

表6.8　　　　　　　　　　随机一致性指标 $R.I.$ 数值

阶数 n	1	2	3	4	5	6	7	8
RI 值	0	0	0.58	0.90	1.12	1.24	1.32	1.41

若 $C.R. \leqslant 0.1$，则认为 W 对应判断矩阵的权向量，否则要重新调整判断矩阵，直到 $C.R. \leqslant 0.1$ 为止。

$$\lambda_{max} \approx \frac{1}{5}(5.019 + 5.012 + 5.012 + 5.029 + 5.014) = 5.017 ;$$

$$C.I. = \frac{5.017 - 5}{5 - 1} = 0.00425 ;$$

$$C.R. = 0.00425 \div 1.12 = 0.0034 < 0.1 ;$$

因此，表6.7中的权重是正确的。

依上述计算方式，不难得出各要素在总评价体系中的权重：

表6.9 各要素层在目标层中的权重

目标层（A）	准则层（B）		因子层（C）		
权重	指标代码	在 A 层的权重	指标代码	在 Bn 层的权重	在 A 层的权重
1	B1	0.105	C1	0.387	0.041
			C2	0.212	0.022
			C3	0.212	0.022
			C4	0.119	0.012
			C5	0.069	0.007
	B2	0.226	C6	0.191	0.043
			C7	0.153	0.035
			C8	0.126	0.028
			C9	0.126	0.028
			C10	0.112	0.025
			C11	0.106	0.024
			C12	0.098	0.022
			C13	0.088	0.020
	B3	0.179	C14	0.135	0.024
			C15	0.201	0.036
			C16	0.166	0.030
			C17	0.213	0.038
			C18	0.149	0.027
			C19	0.136	0.024
	B4	0.085	C20	0.553	0.047
			C21	0.447	0.038
	B5	0.153	C22	0.242	0.037
			C23	0.127	0.019
			C24	0.176	0.027
			C25	0.154	0.024
			C26	0.149	0.023
			C27	0.152	0.023

续表

目标层（A）	准则层（B）		因子层（C）		
权重	指标代码	在 A 层的权重	指标代码	在 Bn 层的权重	在 A 层的权重
			C28	0.201	0.027
			C29	0.167	0.023
	B6	0.136	C30	0.146	0.020
			C31	0.138	0.019
1			C32	0.116	0.016
			C33	0.116	0.016
			C34	0.116	0.016
	B7	0.116	C35	0.351	0.041
			C36	0.163	0.019
			C37	0.182	0.021
			C38	0.304	0.035

（3）相关指标数据

根据上述划分的评价等级，对 2013 年指标数值进行评价（表 6.10）。

表 6.10　　　　陕西城镇化发展质量指标数据（2013）

目标层（A）	准则层（B）	因子层（C）	目标值	单位
质量指数	人口就业（B1）	人口城镇化率（C1）	≥80	%
		平均预期寿命（C2）	≥78	岁
		平均受教育年限（C3）	≥14	年
		非农产业从业人员比重（C4）	≥70	%
		城镇登记失业率（C5）	≤2	%
	经济发展（B2）	人均 GDP（C6）	≥80000	元
		GDP 增长速度（C7）	≥10	%
		非农产业增加值占 GDP 比重（C8）	≥90	%
		全员劳动生产率（C9）	≥10	万元
		R&D 经费支出占 GDP 比重（C10）	≥6	%
		单位土地面积 GDP（C11）	≥800	万元/km²
		单位国内 GDP 能耗（C12）	≤0.5	吨标准煤/万元
		工业成本费用利润率（C13）	≥10	%

续表

目标层（A）	准则层（B）	因子层（C）	目标值	单位
质量指数	社会发展（B3）	人均公共图书馆藏书量（C14）	≥1.3	册
		大专及以上学历人口占总人口比重（C15）	≥11	%
		万人拥有医生数（C16）	≥50	人
		基本社会保障覆盖率（C17）	≥98	%
		城镇人均道路面积（C18）	≥20	平方米
		城镇万人拥有公交车数（C19）	≥20	标台
	公共安全（B4）	万人刑事案件立案数（C20）	≤20	件
		万人交通事故数（C21）	≤30	件
	居民生活（B5）	城镇居民人均可支配收入（C22）	≥50000	元
		城镇居民恩格尔系数（C23）	≤25	%
		城镇居民人均住房使用面积（C24）	≥37	平方米
		城镇居民每百户家用汽车拥有量（C25）	≥21	辆
		城镇居民水电气覆盖率（C26）	=100	%
		城镇居民互联网普及率（C27）	=100	%
	资源环境（B6）	人均耕地面积（C28）	≥0.5	亩
		人均水资源（C29）	≥3000	立方米
		空气质量良好率（C30）	≥90	%
		人均公园绿地面积（C31）	≥12	平方米
		工业废水排放达标率（C32）	=100	%
		生活垃圾无害化处理率（C33）	=100	%
		污水处理厂集中处理率（C34）	=100	%
	城乡一体化（B7）	城乡人均收入比（C35）	≤1.2	—
		城乡恩格尔系数比（C36）	≤0.9	—
		城乡环境综合评价比（C37）	=1	—
		城乡社会保障覆盖率比（C38）	=1	—

数据来源：根据《陕西统计年鉴（2014）》中数据及专家打分、调研问卷中数据计算整理。

第四节　系统评价分析

一　数据推导

常用的评价成果合成方法有综合评价法、功效系数法、模糊评价法等，考虑本报告所选取指标的相对独立性，采用综合评价法中的加法合成，其计算公式为：

$$D = \sum D_i W_i \qquad\qquad (6.7)$$

其中：D——综合评价值；

D_i——第 i 项指标的评价值；

W_i——第 i 项指标的权重。

有关数据如表 6.11 所示：

表 6.11　　　陕西城镇化发展质量指数表（2009—2013）

指数 ＼ 年份	2009	2010	2011	2012	2013
人口就业	58.13	59.32	60.56	62.03	63.18
经济发展	63.26	64.26	65.85	66.78	67.12
社会发展	65.17	66.33	67.15	68.23	69.26
公共安全	68.36	70.35	71.16	71.87	72.09
居民生活	64.18	65.66	66.08	67.31	68.18
资源环境	58.63	59.39	60.56	61.16	61.89
城乡一体化	56.06	56.58	57.06	57.87	59.67
城镇化质量	62.17	63.29	64.27	65.26	66.10

二　系统分析

人口就业子系统。2013 年，陕西人口就业指数为 63.18，人口就业有待进一步完善。单从人口就业子系统中的个别指标分析，不难发现陕西非农产业从业人员比重较低，城镇登记失业率较高，农村隐性失业较重，急需政府加强产业发展，引导就业，解决民生问题。

经济发展子系统。2013 年，陕西经济发展指数为 67.12，经济进入腾飞阶段。单从经济发展子系统中的个别指标分析，不难发现陕西非农产业增加值占 GDP 比重相比北京、上海还有很大差距；另外，单位土地面积GDP 也较低，说明产业集聚能力低，没有集约化经营；万元 GDP 能耗高，说明陕西产业还处在初级产业发展阶段。

社会发展子系统。2013 年，陕西社会发展指数为 69.26，社会发展水平较好。经过多年的发展，陕西人文环境取得了一定成绩，多村通村公路覆盖密度较大，城乡交通联系较为便捷。

公共安全子系统。2013 年，陕西公共安全发展指数为 72.09，说明陕西社会治安较好，刑事案件较少及交通事故率较低。今后，要加强安全陕西建设，通过监控设备的普及化，保障人民生命财产安全。

居民生活子系统。2013 年，陕西居民生活发展指数为 68.18。今后，应加强社区建设，增加娱乐活动和信息宽带建设，增强居民之间的联系，找回浓浓的邻里之情。

资源环境子系统。2013 年，陕西资源环境发展指数为 61.89，说明陕西生态建设处于起步阶段，资源利用效率低。从单指标的角度分析，工业废水排放、生活垃圾处理、污水处理方面亟须加强，生态文明建设刻不容缓。

城乡一体化子系统。2013 年，陕西城乡一体化发展指数为 59.67。较强的城乡二元经济使城乡社会处于严重的对立状态，人们心理失衡，各种社会矛盾冲突加剧。因而，陕西在加快经济建设的同时，更要注重公平问题，全面解决由城乡二元结构引起的社会问题。

城镇化发展质量系统。通过综合合成，最终得到 2013 年陕西城镇化发展质量指数为 66.10，陕西城镇化发展处于快速发展阶段。与 2009 年的 62.17 相比，综合水平提高了 3.93，但要达到城镇化发展的高级阶段（85 分以上），尚需 19 年左右，陕西城镇化进程依然任重而道远。纵观各个分系统，除公共安全指数得分高于 70 以外，其余 6 领域得分均较低，尤其是城乡一体化指数得分还不到 60。

城镇化发展是"速度"和"质量"的统一，速度是表象，质量才是内涵。随着陕西农村富余劳动力减少和人口老龄化程度提高，主要依靠廉价劳动力供给推动城镇化发展的模式不可持续；资源环境瓶颈制约日益加剧，主要依靠土地等资源消耗推动城镇化的模式不可持续；户籍人口与外来人口公共服务差距造成的城市内部二元结构矛盾日益突出，主要依靠非均等化基本公共服务压低成本推动城镇化快速发展的模式不可持续，城镇化由速度型向质量型的转型发展十分紧迫。陕西应根据当地经济发展水平、区位特点和资源条件，制定科学合理的城镇发展规划，加强制度创新和管理；积极培育城镇产业基础，发展主导产业，促进产业集群的形成；大力推进教育、科技、文化、卫生以及社会保障事业发展，加强城镇基础设施建设，加强生态环境和资源保护，切实走新型工业化道路。在推进城镇化发展质量的发展过程中，既要发展经济，更要注重公平，通过体制机制改革，让广大乡村农民充分享受改革开放的成果①。

第五节　本章小结

　　本章基于评价目标及指标体系设计的系统性、客观性、可比性、代表性等原则，同时通过借鉴相关发展评价指标体系，把陕西城镇化质量评价指标体系分为三个层次：目标层、准则层、因子层，用层次分析法构建判断矩阵，进行权重量化，并通过综合合成，对陕西城镇发展质量进行科学评估，为科学制定陕西城镇化发展政策提供数据支撑。

---

　　①　段禄峰：《基于 AHP 法的城镇化发展质量评估体系研究——以西安市为例》，《西安石油大学学报》（社会科学版）2016 年第 1 期。

第七章　陕西城镇化发展模式借鉴

第一节　城市—工业导向模式

一　模式简介

城市—工业导向模式是由美国经济学家威廉·阿瑟·刘易斯（W. Arthur Lewsi）于 20 世纪 50 年代在其经典作品《劳动无限供给条件下的经济发展》一文中提出，并经费景汉（John C. H. Fei）和拉尼斯（G. Ranis）、乔根森（D. W. Jorgenson）等人加以完善和发展，用来解决发展中国家或落后国家严重的城乡二元经济结构的一种经典模式。

这种模式认为在发展中国家存在着性质不同的两种部门，即工业部门和农业部门，工业部门由于较高的劳动生产率而成为城乡两大经济系统的联系载体，通过大力发展城市工业，引导农村剩余劳动力向城市集聚，农民的边际收入逐渐与工人的边际收入持平，城乡二元经济结构转化为一元经济结构。因此，经济发展的过程也就是经济结构、空间结构变迁的过程，即农业比重逐渐下降而工业比重逐渐上升、城乡空间逐步走向融合的过程。工业革命后，西方发达国家的城乡空间演变主要由城市—工业导向模式来主导。应用这种模式主要应判断城镇化与工业化的发展关系。

二　促进工业化与城镇化协调发展

工业化一般被定义为一个国家或地区工业产值在国民生产总值中的比例以及工业就业人数在总就业人数中的比例不断上升的过程。从资源配置角度看，工业化过程是产品的来源和资源的去处从农业领域转向非农领域的过程；从产业结构角度看，工业化则是农业在国民收入和就业中的份额下降，而非农产业份额上升的过程①。城镇化是伴随着经济增长、产业结构非农化引发生产要素由农村向城市流动和集中，社会从业人员由第一产业向第二、三产业转移的过程。该过程首先表现为城市及其人口数量的增加和规模的扩大，进而表现为城市资源的更为合理的利用和城市空间形态的不断优化，进而带动农村的快速发展，从而最终实现城市（城镇）和农村的一体化发展。工业化与城镇化作为现代经济社会发展的两翼或双轮，其互动协调发展构成一个国家或地区经济社会发展的重要动力②。

　　工业化与城镇化发展水平是衡量发展中国家经济发展水平的重要标志，二者之间的协调发展是促进发展中国家经济社会发展的重要动力。经过解放以来60多年的发展，陕西已经建立起了完整的工业体系和强大的工业基础，大片的地域空间被工业化、城镇化，地域空间急剧变迁。工业化进程的快速发展及工业生产规模的不断扩大，成为城镇数量和城镇人口规模大幅度扩张的最基本的因素。促进城镇化与工业化的协调发展，是在目前陕西外部市场需求趋于衰减情况下，增加内需、保证经济可持续增长的需要；是解决"三农"问题、构建和谐社会的重要保障。2014年，陕西人均GDP已达46929元，城镇化率为52.58%，已进入城镇化与工业化快速发展阶段。要在其快速发展阶段确保其健康发展，必须掌握城镇化与工业化的发展现状和特点以及对未来的可能趋势进行预测，这样才能顺应经济社会发展规律，才能采取有针对性的政策措施进行科学引导，不断提高城镇化与工业化的可持续发展水平。

第二节　小城镇发展模式

一　模式简介

　　这种模式强调解决农村剩余劳动力问题要以小城镇为主，发展小城镇是消除城乡二元分割体制的重要载体，通过在广大农村地区大力发展小城镇，以小城镇为节点，实现城乡两大经济空间系统的联系。如美国经济学家弗里德曼（J. Friedman）提出农业城镇发展模式，主张在农村区级管理

---

　　①　Davis, James C., and J. Vernon Henderson, "Evidence on the Political economy of the Urbanization Process", *Journal of Urban Economics*, Vol. 53, No. 5, May 2003.

　　②　杜传忠、刘英基、郑丽：《基于系统耦合视角的中国工业化与城镇化协调发展初评研究》，《江淮论坛》2013年第1期。

层次大力发展中心城镇，使之成为农村区域经济发展的增长极，分散大城市经济过于极化的趋势，从而消除城乡之间的发展不平衡现象；同时也为农村居民提供与城市居民交流的场所，促进各种生产要素的合理流动，使城市功能向乡村延伸与扩展，实现城乡两大系统的空间融合。

1980 年经国务院批准实施的我国城镇发展基本方针是"控制大城市规模，合理发展中等城市，积极发展小城市"，与此相呼应，我国的城镇化首先表现为农村人口向小城镇转移而非传统意义上的大中城市。1983 年费孝通先生发表了《小城镇，大问题》的长篇报告，全国掀起了小城镇研究的热潮，以小城镇为主要内容的农村城镇化成为这一时期中国城镇化的主流观点，甚至被提到了"标志"、"奇迹"、"捷径"的高度。在整个 80 年代，发展小城镇被认为是中国"城镇化"的正确道路[①]。

农村城镇化主要是指农村人口向小城镇转移，小城镇经济在广大农村地区占主导地位，农村生活方式逐步实现城镇化的过程。小城镇是农村工业、服务业发展的载体，对科技、教育、文化、娱乐等产业有明显的集聚作用，并且能为农村经济结构调整提供相应的交通、通信、金融、信息等服务，及人才、技术支持；同时，小城镇社会、经济、技术、职业结构同农村劳动力的文化技术状况接近，农民实现身份转移的难度和风险较低。通过农村城镇化，发展小城镇来转化农业剩余劳动力，已经被国内外的实践证明是一种极为有效的途径。

二　发展小城镇缓解人口压力

陕西城镇化滞后于工业化，应大力推进城镇化快速发展。但较低的经济发展水平以及巨大的人口数量导致了城乡劳动力的同时过剩。特大城市西安已出现人口膨胀、交通拥堵、环境恶化、用水用电紧张、居民生活贫困等社会问题，加重了城市政府的负担，制约了城市进一步的发展。一方面，政府希望加快城镇化进程，为国民经济的发展提供持续的动力支持，从根本上解决"三农"问题；另一方面，政府也担心与城镇化进程相伴的城市失业和环境恶化等问题，会影响到社会稳定和经济发展的可持续性。因此，陕西必须走一条城乡共同发展的道路，在大中城市不断优化发展的同时，大力发展小城镇，使大量农村人口主要向小城镇集中，使农村

---

① 段禄峰、张沛：《我国城镇化发展模式探讨》，《商业时代》2009 年第 6 期。

生活方式逐步向城镇过渡。

加快农村城镇化发展，转移农业剩余劳动力。由阿瑟·刘易斯的"二元经济结构理论"可知，要实现从传统农业社会向现代工业社会的转变，必须把大量农村剩余劳动力转化为城镇人口。只有转移农村剩余劳动力，把广大农民群众引到工业化的发展道路，才能打破传统农业社会人们单纯依赖耕地生活的方式，有效缓解人口压力与土地承载力的矛盾；才能增加他们的收入，使他们彻底摆脱传统农业经济中的自给自足的生产和生活方式，为农村人口发展提供更大的发展空间。

加快农村城镇化发展，增加农产品的有效需求。由于农产品需求价格弹性和需求收入弹性低，农业的大面积丰收却因为对农产品的市场需求不足（不扩大）而导致增产不增收的"谷贱伤农"局面的出现。农村城镇化的推进，使城镇人口不断增加的同时，也加快了以农产品为原料的农业产业化发展，城镇对农产品的需求日益增加，为增加农民收入创造了市场空间。

科学规划小城镇，集约乡村用地。陕西应将农村城镇化作为解决城乡二元结构问题的重要举措，以中心镇的发展带动农村的城镇化。把发展小城镇作为加速城镇化的战略措施，重点发展中心镇和中心村，使之成为吸引农村居民迈向城镇的重要途径。通过科学规划农村城镇，集中建设居民生活区，使分散占有耕地的农村居民集中居住，这样不但可以提高农村土地的整体连片开发能力，为土地的规模化经营和农业的机械化推广创造前提条件，而且通过集约用地，增加农业耕作面积。

2006年陕西省开展"千村百镇"建设整治工作，重点提升村镇建设水平和容貌环境品质；2008年落实省委、省政府"关中率先发展"战略部署，开展实施"关中百镇"建设；2009年陕西省在全省范围内确定107个重点镇重点建设；2011年遴选31个基础条件好、发展潜力大的建制镇（街道办），作为省级重点示范镇进行扶持，给予每个重点示范镇1000万元专项资金和1000亩城乡建设用地增减指标；2013年全面启动31个文化旅游名镇（街区）建设工作，给予1500万元专项资金和200亩城乡建设用地增减挂钩指标；2013年6月，在原31个省级重点示范镇的基础上，新增4个沿渭小城镇，全面启动8个沿渭重点镇建设工作；2013年9月，在全省范围内对16个基础条件较好、发展潜力较大的市级重点示范镇开展重点跟踪指导考核。陕西小城镇建设逐步形成集中力量、收紧拳头、突出重点的发展态势。

第三节　农村综合发展模式

一　模式简介

这种模式以美国发展经济学家托达罗（M. P. Todalo）为代表。1977年，托达罗在《第三世界的经济发展》一书中指出，发展中国家农业相对落后的主要原因是由于 20 世纪 50 年代和 60 年代对农业部门的忽视，片面强调对城市工业部门的投资，从而削弱了农村自我发展的能力。农村由历史上的封闭走向开放，逐渐与现代城市融合，向城乡一体化方向发展，对农村—城镇空间转型的研究是城镇化发展的重要内容。在传统农村社会里，人口的生存主要依赖于土地耕作，而大规模的城镇化和工业化建设，使耕地越来越少。越来越多的农村人口依靠日趋减少的土地度日，土地的超强度利用致使土地板结，草原沙漠化，森林水源涵养力降低，洪涝灾害日趋频繁，生态环境日益恶化；占人口多数的农民是低消费群体，限制了消费品和服务业的市场扩张，最终体现为消费品全面过剩，服务业发展缓慢；小城镇建设落后，加剧了乡镇企业的分散布局，导致企业缺乏外部规模经济效益，企业职工的素质也难以提高，且增加了治理企业污染的难度①。发展中国家必须采取切实有效的政策促进农村发展，如加强农村基础设施建设，缩小城乡就业机会差别，大力发展农村教育，为农业自我发展培育发展能力。斯多尔（Stohr）和泰勒（Taylor）所强调的自下而上的发展也类似于托达罗的农村综合发展模式。他们认为，合理的城乡联系必须是建立在人们基本要求得到满足基础上的联系，自下而上的发展是直接面对贫困问题的，一般以农村为中心，以各地的自然、人文和制度资源的最大利用为基础，以满足当地居民的基本需要为首要目标②。实施农村综合发展模式，不仅是因为第三世界国家人民大多生活在乡村地区，而且城市中不断增长的失业和人口拥挤问题只有通过对乡村环境的改造才能最终解决，通过恢复城乡之间在经济等方面的均衡，才能最终实现城乡一体

---

① 叶裕民：《中国城镇化滞后的经济根源及对策思想》，《中国人民大学学报》1999 年第 5 期。

② 郝寿义、安虎森：《区域经济学》，经济科学出版社 1999 年版，第 104 页。

化。Peter B. Nelson 提出当代美国西部乡村社会变迁的"三维动力模型",即移民、经济部门的转换和人地关系的变迁(图7.1)。影响乡村重构的最主要力量是移民,与移民过程相关联的是同时发生的经济变化和人地关系变迁,隐含在移民和经济转变之中的是信息技术的发展①。

图 7.1 美国西部乡村重构的"三维动力模型"

二 加强新乡村建设

新农村建设是弥合城乡差距,解决"三农"问题的重要途径,是陕西省实现国民经济全面、协调、可持续发展和社会和谐的重要着力点。没有农业粮食增产就难以保障城镇化和工业化可持续发展,没有农民收入增加就难以稳定农副产品供应,没有农村环境改善就难以为农业发展聚集相关生产要素。针对当前乡村污染加重,农民增收困难,农村"空心化"的现状,陕西新农村建设必须加强内生力量,建设社会主义美丽新乡村。

(一)破解城乡二元体制障碍

美国著名城市理论家芒福德指出:城与乡不能截然分开,城与乡同等重要,城与乡应当有机结合在一起②。"十二五"时期,陕西经济社会进一步发展的重大障碍在于城乡差异和发展不均衡,进一步发展的重大契机在于破解城乡二元体制障碍,促使城乡一体化统筹发展。

1. 统筹城乡发展

陕西省应该加快健全体制机制,形成以工促农、以城带乡、工农互惠、

---

① Peter B. Nelson, "Rural restructuring in the American West: land use, family and class discourses", *Journal of Rural Studies*, Vol. 17, No. 12, December 2001.

② [美]刘易斯·芒福德:《城市发展史:起源、演变与前景》,倪文彦、宋峻岭译,中国建筑工业出版社1989年版。

城乡一体的新型工农城乡关系。结合发达国家和地区在统筹城乡关系方面的经验和教训，以户籍制度改革为切入点，破除长期以来制约乡城融合的制度性约束链条。实现农民和城市居民在身份待遇上的平等，进而理顺依附在户籍制度上的城乡居民之间存在的二元差异，重点实施陕西省内城乡居民在政治选举、就业机会、工作条件、收入水平、居住环境、乡城迁徙、子女就学、养老医疗和社会保障转接等方面权利的平等，促进农民和市民享受形态差异但机会均等的社会发展成果。农民只要进城工作，按章纳税，并且进入社会保障，就可以成为城市居民，把城乡居民之间的政治身份差异转变成城乡居民之间工作性质的差别，打通居民在乡城之间迁徙、就业、居住、医疗、教育、选举和社保等的一系列政策性和制度性障碍。

2. 完善服务体系

加快构建以公共服务机构为依托、合作经济组织为基础、龙头企业为骨干、其他社会力量为补充，公益服务和经营性服务相结合、专项服务和综合服务相协调的农业社会化服务体系，搞好农业产前、产中、产后服务。加强农业技术推广、疫情疫病防治及农业信息化建设，逐步建立以市农产品质量检测机构为中心、县级农产品质量检测机构为骨干，以农产品主产区、大中型农产品批发市场质量检测机构为依托的农产品质量检测体系，并以此为依托推进名牌农产品认证制度，实施农产品带动战略。完善和强化支农惠农政策，建立健全农村金融体系，办好村镇银行，加大对"三农"的信贷投入。加快发展"三农"保险，扩大农业保险覆盖面。开拓农村市场，推进农村流通现代化，继续实施"千村百乡"、"农产品批发市场升级改造"等工程。

3. 建立公平的市场体系

加快建立和完善城乡的农副产品、农用生产资料、涉农资金、土地权属转让、农业技术推广和农业机械供给等资源体系互补的市场化进程，进一步推进城乡要素平等交换和公共资源均衡配置，彻底从宏观政策和市场配置资源要素的角度扭转单一的城市（工业）发展偏向。实施城乡同步发展、互惠发展、以城带乡、以乡补城和以乡促城等战略，以缩小城乡居民收入差距为目标，以实现城乡居民同步发展为抓手，以城乡居民共享改革发展成果为途径，衔接和规范城乡资源要素市场。加快建设农副产品、农用生产资料、涉农资金配置、土地权属转让、农业技术推广、农业机械供给等领域和行业的市场价格和市场竞争规则，实现效益最大化和效率最优化的市场资源配置体系，充分发挥市场在涉农资源配置中的决定性作用。同时尽快建设统一开放、竞争有序的农用生产资料、农副产品交易和涉农资金市场体系，使涉农资源市场真正成为"有为市场"。赋予农民更多地生产自主权、市场竞争权、消费自主权和交易公平权，着力清除城乡二元市场壁垒，提高农用资源的配置效率和公平性。

（二）提高土地生产率和劳动生产率

美国著名农业经济学家约翰逊认为，如果中国要确保农民能分享经济增长的成果，那么今后数十年内农业就业人数必须大大下降。如果中国要继续生产自己所需的大部分甚至全部的粮食和其他食品，那么农业就业人口的下降就必须伴随着劳动生产率的大幅度提高[①]。陕西省农产品增产不增收的状况是制约新农村建设的重大障碍。一方面，土地生产率的提高意味着农副产品真正产量增加，供给充足。另一方面，劳动生产率的提高是农民获得经济增收的主要途径。

1. 依托农业科技资源优势，选择农业适用技术

诺贝尔经济学将获得者西奥多·舒尔茨（Theodore W. Schultz）在分析传统农业时认为，技术停滞是传统农业的根本特征，也是传统农业落后和贫困的根本原因。在贫穷的农业社会里，农民年复一年地耕种同样类型的土地，播种同样的作物，使用同样的生产要素和技术，因而在正常年景下，产量总是大致相同[②]。陕西省由于受地域分异规律和自然资源禀赋影响，土地自然条件和农副产品播种差别较大。要真正实现土地生产率提高以保障农副产品充足供给，省内三大区域（陕北、关中和陕南）必须紧紧依托陕西农业科技资源优势，按照要素禀赋结构的比较优势，依照"多予、少取、放活"的方针，分地域地选择农业适用实用技术、发展农业产业化经营，在提高农业土地生产率的同时进一步适应国内外农副产品市场竞争态势。

陕北地区要通过现代农业生态技术加快发展果业、养殖业和农副产品深加工等产业，大力推广优质苹果、滩枣、小米、土豆、羊肉、皮毛和乳制品等农副产品深加工，通过提高农副产品附加值来提高土地生产率。关

---

① ［美］D. 盖尔·约翰逊：《经济发展中的农业、农村、农民问题》，林毅夫译，商务印书馆 2005 年版，第 123—125 页。

② ［美］西奥多·舒尔茨：《改造传统农业》，梁小民译，商务印书馆 2010 年版，第 29 页。

中地区在种植粮食、大棚蔬菜和油料作物等农副产品的同时，加快农业机械化耕作和农业科技推广。通过提高土地生产率，为陕西城镇化发展提供充足的粮油蔬菜保障。另外，陕北、关中水资源相对稀缺，应建立以节水为中心的资源节约型农业生产体系，积极推广节水技术，提高化肥利用率，提高农田复种指数。陕南地区要在药材、茶叶种植、绿色竹木制品、绿色养殖业、绿色食品、绿色果业、绿色采编业、编织业和无公害种植等产业上下功夫，充分利用地域自然气候、优质山水资源、无污染土壤和生态环境等区域条件，发展既充分利用地域资源禀赋又具有较高产业附加值的各种农副产业，使其成为地域特色产业。

2. 建设农业基地，发展都市农业

推广采用国际标准，创建农产品标准化生产示范基地。通过粮食单产提高工程、设施蔬菜建设工程、畜牧业倍增工程、果业提质增效工程搞好农田水利设施建设，推广旱作节水技术。加大基本农田保护力度，稳定播种面积，加强中低产田改造，构建区域性商品粮生产基地。在保证粮食生产安全的前提下，打破行政区域界线，合理调整农业生产布局，大力发展生态、特色、出口创汇农产品基地，实施基地带动和品牌经营，大力推广标准化、专业化、规模化生产经营，提高商品率。例如，建设渭北优质苹果基地、秦岭北麓猕猴桃及优质酥梨基地；渭北秦川肉牛及肉羊等养殖加工基地、渭河两岸蔬菜、瓜果生产基地；依托国家杨凌农业高新技术产业示范区，在杨凌、武功、周至建立良种繁育生产基地等。

都市农业指在都市化地区，利用田园景观、自然生态及环境资源，结合农林牧渔生产、农业经营活动、农村文化及农家生活，为人们休闲旅游、体验农业、了解农村提供场所。都市农业以农业的设施化、资本化、景观化、休闲化和无害化为特征，是都市区特有的形式和景观。目前，以传统种植业为主要谋生手段的城市郊区农民收入仍然较低，都市农业通过生产品牌农副产品和开发农业旅游资源，不仅增加了农民的收入，同时也加深了城乡居民之间的交流。另外，陕西近4000万人民不仅需要价优质好的农副产品，还需要清新空气、休闲娱乐、劳动健身的旷阔空间。以农家乐、农业主题公园、农业科普、森林生态休闲公园为内容的农业生态旅游，对促进郊区农业产业结构调整，丰富城乡居民生活，拓展农村就业，增加农民收入做出了贡献，为化解三农问题起了积极的推动作用。因此，发展都市农业将是陕西城市郊区农业发展的战略选择。

3. 依托城镇化发展趋势，加快农村劳动力转移

陕西省新农村建设深化发展要依托城镇化发展大趋势加快农村劳动力转移，通过兼业化逐步使农民从农业生产领域转向非农生产领域，通过农副产品深加工使农民"进厂不进城、离土不离乡"，通过现有土地耕作劳动力减少来提高劳动生产率和土地生产率，在破解农民"两栖化"的过程中实现陕西农业增产与农民增收同步发展，并进而通过"农业土地银行"等相关制度政策变迁，进一步提高农业发展的两个生产率。大力推行陕西省农副产品质量认证和品牌建设，走农副产品质量化、品牌化、绿色化、规模化、集约化、规范化、产业化道路。推广实行各种农业专业合作社制度，培育专业合作社在农业发展中的示范、引领和带动作用，为农副产品真正实现农超对接创造机会和条件，实现陕西农业发展的"土地资源利用集约化、农业生产经营专业化、农业组织创新化和农副产品供给市场化"，拓展农民粮食增产和经济增收的新途径。

（三）培育新农村建设的内生力量

农民既是农村发展的受益者，也是新农村建设过程中参与农副产品生产的人力资源。农民是产品、服务和自然资源的消费者，是区域经济发展中需要就业的劳动者，其素质高低和对新农村建设的态度必然与区域经济发展具有紧密关联。作为生产过程中必不可少的基本要素，农民对于新农村建设的态度至关重要。我国还有百分之五十左右的农民，农民没有积极性，国家就发展不起来①。同样，农民没有积极性，陕西省新农村建设也就缺乏内驱动力。因此，应该把激发农民积极性，作为陕西省新农村建设深化发展的主要抓手。

1. 完善乡村治理机制

乡村自治可以让乡村内部的自主性力量在公共服务供给、社会秩序维系等领域充分发挥基础性作用。以"爱国守信、勤劳质朴、宽厚包容、尚德重礼、务实进取"的陕西精神为切入点，改善由于家庭联产承包责任制实施后农民普遍由政治诉求转向经济诉求这一政治冷漠现状，给予农民在政治上平等参与村社管理的机会，改变现行体制下农民在政策上的被动接受者地位和行动上的被管理状态。

通过全面实施乡镇综合配套改革，撤乡并村，精简机构人员，积极探

---

① 邓小平：《邓小平文选》（第3卷），人民出版社1993年版，第213页。

索社区管理办法，实施"村改居"工作，创造丽和谐家园，改变农村日益"空心化"现状，营造归属感。增强农村地域独特的文化建设，让情感价值的乡土特质维护乡村社会文化生活和生产的完整性，重构乡村社会结构。重视知识分子对农村社会的决策参与，进一步健全农民实行自我管理、自我教育和自我服务的体制和机制，激发农民参与村社民主管理的热情，使民主选举、民主决策、民主管理和民主监督逐步深入人心，把人民当家作主的村民自治管理制度真正落实到陕西省新农村建设和发展中的每一个环节，使广大农民真正成为新农村建设的主人。逐步完善陕西农村村社治理机制，真正落实以村务公开、财务监督、群众评议为主的民主监督形式，推进村民自治制度化、规范化和程序化，切实保障农民在新农村建设中的知情权、参与权、表达权和监督权，彻底改变新农村建设只有乡土精英阶层、知识分子和政府管理者的现状。

2. 激发新农村建设的内驱力

使陕西省新农村建设在政府管理规划、知识分子出谋划策和农民积极提高等方面在全社会共建共享的趋势下深化发展，为新农村建设提供持续、长久的发展动力。在陕西省各县区职教中心、各地市职业技术学院大力发展涉农技术教育、培训和鉴定，通过对口支援、三下乡活动，广泛开展农用技术培训和职业技能培训，积极推进实用技术的普及和推广，引导陕西省农民加快由体力型向技能型、专业型和知识型转变，增强农民走向市场的自信心和决心，培育农民自我积累、自我发展、自我创业和自主经营的市场主体意识。通过精神驱动、知识支撑、能力提升使其成为有文化、懂技术、会经营、善管理和觉悟高的新型农民。全方位提升陕西农民的文化素养、技术水平、经营能力、法律意识和道德水准等，把陕西农村人口压力转化为农业人力资源优势，为陕西省新农村建设深化发展提供持续动力，进而破解制约陕西省"三农"问题可持续发展的重要桎梏。

(四) 加快农村公共产品供给

十六届五中全会后，陕西省新农村建设中农村基础设施有了较大改善。基础设施作为公共产品，是农村赖以生存和发展的物质基础，也是农村经济增长中供给基础的主要组成部分。其所提供的产品和服务作为中间产品直接投入到农业生产过程，降低了生产成本，提高了生产效率，增强了农业产业综合竞争力，进而强化了乡村投资的吸引力和比较优势。同时基础设施的优化配置也是提升新农村建设内涵的重要环节。陕西农村公共设施供给短缺严重，基础设施建设资金投入匮乏，除了少数农村经济十分发达的地区政府能够以公共资源提供基础设施资金外，大多数农村基础设施建设所需资金都要靠农村自身解决。2013年，陕西城市固定资产投资额为15583.58亿元，而农村仅为350.63亿元，城市人均固定资产投资额是农村的42.2倍，财政预算内投资城乡差距更大，政府投资向城镇极大倾斜，以工促农、以城带乡的长效机制并未形成。从另一个侧面说明陕西城镇化发展尚处于极化阶段，极化效应大于涓滴效应，由此造成了城镇的相对繁荣和乡村的落后。陕西钢铁、水泥等行业产能过剩，扩大农村基础设施建设是消化这些过剩生产能力的根本途径；基础设施建以使用廉价的农村劳动力为主，能够创造更多的就业机会。这些项目的建成有利于提高农村地区的生活质量，缩小城乡差距，对于保持农村社会稳定具有不可替代的作用①。

1. 在政策层面加快陕西省农村公共产品的供给

首先，可以通过明确政府、农民和社会中介机构三方在农村公共产品供给上的责任和分工，为社会和市场组织参与农村公共产品供给创造通畅的环境、良好的政策，大幅度增加财政对农村基础设施建设的投入，实施"百村示范、千村整治"工程，统筹城乡规划建设，努力形成"以城带乡、城乡联动"的建设格局。以新农村建设为主要内容的农村道路、自来水、电力设施建设就是财政投资最为理想的基础项目。这些项目投资规模一般不大，投资较为分散，具有投资少、工期短、见效快、经济和社会效益好的特点，能把农村地区蓄势待发的大量需求潜力有效地释放出来，对启动经济增长将很快发生作用。理顺市场在配置公共产品资源方面的相关政策法规，突显市场配置的决定性作用。完善涉农公共产品供给保险制度，鼓励社会资本投向农村建设，允许企业和社会组织在农村兴办各类事业，统筹城乡交通、环保、供水、电力、通信等基础设施建设和社区建设，推进城乡基本公共服务均等化。其次，鼓励城市公共服务向农村覆盖、城市现代文明向农村辐射。城市公共文化、医疗、科技和资金等过剩资源向农村转移，扩大农村养老保险制度覆盖面，提高农民养老金领取额，探索建立农村最低生活保障制度和特困户救助制度，进一步完善农村社会保障体系。第三，把农村基础设施配置和人居环境改善、农业产业发

---

① 凌耀初：《统筹城乡发展实施策略》，学林出版社2006年版，第78页。

展进一步结合，深度开发陕西省农村休闲农业、绿色旅游、休闲农家乐和山水游等农业旅游资源。同时在基础设施配置和新农村深化发展中尽力保护有历史文化价值的古村镇和古民宅，妥善解决新建住宅与传统村落形态和古村风貌保护三者之间的协调关系，使传统文明与现代文明在陕西省农村完美结合。

2. 结合陕西农村公共产品供给现状，推动农村深化发展

首先，通过以工代赈等方式尽力解决近20%的行政村通村路建设，深入推进交通设施一体化，构筑城乡三级公交网络，基本形成城乡一体的快速交通体系，解决农民出行问题；通过国家专项资金拨付等方式解决农村剩余1/3人口饮水问题，进而改善农田水利基础设施制约，打通最后一公里的瓶颈；建设城乡一体的燃气供应体系、供水网络体系、电力设施体系和通信网络体系；通过梯度规模移民改善现有连片贫困地区人口的居住和生存环境，加强对水土流失、滑坡、泥石流治理和地质灾害点居民的搬迁和安置工作。其次，在农村进行以村庄为单位的环境治理，新农村建设以来尽管进行了相应的村庄规划和环境改善，但无论新旧居民点都没有考虑农村的现实情况，污水处理、粪便处理和垃圾处理等基础设施都不健全，依旧处于"垃圾靠风刮，污水靠蒸发"的传统状态。陕西应加快城乡一体的环保基础设施建设，健全垃圾、污水统一收集、调度和处理机制，构筑城乡一体的环保处理体系，实现农村生活垃圾收集的全覆盖和生产、生活污水的集中处理，并通过集中填埋和生物降解等方式彻底改善农村居民生活环境，提升生活质量。鼓励农户向集镇聚集，自然村向条件较好的中心村镇相对集中，既能解决农村人口散居现状，又能提高现有基础设施的利用率。第三，重置陕西省农村现有的学校，村卫生站，乡镇卫生院，乡镇文化站/农技站等机构，通过整合、迁并、重置，合理布局农村文教卫基础设施，加快危漏校舍改造，逐年消化办学债务，巩固九年义务教育成果；健全村镇卫生机构，拓宽新型合疗覆盖面，减少农民"因病致贫"和"因病返贫"的现象；完善乡村文化娱乐设施、科技推广体系和网络，减少文盲发生率，提升陕西农民整体素质[1]。

---

[1]　段禄峰、赵国锋：《陕西新农村建设的现状、存在问题及发展路径》，《贵州农业科学》2014年第9期。

第四节　佩—布模式的城乡联系通道

一　模式简介

这种模式认为经济增长并非同时出现在所有地方，区域中存在着发展条件较好的增长极，不同等级规模的城镇构成了空间增长极的等级体系。中心城市对腹地的影响通过城镇网络依次有序地逐级扩散到整个体系，规模不等的城镇也就构成了城乡联系的节点。增长极具有大量的推动型产业，通过前后向联系带动大批相关产业发展，从而带动城乡区域经济的整体发展①。要实现城乡、区域经济一体化，就必须构建合理的城镇体系，并大力发展带动型的产业，作为城乡两大系统交流融合的联系通道，这是现代经济发展的客观需要。合理的城镇体系结构要求不同规模等级城镇之间保持合适的比例关系，中间不出现断层也不缺少环节，只有这样，城镇的职能作用才能通过城镇网络依次有序地逐级扩散到整个体系②。大城市尤其是特大城市国际交易成本比较低，它的主要作用是国际交易的平台；中等规模的城市是区域交易的中心和增长极，在区域经济发展中起领头羊的作用；小城市是周边集镇的交易平台，集镇又是周边农村农副产品的交易平台和服务体系③。

二　建立合理的城乡体系

建立完善的城乡体系，是我国主体功能区划与建设的重要内容。陕西一定要走大中小城市、小城镇与新乡村协调发展的城镇化道路，按照循序渐进、节约土地、集约发展、合理布局的原则，适度增加城镇数量。考虑陕西南北部差距，不同的地域条件、不同的发展水平要采取不同的发展政策。

人口因素对一个地区和城镇的影响主要表现在人口数量、人口结构、人口素质、健康水平等方面，而对陕西城镇发展影响最为主要的是人口数

---

①　王亚飞：《对我国城乡一体化实现模式的探讨》，《经济纵横》2007 年第 4 期。

②　刘新卫：《中国城镇化发展现状及特点》，《国土资源情报》2007 年第 7 期。

③　段禄峰、张沛、卞坤等：《基于主体功能导引的我国城镇化发展多维解析》，《改革与战略》2009 年第 2 期。

量分布。一定区域内自然资源禀赋所能承载的人口数量有一个上限，超过这个上限，必然导致区域内生态环境恶化和植被破坏，特大城市西安的环境容量已不容乐观。而从城镇化发展的角度来看，城镇要发展，就必须聚集必要的"人气"与"市气"，否则城镇现有各种基础设施难以发挥最大功效，实现帕累托最优①。然而陕西聚集"人气"与"市气"最大的障碍在于陕北、陕南地区地广人稀，人口散居在很大程度上阻碍了有效分工的形成，无法带动产业集聚，高昂的交易成本也使得社会有效分工难以真正形成，从而严重阻碍了城镇经济社会的发展和城镇体系的健全演变。为此，陕西应该合理规划城镇体系和人口数量，使特大城市、大城市人口不致超越区域自然资源禀赋和生态环境承载力的上限；大力促进中等城镇发展，在破解城市首位度过高，城镇结构失衡的过程中健全陕西城镇发展演变体系；加快农业人口的非农化进程，通过户籍政策、就业机会、工作条件、收入水平、居住环境、就学资格、迁徙资格、福利制度和社会保障等改革，吸引人力资源向中、小城镇迁徙和流动，充分挖掘和发挥中、小城镇现有各种资源要素和基础设施的潜力。同时针对陕北、陕南特有的地理地貌和生态环境条件，做到科学规划、超前规划，采取有针对性的国家财政主导型梯度规模移民，使人口向条件较好的地区适度迁徙，以达到封山育林、保护植被、优化空间结构、降低山洪、泥石流等自然灾害对人居环境的危害，减少城镇化成本，有效促进陕西经济社会发展和城镇化进程。就其生态意义而言，梯度规模移民也是人类活动有意识地从生态脆弱区域退出，保证自然界通过自身的代谢能力实现脆弱生态重新修复的最佳途径。

陕西通过抓住国家建设丝绸之路经济带机遇，加快关中城市群建设，增强大西安辐射带动能力，扩大中间层级城市数量，促进大中小城市和小城镇合理分工、功能互补、协同发展，构建产业集聚、城镇错落、田园相间、生态宜居的城镇群，使陕西形成国际化大都市—大中城市—县城—重点镇—农村新型社会组成的城乡体系（图7.2）。

---

① 赵国锋、段禄峰：《生态环境与西部地区城镇化发展问题研究》，《生态经济》2012年第2期。

空间布局规划图

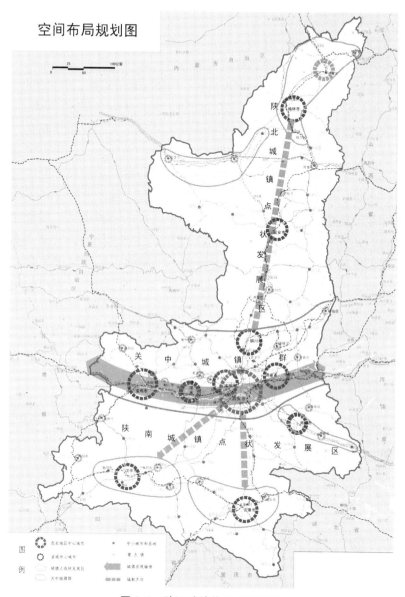

图 7.2 陕西城镇体系空间布局

（一）提升大西安国际化水平

加快以西咸新区为龙头的大西安建设步伐，着力推进航空、高速铁路、高速公路交通建设，构建新欧亚大陆桥快速干道，建设成为通江达海、陆空联运、无缝衔接的立体化交通枢纽。西咸新区要创新发展模式，积极探索资源集约、产业集聚、人才集中、生态文明的发展道路，按照"核心板块支撑、快捷交通连接、优美小镇点缀、都市农业衬托"的现代田园都市建设理念，打造中国特色新型城镇化的范例。充分发挥西安"五区一港两基地"等重点板块示范作用，完善市政、轨道交通等设施，强化国际社区、学校、医院建设，提升城市综合服务功能。支持咸阳高新区、现代纺织工业园和彬长能源化工基地建设，推进产业高端化、集群化、国际化，提升城市综合实力。优化城市空间布局，加快西咸一体化步伐，完善阎良、临潼、户县、兴平、泾阳基础设施建设，承接中心城区功能和产业转移，促进人口集聚，形成具有较大规模的副中心城市，培育大西安都市圈。到2020 年主城区建设面积 850 平方公里，都市区人口 1280 万人，城镇建设用地达到 1130 平方公里，城镇化水平达到 70%，生产总值达到 1.05 万亿元。

西安按照"九宫格局"和"一城多心"架构，拉开城市骨架，形成东接临潼，西连咸阳，南拓长安，北跨渭河至三原的格局，城市的发展轴逐步向咸阳、户县、三原、蓝田延伸①（图 7.3）。把大西安主城建设成为国际旅游城市，国家重要的科研、教育、现代制造业、高新技术产业和

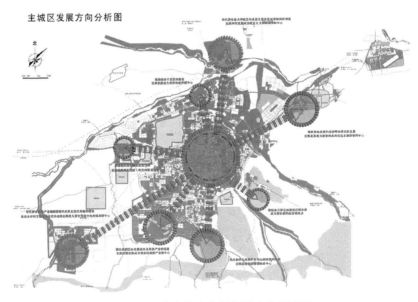

图 7.3 西安大都市空间拓展方向示意图

---

① 王圣学：《西安大都市圈发展研究》，经济科学出版社 2005 年版，第 81 页。

国防科技工业基地，人才培育和集聚中心，交通枢纽城市，中国西部经济中心，关中—天水经济区的核心区，丝绸之路经济带新起点。充分发挥政府宏观调控管理职能和市场在资源配置中的基础性作用，突出建立和完善城乡基本统一的社会保障制度、城乡统一的新型户籍管理制度、土地管理和使用制度，加速农村人口非农化步伐，全面提升城乡空间经济的组织化程度，使大西安成为带动我国西部地区经济发展的核心和龙头；引领关中经济率先发展，成为区域特色鲜明，生态环境良好的核心区。

（二）做大做强大、中等城市

不断完善"一市一策"政策体系，做大做强特色优势产业，加速要素聚集，增强城市产业支撑能力。加强城市基础设施和配套公共服务设施建设，优化城市发展空间结构，全面提高城市综合承载能力。推进宝鸡、渭南城市规模扩张，增强聚集辐射功能，建成百万人口大城市。支持榆林建设鄂尔多斯盆地中心城市，汉中建设突出蜀汉文化特色的山水园林城市。加快延安、安康、商洛城市基础设施建设，建设50万人口以上的地区性中心城市。加快铜川资源型城市转型步伐，支持杨凌打造世界知名的农业科技创新型城市（专栏7.1）。

专栏7.1　陕西大、中型城市建设

宝鸡市。重点加快宝鸡—蔡家坡百里城镇带建设，建设全国重要的新材料和先进制造业基地，区域重要的交通枢纽、商贸物流中心和文化旅游中心，建成关天经济区副中心城市。

铜川市。调整北市区用地布局，加快建设铜川新区，加快建设董家河循环经济产业园、黄堡现代建材工业园，开辟绿色工业走廊，构建"一心两翼、三带八组团"的城市空间格局。

渭南市。积极推进华县撤县设区、两组团（华州组团和卤阳湖组团）建设，拉大城市框架，建设成为秦晋豫黄河三角区区域中心城市。

延安市。按照"中疏外扩、上山建城"的方针，加快城市新区建设，拉大城市骨架，构建"一心三轴多组团"的城市空间布局，打造中国革命圣地、历史文化名城、优秀旅游城市、陕甘宁革命老区中心城市。

榆林市。以建设陕甘宁蒙晋毗邻区域中心城市为目标，加快推进横山撤县设区和榆横一体化发展，促进中心城区生产功能转移，构建"一城

（主城区）五区（高新区、芹河新区、空港生态区、西南新区、东沙新区）"的大榆林城市框架。

汉中市。改善和优化褒河、柳林、周家坪城市组团发展，形成中心板块与外围组团相互促进、与沿汉江7个串珠式城镇带相互协调的百万人口省际区域性中心城市。

安康市。加快建设月河川道城镇带，构筑"一核（中心城区）三极（恒口、石泉和汉阴）、串珠相连"的山水园林城市格局。

商洛市。重点推进商州—丹凤一体化进程，加快商丹循环经济产业园区、南秦河休闲居住组团建设，构筑"一体两翼"城镇化格局。

杨凌示范区。积极拓展发展空间，进一步集聚人口和产业，打造世界知名的农业科技创新型城市。

（三）推进县域城镇化

按照现代城市规划建设标准，支持神府、定靖、彬长、韩城、汉中盆地和月河谷地等区域，进一步合理配置城镇资源，有序引导人口、产业及各类要素合理集聚，加快培育新的区域中心城市。推动纳入中心城市组团的县城加快发展，形成与中心城区优势互补的功能区。选择县域经济发展较快、区位优势明显、基础条件较好、人口规模较大的43个县，统筹规划县域工业园区，加快推进产业向工业集中区集聚（表7.1）。

表7.1　　　　　　　　　　　　陕西县城发展规模

人口规模（万人）	数量（个）	县城
>20	13	高陵、户县、三原、兴平、彬县、凤翔、岐山、蒲城、大荔、横山、靖边、城固、勉县
10—20	27	蓝田、周至、礼泉、泾阳、乾县、武功、眉县、扶风、陇县、华县、澄城、合阳、定边、府谷、延川、洛川、子长、吴起、南郑、略阳、洋县、西乡、汉阴、石泉、旬阳、洛南、丹凤
5—10	24	长武、旬邑、淳化、永寿、潼关、白水、米脂、清涧、子洲、志丹、安塞、延长、宜川、富县、甘泉、镇巴、宁强、紫阳、平利、岚皋、商南、柞水、镇安、山阳
<5	13	凤县、太白、麟游、千阳、宜君、黄龙、佳县、吴堡、留坝、佛坪、白河、宁陕、镇坪

（四）推进重点镇和农村新型社区建设

城镇化的大力推进，使建制镇数量迅速扩大，导致建制镇规模小型化与布局分散化，无法形成规模效益。根据国内学者马晓冬的研究，随着小城镇镇区面积的变大，地区生产总值有增长的趋势；当镇区面积在 400 公顷左右时，小城镇的经济实力随镇区面积一同增长的趋势尤其明显[①]。

陕西建制镇规模小，应在靠近中心城市和交通枢纽等基础较好的地区，重点发展农副产品加工业、采矿业和旅游业，合理安排重点镇建设，通过发展"一镇一品"特色产业经济，做大做特 100 个左右重点镇，重点提升面向农业、农村、农民的公共服务和市场服务能力，使其成为所在农村地区经济、文化、服务中心。把推进重点镇建设与解决"三农"问题统筹考虑，摸索出通过重点镇建设，逐步改变城乡二元结构面貌的新途径。2011 年，陕西选择 31 看重示范镇进行重点示范镇建设。几年来，重点示范镇累计开工建设项目超过 2000 个，完成投资 300 多亿元。31 个重点示范镇镇区面积不断扩大，吸纳进镇人口 20 多万，提升全省城镇化水平 0.5 个百分点。同时，全省也涌现出一批文化旅游名镇、现代产业镇等特色示范镇，带动作用明显。加快文化旅游名镇建设，保持古风古韵，挖掘历史文化内涵，打造成为文化特色鲜明、宜居宜游的特色小镇。重点支持陕南地区人口较少、自然条件较差的乡镇合并。

村庄布局分散，不仅浪费了大量土地，而且不利于农村基础设施的构建。陕西要依照"合并自然村、建设新社区"的原则，实施"社区化新农村建设工程"，科学推进中心村整合，发展新产业、构筑新环境、建设新社区、培育新农民、营造新风尚、构建新体制，大力推进村庄合并和进行"城中村"改造，加强村庄规划，改善村容村貌，积极探索农村集约化居住、社区化管理的新路子，全面建设现代新农村，加快推进城乡一体化，打造农民幸福家园。

依据产业规模、产业特性和交通区位、生态环境条件，科学编制村镇规划和新农村社区规划，研究制定农村建房管理办法，科学确定每个新型农村社区人口规模和宅基地建设范围，促进社区建设、农田保护、产业集聚、生态涵养等空间布局高效集约。推进社区水、电、路、气、通信等基

---

① 马晓冬、王志强、许建刚：《江苏省小城镇与经济发展分异研究》，《经济地理》2004 年第 2 期。

础设施建设，同步配套建设教育、医疗、文化体育、超市等公共服务设施。加大农村环境集中连片整治力度，完善建设垃圾集中收集、污水集中处理设施。规划建设一批农副产品加工、文化旅游等产业项目和园区，促进社区居民就近就业。到 2018 年建成 1000 个左右标准化新型农村社区，2020 年 30% 的农村社区化，居住人口占农村人口的 35%。

第五节　城乡一体化发展模式

一　模式简介

城乡一体化是指城镇与乡村这两个不同特质的经济社会单元和人类聚居空间，在一个相互依存的区域范围内谋求融合发展、协调共生的过程。城乡一体化就是要把工业与农业、城市与乡村、城镇居民与农村居民作为一个整体，统筹谋划、综合研究，通过体制改革和政策调整，促进城乡在规划建设、产业发展、市场信息、政策措施、生态环境保护、社会事业发展的一体化，改变长期形成的城乡二元经济结构，实现城乡在政策上的平等、产业发展上的互补、国民待遇上的一致，让农民享受到与城镇居民同样的文明和实惠，使整个城乡经济社会全面、协调、可持续发展。从本质上讲，城乡一体化发展的过程，也是我国解决"三农"问题，实现农业、农村、农民现代化的过程[①]。

二　以城镇带推动城乡一体化发展

依托陇海铁路、西包铁路和连霍高速、包茂高速、京昆高速、福银高速、沪陕高速、十天高速等交通干线，进一步提升沿线节点城市的综合承载力和服务功能，强化互动联动，推动一体化发展，发挥轴带聚集功能，推进宝鸡—杨凌—兴平、黄陵—延安—安塞、汉中盆地等 12 个城镇带建设。

专栏 7.2　12 个城镇带

1. 西安—咸阳都市圈

核心区。包括西安市和咸阳主城区、西咸新区。发挥科技、产业、人

---

① 黄坤明：《城乡一体化路径演进研究》，科学出版社 2009 年版，第 18—20 页。

才、区位等综合优势，依托国家和省级开发区，构筑航空航天、装备制造、电子信息、生物医药、文化旅游业为代表的特色优势产业体系，建设全国内陆型开发开放战略高地。

辐射区。包括铜川市区、三原、泾阳、富平、临渭区、柞水县、镇安县等，通过实施西铜一体化、西渭一体化战略，大力发展物流商贸、文化旅游、现代农业、装备制造、食品加工等产业，采用大城市带动大郊区的城镇化模式，建设中心城市与卫星镇相融合的城乡一体化示范区。

2. 宝鸡—杨凌—兴平城镇带。包括宝鸡市区、蔡家坡、常兴、绛帐、杨凌、武功、兴平等，采用工业化带动模式，重点发展装备制造、新材料、电子信息、现代农业、食品加工等主导产业，打造"中国钛谷"、全国重要的装备制造业基地和现代农业示范基地。

3. 渭南—潼关城镇带。包括渭南、华县、华阴、潼关等，采取产业驱动、园区带动的模式，重点发展现代农业、食品加工、有色冶金、文化旅游等产业，建设成为全省重要现代农业及农产品深加工基地、文化旅游基地，打造"中国钼都"。

4. 黄陵—延安—安塞城镇带。包括黄陵县、洛川县、富县、甘泉县、宝塔区、安塞县等，重点发展能源化工、红色旅游、苹果三大产业，加快城乡统筹改革步伐，构建以延安为中心，沿线各县城为轴线的空间开发格局。

5. 绥德—榆林—神木—府谷城镇带。包括榆林市绥德县、榆阳区、神木县、府谷县等，采取园区带动型的城镇化发展模式，重点发展能源化工、新能源、能源装备制造、大漠旅游、现代农业等产业。

6. 榆林—横山—靖边—定边城镇带。包括定边县、靖边县、横山县、榆阳区等，采取园区带动型的城镇化发展模式，加强资源的综合利用，积极推动煤化工、电力、新能源、现代农业发展，建设陕北长城沿线城镇带。

7. 商州—丹凤—商南城镇带。包括商州区、洛南县、丹凤县、商南县等，依托商丹循环经济工业园，重点发展新材料、现代中药、绿色食品和生态旅游，形成以商洛中心城市为核心的"一体两翼"城市体系，以商丹谷地为主体带状组团的空间格局。

8. 汉中盆地城镇带。包括宁强县、勉县、南郑县、汉台区、城固县、洋县、西乡县等，重点发展航空制造、数控机床、生物医药、绿色食品、生态旅游，推进"一江两岸"延伸发展，建成秦巴山片区、丹江口库区及上游地区、陕甘川毗邻地区重要的区域性中心城市。

9. 月河川道城镇带。包括石泉县、汉阴县、汉滨区等，采取园区带动发展模式，重点发展清洁能源、新材料、富硒食品、生物医药和生态旅游，促进人口向中心城区、县城、重点镇和移民新区集聚。

10. 福银高速沿线城镇带。包括礼泉县、乾县、永寿县、彬县、长武县等，重点发展能源化工、文化旅游、现代农业等，建设渭北能源接续区，促进人口向重点镇和产业园区集中。

11. 西禹高速沿线城镇带。包括蒲城县、大荔县、澄城县、合阳县、韩城市等，重点发展现代农业、食品加工、能源化工和文化旅游，通过统筹城乡和园区带动，推进韩城—合阳—澄城等城乡统筹示范带建设。

12. 关中西部特色城镇群。包括扶风县、岐山县、凤翔县、千阳县、陇县等，重点发展文化旅游、食品加工、现代农业等，采用现代农业支撑型城镇化发展模式，构建县城、重点镇和农村新型社区"三位一体"的城镇带。

第六节　本章小结

本章基于发展中国家实际，总结归纳了城市—工业导向模式、小城镇发展模式、农村综合发展模式、佩—布模式的城乡联系通道、城乡一体化发展模式五种城镇化发展模式，并对每种模式内涵进行解读，并结合陕西地域实际和发展现状，针对每种模式提出相应的城镇化发展策略，以期推进陕西城镇化可持续发展。

第八章　陕西城镇化发展机制构建

第一节　机遇挑战分析

一　机遇

（一）经济全球化

随着经济全球化的不断深入，国际直接投资和产业转移规模不断扩大，生产要素在全球范围内加速流动，国际资本加快向发展中国家转移。交通通信技术的快速发展，使区域经济一体化趋势进一步增强。稳定的国内政治社会环境、强大的经济增长势头和巨大的市场空间，使发达国家制造产业向中国转移、传统产业向内地转移，为陕西发展现代制造业提供了历史机遇。陕西基础设施比较完善、科技实力雄厚、劳动力成本相对较低，综合要素成本优势明显，具备了承接产业转移的有利条件。

（二）西部大开发

西部大开发持续深入推进，关中—天水经济区发展规划、"一带一路"规划的全面实施，为陕西加快产业结构优化升级步伐提供了难得机遇。西部大开发实施十余年来，以公路、铁路、航空等交通基础设施为主的基础设施建设和以退耕还林为主的生态环境建设取得突破性进展，西部大开发目前已经进入基础设施和产业发展并重的新阶段，为城镇化跨越式发展创造了良好的发展环境。东部沿海地区要素成本持续上升和资源环境承载能力的持续下降，使其加快经济转型和结构升级的需求极为迫切，产业转移动力日趋增强。

1. 关中—天水经济区规划

2009 年 6 月，国务院批准实施的《关中—天水经济区发展规划》是我国西部大开发的三个重点区域之一，要求实现西咸经济一体化，形成国际现代化大都市，西安走向国际化大都市的愿景已上升为国家战略。作为关中—天水经济区核心区域的西安，拥有国家级航空和航天产业基地和国家唯一的农业示范区，其在西北、西部乃至全国的战略发展格局中的地位不断上升。

2. "一线两带"建设

2002年9月，陕西省提出要依托关中地区的科技和经济优势，加快以西安为中心、以陇海铁路和宝潼高速公路为轴线，以国家级关中高新技术产业开发带和国家级关中星火产业带为依托，以线串点、以点带面的"一线两带"建设，使关中地区率先崛起，以关中带动陕南陕北，进而实现全省经济的跨越式发展。地处关中的西安和咸阳已经达成共识，欲携手打造西安咸阳一体化，实现资源共享和优势互补，提高整体竞争力，构成新欧亚大路桥陇海新经济带的经济中心[①]。

（三）"一带一路"规划

"一带一路"是指"丝绸之路经济带"和"21世纪海上丝绸之路"的简称。2013年9月，习近平在出访中亚四国时提出了共建丝绸之路经济带的战略构想，引发了全世界的关注。同年11月，中共十八届三中全会作出"推进丝绸之路经济带、海上丝绸之路建设，形成全方位开放新格局"的重大战略决策。丝绸之路经济带建设将西北地区推至对外开放前沿，形成了我国向西开放的崭新态势。丝绸之路经济带建设有利于西部地区更好地发挥区位、资源优势，统筹利用国际国内两个市场、优化配置市场资源，推动经济社会加速发展。

丝绸之路经济带战略构想提出后，陕西提出"打造丝绸之路经济带新起点，加快建设内陆开发开放高地"的发展战略。陕西位于我国地理几何中心，承东启西，连通南北，是长江经济带、沿海经济带衔接丝绸之路经济带的第一枢纽。陕西是两千多年前古丝绸之路的起点，是当前我国西部大开发的桥头堡和推进向西开放战略的新引擎。如果陕西作为丝绸之路经济带的新起点，以高铁为连接方式，以长江经济带和沿海经济带为广阔腹地，可以建设成连接国内东部和中部、辐射西北、对接中亚西亚和欧洲的枢纽，成为亚欧大陆新的弓箭型经济带的发力点。因此，陕西在建设丝绸之路经济带方面具有其他省份所不具备的独特的战

---

①　张沛、胡永红：《关中"一线两带"城镇群发展规划研究》，西安地图出版社2004年版，第29页。

略区位优势[①]。

（四）国内需求的扩大

随着全球经济形势的发展变化，随着我国工业化、城镇化进程加快推进，居民消费结构不断升级，扩大内需成为保持经济增长最重要的推动力。经济区人口密集、市场广阔、需求旺盛、潜力巨大，有利于吸引海内外投资等各类要素在此集聚和重组。

（五）有利的产业发展导向

国家推进新型城镇化，加快基本公共服务均等化，推动相关领域改革，为城镇化发展提供了良好的政策机遇。陕西经济持续快速发展，工业化加速推进，为加快城镇化发展奠定了物质基础。交通运输网络的不断完善、节能环保等新技术的突破应用，以及信息技术的快速普及，为推进新型城镇化提供了有力支撑。

国家决定在"十二五"期间要加快发展装备制造业、高技术产业、信息产业、生物产业和国防科技工业五类先进制造业，提出大城市要把服务业放在优先位置，要逐步形成服务经济为主的产业结构。这为陕西充分发挥自身优势，做大做强高新技术产业、装备制造业、现代服务业、高效农业、旅游业和文化产业提供了现实机遇。

（六）经济转型发展需要

陕西经济虽然保持了持续较快发展，但经济增长过多依赖投资拉动，工业增长过多依赖能源化工等资源型产业，经济发展质量和效益不高，资源环境约束加剧，经济转型发展势在必行。城镇化是提升内需拉动力的最大引擎，加快推进新型城镇化，是从投资拉动、外延增长为主转向消费带动、内生增长为主，打造经济升级版的必然选择。

陕西科教、人才资源丰富，高技术产业快速发展，重要领域科技创新能力位居全国前列，具有成为创新型发展区域的有利条件。国家实施经济转型发展战略，全面增强自主创新能力，有利于陕西加强科技资源整合，在核心技术和关键技术方面实现突破，加快科技成果向现实生产力的转化，全面提升产业技术水平。

---

①　张超：《西部地区建设丝绸之路经济带的战略路径研究——以陕西省为例》，《改革与战略》2016年第3期。

（七）"三农"问题的重视

陕西已进入全面建成小康社会的决定性阶段，正处于从欠发达省份向中等发达省份阔步迈进的关键阶段。这一阶段的根本要求是以科学发展、富民强省为主题，以加快转变发展方式为主线，以建设富裕陕西、和谐陕西、美丽陕西为总目标，积极稳妥推进城镇化，实现与工业化、信息化、农业现代化同步发展。

随着中央提出构建和谐社会和加快社会主义新农村建设的重大战略方针的付诸实施，推动农业、农村和农民问题的解决成为国家当前和今后一段时期的重要工作。陕西出台了一系列统筹城乡发展的政策，对于改善农村的经济发展环境，改变农民的生活条件发挥了重大作用。陕西已进入了工业化、城镇化的中期阶段，完全有能力实现工业反哺农业、城镇支持农村发展。城镇化的快速发展也有利于农村剩余劳动力的非农化转移，从而实现土地的规模效益。

二　挑战

（一）区域竞争压力加大

经济全球化使中国融入世界经济体系，陕西的发展固然可以利用国际、国内两个市场、两种资源，但同时也必须加入国际产业分工体系，发展环境中的不稳定不确定因素增多，如金融危机，除了国际流动资本的战略冲击之外，经济社会内部结构性矛盾突出，也会导致发展失衡，在危机到来时缺乏抵御能力，致使多年的建设成果付之东流。陕西经济、社会持续快速发展，但发展相对水平和速度滞后，改革开放以来综合区域地位有下滑趋势，不仅与北京、上海无法相提并论，甚至远远落后于同处西部的四川和重庆，与本区域的传统地位极不相称。"十二五"期间，全国东中西部竞相加快发展，加剧了资金、人才等各种资源要素的竞争，对陕西的发展提出了更大的挑战。国际金融危机爆发以来，全球经济进入了调整和低速增长时期，世界贸易保护主义开始抬头，各国贸易摩擦增大，国际市场需求减小加剧了国内产品过剩和产业间的市场竞争，尤其不利于西部产业转型升级和企业健康发展。

（二）城市建设和管理水平亟待提升

"城市病"日益突出，西安、咸阳等城市雾霾天气增多，交通拥堵问题严重，城市空间格局不尽合理，城市建成区绿化覆盖率较低，县城以下污水垃圾处理能力不足，公共服务供给能力薄弱，城中村和城乡结合部等外来人口聚集区环境较差。城市建设中对自然历史文化遗产保护不力，一些地方大拆大建，导致乡土特色和民俗文化流失。行政管理体制改革、国有企业和国资监管体制改革、公用事业市场化改革、文化体制改革、投融资体制改革等方面的任务还相当繁重，公共服务体系尚不健全，特别是城乡之间、不同社会群体享有公共服务差别大的问题有待破解。

（三）结构性矛盾较为突出

世界经济新格局正在形成，发达国家重新重视发展实体经济，提出了"再工业化"、"低碳经济"、"智慧地球"等新的理念，加快布局新能源、新材料、信息、环保、生命科学等领域发展，抢占未来科技和产业发展制高点，这从客观上对我省产业发展带来了巨大的压力。陕西经济结构不合理，二产主导作用不强、三产发展缓慢。迈克尔·波特将一个国家或地区的经济发展过程划分为四个阶段，即要素驱动阶段、投资驱动阶段、创新驱动阶段和财富驱动阶段。受制度因素、人力投入因素、财力投入因素等影响，陕西差距地区虽然具有交通区位优势、科教资源优势、旅游资源优势等，但除西安高新区外，其他城市的科研成果、技术创新等知识产品直接转化为市场利润的并不多。各种高等院校、科研院所数量多，科研成果多，培养人才多，但是成果就地转化的少，科技人才流失较多。各种开发区规模和企业规模偏小，终端产品、名牌产品少，产品附加值低，区域布局和产业布局集中度不高，缺乏特色和竞争力。经济增长过度依赖能源资源消耗，导致人地关系紧张，生态恶化，资源环境承载能力进一步下降。西安作为承接东部地区产业转移的桥头堡，经济发展仍处于要素驱动的初级阶段，必须严格把关承接的产业和项目，不能以资源和环境为代价追求短期内的经济增长；同时，引进、普及先进技术，以技术创新推动区域经济发展。

（四）劳动力就业艰难

农民太多，是农民太穷的重要原因。要富裕农民，就必须减少农民数量，但陕西农村剩余劳动力转移的形势并不乐观。伴随着产业结构调整、升级和市场竞争的加剧，乡镇企业的弊端日益显露，正经受着结构调整和技术改造第二次创业的阵痛，使其对农村富余劳动力的吸纳能力逐年下降；城市产业结构的调整和升级，使资本和技术排斥劳动力的趋势日趋明显；新增加的大学毕业生和城市失业、下岗职工，使城市就业压力逐年增大；农民相对较低的素质，再加上户籍、就业、子女入学、社会保障等各种制度性障碍，使农民很难实现真正有效的转移。虽然劳动力的自由流动使得农村大量青壮年涌向收入较高的东南沿海地区，在一定程度上提高了当前收入，但人才外流导致农村失去了技术创新和经济增长的原动力。

（五）资源环境约束加剧

未来十几年，陕西将进入城镇化、工业化加速发展的关键时期，经济发展方式和产业结构调整伴随着城镇空间剧烈扩张，在经济快速发展的同时，也造成了资源的短缺和环境的恶化，城乡、区域发展将面临着更大的资源环境压力和挑战，日益突出的经济社会发展和资源环境的矛盾，已成为制约经济快速健康发展的"瓶颈"。所谓资源承载力是指一个国家或地区在可预见的时期内，利用其能源及其他自然资源和智力、技术等条件，在保证符合其社会文化准则的物质生活水平下持续供养的人口数量[①]。人类对这种承载力可以借助于技术而增大，但往往是以减少生物多样性和生态功能作为代价的，然而在任何情况下，也不可能将其无限的增大[②]，因此一个国家或地区的资源数量和质量，决定着该区域空间内人口的基本生存和发展的支撑力。环境承载力是指在某一时期，某种状态或条件下，某地区的环境所能承受人类活动作用的阈值[③]。环境承载力的定义表明在维持一个可以接受的生活水平、在自然或人造环境系统不会遭到严重退化的前提下，对人口增长的容纳能力。

综上可知，区域资源环境承载力，是指不同尺度区域在一定时期内，在确保资源合理开发利用和生态环境良性循环的条件下，资源环境能够承载的人口数量及相应的经济社会总量的能力，区域资源环境承载力是人口容量的基本限制因素。在人口与经济发展的双重压力下，资源保障能力的快速下降必然会严重阻碍区域的可持续发展（图8.1）。因此，提高技术水平、加强环境保护必然是以后发展中应该重点考虑的内容。资源与环境

---

① UNSECO FAO, *Carrying Capacity Assessment with a Pilot Study of Ken Ya*, A Resources Accounting Methodology for Exploring National Options for Sustainable Development, Paris and Rome, 1985, p. 89.

② IUCN, UNEP, WWF, *Caring for the Earth : A Strategy for Sustainable Living*, Switzerland, IUCN, 1991, p. 27.

③ 唐剑武、叶文虎：《环境承载力的本质及其定量化初步研究》，《中国环境科学》1998年第3期。

有着千丝万缕的关系，要想完全把它们割裂开来是错误的。如何在环境保护与资源可持续利用之间，寻求合理的代价与适度承受能力的动态平衡临界点，是实现可持续发展亟待研究的重要问题①。

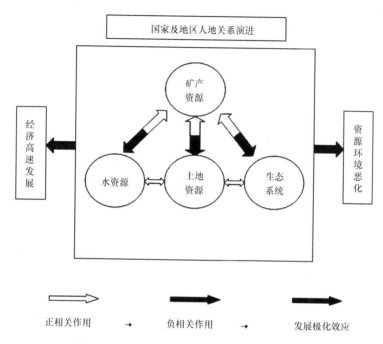

图 8.1　现代化资源环境要素相互关系及作用

随着西部大开发的推进，陕西、陕北，尤其是陕北地区水资源最为紧张。不合理的水资源消耗、以降雨为主的补给方式及缺乏权益调节制衡的体制制度，使"公地悲剧"不断重复发展。渭河水质仍未得到实质性改善，水资源短缺、分布不均、浪费、污染已成为陕西社会经济发展的主要瓶颈，严重影响甚至抑制了该区域的经济社会发展和福利水平的提高②。

随着经济的发展和人口的不断增加，土地常处于严重超负荷状态，陕

① 潘玉君、李灿光、武友德等：《区域发展与主体功能区系统研究》（第2卷），科学出版社2007年版，第112页。

② 刘卫东、彭俊：《城镇化地区土地非农开发》，科学出版社1999年版，第79页。

西耕地绝对量和相对量都在持续下降，后备资源不足，整体质量恶化。以西安为例，人均耕地面积从 1970 年的 1.95 亩下降到 2013 年的 0.41 亩。许多地方大搞"开发区"、"工业园区"、"新区"，但由于经济实力不够，规划不合理，导致项目落实不够，大量土地"圈而不用"；乡镇企业和农村建设用地大多规模大、布局分散，土地集约化利用程度低；工业废水、废气、废渣的大量排放，造成严重的土地污染；有机肥的投入不足、化肥的大量使用，造成耕地土壤退化；同时，改善生态环境，也须有大量超坡垦殖的耕地退耕还林还草。从经济、生态、社会综合效益分析，耕地作为不可替代的自然资源，其开垦潜力已接近临界状态，人均耕地逐年减少的趋势已难以逆转①。另外，城市更新、旧城改造、土地的有偿使用，促使工厂从不适合它们存在的、高地产值的中心区迁出，以促进环境改造和工厂技术改造。但也产生了新的问题，一些企业搬迁处理不当，往往因迁移到脆弱的生态系统或灌溉地区附近造成新的污染，其危害甚至大大超过在城区所能避免的程度。而且企业外迁后职工上下班，因生活与工作距离加大造成诸多不便②。

以煤为主的能源结构，造成雾霾天气扶持增加，导致人体发生呼吸系统疾病，也对动植物的生长发育产生很大影响。陕西林草、水域面积近年有所增加，但森林覆盖率仍然偏低，且集中分布在秦岭北麓及咸阳北部区域，呈现"西多东少、南多北少中稀"的特点，整体绿化水平不高，与"北御风沙、南保关中"的总体生态功能要求差距还很大。陕西 COD、二氧化碳等主要污染物产生量、去除量和排放量均呈正增长，污染物去除率虽平均增长幅度最大，但由于大规模的工业化、城镇化建设，绝对去除量仍然赶不上污染物产生量的增加。陕西环境承载力已超过或接近极限，经济发展只能通过削减污染换取排污空间。

第二节　动力机制研判

一　经济发展

发展才是硬道理，城乡就业、收入与公共服务的统筹依赖于城乡生产

---

① 杨子生、李云辉、邹忠：《中国西部大开发——云南省土地资源开发利用规划研究》，云南科技出版社 2003 年版，第 18—21 页。

② 周晓华：《城市更新之市场模式》，机械工业出版社 2007 年版，第 25—28 页。

力的发展。只有生产力发展了，财富增加了，城乡空间协调发展才具有前提和基础。陕西既要加快经济发展速度，又要注重提高增长的质量和效益，实现经济建设由铺新摊子、上新项目为主，逐步转向以调整结构、注重质量、提高效益为主，着力发展先进制造业和现代服务业，实现工业反哺农业、城市支持农村，不断提升城乡综合竞争力和可持续发展能力，在全省实现率先发展，努力缩小与先进地区的差距。

新经济增长理论认为促进经济增长的动力是技术进步，而不是传统经济增长论所说的投资，经济的创新能力决定了经济的弹性与活力。我国基本建立了社会主义市场经济体制，加入了世界贸易组织，依靠政策和制度安排的政府主导的区域倾斜政策效应接近尾声，区域经济的发展和经济增长更多是经济实力的竞争和市场化配置资源，经济增长更多是依靠技术的进步和效率的提高①。陕西的综合科研能力在全国城市中位居名列前茅，但由于科研转化能力不强、对外开放程度不足，极大影响了经济的增长和发展。因而陕西应把注意力从主要集中在商业周期上及时转向更加重视教育、新技术研究和开发以及贸易改革方面，在保持固定资产投资持续增长，努力扩大消费需求的基础上，积极开展对外出口，使投资、消费、出口三驾马车齐头并进，农业、工业、服务业协调发展，共同拉动经济增长；积极发挥科技优势，增强自主创新能力，更多地依靠人力资本和技术进步而不是依靠资金、资源的投入和简单劳动的支撑来推动经济发展，促进科技资源的高效配置和综合集成，实现科技和经济的紧密结合；大力发展循环经济，改变资源→产品→废物的简单线形循环流程，推进国民经济和社会信息化，把经济增长转变到依靠科技、优化结构、提高效益、降低消耗上来。

二　制度创新

（一）制度创新的内涵

制度是一个社会的游戏规则，是指一系列被制定出来用以约束行为主体福利或效用最大化的个人行为的规则、道德和伦理的行为规范，它们抑制着人际交往中可能出现的任意行为和机会主义行为。如果没有制度的约

---

① 陈伯君：《西部大开发与区域经济公平增长》，中国社会科学出版社2007年版，第118—119页。

束，有限理性经济人追求个人利益最大化的结果，往往造成社会经济生活的混乱或者低效率①。制度创新的动力来源于理性经济人对自身利益的追求。制度创新是制度的替代、转换与交易的过程，是为解决生产关系与生产力、上层建筑与经济基础的矛盾而进行的生产关系和上层建筑的变革，是一种效益更高的制度对另一种制度的替代过程，它通过复杂规制、标准和实施的边际调整来实现的，通过制度创新同样可以促进经济发展，提高经济效率。

制度的发生和演变是为了节约交易成本，作为一种"公共物品"，制度变迁可以被理解为一种效率更高的制度对另一种制度的替代过程，制度变迁对经济增长起着决定性的作用②。机会成本与实际转换成本是制度转换中必须考虑的约束条件，以诺斯为代表的新制度经济学家把产权结构、交易费用、有限理性的经济人、信息不对称以及国家（政府）、意识形态等因素作为内生变量纳入了经济增长的分析框架，论证了制度是影响经济发展的最重要的因素，建立了一个包括产权理论、国家理论和意识形态理论在内的制度变迁理论。经济制度直接影响着各种资源配置效率，进而作用于区域经济增长。区域经济发展战略的制定，区域经济发展模式的确定，区域经济发展空间布局的引导，都被含括在区域经济发展的政策中③。

（二）制度的路径依赖性

制度具有路径依赖性，一旦形成，就会沿着一条固定轨迹深化下去，即使有更佳的替代方案，即定的路径也很难改变，即形成一种"不可逆转的自我强化趋向"。著名经济学家缪尔达尔、赫希曼（Hirschman, A. o.）等人指出没有干预的市场机制会出现"循环累计因果效应"，使一个地区获得连续积累的竞争优势，导致贫者愈贫、富者愈富的"马太效应"，因而市场的力量通常倾向于增加而不是减少区域经济差异④。在外部环境发生较大变化时，制度的稳定演化为制度的僵化，由此将阻碍经济

---

① Le Gales, "Regulations and Governance in European Cities", *International Journal of Urban and Regional Research*, Vol. 22, No. 3, March 1998.

② ［美］诺斯：《制度、制度变迁与经济绩效》，杭行译，格致出版社，2014 年版，第 58 页。

③ 杨筠：《生态建设与区域经济发展研究》，西南财经大学出版社 2007 年版，第 201 页。

④ ［瑞典］缪尔达尔：《经济理论与不发达地区》，钟淦恩译，商务印书馆 1957 年版，第 90 页。

增长和社会和谐。如果存在实现制度创新和制度变迁的潜在收益大于成本，就具备了打破僵硬制度的激励机制。我国农村蕴藏着巨大的创造力，是市场经济体制改革的重要动力。十一届三中全会以后，我国农村率先改革，揭开了一场巨大而深刻的制度变迁和社会转型的序幕，推动了政治、经济和文化的全面进步。农村实行了以生产经济自主权为主要内容的家庭联产承包责任制，极大地解放了农村的生产力[①]。随着国家制度供给方式的不断调整和修正，政府管理经济的模式正在发生嬗变——由政府控制经济、政府主导经济加速走向政府推动经济阶段。改革开放的实践证明：制度创新是推动经济社会发展的强有力杠杆，是提高行政效率、改善服务质量、增进公共利益的重要手段。但我们应清醒地认识到在我国市场经济发展的实践中已然存在许多问题和障碍，在一些关键领域，政府缺位现象仍然存在，成为解决"三农"问题、制约城乡关系改善的瓶颈。随着家庭联产承包制内在潜能的进一步释放，农民收入的增长出现了长期徘徊的局面。特别是 1997 年后，农民收入增长步伐缓慢，连续多年收入增长率在5% 以下。

（三）制度创新推动城镇化发展

通过制度创新创造城镇化的条件，逐步建立完善的城镇化机制，将有助于实现城镇化的目标。城镇化的制度创新有三层含义：消除城镇化过程中的政策制度障碍；市场通过合理的制度设置把城镇化进程中的潜在资源激活；通过设置新的制度安排弥合城镇化机制的缺失。发达国家城镇化过程也是制度创新的过程：一是消除束缚人身自由的制度、法律、政策障碍。二是在非农产业中采取股份制、在农业中采用圈地运动等扩大土地经营规模的资本主义经营方式，广泛动员激活潜在资源，实现城镇化资源配置的优化，提高城镇化效率，加快城镇化进程。三是通过社会保障制度创新，以新的制度安排解决城镇化进程中的经济社会问题，逐步建立起完善的城镇化社会[②]。

从历史发展的实践来看，随着城镇化不断推进，城乡、区域关系由严重失调到逐步协调，但这并不完全是一个自然而然的过程。在农业社会向

---

① 凌志军：《中国经济改革备忘录》，东方出版中心 1998 年版，第 116—118 页。

② 张沛、董欣、侯远志等：《中国城镇化的理论与实践——西部地区发展研究与探索》，东南大学出版社 2009 年版，第 8 页。

工业社会过渡的初中期，由于城市本身的聚集功能和工业较高的比较利益，导致极化效应大于涓滴效应，城乡发展差距不断拉大，城乡二元经济结构向现代经济结构的自然演进极其漫长。因此，一些发达国家在其工业化进入中后期，取得一定的经济成果后，政府采取干预措施促进城乡关系加速变迁就成为必然。城镇代的过程，也是城乡空间融合的过程，是一个国家和地区实现现代化的过程。从本质上说，我国城乡二元结构体制的动作逻辑就在于，通过户籍制度以及与户籍制度相关的一系列制度建设，在占当时中国少量人口的城市和绝大部分人口的广大农村之间，构筑了一道道难以逾越的公共制度鸿沟与壁垒，形成城乡分割的一条制度约束链条①（图8.2），导致中国城镇化进程缓慢，落后于工业化的发展，是广大乡村群众遭受不公正待遇的根源。

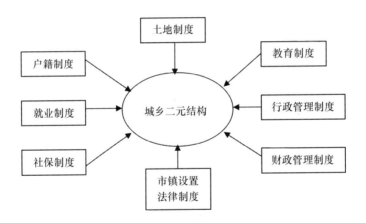

图 8.2　城乡二元制度约束图

作为区域经济实体和主要制度供给者的地方政府，也是一个有限理性"经济人"，在分权改革后，面临着越来越大的区域竞争压力。如果地方政府能够出台反映区域实际的发展政策，就会促进当地经济社会的和谐发展，从而取得良好的制度收益。陕西正处在从计划经济体制向市场经济体制、从传统农业社会向现代城市社会转变的双重转型时期，非

---

① 陈瑞莲等：《破解城乡二元结构：基于广东的实证分析》，社会科学出版社 2008 年版，第 116 页。

均衡发展的惯性力量仍在坚挺着区域经济的持续高位增长，严重失衡的区域、城乡关系大大影响了城镇化的健康发展。因而，进行体制创新，破解城乡二元经济社会结构、推进区域公平发展，显得尤为重要。这就需要陕西采取积极的政府干预政策来刺激落后乡村乃至落后城镇地区的发展，进一步深化土地使用制度、户籍管理制度、农村金融体制、社会保障体制的改革，填补由各种累积因果循环所造成的经济差距，推进区域经济的公平增长。

三 技术创新

（一）技术创新引起生产生活方式变革

从农村社会转向城市社会，不只是地域的变迁，更是人们生产生活方式的变革。瑞典人哈格斯特朗拓展了技术创新扩散理论，奠定了空间扩散理论基础。工业革命时期，新机器的广泛应用，加速了资源开发，导致工厂成倍涌现，大量农村人口向城市转移。

在空间上，技术创新及其应用推广的过程是不平衡的，创新的发源地及首先应用推广的地区，常常获得较大的利益，导致空间结构进一步的不平衡[①]。计算机技术的应用、信息产业的发展，使通讯、金融、保险、商业、旅游服务、部分制造业等以及公司首脑部门、科研设计部门等对计算技术和信息产业依赖性大的产业向大中城市集中，由于大城市优先发展，社会经济活动愈来愈集中在少数大城市，城乡、城镇空间结构开始失衡。大规模的技术创新促使产业结构的升级换代，又带来了区域发展差异。由于各地区技术创新和接受技术创新成果扩散的能力的不同，一些地区在竞争中失利，成为"危机区"，而另一些地区则获得进一步发展的机会，成为"繁荣区"，产业集群的形成也趋向于选择在技术创新起源点的邻近区域。其结果导致人口、资源等在空间上流向"繁荣区"，导致"危机区"工厂关闭，税收减少，社会投资和私人投资能力下降，基础设施供应状况恶化，人口失业现象严重。而基础设施供应状况恶化与就业岗位减少，又引起劳动力、资源从"危机区"流入"繁荣区"，形成缪尔达尔所描述的"循环累积因果效应"，导致"地理上的二元经济结构"。

---

① 陆大道：《区域发展及其空间结构》，科学出版社 1998 年版，第 28—31 页。

另一方面，伴随着交通、通信技术的发展和提高，使区位因素的作用相对减弱，城市文明的传播得以向更广大、更偏远的农村地区深入，使生产、管理、居住在空间上彼此分散化，有力地改变了农村的价值观念和生活方式，加快了城镇化的步伐。

(二) 技术创新促进城镇化发展

技术创新是技术与经济一体化的发展，深刻地改变产业结构和劳动组织结构，进而影响城镇化进程。其一，先进的农业技术。化肥、农药的使用，种子、工具的改良，土壤耕种方式的改进，极大地提高了农业劳动生产率，把农村劳动力从土地上解放出来，推动人口向城镇转移，城镇得到快速发展。其二，便捷的运输技术。先进的运输技术使大量的物资流动成为可能，并大幅降低运输成本，对城市郊区化和城镇密集带的出现起着推波助澜的作用。在人类历史上，水运先于陆运而得到大规模发展的，航海技术的发展使许多国家的人口和经济活动重心由内陆移到沿海地带。我国早期的政治、经济重心在中原地区，自唐朝起，海上交通逐渐发达，直接促进了东南沿海地区商业、农业和手工业的发展；到了北宋，全国经济重心已经移到东南沿海地区。现在东南沿海城镇群已然是我国经济率先发展和对外开放的典范。

技术创新创造出新的产业，增加就业岗位，推进城镇化进程；技术创新促进传统产业改造，吸纳更多人口，科技创新提高劳动者素质，改善生产的物质技术基础、扩大劳动对象范围、提高管理水平；技术创新也会造成传统产业的衰落，推动一些老城镇衰退；技术创新促进了劳动地域分工，改变劳动力就业的区域结构，形成不同功能结构的城镇。

(三) 技术创新推动区域空间平衡发展

城镇化的最终目的是推进城乡一体化。城乡一体化的本质特征是城乡之间的密切联系，而密切程度与外围地区的非农化水平直接相关。在传统技术条件下，大部分的非农产业都具有城市区位指向的特征，但二战以后的技术革命使得这一格局发生了根本性变化。技术创新成果的大规模应用促进了经济的发展，导致资本积累不断增多，投资能力不断增强，改变了"城市—工业、乡村—农业"的城乡分工结构。随着后工业社会的到来，服务业取代制造业成为中心城市的主导产业，而传统制造业则逐步从中心城市向周边地区扩散。中心城市和外围地区建立了基于不同技术水平和资源优势的产业关联。与此同时，人们追求清净的环境和安逸的生活，影响经济空间集聚要素的作用下降。交通、通信技术的发展和郊区、乡村基础设施的改善大大扩展了人类活动的空间尺度，继居住郊区化、工业郊区化后又出现了服务业郊区化、办公室郊区化，城乡一体化倾向更趋显著，城乡区域空间结构趋于平衡发展①。

四 城乡规划

规划是政府进行经济调节，推动社会和谐发展的重要手段。城镇与乡村是一个复杂的综合体，为促使其逐步演变成城乡有机结合的整体，要改变城乡分割的发展思路，对未来关注全局性、长远性、根本性重大问题，对城乡经济社会变化发展的运动规律进行思考与把握，进而对发展做出总体战略性构想。城镇化必须强调在本区范围内经济、社会、生态以及城乡空间发展的整体性，同时处理好发展中彼此在时空顺序上的关系。随着经济的快速发展，陕西城镇化、工业化和农业产业化加速推进，由此带来了社会的整体变迁，城乡生产、生活和生态空间相互作用日益增强。由于陕西经济社会发展还处于相对较低的阶段，以城镇为增长极的极化效应大于涓滴效应，乡村发展的资源如资金、土地和人才等迅速流入城镇和非农产业，造成城镇的相对繁荣和乡村的迅速衰退，城乡发展差距日益拉大。城乡规划是一种区域性的战略思考，一种战略性的空间规划。规划内容一般以城乡经济社会的整体发展策略、区域空间发展模式以及交通等基础设施布局方案为重点②。通过解放思想，打破常规，避免城镇化的教条主义，从本地实际出发，走出符合本地区实际、具有特色的城镇化发展道路，实现城镇化的跨越式发展；有利于城镇化的全面系统发展，实现旧城改造与新城建设、经济发展与环境保护、城市文明和城市形象建设的结合，整体提升城镇规模和实力，避免单纯的人口进城和形式上的城镇化。

长期以来，陕西的经济和社会发展一直是处于城乡二元结构形态，人为地割裂了城与乡的有机联系。虽然在进行行政体制改革后实行了"市管县"体制，在行政上城与乡成为一体，但在城市规划观念上仍然是以

---

① 洪世键：《大都市区治理》，东南大学出版社 2009 年版，第 39—41 页。

② 宁越敏：《国外大都市区规划体系评述》，《世界地理研究》2003 年第 1 期。

城市为中心，按地域尺度规划层次结构，如区域规划、城镇体系规划、城市总体规划、城市分区规划、城市详细规划，缺乏对城乡发展的统筹考虑和城乡空间的协调安排。实施"规划立区"方略，编制陕西城镇化发展战略规划，把空间布局和产业布局紧密结合起来，改变城乡空间自发演变状态，使城乡空间演变有序进行，引导产业梯度布局和集群发展，逐步形成分工合理、相互促进、协调发展的区域经济新格局，是适应社会经济变革及其引发的城乡关系转变的客观需要，是解决"三农"问题，构建和谐社会的重要保障，也是落实中央"统筹城乡经济社会发展"方针的重要措施。陕西应通过城镇资产经营，实现资产的增值和扩张。把"资本运营"引进城镇建设中，通过盘活存量，扩大增量，实现了城镇资产增值，其中，经营城镇土地是基础，也是资本积累的"第一桶金"。通过经营城镇环境，实现环境增值。通过营造便捷的交通环境，高品位的广场、公园，发达的公益事业，完善的市场等新的城区环境，带动房地产增值，实现经济效益、社会效益和环境效益的同步提高。通过经营有收益的城镇市政设施，实现社会公益事业的市场化发展。既通过市政设施的经营，培育新的城镇产业，增加城镇就业机会，又通过经营权拍卖出让等手段收回投资，形成新的投资能力。通过不断完善区域激励政策，促进生产要素合理有序流动，引导市场主体自觉地按照主体功能定位从事开发建设活动，推动主体功能区的形成；强化规划管理、执行和监督机制，对不符合规划的项目，不批准、不供地，违反规划的坚决查处，切实维护规划的严肃性、权威性和约束力。

第三节　发展路径指引

一　生态管制

生态环境是承载人类生存与发展的各类自然形成或人工改造的要素集合体。作为经济发展，尤其是地区经济社会可持续发展的重要前提条件的生态环境，对区域经济社会发展特别是城镇化的发展影响尤为突出。如果把经济社会的发展建立在区域内自然资源、人口、环境容量、资源承载力等生态环境可持续发展的基础上，将会促使区域内经济社会的良性循环和城镇化的快速发展。反之，城镇化的健康良性发展，又会使区域内人口在城乡之间趋于合理流动和分布，使区域内人口对自然资源的消费和利用观念趋于合理，对区域内环境容量和质量的调整也起着至关重要的作用。所以，按照全面、协调、可持续发展的原则，在构建陕西资源节约型社会和环境友好型社会的基础上妥善处理生态环境与城镇化发展之间的关系，为陕西城镇化发展提供重要的前提条件与良好的外部环境，不仅关系到陕西经济社会发展目标的实现，而且直接关系到西部地区的生态安全、乃至国家的可持续发展，更关系到陕西能否实现全面建设小康社会的根本目标。

在当今世界"生存和发展"的主题下，敲响警钟的现实把生态与人类生存联系在一起，生态已不仅仅作为一个自然科学概念被操作应用，而是更多地被打上了经济的烙印①。随着人们对经济、社会，人口、资源与环境可持续发展认识程度的提高，生态资源由过去经济发展的外生变量演变成为经济发展的内生变量。以人为本，以经济发展为中心，以生态、环境改善为前提，实现经济、社会和生态资源环境的协调发展正深入人心。我国在全面建设小康社会的进程中，经济的快速增长造成了生态环境的持续恶化，如何在生态建设和经济发展之间寻求平衡既是一项重大的责任，也是一项艰巨的任务。

开发是指大规模、高强度的工业化、城镇化建设活动，开发不等于发展。发展既包括创造 GDP 的经济发展，也包括提供清新空气、清洁水源、惬意环境、舒适气候等生态产品的过程。生态产品和经济发展紧密相连，清新的空气意味着电费的减少；清洁的水源意味着鲜美的鱼类储备；葱郁的树林意味着防洪设施建设费用的节省；绿色社区意味着强健的身体和健康保险费用的降低，因而生态产品是人类生存和发展所必须的产品，提供生态产品也是生产，也是创造价值过程。国际上环境学家经过多年的探讨，最终比较一致地认为生态环境压力与经济增长水平之间存在倒 U 型的发展规律②（图 8.3）。

---

① 杨筑：《生态建设与区域经济发展研究》，西南财经大学出版社 2007 年版，第 36 页。
② 杨家栋、秦兴方、单宜虎：《农村城镇化与生态安全》，社会科学文献出版社 2005 年版，第 116 页。

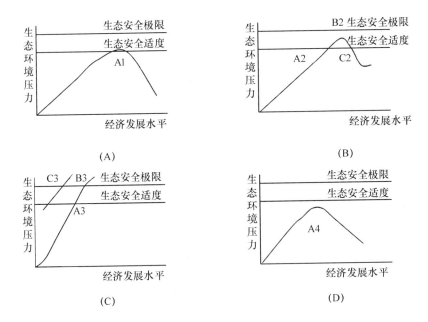

图 8.3   生态环境与生态压力关系图

图（A）中倒 U 型曲线的峰值点 A1 正好是其与生态安全适度线的切点。这种发展模式是完美的可持续发展，即发展导致的生态环境破坏是在生态环境的承载力之内。但由于生态环境问题发生的滞后性，很难实现这种状态的持续性。

图（B）中倒 U 型曲线的峰值点 B2 已经越过了生态安全适度线，进入生态安全极限与适应线之间的区域，即生态环境对外界干扰的调节能力范围内。发达国家以前走过的路就是这种模式，依靠及时的污染治理与发展策略调整，使发展曲线又回到了生态安全适度线之内。其中由 A2、B2、C2 围成的面积使人类付出高昂的经济代价与环境代价。这是一条"先污染后治理"的道路。

图（C）中倒 U 型曲线的峰值不仅越过了生态安全适度线，而且已经超过了生态环境的承载能力，导致了区域生态系统的瘫痪，结果环境状况恶化，经济发展依赖的资源缺乏，经济水平开始直线倒退到 C3，甚至更远。我国太湖流域生态环境的变迁就属于这种情况。面对日益污染的环境和脆弱的生态系统，即使有些地区拿出所有的 GDP，却再也换不来往日的青山绿水。正如生态环保作家爱德华·艾比所说："为经济增长而增长，其荒谬无异于播散癌细胞，犹如不断变大的癌肿最终毁灭癌病患者，超负荷膨胀发展的全球经济正渐渐肆虐着全球的生态系统①"。

图（D）中倒 U 型曲线的峰值在生态安全适度线的下面，是一种生态型经济模式。生态农业、生态旅游等产业属于这种发展模式。一些发达国家在完成资本原始积累后开始了这种模式的发展。

环境污染、气候变暖对生态系统造成的严重破坏，不仅是一个区域性问题，而且已成为全球性问题，日益受到人们的广泛关注。诱发生态环境问题的原因，有自然方面的因素，如全球气候变化、地震、火山爆发等；有人为方面的因素，如人类对自然资源的掠夺性开发和不合理利用、在工业化和城镇化过程中不注意环境治理和保护而造成严重的环境污染等等②。推进城镇化和工业化发展战略，对于经济发展、促进就业、解决"三农"问题，使农民享受改革开放的现代化发展成果具有重大意义。但是，我们也应该清醒地认识到，长期以来，在"资源无价、原料低价、产品高价"理念的导引下，陕西城镇化、工业化发展以单纯追求经济增长为目标，在迅速提高 GDP 的同时，也造成了诸如环境恶化、资源枯竭、人口膨胀等生态问题，大大削弱了经济发展动力，出现了有开发无发展的悖论。陕西大部分地区属于生态脆弱区，今后城镇化发展要以资源环境承载力为基础，以建设资源节约型、环境友好型社会为本质要求，将生态文明理念贯穿到新型城镇化的全过程。

二　产业聚集

没有产业的发展，农村人口向城镇转移，只会造成更多的失业，人民生活困苦。未来城镇化发展，无论是扩张"增量"，还是"消化"存量，都需要强化产业支撑。产业发展速度与规模将决定陕西城镇化发展速度和规模，其布局也影响着城镇化的空间格局。产业集聚是指特定产业在某个

---

① 杨筑：《生态建设与区域经济发展研究》，西南财经大学出版社 2007 年版，第 116 页。
② 杨家栋、秦兴方、单宜虎：《农村城镇化与生态安全》，社会科学文献出版社 2005 年版，第 119 页。

特定地理区域内高度集中，产业资本要素在空间范围内不断汇聚的一个过程。

同类或相关企业在特定的城市园区集聚式发展，通过扩大社会大协作，充分享受"内部经济"和"外部经济"的溢出效应，能够显著降低生产成本，加快技术创新和增加就业机制，从而可大大提高生产能力和经济、社会效益，达到产业布局与产业内容上的统一与协调①。产业集聚的意义主要通过产业集群来体现。产业集群，又称产业区，是按专业化分工和协作原则，若干企业和机构在特定地域所形成的产业空间集聚现象，产业集聚是产业集群形成和发展的基础。迈克尔·波特把产业集群定义为"在某特定领域中，一群在地理上邻近、有交互关联的企业和相关的法人机构，并以彼此的共通性和互补性联结"。这些企业和相关的法人机构在特定地域的空间集聚进而产生各种效应，对区域经济的发展产生了重要的影响②。

亚当·斯密的劳动分工论，为产业集群发展奠定了理论基础。最早研究集群的英国经济学家马歇尔（Alfred Marshall）探讨了外部规模经济与产业集群的密切关系，提出集群是企业基于外部规模经济在同一区位的集中。另一位美国经济学家保罗·克鲁格曼（Paul Krugman）在对经济现象的空间格局研究中，通过收益递增理论，发展了集聚经济观点，提出了空间经济模型，证明了区域工业集聚将导致制造业中心区的形成。当关联企业发生有目的的合作时，就产生联合行动效应；当政府有意推动这种效应时，则产生制度效应，产业集群是产业集聚的结果。同一产业内的企业以及与之关联度较高的其他产业的企业在空间上的集中分布为水平型产业集群；相互独立的不同的产业部门之间由于存在着上下游关系而形成的集合为垂直型产业集群。在《产品、贸易与发展的经济地理学》一文中卡斯腾（Karsten J.），通过分工探讨了产业集群的分工与发展过程③（图8.4）。

---

① ［英］K. J. 巴顿：《城市经济学——理论和政策》，上海社会科学院经济研究所城市经济研究室译，商务印书馆1984年版，第63页。
② 徐同文：《地市城乡经济协调发展研究》，社会科学文献出版社2008年版，第116页。
③ 杨子生、李云辉、邹忠：《中国西部大开发——云南省土地资源开发利用规划研究》，云南科技出版社2003年版，第18—21页。

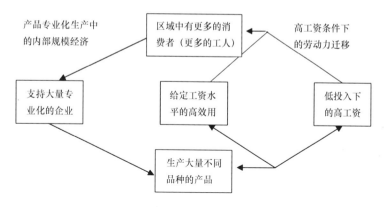

图 8.4　产业集群的循环累积效应

产业集群的空间集聚优势主要体现在以下三个方面：

（1）降低企业成本

产业集群的空间集聚使不同企业分享公共基础设施，降低了企业的外部生产成本；一个产品包括品种、款式等的无限细分，提高了生产率、降低了企业内部生产成本；相互关联产业的空间集聚也大大降低了企业的交易费用。

（2）促进技术创新

产业集群的空间集聚促进知识、制度和技术的创新和扩散，实现产业和产品的更新换代。企业空间上的集中带来了竞争，而竞争正是创新的动力。创新与环境密切相关，单个企业内部很难具备创新所需的全部资源与环境。产业集群则集聚了大量的企业、科研机构和人才，企业通过行政当局的合作网络体系可以轻易地获取区域内部信息、经验并分担风险和成本，从而发挥单个企业所不具备的集聚优势。

（3）优化产业布局

产业集群理论是指导产业组织与布局的成熟理论，有利于培育区域企业竞争优势和产业竞争优势，有利于构建地区环境优势和促进区域经济增长。以产业集群的要求来规划产业布局，可以充分考虑历史和当前的社会经济发展现状，减少人为凭空臆造和长官意志，有效弥补市场失灵和制度失效。与传统的产业布局相比较，集群布局更多地注重企业之间以及企业与外部环境之间的协同联系[①]。

---

① 　王圣学：《西安大都市圈发展研究》，经济科学出版社 2005 年版，第 123 页。

产业集群的空间聚集效应，引发了更大规模的城市空间扩张，乡村空间在缩小。从 20 世纪 80 年代起，为改善中心城区的生活质量，北京市就提出并开始实施将"污染扰民"的工业企业搬迁出中心城区，多年来成为北京工业布局调整的一项基本政策。但在实际中，搬迁成功的案例不多，大多数搬迁企业随着搬迁而衰落甚至消亡。其原因之一是这种从环境控制出发，立足于"疏散"的政策，没有充分考虑到工业企业需要"集聚"的特征。搬迁企业只有在新的发展区具有一定的"集聚"规模，才能形成集聚效益。而这种效益对于企业竞争力的提升至关重要①。

作为一种商业环境，集群是产生区域经济竞争优势的重要条件。大力发展产业集群，对于促进陕西产业结构的调整、空间布局的协调，解决陕西区域经济发展的困境，无疑具有十分重要的意义。依据迈克尔·波特的新竞争优势理论，生产要素条件、需求条件、相关支撑产业以及产业战略、竞争和市场结构构成产业集群形成、发展和产生竞争力的四个基本因素和区域环境（图 8.5）。集群是影响区位选择的因素之一，而不再仅仅是区位选择的结果。每一个因素以及整个系统都影响到产业集群竞争所必需的资源、技能、发展机遇及创新能力的获得②。我国市场机制的不完善，决定了政府在建立产业集群方面负有主导职责。

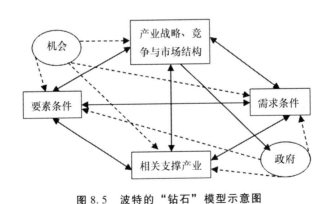

图 8.5   波特的"钻石"模型示意图

产业集聚是产业集群形成的内在要求，产业集群是产业集聚的重要方

---

① 安树伟：《大都市区管治研究》，中国经济出版社 2007 年版，第 32 页。
② 刘洪彬：《基于集群理论的统筹城乡发展研究》，经济科学出版社 2008 年版，第 156 页。

式。地方政府一是要根据该地区的资源禀赋、历史传统、地域文化等确定其优势产业，出台宏观政策，引导产业集聚，培植产业集群。在用地、人口迁移、服务设施等方面采取优惠政策，进一步推进产权改革，为低效率的国有企业改制、分散的乡镇企业向城镇集中提供保障机制；逐步推行迁村并点，促进城镇工业区、商业区和住宅区的相对集中，连片发展。重点开发区要增强可持续发展能力，通过培育要素市场，加快产业集聚；通过提升工业园区，推进产业集聚；通过创新项目机制，引导产业集聚；通过培育龙头企业，带动产业集聚；通过创造区域品牌，增强产业集聚；通过扩大开放，拓展产业集聚①。

二是要分析其地理区位及地市区域内部的交通运输情况，以确定产业集聚的合理规模及布局，使相应产业及产业链节点合理分布在该区不同区域。区域产业发展和布局，体现了区域产业发展方向和功能定位。作为合力的集成，必须向下层层分解，实现组团式的结构，即一城多区、一区多园、一园多企，通过工业组团——工业区——工业园（专业园、配套园）的梯度细化，实现化整为零，竞相发展。另一方面，通过层层汇聚，梯级集成，形成区域产业发展方向和功能定位。根据日本学者赤松要提出的"雁行模式"理论，一国或地区的工业发展要经过进口、国内替代和出口三个阶段。因此，国内或某一地区的产业集群发展，不能完全依赖引入型产业集群发展模式，需要在外来技术消化吸收的基础上，逐渐形成和发展具有本地区特色的植根型产业集群②。位于产业链核心位置的大企业应积极培植树立产业品牌、推动产业技术进步，位于产业链末端的小企业，也要结合自身优势，确定在产业链中的合理位置与成长方向，做到与大企业的"无缝"结合，即通过聚企成园（工业专业园、配套园），联园成区，分片发展，实现积零为整，一体化提升③。

陕西应坚持集约化、集群化发展，按照"产业发展园区化，园区发展集群化"的思路，以骨干企业、产业园区和龙头产品为依托，培育和建设一批有影响的基地、园区和产业集群，促进企业向园区集中，实现集

---

①　杜黎明：《主体功能区区划与建设——区域协调发展的新视野》，重庆大学出版社 2007 年版，第 88—90 页。

②　刘洪彬：《基于集群理论的统筹城乡发展研究》，经济科学出版社 2008 年版，第 114 页。

③　朱传耿等：《地域主体功能区划——理论·方法·实证》，科学出版社 2007 年版，第 156 页。

聚效益。通过对产业园区进行统一规划，有效整合，不断完善产业园区能源动力、给排水、交通通信、防灾减灾系统及生态环境建设，引导相关企业向园区聚集，促进优势产业相对集中，发挥聚集效应；围绕优势企业和龙头产品，延伸产业链，增强产业配套能力，不断壮大产业实力，整合各种资源，形成稳定、持续的竞争优势集合体；将产业规划与城市规划与空间功能分布相结合，以产业园区建设促进产业集聚和产业化，进而促进工业化，使工业化成为提高陕西综合经济实力的主导要素。

三　功能分区

社会化大生产要求劳动必须在更广阔的地域上进行分工和协作。由大卫·李嘉图（David Ricardo）的比较优势理论可知，不论一个国家或地区的经济处于什么样的水平，它都有自己的相对优势。各地区资源禀赋、发展条件和产品需求的差异性，决定了产业布局、人口分布的差异性和互补性。主体功能区划是编制空间规划，优化空间布局的理论基础，也是协调经济社会发展和人口资源环境的重大战略举措。以主体功能为导向的空间功能分区，坚持城乡、区域、人与自然和谐的整体规划思路，基于不同地区的资源禀赋和环境容量、现有开发密度和发展潜力实施空间功能分区，打破了所有区域都以 GDP 为导向的思维定势，把尽可能多的经济发展活动配置在低环境敏感性、低开发成本、高发展潜力的空间，而生态价值高、开发难度大的区域主要承担起生态环境保护的责任，从而实现经济开发与环境保护的协调发展[1]。

陕西南北地形复杂，有些区域要大规模地推进工业化和城镇化，承担发展经济、集聚人口的功能；有些区域生态环境脆弱，应有序引导人口转移，承担保护生态环境的职责。陕西应通过建立协调机制，运用财政转移支付手段等，逐步实现城乡区域人民公共服务均等化。

（一）优化开发区

优化开发区经济发达、城镇密集、人才众多、基础较好，同时也是国土开发密度较高，资源环境承载能力开始减弱的区域。优化开发区应加大科技投入和制度创新力度，促进经济增长方式转变和产业结构调整，逐步

---

①　朱传耿等：《地域主体功能区划——理论·方法·实证》，科学出版社 2007 年版，第 88 页。

化解资源环境制约瓶颈，不断提高区域参与全球竞争的能力，带动全国产业结构优化升级。

由于人地关系紧张，资源环境承载能力下降，优化开发区应把质量增长和效益提高放在首位，以高新技术产业为主导，大力发展循环经济，重点发展知识密集型产业和现代服务业，将技术成熟型产业、劳动力密集型和资源开发型产业有序地向重点开发区转移，并加大生态环境保护，减少资源环境消费，建设资源节约型和环境友好型社会，提高资源环境承载力，实现经济增长与环境改善的协调。

基于以上分析，本研究将开发建设强度已经较大、功能配置基本饱和、承载力开始减弱的西安地区划定为优化开发区（重点产业功能区除外）。优化开发区科技实力雄厚、人文环境优越，要明确城市区域重点和发展特色，控制新建规模，着重进行改造调整，提升城市服务功能。在西安古城墙以内，逐步弱化行政功能，恢复历史文化古城风貌，彰显古城特色；其他区域形成以人文旅游、文化服务、商业零售业为主的产业格局。不断提升产业结构层次，积极参与国际分工和竞争，使其成为带动关中地区经济社会发展的龙头；不断强化产业的管理、控制、研发功能，发展总部经济，使其成为中国西部地区重要的科教、旅游、金融、现代物流、信息中心和区域性产业研发中心。支持鼓励优势企业向重点开发区投资，参与重点开发区企业的重组、整合；同时引导占地多、消耗高的加工业和劳动密集型产业有序向重点开发区转移，为西安老城区保留必要的绿色空间。

（二）重点开发区

重点开发区工业化和城镇化程度相对不高，是资源环境承载能力较强、经济和人口集聚条件较好的区域。重点开发区要加快基础设施建设和人文社会环境的改善，增强吸纳资金、技术、产业和人口集聚的能力，全面提升工业化和城镇化的发展速度和质量，既要承接优化开发区的产业转移，又要承接限制开发区、禁止开发区的人口转移和无法长期承载的产业，逐步成为支撑地区经济发展和人口集聚的重要载体。同时要加大节能降耗研究的资金投入，提高绿色经济比重，控制资源环境消费总量。

本研究将除西安以外的陕西各市区县建成区、中心镇和重点产业功能区划定为重点开发区。对这类区域要加大开发投资力度，适当扩大城镇建设空间，增强承载能力，有序承接产业和人口转移。依靠政府优越的财政税收政策，加强产业综合配套能力建设，适当扩大城镇规模，增强承载产业和人口转移能力。一是通过发展交通运输、现代物流等生产型服务业和劳动密集型产业，为生产要素和产品流通及区域人口集聚创造条件。即要接受优化开发区转移的传统产业和又要接受限制开发区、禁止开发区无法长期承载的产业和人口，使其潜在的资源优势、劳动力优势、市场需求优势显性化，成为支撑区域经济发展的重要载体。二是高度重视各类开发区的产业选择，积极引导专业化发展，以主体功能定位对空间开发的引导和管治来推动区域产业的集聚、集群、集约发展。根据产品、技术、物流的关联性，围绕主导产品和核心企业，相对集中布局产业，促进产业集群成长，以利于共享公共设施、基础条件，加强配套协作、构造稳固产业链，降低成本提高集约发展水平，形成竞争优势。三是小城镇工业发展以与中心城市相配套的农机加工、机电配件、食品和药物制作等初级加工或者零部件生产，农副产品加工为主。

（三）限制开发区

限制开发区是指经济欠发达，资源环境承载能力较弱、大规模集聚经济和人口条件不够好并关系到全国或较大区域范围生态安全的区域，其类型主要有退耕还林还草区、草原"三化"区、天然林保护区、重要水源保护区、重要湿地、水资源严重短缺区、自然灾害频发和基本农田保护区等。

由于资源环境承载能力脆弱，如果不对限制开发区施加人为控制，资源环境承载力将会急剧恶化，导致区域经济系统陷于崩溃的边沿。因此，限制开发区既要坚持保护优先、适度开发、点状发展的原则，加大创新力度，因地制宜发展生态经济和资源环境可承载的特色产业，加强生态修复和环境保护，不断提高资源环境承载能力，又要严格控制不符合主体功能定位要求的开发建设，引导超载人口逐步有序转移，缓解人与自然的紧张关系，逐步成为全国或区域性的重要生态功能区。

本研究将陕西山区、浅山区、渭北旱塬、农田基本保护区和绿化隔离地区划为限制开发地区，旅游业以文物古迹旅游、城郊休闲度假、自然生态旅游为主；农业要充分利用杨凌示范区产业集聚和对外技术辐射功能，带动农牧良种、生物技术、节水灌溉产业发展，在粮食生产的基础上积极发展以花卉、农副产品生产为主的都市现代农业。对陕南秦岭、陕北黄土高原水土流失防治区，以及退耕还林、天然林保护等地区，因地制宜发展资源环境可承载的生态旅游等特色产业，加强生态修复和环境保护；对于分散在广大乡村地区的乡镇企业，要加强引导和控制，使其向城镇开发区集聚，防止"村村点火，户户冒烟"现象的发生。

（四）禁止开发区

禁止开发区是指依法设立的种类国家级保护区。其区域类型有自然保护区、水源涵养区、风景名胜区、世界自然和文化遗产、国家森林公园和国家地质公园、国家重点文物保护单位和国防安全用地等，有重要的生态服务价值或历史文化价值，只能适度发展旅游观光、科学考察等服务性产业。该类区域要依据法律法规和相关的规划实行强制性保护，控制人为因素对自然生态的干扰和文化遗产的破坏，适当发展旅游观光等生态经济，严禁不符合主体功能定位的各类开发建设活动，逐步引导超载人口有序转移。

主体功能区中的优化开发、重点开发、限制开发和禁止开发的"开发"主要是指大规模工业化和城镇化人类活动。优化开发是指在加快经济社会发展的同时，更加注重经济增长的方式、质量和效益，实现又好又快的发展。重点开发并不是指所有方面都要重点开发，而是指重点开发那些维护区域主体功能的开发活动。限制开发是指为了维护区域生态功能而进行的保护性开发，对开发的内容、方式和强度进行约束。禁止开发也不是指禁止所有的开发活动，而是指禁止那些与区域主体功能定位不符合的开发活动。整体而言，优化开发区是率先发展，重点开发区是快速发展，限制开发区是适度发展，禁止开发区是生态发展。区域比较优势要求适度非均衡发展，进而通过区域合作与财政转移支付等政策的实施，实现协调发展和共同发展。

陕西按照主体功能区规划定位，加快完善城市化地区、农产品主产区、重点生态功能区空间开发管控制度，划定生态保护红线，实施差别化的财政、投资、产业、土地、人口、环境等政策。重点开发区域要加快推进产城一体化，聚集更多人口和生产要素，建设绿色低碳生产体系和生态宜居的生活空间。限制开发区域要重点发展粮食生产和环境友好型产业，将超载人口逐步转移到城镇化地区，建成安全高效粮食主产区和生态产品供给区。禁止开发区域要依据相关法律法规实施强制性保护，实现环境污染"零排放"，提高生态环境质量。

四 空间优化

城镇化的过程，也是城乡空间优化、融合的过程。城乡空间结构是一个具有物质、能量、信息交换的耗散结构系统，乡村为城镇提供自然资源、农副产品、劳动力和生态空间，城镇为乡村提供科技文化、资金和工业消费品。城乡发展不协调，不是简单的经济现象，而是人口、经济、资源环境之间的空间失衡，城乡融合发展是经济结构的转换过程，更是原来城乡空间结构再组织的过程。城乡空间优化旨在改善城乡地域系统的有机构成，形成城乡优势互补的生产、生活和生态空间结构，使城乡利益共享、风险共担，从而降低经济社会发展成本，促进生产要素的自由流动和资源的有效配置。

科学技术高度发展，并在国民经济以及城乡建设、国土开发与保护等方面得到广泛的应用。经济增长率大大超过人口增长率，社会成员收入达到很高的水平。现代化的交通和通信系统深入到城乡生产和生活的各个领域，经济发展的区位因素大大下降，过疏过密问题逐步解决，城乡、地区间的就业、收入、消费水平和机会选择的差异逐渐消失。生态文明理念受到高度重视，各地区的空间和资源得到更加合理的利用，城镇、乡村居民点，生活服务设施及其影响范围都形成了区域等级体系，"点—轴"空间系统逐步完善，等级差别愈来愈小，整个空间结构重新恢复到"平衡"之中。

区域经济发展从"低水平有序"走向"高水平有序"的非均衡过程，经济增长与区域不平衡发展之间存在明显的倒"U"关系。在漫长的农业社会，社会经济的空间结构在理论上是"平衡"的；随着社会经济的发展，"集聚经济"效应开始出现，空间不平衡加剧；伴随着科学技术的发展和交通通信技术的提高，"集聚经济"发展超过了所能允许的边界，形成了所谓的"集聚不经济"，到了工业化的后期或后工业化时期，空间结构又重新回到"平衡"状态，城乡空间关系由共生、分离、对立逐步走向城乡空间融合，也就是城乡、区域空间一体化阶段。

因此，把握城乡经济、社会发展态势，转变经济增长方式，调整城乡产业布局、城镇规模等级结构和区域基础设施网络，促进人口在城乡之间有序转移、公共资源在城乡之间均衡配置、生产要素在城乡之间自由流动，努力实现人口、资源与环境的空间均衡，形成大中城市为主体、小城镇和村庄集聚发展为特征的城乡空间系统，促进城乡空间融合就显得尤为重要（图8.6）。以西安、宝鸡等大中城市为核心、以城镇网络为框架、以城乡联系为纽带的城乡融合空间，是未来陕西城乡空间的理想状态和目标图景。

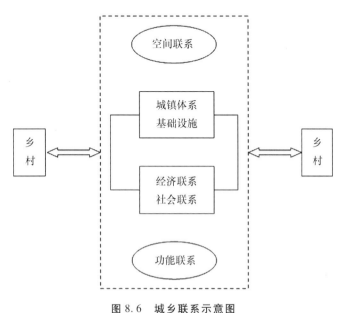

图8.6　城乡联系示意图

五　科技推进

科学技术的发展往往决定着城镇化的演进过程。美国经济学家约瑟夫·斯蒂格利茨（Joseph Stieglitz）在其著作《经济学》中指出，促进劳动生产率提高的主要因素有资本积累的增加、劳动力素质的提高、资源配置效率的改善和技术进步。其中，技术进步促进了劳动力素质的提高，决定了各种生产要素在经济活动中的结合方式，推动产业结构由资源密集型、劳动密集型、资本密集型向知识密集型演进，因而是促进劳动生产率提高的最重要因素。

在工业化中期阶段以前，相对薄弱的经济基础和对物质生活的高度渴望，使社会经济的空间运动以集聚为主，其主要动力是经济因素，增长极发展模式成为最佳选择，人口、资源向城镇集聚，乡村凋零不可避免，城乡差距不断增长。到了工业化的中后期，公平、正义、发展机会均等社会因素渐起主导作用，经济因素作用下降，平衡布局、发挥社会效益变得愈加受到重视，社会经济区位决策可能偏离经济上的最优方案，随着经济、社会两维空间延伸，城乡同时发展也就成为共识。到了后工业化阶段，强大的技术手段强烈地改变着自然结构和生态环境结构，生态环境因素愈来愈明显地影响国家和地区资源开发方向、产业选择和空间布局，空间区位决择同时受到经济、社会、环境三个因素的作用，空间结构变化沿着三维空间延伸（图8.7），人和自然和谐共生状态①。

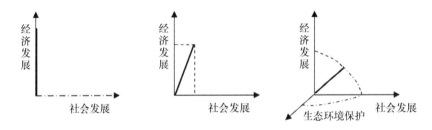

图 8.7　在三维空间中的经济发展

陕西科教、人才资源丰富，重要领域技术创新能力位居全国前列，要坚持政府引导和市场配置相结合，加强科技资源整合力度，全面建设陕西产业技术支撑平台，使农业、工业、服务业等领域的技术和装备水平达到全国先进水平，显著提高信息技术、生物技术、新能源技术、文化创意等领域的创新和应用推广能力，大幅度提高区域优势产业在国内外市场上的竞争力，主要措施有：统筹原始科学创新、关键技术自主创新、重大系统集成创新的协调发展，重点推进航空航天、新材料、电子信息、先进制造、现代农业等领域的研发创新和成果转化；支持产业技术联盟，搭建公共服务、技术转移和知识产权交易平台，促进企业之间、企业与高等院校和科研院所之间的信息传递、知识流动和技术转化；大力扶持科技创新型企业，积极承接国家重大科技项目，把各类园区建设成为高新技术研发聚集地、孵化基地和产业化基地，在核心技术和关键技术方面实现突破，加大知识产权保护力度，造就一批具有国际竞争力的企业；加大科技投入，

---

① 陆大道：《区域发展及其空间结构》，科学出版社1998年版，第6页。

建立多元的科技投融资体系，依托高新技术开发区、农业高新技术产业示范区、经济技术开发区、高新技术产业基地、大学科技园区等统筹科技资源，进行自主创新能力综合配套改革试验。在进行产业发展规划时，应充分考虑各种产业、产品的资源消耗和环境影响，严格限制"三高"产业发展，大力发展质量效益型、科技先导型、资源节约型、劳动密集型产业；加强污染防治技术研究，开发和推广环保设备，正确引导和大力支持环保产业发展，把环保产业列入优先发展目录；产业发展要全面规划，合理布局，既要注意经济效益，又要注意社会效益和环境效益①。

六　政府主导

城镇化通过城乡相互作用使城镇功能不断增强、城市空间份额不断提高。由于各个城市行为者对规模经济的追求，城市空间范围不断扩大，对外围地区的影响得以加深。与西方发达国家不同，我国城镇化发展是城镇发展方针及其政策的直接反映，即"政府推动"的因素大于"自然演变"的因素，具有明显的政府主导特征，国家战略、政府干预对城镇化道路有着重要影响。新中国成立后，由于受到种种因素的影响，我国对城镇化发展道路没有给予足够的重视，城镇化发展道路的确定也经历了多次调整和变化②。

世界各国的发展都经历过城乡对立、城镇剥削乡村的过程。特殊的政治因素和复杂的国际环境使新中国成立以来的大部分时间内，基本上采取的是城乡分治政策。制定政策往往是先工业后农业、先城镇后乡村、先市民后农民，由此造成了城镇的繁荣和乡村的落后。城镇与乡村作为区域经济系统的两大组成部分，两者共同协调发展，才能实现总体经济最优化和社会福利最大化，而陕西城乡空间分异显著、二元经济结构明显，较大的城乡差距引发了一系列社会矛盾，严重阻碍了生产力的发展与和谐社会的构建。

"新制度经济学"的命名者、2009年诺贝尔经济学奖获得者威廉姆逊于1965年在其发表的《区域不平衡与国家发展过程》一文中提出了区域经济差异的倒"U"型理论，揭示了区域之间的经济发展由非均衡到均衡的发展过程③。他通过实证分析指出，无论是截面分析还是时间序列分

---

① 邓玲：《国土开发与城镇建设》，四川大学出版社2007年版，第89页。

② 同上书，第59—71页。

③ J. G. Wiliamson, "Regional Inequality and the Process of National Development", *Chicago Journals*, No. 1, January 1965.

析，结果都表明发展阶段与区域差异之间存在着倒"U"型关系（图8.8），也就是说经济活动的空间集中式极化是国家经济发展初期不可逾越的阶段。在经济发展初期阶段，作为区域发展中心的城镇极化效应大于涓滴效应，虽然城乡之间的发展差距在不断扩大，但为了把"蛋糕"做大，此时还是应当集中人力、物力、财力进行集中发展，增强极化效果。在经济发展成熟期，城镇极化效应逐渐减弱，外围乡村地区经济发展加快，区域间的差距逐渐缩小并趋于平衡，此时应调整布局，由重点发展向全面发展转变，由不平衡发展向平衡发展转变，这样城乡区域经济差异会随着经济发展的成熟而最终消失①。

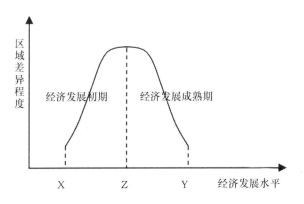

图 8.8　威廉姆森倒"U"型理论曲线图

由此我们可以得出结论：在经济快速发展阶段出现的城乡区域非均衡发展格局，往往是在国家阶段性发展战略实施过程中形成的；城乡之间非均衡发展问题不会因为经济总量的提高而自动解决，依靠国家力量，树立公平理念、构建公平机制、营造公平氛围，使"公平②—均衡发展"成为国家意志、公民意志，才是解决问题的关键。

因此，统筹城乡区域协调发展的主体显然是政府，而不是企业或市场。市场遵循的是效率原则。资本与财富向效率高的地方集中，形成"马太效应"。农业与工业、服务业相比，显然后两者的产出效益更高，

①　刘洪彬：《基于集群理论的统筹城乡发展研究》，经济科学出版社 2008 年版，第 99 页。

②　陈伯君：《西部大开发与区域经济公平增长》，中国社会科学出版社 2007 年版，第 201 页。

资源自然向这些领域集中。这样，经济条件优越的城镇随工业及服务业的发展而占据高端位置，劳动力素质与管理水平不断提高，资本也逐步丰裕，正向富裕循环机制发挥作用。乡村地区因发展所需的优质要素资源的流失而愈发落后，形成负向贫困循环机制，城乡差距慢慢拉大。由此可知，市场这只"看不见的手"只关注效率，不注重公平，无法自动消除城乡差距。萨缪尔森（Paul A. Samuelson）将政府的职能概括为经济调节、市场监管、社会管理与公共服务四个方面。市场是效率的最佳代言人，而政府能对市场失灵进行有效纠正，是促进社会公平的责任承担者。陕西不断拉大的城乡差距需要以政府为主导，促进公平与效率协调发展。

随着乡镇企业、第三产业的迅速发展和城镇建成区的无序蔓延，农村耕地面积逐年减少，土地的社会保障功能日渐式微，这就要求政府发挥"看得见的手"的作用，发挥城镇对乡村的反哺、带动作用，在追求效率的同时，更加注重公平，让农民与市民共享国家改革发展后的经济发展成果。通过建立社会保障体系，为城乡居民提供大体相当的公共产业服务，促进社会和谐稳定①。正如约翰·罗乐斯所说，政府能够管的是制定符合"正义"原则的政策，政府的职能是减少无序、冲突，保障人民切身利益；在市场发育不成熟，即市场化程序较低的发展阶段，就需要政府驱动和体制驱动，市场驱动是第三位的②。

七　目标引领

陕西城镇化保持高于全国平均水平的增长速度，农业转移人口市民化进程加快，到2015年，转移600万农村居民进城落户，全省城镇化水平达到55%以上，到2020年，累计转移1000万人，达到62%，户籍登记城镇化率达到52%（表8.1）。形成产业优势明显、生态环境优良、基础设施完善、城镇各具特色、城乡统筹发展，并与资源承载力、发展潜力相适应的城镇体系。

---

① 樊继达：《统筹城乡发展中的基本公共服务均等化》，中国财政经济出版社2008年版，第201页。

② 顾朝林等：《城市管治——概念·理论·方法·实证》，东南大学出版社2003年版，第59—63页。

表 8.1　　　　　　　陕西城镇化发展主要指标（2020）

一级指标	二级指标	目标值
城镇化水平	常住人口城镇化率（%）	62
	户籍登记城镇化率（%）	52
	农业转移人口落户城镇数（万人）	1000
基本公共服务	农民工随迁子女平等接受义务教育比例（%）	≥99
	城镇失业人员、农民工、新成长劳动力免费接受基本职业技能培训覆盖率（%）	≥95
	城镇基本养老保险常住人口覆盖率（%）	≥90
	城镇基本医疗保险常住人口覆盖率（%）	98
	城镇保障性住房常住人口覆盖率（%）	≥23
基础设施	城镇公共供水普及率（%）	90
	燃气普及率（%）	88
	污水集中处理率（%）	90
	垃圾无害化处理率（%）	95
	城市家庭宽带接入能力（Mbps）	≥50
资源环境	城镇人均建设用地规模（平方米）	≤100
	绿色建筑占新建建筑比重（%）	50
	城市建成区绿化覆盖率（%）	40
	地级以上城市空气质量达到国家标准的比例（%）	60

第四节　农业生态补偿

一　政策内涵

农业生态补偿是保障生态环境安全，实现农业可持续发展的一种制度安排①。推进城镇化的最终目的是全面实现城乡一体化，让全面人民共享改革开放的成果。城镇以工业、服务业为主，承担着经济发展和人口集聚

---

① 刘尊梅：《中国农业生态补偿机制的路径选择与制度保障研究》，中国农业出版社 2012年版，第 22 页。

的空间载体功能；乡村以农业为主，包括农（种植业）、林、牧、渔业，兼具生产功能和生态功能。农业生态功能具有正的外部性，具有非竞争性和非排他性，使其在使用过程中产生"公地悲剧"和"搭便车"行为。城乡必须通过政治、经济、文化上的交流与合作，消除政治、经济和文化隔阂，从而实现城乡功能互补、产业互补、生态互补，推进城乡融合。

　　陕西是一个农业大省，在农业生态环境日益恶化的严峻形势下，有必要建立一个合理、系统、完整的农业生态保护体系和补偿机制，反映生态保护、修复和维持的直接成本和机会成本，以平衡农业生态环境的提供者和受益者之间的权益关系，引导人们自觉合理保护、利用生态环境，实现经济、社会、人口、资源与环境的可持续发展。在全面推进陕西农业现代化的历史进程中，农民自身、政府官员、甚至包括专家学者往往更多地关注农民增收、农业增效、农村建设等问题，而忽视农业生态环境保护问题。为了保证粮食安全，常以传统农业生产方式为手段，以消耗大量资源环境为代价，通过大面积毁林开荒以扩大种植面积，导致农业资源锐减、生态破坏严重，严重影响了陕西农业现代化进程。

　　生态补偿是以保护和可持续利用生态系统服务为目的，由生态环境受益者（城镇居民）向生态环境保护者（乡村居民）提供补偿的社会经济活动[①]。城镇地区，在享受生态效益的同时，理应拿出享用"外部效益"溢出的合理份额，通过财政转移支付制度对以生态供给为主要功能的乡村地区进行补偿，支持广大乡村地区进行公共服务设施建设，促进社会公平，使城乡人民共享经济发展的成果，财政转移支付也可看作城镇向乡村购买生态产品的支付手段。农业生态补偿作为生态补偿的一种具体形式，则是运用市场、财政、税费等经济手段激励农民维持、保育农业生态系统服务功能，调节农业生态保护者、受益者和破坏者之间的利益关系，以内化农业生产活动产生的外部成本，保障农业可持续发展的制度安排[②]。党中央、国务院多次下发文件强调："要健全农业生态环境补偿制度，形成有利于保护耕地、水域、森林、草原、湿地等自然资源和物种资源的激励机制。"实践中，陕西已开展了退耕还林、保护性耕作等农业生态补偿试点工作，增强

---

　　① 中国 21 世纪旅程管理中心：《生态补偿的国际比较：模式与机制》，科学出版社 2007 年版，第 169 页。

　　② 金京淑：《中国农业生态补偿研究》，博士学位论文，吉林大学，2011 年，第 22—24 页。

了农民的生态环保意识，促进了农业生态环境的改善。但总体而言，由于经济发展水平较低、对农业生态功能认识的局限性、科学测度生态价值方法的有限性，使陕西的农业生态补偿机制仍处于起步阶段，与西方发达国家相比，理论研究和实践探索都还不足。因此，借鉴国外农业生态补偿经验，探索理性、均衡的农业生态补偿机制，具有重要的理论和现实意义。

二　典型案例

（一）美国

1. 实施绿色补贴

20 世纪初，美国开始注重农村生态环境保护问题。在农业政策中实施"绿色补贴"，将农民收入与改善环境质量目标挂钩。在《农业保护计划》中对休耕或种植具有水土保持作用农作物的农民实施补偿。随后颁布的《农业法案》又将湿地保护、水质保护和栖息地保护等内容包括进来。1985年，美国国会意识到长期的农业生产者补贴由于与环境保护脱节明显而激励了生产者的污染行为，而后通过的《食品安全法案》和"农夫条款"将农业补贴与环境保护联系起来，要求在易遭受侵蚀的土地上耕种的农民执行"水土保持计划"和"保护承诺计划"，并自觉定期检查自己农场所属区域的野生资源、森林、植被情况，对土壤、水质、空气进行检验测试，并向有关部门提交报告，否则会失去政府的财政补贴①。2009 年，美国农业部对使用缓控释肥的用户给予补贴，补贴标准为每公顷 30—50 美元，加快了缓控释肥的推广应用，减少了农业面源污染、保护了水体环境。

2. 专项项目带动

2002 年后，美国先后设置了一系列项目工程，以项目为依托开展农业生态保护工作。主要有：土地退耕、休耕项目，防止水质污染补偿项目，湿地保护项目，草地保育项目，水土保持项目，环境质量激励项目、野生生物栖息地保护项目等，并通过现金补贴和技术援助等方式，使农民自愿参与到农业生态保护项目中来。而后，联邦政府和多数州政府又对生产、使用农药、化肥造成环境污染者，征收环境污染税，用于资助农业环保项目。仅在2002—2007 年间，联邦政府对农业生态环境保护补贴金额达到 220 亿美元，每年用于农业生态保护的农田项目达到 1200 万英亩以上。2003 年，联邦政府设

---

① 李一花、李曼丽：《农业面源污染控制的财政政策研究》，《财贸经济》2009 年第 9 期。

立 500 亿美元的清洁水基金，对 20 个重点流域进行治理。

3. 重视农业科技和生态教育

联邦政府以农学院为科研培训中心，投入大量资金加强农业生态文明理念教育、推广农业科研实用技术，以适应以机械化耕作和规模经营为主要特点的农业生产，增加了粮食产量，提高了农民的整体素质。政府通过对农业技术补贴，促进了农机、耕作、灌溉、养殖等实用技术的不断创新，降低了农民的生产成本，体现了社会财富的间接转移。联邦政府每年单列 25 亿美元用于农民环保教育和农业生态研究，让人们认识到生态环境和生物多样性对可持续农业的重要性。

（二）欧盟

1. 设立农业补偿基金

20 世纪 90 年代，欧盟出台一系列农业政策措施，并设立农业补偿基金，以缓解农业面源污染，增强农业生态效益。1994—1999 年，欧盟从农业结构基金中划拨 91 亿欧元用于欠发达地区的环保措施补贴。农业补偿的范围主要包括：（1）生态敏感区。农民在环境受限、生态敏感区域从事农业生产，由于保护生态环境而造成收入的减少，可以获得补偿。根据生态环境的敏感程度，每公顷可得到 25—200 欧元的补偿金额。（2）农业环境保护。1993—1997 年，欧盟共拨出约 50 亿欧元，对从事农业生产活动，保持农村自然风光和生物遗传多样性进行贴补；对减少化学肥料、农药制剂的使用或休耕农田，把农田变为草地、林地，以利于野生动植物生长和水源保护行为进行补贴。（3）对山区和欠发达地区进行生态补贴。各成员国根据资源禀赋实际，制定适合本国的环境要求，如单位土地最大化肥使用量、单位草地最大载畜量、坡地耕作条件等，如农民违反要求，将削减乃至取消补贴。

2. 收取生态环境保护税

欧盟国家为保护农业生态环境而设计的税种名目繁多，主要税种有：垃圾税、水污染税、土壤保护税、地下水税、超额粪便税，还有依据氮、磷含量多少来征收的化肥税等。税收抑制了人们对农业环境的破坏，体现了"谁破坏、谁付费"的公平原则，增加了农业生态补偿的资金来源。

3. 健全生态标识制度

由于农业产地生态环境对产品的品质有重要影响，欧盟一些国家建立产品标志、特定区域标志等标识制度。主要有：自然保护区、生态功能区及其他特定保护区标志。德国是最早开展环境标志制度的国家，农场农业生产活动全部按照有机农业的标准，并贴有有机产品的标识。生态标识产品市场价格较高，在一定程度上体现了对农民进行生态保护活动的补偿。

（三）日本

1. 政策、法律支持

日本农业发展先后经历粮食单产提高—产品质量保证—农业环境改良—可持续发展农业等几个阶段。政府不断完善农业政策、法规，为农业发展保驾护航。20世纪90年代初，日本已有1/3左右的农协生产有机农产品。日本政府在1992年颁布的《新的食品、农村、农业政策的方向》中提出发展环境保护型农业的目标，制定了比较全面的生态补贴政策，对"有机农业"、"自然循环功能农业"、"化肥、农药减量栽培"、"家畜排泄物再生利用"、"绿肥、堆肥土壤改造"、"废弃物再生利用"等环境友好型农业生产方式通过政策、贷款、税收予以扶持。为保护农业生态环境颁布了一系列法律法规，如1999年的《食物、农业、农村基本法》，以后的《食品废弃物循环利用法》、《可持续农业法》等①，强调农业在维持和平衡整个社会生态系统中的重要作用。另外，对山区从事环保型农业生产的农民给予更多补贴，以平衡平原地区和山区地区农民的经济效益。

2. 农业技术研发与推广

日本地形复杂，多山地、丘陵，平原面积少，优质耕地少，地块多，土地"细碎化"严重。在土地资源严重短缺约束下，要增加粮食产量、改善生态环境，必须提高农业科技含量、夯实农业基础设施、增加农民收入。日本政府用现代工业理念和现代科技成果支持农业，发展信息技术和生物技术，在生物农药、基因育种、生态农业、数字农业、气象灾害防控、农业资源保护和利用等方面取得突破，推动农业技术全面升级。政府把具有一定规模、生态效益好、科技含量高的小型农场，给予一定补贴，作为生态观光旅游基地、农业技术培训基地、绿色食品示范基地，发挥带动作用，促进技术扩散。

3. 创新发展模式

为了改善生态环境，日本在农业发展模式上进行创新②。主要模式

---

① 胡启兵：《日本发展生态农业的经验》，《经济纵横》2007年第11期。

② 同上。

有：（1）再生资源利用模式。农业废弃物的随意排放、丢弃、焚烧，造成资源大量浪费的同时，也增加了环境污染。农业再生资源利用可减轻环境负荷及农民负担，增加农民收入。如将生产、生活污水加工处理后用于农业灌溉；农业秸秆还田、秸秆及薪柴发电；粪便发酵作为农家肥使用。（2）有机农业发展模式。农业生产的过度工业化导致食品安全问题日益严重，消费者开始转向有机农产品和有机食品消费。有机农业不采用化学生产的化肥、农药、生长剂、添加剂，不采用基因工程育种等技术，而是遵循自然生态学原理，通过自然方法种植粮食和蔬菜，维持农业生态系统平衡。主要方法有：用合理的耕作方式防止水土流失，保持土壤生态微循环；秸秆还田、农家肥施用防止土壤板结，维持养分循环；采用物理生物措施防治病虫害等。为鼓励风险厌恶的农户从化学农业转向有机农业，政府为农场主提供相应培训和支付有机认证成本，同时开拓有机农产品产销联合、定点销售渠道，实现对有机产品生产、加工、包装、运输、销售各个环节全程质量监控①。（3）其他模式。如稻作—畜产—水产三位一体生态循环可持续发展模式；畜禽—稻作—沼气型能源生态循环发展模式等。

（四）韩国

1. 直接支付制度

20世纪60年代中期以前，由于经济落后，韩国对农业没有任何补贴。由于粮食持续短缺，为追求粮食自给，农业化肥、农药、农用塑料、畜产粪尿使用量一直居高不下，导致水源、土壤污染严重，农产品农药残留过量等问题。20世纪60年代末期，工业化使韩国经济持续增长，韩国开始对大米等主要农作物实行市场价格支持政策，但却进一步刺激化肥、农药的使用量。面对日益恶化的农业生态环境，经济条件好转的消费者的诉求重心由食品保证转向食品安全和自身居住环境。韩国于20世纪70年代开始实施农业生态环境改良发展计划。1999年始，实施环境友好型农业直接支付制度，对农业的支持政策由"市场价格支持"为主，转向"直接支付"为主，并取消对常规化肥、农药的补贴②。政府对农民由于

---

① 谢玉梅、浦徐进：《澳大利亚有机农业发展及其启示》，《农业经济问题》2014年第5期。

② 马晓春、宋莉莉、李先德：《韩国农业补贴政策及启示》，《农业技术经济》2010年第7期。

采取环境友好型农业发展模式而造成的经济损失以直接支付的形式进行补偿，补偿范围涉及种植业、林业、牧业。2003 年，无农药农产品生产地补贴为每公顷 563 美元，低农药农产品生产地为每公顷 437 美元，有机农产品生产地为每公顷 663 美元。2006 年，韩国对种植业及牧业的直接补贴金额为 172 亿韩元。

2. 产品认证制度

产品认证制度类似于欧盟的生态标签制度。韩国在 2001 年以《环境友好农业培育法》为依据，实行环境友好型农产品认证标识制度。标识管理部门委托具有资质的认证机构对生产农产品的经营模式、栽培场地、产品质量进行定期的标准审核，将农产品划分为 4 个类别，即无农产品、低农药农产品、有机农产品和过渡期有机农产品。只有通过严格审核的产品认证农户才能获得政府财政支付补偿，并得到相应等级商品标签的使用权，认证有效期限为 1 年。在认证有效期间，如果农户产品未能通过认证标准的随机检验，则视情况半额或全额上缴补助金金。对于假冒违规行为则处以最高 3 年监禁或 2.5 万美元的罚款。

3. 制度保障体系

基于农业发展与环境挑战形势，谋求可持续发展农业为目的，韩国于1997 年推出《环境农业培育法》，后改为《亲环境农业培育法》。《培育法》概括了亲环境农业的内涵，明确政府、民间团体、农民在农业环境保护方面的责任，并为农产品认证制度提供划分标准和法律支撑[①]。2006年，韩国农业部以农业与环境协调、可持续发展为理念，推出环境友好型农业培养五年计划，就农业发展基础、农地土壤改良、基因育种工程、畜产粪尿处理、化肥农药使唤、产品流通体制、改善山林环境、农业国际合作做出统筹安排。地方政府也随即根据地域实际纷纷推出自己的五年计划，并投入大量资金，以实现环境预期目标。

三 经验启示

(一) 加强立法，措施跟进

美国、欧盟，及近邻日本、韩国都采取立法形式对农业生态补偿提供制度保障，形成有法可依的农业生态补偿法律体系。我国近年来颁布了有

---

① 金钟范：《韩国亲环境农业发展政策实践与启示》，《农业经济问题》2005 年第 3 期。

关环境保护与生态补贴方面的行政法规 30 余部，如《退耕还林条例》、《水污染防治法》、《环境保护法》、《农业法》等，但还没有具体的、明确的农业生态补偿法律。现有生态补偿法律也存在系统性不强、实际操作僵硬、缺乏监督机制等问题，且以"惩罚性"生态环境保护为主，缺乏自觉保护环境的激励机制。因此，国家层面应尽快出台专门的农业生态补偿法律、法规，突出农业生态公共价值，明确农业生态补偿法的执行主体、补偿主体、受偿主体、监督主体，优化补偿标准、完善补偿方式、扩充补偿资金来源等①。

陕西地方政府应根据自身生态环境资源禀赋，制订切实可行的配套措施，并与农户签订生态补偿合同，使生态补偿工作依法、规范、有序进行。对在生产经营中达不到生态环保要求的农户，取消补偿或减少补偿标准；对弄虚作假者，依法追究责任。

（二）政府主导，市场补充

农业生态作为一种公共物品，具有非竞争性和非排他性，且受益范围广，利益主体难以界定等特点。近年来，为追求粮食高产，化肥、农药、地膜的过多使用，导致陕西农业面源污染严重；森林砍伐、过度放牧造成土地的沙漠化、荒漠化、盐渍化。陕西生态环境治理投资大、周期长、见效慢，仅靠市场机制难以达到资源最优配置。这需要政府干预，依靠经济手段、行政手段、法律手段保障农业生态建设的可持续性；需要国家相关政策扶持，政府资金、农业技术支持等来引导农业生产者采取环境友好型农业生产方式。

国家财力有限，在构建农业生态补偿机制的进程中，应遵循政府主导、市场补充的原则，由生态环境受益者或破坏者付费补偿。通过完善资源税、采掘税、排污税、碳税、垃圾填埋税等税种，并使征收的单位环境税率等于边际社会损失，实现破坏生态环境的外部成本内部化。探索建立排污权、排碳权的公平交易平台和机制。健全农产品生态标签制度，让生态产品优者高价。

（三）粮食安全与生态保护并重

粮食安全始终是农业问题的重中之重。农业生态保护与粮食安全目标

---

① 张燕、庞标丹、马越：《我国农业生态补偿法律制度之探讨》，《华中农业大学学报》（社会科学版）2011 年第 4 期。

有时会发生冲突。2004 年，我国正式对种粮农户实行直接补贴，后来又对农业生产资料如化肥、农药、地膜、良种、农业机械进行补贴；2006 年，全国全面取消农业税，终结了中国历史上存在了两千多年的"皇粮国税"，极大地调动了农民的种食积极性，成为我国 2004—2014 年间粮食实现"十一连增"的主要原因。陕西粮食的增产是建立在退耕还林面积缩减，化学生产资源过度使用的基础之上的。农业生态补偿的主要目标是保护生态环境，即通过对植树造林、退耕还林、休耕轮作、减少化肥、农药等石油化学产品的使用，发展循环型农业，推行清洁生产和标准化生产，达到防风固沙、改良土壤、涵养水源、调节气候、防灾治洪、保护植被和动物多样性的目的。因此，陕西农业生态补偿政策的制定、实施及机制构建，必然统筹生态保护与粮食安全两个目标，转变对农业生产资料进行补贴的模式，建立有机农业、生态农业、可持续发展农业的良性补偿机制。

现阶段，陕西城镇化与工业化的快速推进，及退耕还林、还草保护环境的内在要求，使耕地面积减少难以避免。"民以食为天"，较小的人均耕面积，使陕西不太可能实行欧盟、美国的退耕、休耕政策，以增强环境效益。这就要求加强农业科技研发和推广，在乡村社区、地方政府、农业科研院所、涉农大学校区之间建立区域网络，培育涉农科技人才及新型农民；积极调整农业产业结构，推进农业产业化战略，推广测土配方技术、秸秆还田技术，探索生态农业发展模式，减少石油化学生产资料，提高单位土地面积产出率。同时，鼓励陕西涉农企业走出国门，利用国际资源从事农业生产。通过宣传教育，探索绿色 GDP 考核体系，各项环保专资金项目带动，如退耕还林补偿、生态公益林补偿、农业清洁生产技术运用补贴、流域治理与水土保持基金、农村新能源建设补贴等，增强生态文明理念，并达到农民增收的目的。

（四）新农村建设与生态移民同步

发展的含义是经济社会的全面进步，政府资金的目的，并不在于追求最大程度的回报，更重要的是提供公共物品，创造社会公平①。在陕西社会转型的关键时期，构建和谐社会的重点和难点在农村。农村、农业、农民为我国城镇工业发展和生态环境保护做出了巨大贡献，创造出大量

---

① 段禄峰、李永红：《制度创新与城乡一体化和谐发展问题研究》，《江苏农业科学》2012 年第 3 期。

"溢出生态效益"，失去了很多发展机会，政府理应投入更多财政资金，改善农民生活环境。政府应以新农村建设为契机，按照"生产发展、生活宽裕、乡风文明、村容整洁、管理民主"的要求，加强通村公路、农田水利、农户住房、农村改厕、污水处理等基础公共设施建设；增加农村教育、卫生、文化等社会事业经费，建立城乡统一的社会保障体系，破解城乡二元经济结构，减弱土地在事实上所承担的社会保障功能。

对于一些生态极度脆弱的山区、荒漠、草地等连片贫困地区，退耕还林还草政策使人地矛盾更加尖锐；而恶化的环境、交通的不便，也使后续产业难以发展。由于没有"造血"功能，国家一边"输血"，当地一边"失血"，农牧民依靠生态补偿生活，生计很难有大的改观，"给钱就退，没钱再垦"的矛盾非常突出，陷入"一方水土养不了一方人"的困境[①]。对于自然条件恶劣地区，徒劳的项目、无效的投资只会增加国家财政困难。解决当地环境问题、贫困问题，应加强教育培训、提高人口素质，顺应国家主体功能区划及城镇化发展战略，进行生态移民，变地区脱贫致富为人口异地安置致富，实现人口、资源与环境的空间均衡发展也许是最好选择。

第五节　城市规模均衡

一　城市规模经济

城市规模，即城市人口规模，是指生活在一个城市中的实际人口数量。一个国家在达到中等收入水平之前，必然出现大量人口涌入城市的现象。邱德荣和陈建军（2016）从居民主体行为出发，结合城市生产率、城市税负等因素，利用残差分离、门槛回归技术进行实证分析，发现中国城市人口规模与城市生产率呈正向关系，与居民税负呈负向关系[②]。Rosenthal 和 Strange（2004）通过研究调查认为美国通过倍增城市人口规

---

①　侯东民、张耀军、孟向京等：《西部生态移民跟踪调查——兼对西部扶贫战略的再思考》，《人口与经济》2014 年第 3 期。

②　邱德荣、陈建军：《城市内部因素对中国城市人口规模扩张的影响》，《重庆大学学报》（社会科学版）2016 年第 1 期。

模使生产率大概提高 3% —8% [1]。高虹（2014）研究发现，我国城市人口规模每上升 1%，劳动力名义年收入上升约 0.19%，但收入促进效应并不是线性的，收入最低的劳动力受益程度相对较小[2]。郑鑫（2014）使用产业和城乡就业数据，对中国经济以城镇与乡村为部门进行总量估算，通过计量分析得出改革开放初期城镇经济对经济增长的贡献率不及乡村经济；1999 年始，城镇经济对经济增长的贡献率大幅度提高，并逐渐成为国民经济的主体[3]。Segal（1976）利用相关数据对城市人口聚集效应进行验证，得出人口超过 200 万的城市比较小规模城市生产率大约高出 8%[4]。而王小鲁、夏小林（1999）通过建立城市规模收益函数和外部成本函数，计算出城市人口在 100 万—400 万之间净规模收益最高[5]。韩本毅（2010）从人口供给与需求两方面建立数理模型，认为技术条件、城市地租、城乡收入差距、农村人口规模等是影响城市人口规模的主要因素[6]。高健和吴佩林（2016）、孔祥栋等（2015）基于经济增长的计量模型，采用广义矩估计方法证明了我国城市人口规模与经济增长之间存在明显的"倒 U 型"关系，城市人口规模并不是越大越好[7][8]。

二 均衡作用机制

（一）工资曲线

根据规模经济效应，城市劳动力工资随着城市劳动力规模（N）的增加而增长，工资递增的强度通过工资曲线的斜率来衡量[9]（图 8.9），工

① Rosenthal, Stuart and William C., Strange Evidence on the Nature and Sources of Agglomeration Economies, J. Vernon Henderson, Jean – Francois Thisse, In Handbook of Regional and Urban Economics, Amsterdam: Elsevier, Vol. 4, 2004, pp. 86 – 88.

② 高虹：《城市人口规模与劳动力收入》，《世界经济》2014 年第 10 期。

③ 郑鑫：《城镇化对中国经济增长的贡献及其实现途径》，《中国农村经济》2014 年第 6 期。

④ Segal D., "Are There Returns to Scale in City Size?", Review of Economics and Statistics, Vol. 58, No. 9, September 1976.

⑤ 王小鲁、夏小林：《优化城市规模 推动经济增长》，《经济研究》1999 年第 9 期。

⑥ 韩本毅：《影响城市人口规模的机制及实证》，《当代经济科学》2010 年第 2 期。

⑦ 高健、吴佩林：《城市人口规模对城市经济增长的影响》，《城市问题》2016 年第 6 期。

⑧ 孙祥栋、郑艳婷、张亮亮：《基于集聚经济规律的城市规模问题研究》，《中国人口·资源与环境》2015 年第 3 期。

⑨ Henderson and J. Vernon, "The Sizes and Types of Cities", American Economic Review, Vol. 64, No. 4, April 1974.

资曲线的形状因行业及城市的自然环境不同而不同。较大城市具有较高的生产率，进而通过高工资，吸引更多人才，这也解释了为什么大城市优先发展，经济活动总是发生在少数地方，而不是在空间均匀传播。

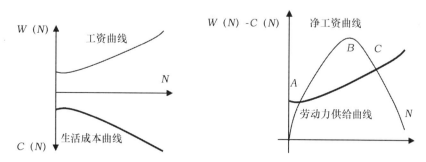

图 8.9 城市人口规模均衡的初始状态

（二）生活成本曲线

Thomas（1980）、Richardson（1987）、Henderson（1988）发现生活成本随着城市人口规模的扩张而增长[1][2][3]。生活成本包括交通、住房及其他消费品的花销。更多的人口意味着更长的通勤时间和更拥挤的道路，增加了机会成本；更多的人口抬高了有限的土地价格，住房价格节节上升；土地价格上升，商务场所水涨船高，意味着更高的商业和服务租金，零售商品、服务产品价格上升；人口过多也会带来环境脏乱差、街头暴力、犯罪集中和快速传播的疾病等社会和政治问题，生活成本随着人口增加而增长的趋势显而易见（图 8.9）。像工资曲线一样，生活成本曲线因城市的自然环境、土地性质的不同而不同。

（三）净工资曲线

规模经济与拥挤和污染成本相互对抗，即工资与生活成本的差值形成一种近似的倒"U"型曲线，构成净工资曲线的最终形态。在一定临界

① Thomas and Vinod，"Spatial Differences in the Cost of Living"，*Journal of Urban Economics*，Vol. 8，No. 2，1980.

② Richardson and Harry W.，"The Costs of Urbanization：A Four - Country Comparison"，*Economic Development and Cultural Change*，Vol. 35，No. 3，March 1987.

③ Henderson and J. Vernon，*Urban Development：Theory，Fact and illusion*，Oxford：Oxford University Press，1988，pp. 99 - 101.

值, 即图8.9的B点之前, 工资曲线一定比生活成本曲线陡峭, 工资增长超过生活成本增长速度, 净工资呈上升趋势, 城市呈规模经济状态, B点对应的劳动力数量, 也可理解为城市人均净工资最高的城市规模; 在超过临界点B后, 工资增长幅度小于生活成本增长幅度, 净工资曲线呈下降趋势, 城市处于规模不经济状态。

（四）劳动力供给曲线

劳动力供给曲线, 即对应于任何级别的净工资, 城市提供的劳动力数量。劳动力供给曲线的位置与形状与城乡工资差及人口流动性障碍相关。城乡工资差决定劳动力供给曲线的位置, 工资差越大, 曲线位置越低。人口流动性障碍决定劳动力供给曲线形状, 人口流动性障碍越大, 曲线越陡峭; 完全消除流动性障碍后, 劳动力供给曲线将会变成一条水平直线。

由于存在着劳动力转移障碍, 劳动力供给曲线一般向上倾斜（图8.9）, 一条平缓的劳动力供给曲线意味着完美的流动性。在一个还未完全城镇化的国家, 劳动力流动主要意味着乡村劳动力向城市迁移。另外, 城市的特殊效应, 如便利的交通设施、清新的空气可降低劳动力供给曲线, 因为人们愿意享受方便、安全, 而接受较低的净工资, 实质上等于间接扩大了城乡工资差。

（五）静态均衡状态

在外部环境不变的前提下, 劳动力供给曲线和净工资曲线的交点决定城市静态均衡状态的人口数量。在图8.9中, 劳动力供给曲线与净工资曲线相交于A、C两点。A点处于不稳定状态, 因为人口增长会提高净工资, 吸引更多劳动力进入城市; 虽然净工资到达极值点B开始下降, 但城市有自我膨胀惯性, 人口增长过程会一直持续到C点。同样, A点人口小小的下降, 会导致净工资趋向于0, 小城市人口可能向大城市迁移, 这也从另外一个侧面说明了小城市人口易于流动的特性。在C点, 劳动力增加, 净工资下降很快, 城市吸引力减小, 阻碍人口进入; 劳动力减少, 净工资上升, 吸引人口进入, 因而C点是稳定的均衡状态。

不同的工资和生活成本曲线导致不同的净工资曲线, 人口的流动性和城乡工资差导致不同的劳动力供给曲线。一个更高的净工资曲线和较低平缓的劳动力供给曲线意味着城市更大的人口平衡。

三　推动城市经济发展

（一）提升工资曲线

阻碍城市内部收益递增的微观经济基础与市场失灵相关。垄断及对某些产业、行业的限制性进入等，带来了生产上的不完全竞争，整个城市创造的社会盈余就会减少；不完善的知识产权保护制度，抑制了公司对知识创新的投入热情；员工忠诚度的缺失，导致专业人才流失过快，使公司不愿意培训他们。上述问题导致经济效率低下，城市整体平均工资水平上升缓慢。

因此，要提升工资曲线，就要放松无关国计民生安全的产业、行业的限制性进入，增加企业数量，进行充分竞争，增加社会盈余。充分保护知识产权，使知识创新成为主流意识，促进产业结构转型升级，驱动中国制造向中国创造转变。建立社会诚信制度，培养员工忠诚度，提升企业培训员工热情。

（二）降低生活成本曲线

考虑到政策对提高工资曲线的有限可能性，降低生活成本曲线成为政府更有希望的一个领域。随着人口的增多，无法估计的交通拥挤意味着城市生活的高成本低效率。生活成本存在着市场失灵现象。土地市场受明显的摩擦支配，增加的土地价值没有用于公共事业，定义不清的产权也会妨碍城市的集聚效果。一个城市的低生活成本依赖于当地大量的公共产品。道路和公共交通设施的供应对于缓解交通压力非常有必要；其他具有更少的资本密集性质的公共产品，如安全或清新空气的供给，也很重要。

城市经济的成功会导致低收入群体涌入城市，薄弱的基础设施会加剧城市拥挤，影响城市的最优规模，导致当地老居民感到不适，因为他们将面临更为激烈的竞争和有限的公共资源，因此需要加大基础设施等公共物品供给。从经济视角看，城市规模不足比规模过大的成本更高，在最优规模下某一数量人口减少的成本是超过最优规模时增加同样人口数量成本的三倍①。如果担心城市变得过大而忽视对城市基础设施的投资，这样的政策代价将会非常高昂。因此，当试图分散大城市中的生产活动时，谨慎考

---

① Au Chun – Chung and J. Vernon Henderson, "Are Chinese Cities Too Small?", *Review of Economic Studies*, Vol. 73, No. 3, March 2006.

证是应该的；比起向竞争对手转移生产要素，一个城市更容易应付拥挤成本。在改革开放的早期，中国对沿海城市的战略支持得到了经济快速增长的回报，但后来在"小城镇，大战略"的政策导向下，对小城镇的投资多数是徒劳无功的。

与制造业相比，基础设施建设周期长且对利率敏感。基础设施投资有很高的社会回报，但私人回报率却很低，国家应成为基础设施等公共产品供给的主导者。金融危机使钢材、水泥等建筑材料价格下跌，可显著降低城镇化建设成本；国际石油、天然气价格下降，也使得市民的生活成本降低。因此，当下大力推进基础设施建设，融合绿色城市、安全城市理念，是应对外部需求严重萎缩的理想出路，是国家去库存战略的正确选择。

一个更高的工资水平曲线、一个更低的生活成本曲线，意味着一个更高的净工资曲线（图8.10）。随着市场失灵和生活成本的消除，净工资曲线及劳动力供给曲线相交于点 D 和 F，而不是 A 和 C 点。净工资在 E 点而不是在 B 点达到最大。与 A 点一样，D 点表示一个不稳定的均衡，唯一稳定点在 F。在新的均衡点，净工资和人口都比 C 点要高，生产的高效与生活成本的减少使城市更具吸引力，更多的人口迁到了城市。

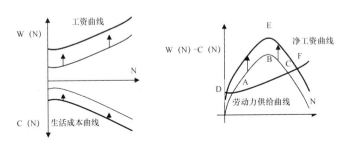

图 8.10 效率提升后的城市人口规模均衡

（三）拉平劳动力供给曲线

Williamson（1990）借助一般均衡模型进行计算，认为城乡之间劳动力自由流动障碍造成工业革命时期英国损失了3%的 GDP[①]。AU 和 Henderson（2006）发现中国政府对劳动力迁移施加强大壁垒、约束城市扩张

① Williamson, J., *Coping with City Growth during the British Industrial Revolution*, Cambridge: Cambridge University Press, 1990, pp. 66 – 71.

这一事实，认为中国劳动力供给曲线较陡峭，多数城市较小，导致巨大的经济损失①。

如果要促进人口向城市集聚，就要加大城乡工资差及消除流动性障碍，使劳动力供给曲线更低更平（图8.11）。农业劳动生产率的提高为城市制造业和服务业提供了闲置劳动力，通过消除流动性障碍，均衡点由 A 点，移动到 B 点，意味着一个更大的人口规模和一个更低的净工资。净工资减少是因为流动性障碍减少使新来人口更容易在城市安居下来，但新移民的涌入也会降低原有居民的福利，城镇化进程并不总是受到民众的欢迎。因此，消除流动性障碍只能由中央政府统筹实施，任何单方面增加劳动力流动性的大城市都会遭受当地居民的反对。如果再加大城乡工资差，那么均衡点将会移到 C 点，城市人口更多，工资更低。2014 年，我国城乡收入比为 2.91，较大的城乡收入差距，既是城镇化发展的主要推力，又是社会矛盾冲突的主要因素。在构建和谐社会的今天，加大城乡工资差距推动城镇化，既不可行，也不现实。只有消除人口流动性障碍，才是推动城镇化发展的现实选择。

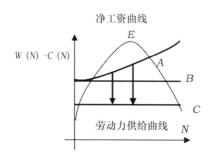

图 8.11　增加城乡工资差及消除流动性障碍后的城市人口规模均衡

（四）构建城市协调机制

阈值效应表明城市存在着越来越大的趋势，而不是保持在最优规模，虽然拥挤成本超过了规模经济带来的益处。解决工资和生活成本曲线的市场失灵及消除流动性障碍并不能使一个城市达到最优的人口规模，即净工资曲线极值点 E 对应的人口数量（图8.11）。相对于最优规模，在现有技

①　Au Chun – Chung and J. Vernon Henderson，"Are Chinese Cities Too Small?"，*Review of Economic Studies*，Vol. 73，No. 3，March 2006.

术条件及基础设施约束下，一些城市规模太大，均衡点 B 与极值点 E 相比，居民净工资较少，社会福利并未达到最优。

使居民福利达到最优有两种方法。第一，在城市成长过程中直接限制城市人口数量。这意味着拒绝一部分人口来到这个城市，并把他们送到更差的地方。其中一些进入其他城市，会拉低进入城市的居民福利水平，因而会受到抵制；另一些被限制在乡村，城乡收入差距进一步被拉大。政策优先考虑的应是防止或抑制城镇化过程中最严重的空间失衡，而不是试图减缓或逆转它。现阶段我国鼓励农村人口进入中小城市，而对过大城市采取严格的落户政策，这一方面提升了中小城市的集聚效益，另一方面也保护了过大城市原居民的利益不受太大损失，是理性的政策选择。

第二，创造新城市，并协调居民向新城市迁移。新城市的创造意味着大城市人口的减少和剩余居民福利的提高；此外，新城市也可吸引一部分乡村人口，提升剩余乡村人员福利水平。由于规模经济效应，新城人口不应太少，并且生产生活设施完善，这样才能提升移入人员净工资水平，没人愿意来到一个非常小、设施落后而又没有前途的小城，我国多数小城镇发展缓慢是缺少集聚效应的正常反应。随着过大城市人口向新城分流，原城市居民福利不断提高，劳动力供给曲线不断上升，直到与净工资曲线交于 E 点（图 8.12）。就城市的集聚效应来看，城市有专攻的倾向。如果集聚效应大部分发生在部门内部，城市应该专业化；如果集聚效应大部分发生在部门之间，城市应该多元化。多样化的大城市可以更好地发挥孵化器的功能，一旦公司发现了理想的生产过程，工业最终会搬迁到有较低生活成本的专业化小城市。另外，健全的基础设施和贸易自由化，可大大降低商品交易成本，引诱在中心城市外围建立一群功能互补的卫星城市。

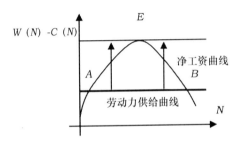

图 8.12　城市协调机制下的城市人口规模均衡

四　相关政策总结

规模经济与拥挤和污染成本相互对抗，构成净工资曲线的最终形态。由净工资曲线、劳动力供给曲线决定的城市规模均衡点，并不一定是最优的城市人口规模，而最优的城市人口规模也不是静止不变的，它随技术条件、基础设施、政府治理的改善而变化。生产低效、交通拥挤、生态恶化造成的市场失灵，使理想化的城市效益很难达到。促进城市发展的政策，常被视为城乡争夺财政补贴的零和博弈。分税制后，我国地方政府借助于高度扭曲的市场板块，即通过土地升值作为城市建设的一种资本融资方式，成为现阶段矛盾冲突的主要因素。另外，快速发展的城市经济将会导致劳动生产率和收入空间的不平等，即地区之间、城乡之间、城市内部之间的不平等，进而造成政治问题和民族关系紧张。

从中国饱受争议的城乡户籍制度藩篱、到印度各帮的"本土主义"、非洲及拉丁美洲的移民政策，许多发展中国家对劳动力自由流动有着强烈的偏见，政府过分强调城市失业率，而忽视农村隐性失业的现实。城市效率没有达到帕累托最优并不意味着城市比农村更低效，不管城市表现多么欠佳，城市通常比农村提供更高的回报和更好的长期机会。忽视城市发展、限制人们进入只会造成更大的负面影响：多数小城市不能成长为大城市而缺乏规模效益，过度拥挤的农村地区经济、生态环境的日益恶化等。现阶段，城镇化已成为推动陕西经济发展的主要动力。为了农业的发展而试图把精壮劳动力留在农村，只会导致国家整体经济的低效率。改革开放30多年来，陕西经济高速发展，但农业增长率在绝大多数年份都未超过5%，增长的部分主要集中在城市的服务业和制造业。因此，推动城镇化发展，建设具有包容性的城市，构建合理的城镇体系，结合西安过大城市分流，促进小城市发展，是实现经济持续快速增长的必要途径。

第六节　统筹协调发展

一　PRED 协调发展

P、R、E、D 四个字母分别代表人口（Population）、资源（Resource）、环境（Environment）和发展（Development）。人口是指生活在特定地域、特定生产方式下，具有一定数量和质量的人所组成的社会群体；资源是指在一定时间、地点、条件下能够产生经济价值，以提高人类当前和将来福利的自然环境因素和条件；环境是指环绕于人类周围的自然界，它包括大气、水、土壤、生物和各种矿物资源等。在人类历史进程中，人口、资源、环境和发展彼此依存、互为制约、相互作用，共同形成了一个高阶次、多层次、非线性的复杂开放性巨系统。20世纪70年代以来，世界范围内的工业化进程持续加快、人口急剧增长，其对资源与环境的影响广度和强度空前加剧，人地关系日益失调，世界性的人口问题、资源问题、环境问题和发展问题突显，引起了人们的普遍关注。同时，系统论使人们认识到在人类社会进程中，P、R、E、D彼此依存、互为制约、相互作用，形成了人地发展系统，因而解决上述四大问题、实现可持续发展，就应当对四者加以综合考虑，实现其协调发展。

人口、资源、环境在社会经济发展中发挥着基础性的决定作用，正确处理人口、资源、环境和发展之间的关系，是陕西经济可持续发展的前提。伴随着经济的快速发展和城镇化、工业化的飞速推进，陕西人口急剧增长，人地关系日益失调，资源与环境压力空前加剧，人口、资源、环境与发展问题突显，如何实现人口适当控制、资源永续利用、环境不断改善、社会持续发展的协调成为人们关心的话题。

（一）人口

人口问题是区域发展战略问题，也是国家基本国情的重要组成部分。人口增长是把双刃剑，生态、环境容量和资源的有限性从动态上要求物质资料生产和人类自身生产保持适当的比例关系。人口既是经济增长的必要条件，同时又产生出巨大的内在经济需求，但过多的人口消耗了大量的资源和资金，带来了生态环境的持续恶化，严重影响了经济的扩大再生产；另外剩余劳动力的大量出现也影响了人口素质的提高和社会的稳定。因此，人口作为生产力和消费力的统一体，其数量、素质与空间分布状况对区域经济的发展往往发挥着重要的加速或延缓作用。陕西人口基数大，人均资源相对不足，应坚持现行的计划生育政策，控制人口增长，提高人口素质，使人口数量与质量与资源、环境承载力相适应，实现人口、资源、环境与经济增长的同步改善。

（二）资源

资源是区域发展的物质基础。资源可分为不可再生资源和可再生资源两类，是经济发展的物质基础，对资源的开发和利用程度，直接关系到区域经济发展的程度和持续力的高低。陕西人均资源不足，且使用效率低下，因此应提高经济增长的技术含量，促进产业结构升级，优化产业布局，深化资源价格体制改革，建立区内和区间资源协调利用市场体系，坚持资源开发与节约并举，提高资源利用率，实现永续利用。

对于煤炭等不可再生资源，要规范开发程序、深化产权制度改革，加强废旧物资回收利用，提高资源利用效率，并积极研发风能、太阳能、地热能等绿色替代资源来保证陕西经济发展的资源有效供给能力。可再生资源虽然具有自我更新、持续利用的特点，但如果耗费的程度超过其自身的更新能力，必然导致其恢复链的断裂。秦岭山地、黄土高原森林砍伐无度导致严重的水土流失就是一个典型的范例。因此，对于可再生资源必须借助于技术、管理水平的提高，保持耗费速度低于更新速度来维持区域发展所需要的资源供给量。陕西人均耕地面积小，而城镇建成区的面积却在不断扩张，因此应坚持保护耕地的基本国策，加大城乡和工矿用地的整理、复垦力度，统筹谋划生产、生态和生活用地，合理调整土地利用结构；由于水资源短缺且以渭河为主的水系污染严重，地下水的过量超采导致不同地方出现相当程度的漏斗区，严重制约着陕西经济社会的发展和卫生城市的创建，因此应大力推广节水及污水处理技术，以发展节水产业，建立合理的水资源管理体制和水价形成机制，逐步提高水资源的承载能力①。

（三）环境

环境是实现区域可持续发展的关键。以人类为中心派生出了区域经济发展中的环境要素，大气、水、土壤、生物和各种矿物资源等向人类提供了生存的基础。当代科学技术的快速发展给人类带来极大丰富物质生活的同时，也带来了生态环境的持续恶化，因而环境的改善，不仅关系到当代人的利益，也关系到后代人的发展，区域生态环境建设的基本目标就是遏制生态环境的恶化趋势，把改善生态、保护环境作为经济发展和提高人民生活质量的重要内容。

陕西应把城乡环境质量改善放在全面建设和谐社会工作中的首位，具体工作包括：加强城镇大气污染防治、污水处理工程，加快"绿色通道"建设，提高城镇建成区绿化覆盖率；推进农村环境保护工作，防治化肥、

---

① 杨筠：《生态建设与区域经济发展研究》，西南财经大学出版社2007年版，第203页。

农药、农膜和超标污灌产生的化学污染，启动渭河流域水污染综合治理工程，保护农村饮用水水源安全；加强自然保护区、湿地、天保、退耕还林还草工程建设，保护珍稀、濒危生物资源，恢复生态功能和生物多样性；在生态脆弱区、资源开发区加快生态恢复与治理，建立灾害预报预防、灾情监测和紧急救援体系，提高防灾减灾能力；加强环境保护关键技术和工艺设备的研发工作，推行清洁生产，垃圾无害化与危险废弃物集中处理，全面推行污水和垃圾处理收费制度；完善环境标准和法规，开展全民环保教育，推行绿色消费方式。

（四）发展

发展是区域人口、资源与环境良好协同作用的结果，高度发达的经济水平也是人类社会历史前进的客观要求。以资源的大量耗费、环境的严重污染为代价实现的短期区域经济增长，以严重的地区分化、城乡分化、行业分化为代价实现的局部区域经济增长导致了严重的生态危机和社会危机，被认为是区域经济发展的"死穴"，被称之为"无发展的增长"。人民生活质量的提高本身就包括对于环境价值的享受和社会价值的认同，经济的发展最终通过社会状况的改变而体现，因此，区域经济增长并不必然产生区域经济发展。

只有人口、资源、环境和发展四个子系统优化协调，形成聚合力，从而造成整个 PRED 大系统的自组织发展，才能达到经济发展的"帕累托最优"，实现经济、社会效益的最大化[①]。PRED 协调发展的实现在于经济发展—技术进步—资源环境之间的良性循环，经济发展需要技术进步，技术进步促进人类素质的提高及资源的节约和环境的改善。因此，保护和建设生态环境，改变传统发展模式，注重循环经济在企业生产、工业和农业中的导入和应用，摈弃高能耗、高物耗、高污染、低产出的传统的线型经济发展之路，建设资源可持续利用的保障体系和重要资源战略储备安全体系，通过国民经济结构战略性调整和产业结构优化升级，以较低的资源和环境代价换取较高的经济发展速度，实现城镇乡村社会经济的可持续发展，促进开发与发展协调共进，是陕西发展战略的重要选择。陕西一方面要注重发展潜力，另一方面要强调资源环境承载能力，在发挥主观性的同时，尊重自然规律，统筹人与自然和谐发展。

---

①　吴殿延：《区域经济学》，科学出版社 2004 年版，第 294—323 页。

　　陕西要在促进国民经济又"好"又"快"发展中全面实现新型城镇化，就必须把城镇化道路融入陕西人口、资源、环境、发展的大系统当中，从系统论的角度结合"两型"社会建设在整体上推进陕西经济社会发展目标的实现，进而提高城镇化发展质量。首先在生态环境保护和自然资源利用上以节约使用能源资源和提高能源资源利用效率为核心，以节能、节水、节材、节地、资源综合利用为重点，完善国内自然资源的市场配置体系，加快自然资源税费体系改革，在合理利用和补偿的机制下以尽可能小的资源消耗，获得尽可能大的经济社会发展效益，从而使得陕西现有生态环境和自然资源可以得到永续利用。其次以陕西人与自然和谐相处为目标，以现有生态环境承载能力为基础，以遵循自然规律为核心，以绿色科技创新为动力，坚持保护优先、开发有序、补偿合理，科学合理进行功能区划分，倡导环境文化和生态文明，追求人口、资源、环境、经济、社会、协调发展，走具有陕西特色的生产发展、生活富裕、生态良好的城镇化发展道路。再次以发展陕西生态化城镇为协调人口、经济、社会、环境、资源的动力和手段，从控制人口增长速度，改善人口结构，提高人口素质，转变经济发展方式，实施产业结构转型，优化生存空间结构入手，降低人口对生态环境和自然资源的压力，将其控制在生态环境承载力和自然资源支撑力的范围之内。最后应采取一切积极措施，在自然资源合理开发、永续利用和生态环境有效保护的基础上，不断提高资源质量和资源利用率，扩大环境容量，提升陕西城镇化发展的物质基础，进而克服近年来在大城市集中爆发的一系列城镇发展问题①。

二　协调机制构建

　　陕西从北到南横跨陕北高原、关中平原、秦巴山地三个地形地貌区，就总体而言，陕北、陕南生态脆弱，以生态修复、涵养水源、保护水土为主体功能；关中以集聚人口、发展经济为主体功能。但经济发展的压力，以 GDP 为导向的政绩考核观，加剧了陕北、关中、陕南区间的博弈，及同质化的区内不同政府之间的博弈（表8.2）。不同政府各自为政、重复建设造成了巨大的资源浪费；追求政绩的短期行为，使政

---

　　①　赵国锋、段禄峰：《生态环境与西部地区城镇化发展问题研究》，《生态经济》2012 年第 2 期。

府无法把精力放在企业的长期发展和规模的扩大上；另外，政府之间的博弈还造成了不同城市之间的功能重叠，千城一面现象严重，协作互补的协调机制难以显现。古典区位理论中的农业区位论、工业区位论和市场区位论很好地诠释了这方面的内容，如农业布局的自然区位指向、初级加工业的原材料指向、轻工产业的消费市场指向等。近年来，陕西内部社会阶层（城乡、区域、行业）不断分化，各种社会问题日趋突显。因此，有必要建立相应的协调机制，逐步淡化以政府为主导的行政区经济，处理多而复杂的跨区域经济社会发展的外溢问题。在经济全球化、经济区域化日益发展的今天，资源禀赋不同的区域只有立足本地实际，错位发展，才能实现整个地区的资源优势互补和经济社会发展的帕累托最优。

表8.2　　　　　　　　　　　　　　地方政府之间的博弈分析

分析方法	游戏结构	参与方最高利益	对其他参与方利益的认识	参与者的行为与利益分配		
				先发行动者利益	其他参与者利益	其他参与者的回应
竞争	零和游戏	完全不一致	完全不考虑	有所得	有所失	对抗
合作	正和游戏	完全一致	充分考虑	基于长期互信来分配额外价值	可参考	合体
竞争	正和但可变的游戏	不完全一致	双方认知和行为的互动	有所得	溢出效应大于直接损失	倾向合作

　　陕西按照经济发展区域化、产业发展集群化、资源配置市场化原则，理顺西咸新区和西安、咸阳合作体制，积极推动西咸一体化和西渭、西铜同城化，支持宝鸡向东承接大西安辐射，建成关天副中心城市，推动关中产业、城乡布局、基础设施、公共服务"四个一体化"发展。支持陕南三市按照主体功能区规划要求，加快生态文明示范城市建设。推动陕北区域中心城市建设，加强与呼包银榆经济区、陕甘宁革命老区互动发展。支持韩城、神木、商南等省际门户县城加强与周边城市合作，主动融入周边经济圈。

三 主体功能引导

构建主体功能区是实现空间均衡、优化产业布局，促进城乡区域协调发展的重要途径。长期以来，中央用相同的 GDP 总量指标衡量不同行政区的成绩，驱动所有的省市县镇大开发、大发展，导致一些地区不顾资源环境承载力，工业遍地开花，城市盲目布局，土地无限开发，导致生态环境恶化，均质的行政体制面对异质的区域条件显然不利于各区域的发展。与以前规划相比，面向主体功能的区域规划宏观调控的重点由经济和产业调控转向区域调控，突出了经济社会发展的空间性，对区域发展定位也更加多样化（图 8.13）。区域协调发展，最终是要缩小人民生活水平差距，而不是 GDP 的差距。构建以主体功能区为基础的区域开发格局，跳出了追求缩小经济总量差距的思维定势，弱化了 GDP 对于政绩考核的唯一性和重要性，纠正了 GDP 的片面性和追求 GDP 的盲目性，是贯彻科学发展观、统筹区域协调发展、构建和谐社会的重要载体，是缓解我国区域性资源环境约束日益加剧的必然选择，是打破行政区划分割、加强国土空间管理的重大创新。

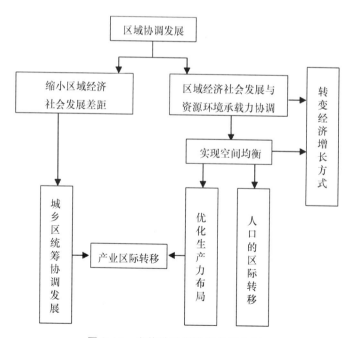

图 8.13 主体功能区建设的任务树

陕西可借鉴主体功能区划理念，按照统筹人与自然和谐发展的内在要求，注重区域内部一致性和区际差异性，按照有利生产、方便生活、保护环境的准则，确定产业及城镇规划的空间布局，妥善处理局部与整体，乡村与城镇，第一、第二与第三产业，生产、生活与生态之间的关系，以取得城镇建设与产业发展协调并进的最佳效益。在城乡区域之间实行主体功能分工，突出政策、机制配套，打破行政垄断和地区封锁，使行政区内部的自然生态财富和社会经济财富生产之间的分工拓展为不同主体功能区之间的主体功能分工，从而规范地方政府行为，把大量跨行政区的"外溢性"问题纳入自身的管治范围，实现区域整体利益最大化，解决同质需求与异质地域之间的悖论，促进生产要素的自由流动和资源的优化配置，实现城乡、区域协调发展的新格局。

缩小地区差距，实现共同富裕，是社会主义的历史任务和长远目标。但地区经济发展却是一个由不均衡到均衡的渐进过程，人口分布、产业布局应以空间发展的自然规律为基础。陕西区内自然条件、资源丰度各异，如果片面追求生产力的均衡布局，违背比较优势原理，不但会造成整个地区的经济效益低下，而且会对生态脆弱区的生态环境建设和维护造成更大的影响。运用不平衡发展原则，将有限的财力、物力优先放在重点产业和重点地区，使这些产业和地区率先发展，成为经济发展的增长极，从而以点带面，带动整个区域的共同发展。切忌不顾条件，一味追求全面发展，导致各地区重复布点，重复建设，产业结构雷同，经济效益低下。避免出现企业与企业之间、不同产业部门之间、不同地区之间争原料、争投资、争项目之类的矛盾。只顾及本企业、本部门和本地区的利益，有时会损害陕西省的整体利益和长远利益。

四　财政转移支付

公共财政为市场提供公共产品和公共服务，矫正市场缺陷和市场失灵。公共财政通过对国民收入的再分配，按照社会公众的集体意愿提供市场机制无法有效提供的公共产品。公共财政具有公共性、非盈利性和法制性的特征。财政转移支付制度，是以不同政府财力差异为基础，以实现各地公共服务均等化为主要目标而实行的一种财政资金转移或财政平衡制度。

在实施了改革开放这么多年的今天，农民所面对的来自财政上的非国民待遇现象仍随处可见。长期以来我国城市工业偏向的财政分配格局，使得农村农业发展资金匮乏。城市所需的公共产品，全部由国家提供；农村所需的公共产品，主要靠农村集体经济组织和农民自己解决，国家仅给予少量补助。另外，乡镇机构臃肿，人员肿胀，除少数农村经济比较发达的地区，农村财政蜕变成为"吃饭财政"，进一步削弱了农村公共基础设施的供给能力。当前农民负担过重，其实是整个农村财政系统不协调的综合反映①。这种异化的财政体制，变相地从农村汲取资源，用于城市的发展，成为城乡二元利益割据的重要组成部分，造成了整个国民经济活动的低效率。

根据边际效用递减规律，均等化的资金安排有利于提高资金使用效率。均等化的基本公共服务有助于生产要素在利益引导下，按照市场规律在地区间、城乡间流动，有助于统一市场的形成，进而促进区域、城乡之间经济社会的协调、持续发展，所以向财政资源不足地区转移财力，增加公共服务供给，所产生的效用远大于投向财力充裕地区②。另外，由于经济活动具有外部性，一个地区的经济发展成果如高水平的教育、卫生等公用设施及生态环境的改善可以被其他地区来分享；同样，一地区的经济活动成本，也可能给其他地区带来危害，如工业污染等。因此，没有政府间的财政转移支付，跨区域的经济活动将不可能持续③。陕西要探索城乡、区域之间的财政转移支付制度，使全体人民共享改革开放的成果。

第七节　本章小结

本章从经济全球化、西部大开发、"一带一路"规划等方面总结了陕西发展所面临的机遇和挑战；从经济发展、制度创新、技术创新、城乡规划等方面提出了推进陕西城镇化发展的动力机制；从生态管制、产业集聚、功能分区、空间优化、科技创新、政府主导、目标引领七个方面引导城镇化持续健康发展；从农业生态补偿方面论述了农村发展对城镇化的促

---

① 何菊芳：《公共财政与农民增收》，上海三联书店 2005 年版，第 27 页。
② 樊继达：《统筹城乡发展中的基本公共服务均等化》，中国财政经济出版社 2008 年版，第 163 页。
③ 杜黎明：《主体功能区区划与建设——区域协调发展的新视野》，重庆大学出版社 2007 年版，第 66 页。

进作用；从工资曲线、生活成本曲线、劳动力供给曲线论证城镇人口模式均衡机制；从促进人口、资源、环境可持续发展、协调机制构建、主体功能引导、财政转移支付等方面统筹城镇化协调发展。

第九章　陕西城镇化发展制度创新

第一节　城乡公共物品供给

　　发展的含义是经济社会的全面进步，绝不仅仅是指经济增长；政府资金的目的，并不在于追求最大程度的回报，更重要的是提供公共物品，创造社会公平。城乡差距并不是城乡经济总量的差异，而是城乡间公共服务、人民生活水平和质量的差异。目前，陕西城镇化发展面临的主要矛盾有：一是经济的持续快速增长同城乡区域发展不平衡的矛盾日益突出；二是全社会对公共产品的全面需求同公共服务不到位、公共产品短缺的矛盾日益突出。陕西已进入经济发展的中期阶段。根据马斯格雷夫和罗斯托的"经济成长阶段理论"，公共支出结构应转向公共服务领域。均等化的公共服务体系，不仅可以有力地缓和城乡区域矛盾，维护社会稳定，而且可以更快地促进经济发展。作为公共物品，城乡工程性基础设施与城乡服务型基础设施均属于典型的市场失灵领域，政府提供公共物品可以达到资源配置最优。加强基础设施建设不仅可以改善投资环境，为经济开发提供良好的基础，而且对落后地区的经济开发起着先导和带动作用。受竞争压力和以 GDP 为导向的政绩观的影响，地方政府过度介入地区经济活动，成为"发展推进型"政府，表现为在招商引资、土地征用等方面介入经济活动的强烈冲动，具有"地方政府公司主义"的特征，GDP 和财政收入增长成为政府活动的核心，而政府公共服务责任则退居其次，导致地方公共物品供给不足。

　　在构建和谐社会、大力推进市场机制的背景下，政府从担当经济发展的"主体力量"到更多担当社会发展的"推进力量"，从"发展推进型"政府转向"公共服务型"政府是历史的必然。陕西城镇化发展不但要注重交通、通信、电力等生产性基础设施建设，而且更要注重生活及文化性服务设施建设。主体功能区划按照主体功能定位调整、完善区域政策和绩效评价，从而实现区域发展从"以经济总量为重点"向"以基本公共服务均等化为导向"的转变。面向主体功能的区域基础设施规划将以基本公共服务均等化为重点，加快建立社会保障体系，完善义务教育、公共医疗与社会救济体系等。公共基础设施由城市向农村延伸，意味着政府职能的转变和农民基本国民待遇的提高，这对进一步缩小地区差距、城乡差距、贫富差距有重大作用，是落实科学发展观的重大举措，是城乡一体化的重要内容。①

一　教育

　　教育作为一种人力资本投资，具有很强的正外部性，它能促进全社会生产效率的提高。据有关部门推算，教育对 GDP 增长的直接贡献率一般不低于4%，是一个经济关联度很强的产业。因此教育对经济的推动作用不仅在于技术创新，而且在启动消费、扩大内需方面起着不可低估的作用。正如诺贝尔经济学奖获得者舒尔茨（Theodore W. Schultz）所指出的，技术进步来源于人力资本投资，人力资本投资是递增报酬的重要源泉，报酬递增总是和现代经济增长相伴而行②。"一年之计，莫如树谷；十年之计，莫如树木；终身之计，莫如树人。"教育既关系到个人的人生走向，也影响着国家的前途与未来。100 多年前，新古典经济学家马歇尔就指出，为教育投入所产生的收益不能简单地以它产生的直接结果来衡量，因为它还"使大多数人有比他们自己通常能利用的大得多的机会"③。一般认为，社会公平分为起点公平、过程公平和结果公平。教育公平是人发展起点的公平，是整个社会公平的基础。诺贝尔经济学奖获得者美国经济学家萨缪尔森（Paul A. Samuelson）也曾指出，在走向平等的道路上，没有比免费提供公共教育更伟大的步骤了，这是一种古老的破坏特权的社会主义。对于贫困家庭，由于无力进行大量的人力资本投资，受教育程序低，意味着只能从事低报酬的工作，陷入"贫者愈贫"的恶性循环。所以，无论是从公平还是从社会发展角度考虑，人们不能因为家庭贫困而无法获

①　朱传耿等：《地域主体功能区划——理论·方法·实证》，科学出版社 2007 年版，第 58—60 页。

②　吴敬琏：《中国增长模式抉择》，上海远东出版社 2006 年版，第 39 页。

③　[英] 马歇尔：《经济学原理》，陈良璧译，商务印书馆 2005 年版，第 233 页。

得教育机会，政府有责任提供免费的义务教育，促进教育资源尤其是优质教育资源在全社会的合理配置。[①]

农村地区劳动力文化素质普遍不高，成为制约农村经济发展的先天性障碍。陕西在推进城乡一体化的进程中，"治穷先治愚"，应该成为统筹城乡发展的基本政策。由于自身家庭经济实力不足及受眼前经济利益的驱动，为数众多的农村青少年提前辍学、外出打工现象严重，导致接受新技术、新事物的能力差，适应不了现代农业和农村经济发展的需要；农村留守劳动力大多数为儿童、妇女和老人，不具备使用新知识、新技术的能力，仍然沿袭传统落后的种养模式和技术，农村出现了"因教致贫"、贫困固有化趋势。陕西正处于城镇化快速发展的中期阶段，随着城镇产业的结构升级，对从业者的技能要求越来越高，而农村劳动力自身素质较低，严重制约了农村剩余劳动力向城镇的转移。

陕西，尤其是陕西高等学府、科研院校云集，科研力量雄厚。在今后的工作中，政府应深化城乡公平教育体制改革，加强对农村义务教育和各县中等教育的财政支持，推进学校标准化建设和农村社区教育，确保经济困难学生公平接受教育的机会和权利；调整优化教育网点布局，建立优质教育资源向农村和欠发达地区流动的体制机制，从逐步统一城乡老师待遇开始，尽快消除城乡教育差距；针对市场对农村劳动力的不同需求，以农村中等职业教育为重点，建立一批职业教育培训基地、农民工培训示范基地和再就业培训基地，大力发展职业教育；稳步发展高等教育，将西安交通大学、西北工业大学、西北农林科技大学、西安电子科技大学等建设成为国内一流、世界知名的高等院校，把西安建设成为我国重要的高等教育和科学研究基地。

将陕西农民工随迁子女义务教育纳入城镇教育发展规划，合理规划学校布局，科学核定教师编制，足额拨付教育经费，使农民工随迁子女以流入地公办学校为主接受义务教育。将进城农民工子女纳入义务教育经费保障范围，免除其学杂费。流入地要将农民工随迁子女纳入学前一年免费教育和免费中等职业教育范围，逐步实现符合条件的农民工随迁子女在流入地参加中考和高考。

---

① 樊继达：《统筹城乡发展中的基本公共服务均等化》，中国财政经济出版社 2008 年版，第 56 页。

二　就业

就业是民生之本，是缩小收入差距，构建和谐社会的重要保障。就业机会或岗位的变动状况是区域经济创新能力的显示器。虽然保持一定的失业人口比例有利于提高生产效率，但如果失业人口比例太大，特别是应对失业的各种社会保障制度还不够健全，将会引发严重的社会问题。自 20世纪 90 年代以来，陕西就业市场一直经受着产业结构调整所带来的结构性失业以及原计划经济体制下国有企业隐性失业的释放和农村剩余劳动力的三重夹击，非农产业的就业增长弹性不断下降，"高增长低就业"已成为区域经济增长面临的一个重大问题（图 9.1）。

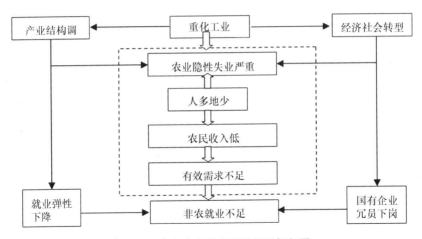

图 9.1　非农产业就业不足原因框架图

根据刘易斯的"二元经济结构理论"，农业部门剩余劳动力向现代工业和其他部门转移是加快城乡二元经济结构转型的关键所在。但陕西经济社会转型带来的制度性失业、有效需求不足引起的周期性失业和产业结构升级导致的结构性失业相互叠加，使农村剩余劳动力向城镇非农业产业转移困难重重。统筹城乡发展，关键是要为农民进城创造更多的就业机会，使农民在城里有长期稳定生存的手段，进而才能解决自身及其子女的吃饭、教育、医疗、社保等许许多多问题。对于农民来说，土地是他们的"最后一根救命稻草"，失去了土地就意味着失业，同时也失去了仅有的保障。因此，失地农民的重新再就业，是地方政府推进工业化和城镇化，解决城乡二元结构的艰巨难题。陕西在推进城乡一体化的进程中，一定要把就业同流动空间与城乡整合、人口流动与迁移、产业结构调整与转移、市场化进程与体制创新等紧密结合起来，千方百计促进失地农民就业。

（一）引导就业转移

要缩小城乡差距，必须转移农村剩余劳动力，提高农业劳动生产率。陕西应把农业产业化和城镇化结合起来，积极引导农村人口向城镇和非农业产业转移，实现非农化与城镇化的同步发展。由于我国的城镇偏向政策，陕西失地农民进入城镇难以享受到平等的公共就业服务，大量农民工在低等级的非正规行业就业，生活生产环境恶劣，社会矛盾不断激化，严重影响了和谐社会的构建。陕西要树立城乡并重的就业观，建立健全面向城乡全体劳动者的供需信息库，在就业机会、就业技能、就业环境和就业服务等方面进行制度改革，消除农村劳动力转移的制度性障碍，解决农村劳动力就业的"市民待遇"问题，逐步建立统一、开放、有序的城乡一体化劳动力市场和就业制度。

实现就业信息联网，为农民工提供免费的就业信息和政策咨询。深入实施"人人技能工程"、"一网两工程"、农村劳动力转移培训"阳光工程"，大力开展新型农民、农村实用人才和进城务工人员培训。强化企业岗位技能培训责任，落实职工教育培训经费。以新进城农民工为重点，加强就业免费培训和再就业培训。对农民工取得的职业资格证书和专项职业能力证书给予适当补贴。加大农民工创业政策扶持力度，进一步细化各类鼓励扶持政策，支持杨凌、武功、眉县、澄城、白河、西乡等开展西部地区农民创业促进工程试点，建设一批农民创业基地和创业园。加强劳动合同管理和法律援助，进一步健全农民工劳动权益保护机制。在城乡产业规划布局中应兼顾经济发展与充分就业相协调的原则，在引进技术和资金密集型企业的同时，要继续重视发展传统工业，大力发展劳动密集型产业，发展多种服务业，促进中小企业发展，充分发挥其吸纳农村劳动力就业的作用。

（二）鼓励自主创业

经济全球化和我国市场经济的快速发展，已使我国由20世纪80年代的"卖方市场"向当代的"买方市场"转变。地处西北的陕西，由于既不具备过去东部沿海地区借助市场"空缺"来发展乡镇工业的条件，也不具备珠江三角洲地区以优越的地理区位来吸引大量外资的条件，近年来，乡镇企业发展出现了萎缩，多数企业重组转制，资本和技术替代劳动趋势日益明显，对农村劳动力的吸纳能力逐渐减弱，农村剩余劳动力就地转移就业的形势较为严峻。

陕西要充分利用自身优势，通过扩权强县、扩权强镇，为民本创业构筑平台支撑。在改革开放和社会主义市场经济逐步发展的过程中，国有企业偏重的陕西出现结构性危机，即大批的国营企业由于设备技术老化、体制僵化、社会负担沉重导致企业缺乏竞争力和生产的不景气，致使国有企业对农业劳动力的转化后继乏力。在国有企业就业人数不断下降的今天，民营企业成为就业的主阵地，其所创造的就业机会远远大于外企。陕西在乡镇集体企业整体萎缩的情况下，依托当地丰富的农业生产资源，大力发展以农产品加工业为主的民营企业，通过县城工业园区和中心镇建设走具有地方特色的农村工业化道路，不失为解决就业、促进城乡空间融合的一条可行途径。一是充分发挥县城在县域经济发展中的龙头作用。按照精简、效能、便捷的思路，探索提高县级政府对经济社会发展的统筹协调、科学决策和公共服务能力。进一步明确县城的发展定位，改善发展环境，降低准入门槛，积极引导农村中小企业向工业园区集聚，在更大平台上推进中小企业技术进步和结构调整。打破城乡户籍界限，在就业、教育、医疗、社保、购房等方面给予进城农民同等待遇，使县城成为农民市民化的主阵地。二是充分发挥中心镇在集聚农民创业中的重要作用。完善中心镇布局和总体规划，促进农村人口和农村企业向中心镇集聚，在更高的平台上创业创新，并把有条件的中心镇建设成为现代化的小城市。完善中心镇的行政职能和服务功能，改善中心镇的投资环境和人居条件，吸引更多的农民和企业进镇创业，把以块状经济和专业市场为依托的中心镇打造成为农民创业的集聚中心。

三　社会保障

（一）社会保障促进城镇化的发展

社会保障制度是指国家和社会对生活困难的社会成员予以物质帮助、保障其基本生活的制度和措施。它是生产力发展到一定阶段的产物，有助于化解市场风险、保障社会稳定、促进经济发展，被称为社会发展的"稳定阀"和"安全网"，是社会进步的一个重要标志。19 世纪 80 年代至第二次世界大战前，是发达国家城市化快速推进的时期，也是社会经济发展最不稳定的时期，同时也是发达国家社会保障制度形成时期。这一时期对社会保障制度有着深刻影响的是英国经济学家贝弗里奇于 1942 年发表《社会保险及有关服务》，以及在英国、瑞典等国家形成的包括"从摇篮到坟墓"的全套社会保障体系。

经济发展是城镇化不断发展的保证。经济发展的重要特征表现为货币使用量的增大，大机器工业的发展以及大量农村人口向城市的转移。随着经济的发展，大量向城市转移的人口生活在城市环境里，并完全依靠工资为生活来源，生活方式和生活资料发生了很大变化。在改变了的经济环境中，各种事故和风险威胁着劳动者的正常劳动和生活，一旦正常的工资收入被迫中断或减少，便不能维持本人及其家庭的生活。这样，建立并扩大社会保障，使劳动者免遭各种事故和风险的袭击，以保证对经济发展所需劳动力的供给，也就成为促进和保证经济发展的一个关键因素。养老保险既可以减少在职者的赡养负担，也可以打消在职者对自身养老问题的忧虑，提高工作的积极性和主动性；医疗保险能够保证劳动者改善和恢复健康，提高工作效率；失业保险为失业者提供了寻找工作的时间和进修提高劳动技能的条件，对社会稳定有不可磨灭的贡献；工伤保险、生育保险也同样重要。同时，社会保障基金对经济增长也做出重大贡献。[①]

（二）建立统一的社会保障体制

现阶段，陕西经济发展最大的"瓶颈"不是经济发展的速度和质量问题，而是区域差距、城乡差距以及部分社会成员收入差距不断扩大，公平逐渐丧失的问题。公平作为一种基本理念，是和谐社会最重要的价值目标，是社会主义市场经济发展的必然要求。拉美地区"贫困的陷阱"告诫我们，新兴的市场经济能够在较短的时间内创造骄人的业绩，但如果丢失了公平，必将导致社会问题的大爆发，进而影响到经济的可持续发展。公平需要通过特定的制度来实现，城乡统筹的社保保障制度在使公平理想变成公平现实方面发挥着桥梁或中介的作用。

全面建设小康社会的难点在农村。由于我国的城市偏向政策，面向城镇居民的就业、医疗、养老、工伤和生育等保障体系基本形成，而面对乡村农民的社会保障体系却落后，且历史欠账过大。随着城镇化进程的加快

---

① 张沛、董欣、侯远志等：《中国城镇化的理论与实践——西部地区发展研究与探索》，东南大学出版社 2009 年版，第 49 页。

和非农化的发展，陕西农民人均耕地越来越少，土地的保障功能逐步退化；另外，农村人口老龄化和农村家庭小型化也导致家庭保障功能大为削弱。当前，陕西农村医疗、教育费用支出过高，抵制了农民的消费意愿，导致经济发展过多依赖投资（陕西远离海岸线，出口不占优势），因此，建立完善的城乡一体化社会保障制度，不仅有助于贫困农民增强消费能力，拉动经济增长，而且有助于陕西农村剩余劳动力的有序转移和城乡生产资料的合理流转，进而促进经济发展和社会和谐。

我国直至 2007 年，才在全国范围内开始建立农村最低生活保障制度，农村社会养老保险、医疗保险及失地农民、农民工的社会保障体系建设也落后于城市。现阶段，陕西农村社会保障体系建设还处于初创阶段，政府不仅需要制度创新，更要加大财政投入，全面扩大社会保障的覆盖范围，探索建立农村养老保险制度、新型农村合作医疗制度、农村社会救助制度等，逐步提升农村社会保障水平和标准。陕西应加快农民工社会保障立法进程，使农民工的社会保障法制化、规范化。加快推进农民工参加城镇社会保险，合理确定社会保险最低缴费基数，鼓励农民工尽早在城镇参保并连续参保，实现农民工与城镇职工平等参加工伤、失业、生育等保险并享受相应待遇，建立健全政府、企业、个人合理分担的可持续筹资机制。理顺农民工社会保险的衔接，保证已进入城镇社会保障系统的农民工养老、医疗个人账户的可转移性和便捷性。整合城乡居民基本养老保险制度、基本医疗保险制度，逐步实现社会保障"一卡通"。省级政府负责制定本行政区农业转移人口市民化总体安排和配套政策，加大对吸纳外来农业转移人口较多市县的财政转移支付，增强市县提供基本公共服务的财力保障。市县政府负责制定本行政区城市和小城镇农业转移人口市民化的具体方案和实施细则，出台落户标准，提供基本公共服务，承担相应财政支出。

第二节　管理体制机制创新

一　行政管理制度

（一）行政体制弊端

行政区划是国家行政体制与地域空间朴素耦合的重要文化成果之一，行政区划的建立、完善和发展关系到国家与社会的长治久安与繁荣稳定。

我国地方经济与行政区划紧密叠合，形成以行政区为统计单元的行政区经济，在改革开放之初，对推动社会主义生产力的发展起着主导作用。然而，以分权化为特征的政治经济体制改革使得地方政府过多地承担着发展经济主体的职能，使得我国的行政区经济有进一步强化的趋势。各级地方政府为了争取有限的公共资源，一方面竭尽所能向上级机构争取优惠政策，千方百计吸收投资和贷款；另一方面对同级政府展开激烈乃至残酷的恶性竞争，各级地方经济发展追求"大而全"或"小而全"，导致以重复建设、产业结构趋同、原料和能源大战以及市场分割和地方保护主义等为特征的区域经济冲突不断。[1] 在行政区经济的驱动下，诸多行政单元各自进行"理性选择"的整体结果却表现为区域发展的无序和恶性近域竞争，导致区域整体边际效益下降[2]，从而对国民经济的整体发展带来消极影响。市场机制强化了生产要素追求收益最大化的动机，而我国的行政管理体制、干部政绩考核机制则强化了地方保护主义。随着我国市场经济的建立、完善和发展，我国经济发展却形成了以自由竞争为特征的市场经济和以地方保护主义为特征的行政区经济竞相发展的悖论，政府弥补市场失灵的动力严重不足。以 GDP 为导向的政绩观，使得掌握大量资源的地方政府长期充当了经济建设主体的角色。然而，经济的快速发展并没有消除区域、城乡和工农差距，农民增收困难，人口、资源和环境压力增加，社会问题日益突出。政府在经济建设方向的越位和约束机制的缺乏，使行政垄断和审批事项增多，压缩了市场机制发挥作用的空间，权力寻租难以避免，最终导致政府公信力下降，社会信用体系破坏。

另外，破解城乡二元结构，推进城乡一体化及新农村建设需要财政部门、土地管理部门、社会保障部门和农业部门等多个部门的通力合作。各部门的职能重叠和潜在利益冲突造成在推动城乡一体化的集体行动中普遍存在着"搭便车"的现象。按照序贯博弈的基本理论，先行行动者往往会在行动中处于相对不利的地位，因此，在解决城乡二元结构问题上，相关部门往往会采取观望的态度。[3]

---

① 洪世键：《大都市区治理》，东南大学出版社 2009 年版，第 37—39 页。

② 朱传耿等：《地域主体功能区划——理论·方法·实证》，科学出版社 2007 年版，第 231 页。

③ 陈瑞莲等：《破解城乡二元结构：基于广东的实证分析》，社会科学文献出版社 2008 年版，第 231 页。

（二）行政体制改革

深化行政管理体制改革是转变政府职能的基础和前提。行政管理体制改革既是对政府部门行政资源的重新配置和整合，也是政府对公务人员实行人力资源的开发和管理。由于正处于工业化发展的中期阶段，陕西在推进城乡城镇化的过程中，面临的行政体制矛盾和问题主要有：一是政府的经济管理职能倾向明显，公共服务职能发挥不够；二是县级政府权责不统一，县域经济发展落后；三是乡村自治机制尚未建立，基层民主缺乏。应该说，陕西内部各区县由于经济利益而引起的冲突和问题是在经济发展过程中必然出现的现象，必须通过深化行政体制改革来加以解决。因此，陕西要不断加强和完善行政管理体制改革，减少和规范行政审批，提高行政效率；强化社会公共管理和服务，构建责任型、服务型政府；深化农村综合改革，着力增强乡镇政府社会管理和公共服务职能。

1. 建设服务型政府

我们看到，陕西在从计划经济向市场经济转轨的过程中，地方政府职能转变滞后，政府行政层级设置过多，客观上抑制了乡村经济的发展，不利于城乡统筹。积极转变政府职能，推动政府部门从经济发展型向公共服务型转变，是促进城乡经济协调发展的重要保障。[1]

陕西要按照城乡统筹的要求，抓住城乡二元体制这一主要矛盾，从优化组织结构、理顺职责关系入手，大力推进规划、农业、交通、财政等部门的行政管理体制改革，积极推进撤县（市）建区、撤乡建镇、村组合并工作，强化农村社会管理和公共服务职能，逐步形成城乡一体、高效运行的管理体制。进一步转变经济调节和市场监管方式，简化审批程序，规范审批行为，加强事前服务和事中、事后监管，健全便民服务体系，创造良好发展环境。完善公共决策的调查制度、公示制度和专家咨询论证制度，提高民主决策、科学决策水平，切实解决政府越位、缺位和错位问题，建设有限、法治、透明、服务型政府[2]，切实履行政府的宏观调控、市场监管、公共管理和社会服务职能。

2. 扩大县级管理权限

1994 年，国家实行分税制后，中央政府的宏观调控能力大大增强，

① 徐同文：《地市城乡经济协调发展研究》，社会科学文献出版社 2008 年版，第 156 页。

② 黄坤明：《城乡一体化路径演进研究》，科学出版社 2009 年版，第 36—40 页。

但其带来的主要问题是基层政府财力与事权的非匹配，财权的上移和事权的下移使得基层政府苦不堪言。作为农村财政管理制度中的县乡政府负担了绝大部分的财政支出，但其收入来源却极为有限。事权与财权的不对称违背了财政合理分权的受益原则和利益归属原则，本该由中央和省级政府承担的事权负担，比如农村基础设施供给、公共卫生和社会保障等社会事务被转嫁给县乡财政。地方行政主体为了自身利益，出现各种名目的乱摊派、乱集资、乱收费，最终加重了农民负担，也造成了基层干群的紧张关系。

自古以来，县就是我国最稳定的行政单元，容纳了绝大多数的农村剩余劳动力，县级政府承担着发展农村经济、为农民提供公共服务的基本职责。在目前陕西城区出现资源环境承载能力下降的情况下，能否大力发展县域经济，加快县域"三化"步伐，是实现农村剩余劳动力有序转移和充分就业的根本保证。但长期以来，我国的市管县体制造成市对县的经济发展资金及项目的提成或截留，另外，分税制的实行也更加强化了县级政府的权责不统一，使得县域经济，特别是工商业的发展缓慢，间接影响了农民收入的提高，加剧了城乡二元结构所产生的矛盾。因此，陕西应扩大县级政府的管理权限，按照责权统一、运转协调的原则，赋予县更大的自主决策权；探索"省管县"的行政管理体制，选择部分产业基础良好、区位优势突出、人口规模较大、辐射带动作用较强的县，启动省直管县试点工作，深化省内计划单列试点，在财政体制、经济管理、社会管理等方面赋予更多发展权限，减少行政层级，理顺条块关系，提高行政效能，不断增强县域经济社会发展活力和实力。降低行政管理的成本和经济发展的交易费用，从而使县级政府在地方经济发展、计划项目、招商引资和财政税收等方面，拥有更大的自主选择权，进而全面提升县域的"三化"水平和县级经济实力，创造出大批的非农就业岗位，吸引农村剩余劳动力向县城有序转移，实现充分就业。[1]

3. 科学城市经营

大规模的基础设施建设需要强大的经济基础作后盾，与发达地区相比，处于西部地区的陕西经济实力还有相当差距。因此，除积极争取国家

---

[1]　陈瑞莲等：《破解城乡二元结构：基于广东的实证分析》，社会科学文献出版社2008年版，第115—117页。

西部大开发政策性、经济性支援以外，陕西要充分运用政府与市场两种手段，实现"看不见的手"与"看得见的手"的有机结合。以科学的手段去经营城市，加快城镇基础设施和公共服务设施建设步伐。（1）规范新型城镇化建设投融资平台，通过划拨、股权收购等方式，将土地、政府优质资产等注入投融资平台，增强投融资平台实力。采用多种方式吸引社会资本参与新型城镇化建设。支持符合条件的城市建设投资开发公司采取发行债券、上市融资、发行信托计划等形式筹集建设资金。积极探索利用保险资金等支持新型城镇化建设。研究制定政策性金融专项支持政策，运用市场化原则，引导开发性金融机构与民间资金设立城镇化发展基金，支持城镇基础设施建设和运行。理顺市政公用产品和服务价格形成机制，放宽准入、完善监管，鼓励政府向社会购买公共服务，吸引社会资本参与服务设施建设运营，积极探索 TOT、BOT、ABS 等新的投融资模式，全面推行城镇国有土地公开招标出让制度，避免以所谓的"经营城市"为由，来变相剥夺农民的土地利益。（2）城市公用事业逐步推行由福利型向经营型转变，使市政管理实现市场化、专业化、企业化经营。大多数城市由政府将出租经营权、公交线路专营权以及道路、广场、路灯、桥梁、停车场等市政公用设施的冠名权、广告权、收费权等通过公开招标方式出让，所得收入全部纳入同级财政管理，充分开发使用市政公用设施的潜在资源。陕西要迅速提高基础设施建设的整体水平，以基础设施投资拉动经济增长，将发展潜力尽快转化为经济优势，进而转化为区域经济实力。（3）加强规划管理。把以人为本、尊重自然、传承历史、绿色低碳理念融入城市规划全过程，由扩张性规划逐步转向限定城市边界、优化空间结构的规划。完善城市规划前期研究、规划编制、衔接协调、专家论证、公众参与、审查审批、实施管理、评估修编等工作程序。科学编制城市总体规划和控制性、修建性详细规划，科学确定城市功能定位、人口规模、开发边界、开发强度和保护性空间，合理划定城市"三区四线"，加强城市空间开发利用管制。集中统一规划管理城市规划区及其边缘地带的各类开发区以及大学城、科技园、度假区等建设。推动市县层面经济社会发展总体规划、城市规划、土地利用规划以及基础设施和生态环保规划等"多规融合"。进一步开放规划设计、建筑设计市场，积极引进国际先进理念，不断提高城市规划和建筑设计水平。加强规划人才队伍建设，提高公众参与程度。强化规划管控，运用信息化手段增强管控技术支撑，保持城市规划权威性、严肃性和连续性，坚持一张蓝图绘到底。加强规划实施全过程监管，建立健全省政府派驻城乡规划督察员制度，严格责任追究。
（4）加强和创新城市社会管理。完善城市治理结构。改革完善社会管理体制，坚持多方参与、共同治理，加快形成政府负责、社会协同、公共参与、法治保障的城市社会管理体制，积极引导社会组织参与城市社会管理，畅通和规范群众诉求表达、利益协调、权益保障渠道。强化社区自治和服务功能。加快公共服务向社区延伸，整合人口、就业、社保、民政、卫生、文化以及综治、维稳、信访等管理职能和服务资源，加强流动人口服务管理。创新社会治安综合治理。以社会化、网络化、信息化、网格化为重点，完善社会治安防控体系和综合治理机制，及时解决影响人民群众安全的社会治安问题，加强对城市治安复杂部位的整治和管理。完善城市应急管理体系，完善灾害监测和预警体系，提高城市建设的灾害设防标准，完善突发公共事件应急预案和应急保障体系。

专栏 9.1　城市"三区四线"规划管理

禁建区。基本农田、行洪河道、水源地一级保护区、风景名胜区核心区、自然保护区核心区和缓冲区、地质公园核心区等，禁止城市各类开发建设活动。

限建区。水源地二级保护区、地下水保护区、文物地下埋藏区、机场噪声控制区、地质灾害易发区等，限制城市建设开发活动。

适建区。在已经划定城市建设用地的区域，合理安排生产用地、生活用地，合理确定开发时序、开发模式和开发强度。

绿线。划定城市各类绿地范围的控制线，明确不同类型用地界限，规定绿地率控制指标和绿化用地界限具体坐标。

蓝线。划定城市地表水体保护和控制的地域界控制线，明确城市规划区范围内需要保护和控制的主要地表水体，规定保护要求和控制指标。

紫线。划定城市历史文化名城、街区、建筑的地域界控制线。

黄线。划定对城市发展全局有影响的、城市规划中确定的、必须控制的城市基础设施用地的控制线，明确用地位置、用地范围和控制指标。

4. 改变政绩考核制度

长期以来，中央把地方各行政区看成同质单元，并用相同的 GDP 总量指标衡量不同行政区的成绩，驱动所有省市县镇大开发、大发展，致使一些地区工业遍地开花，城市盲目布局，土地无限开发，生态环境恶化。[①] 城镇化建设必须改变过去以单纯 GDP 来考核的政绩考核制度，西安要强化经济结构、资源消耗、自主创新等的评价，弱化经济增长的评价；铜川、宝鸡、咸阳、渭南要综合评价经济增长、质量效益、工业化和城镇化水平等；杨凌、延安、榆林、汉中、安康、商洛要突出生态环境保护等的评价，弱化经济增长、工业化和城镇化水平的评价；对于部分生态脆弱区、水土保护区，承载经济发展的能力弱，主要评价生态保护，可通过中央和地方政府的纵横向财政转移支付，使该区域人民享有的公共服务、生活条件和生活水平与其他区域大体相当。

5. 建立财税分担机制

按照财权与事权相匹配的原则，积极争取国家加大对陕西省转移人口的财政支持力度，建立陕西省新型城镇化财政体制，合理确定各级政府在教育、基本医疗、社会保障等公共服务方面的事权，理顺省、市、县公共服务职责和财政分配关系，建立健全基本公共服务分担机制，完善城镇基本公共服务补贴办法。统筹安排城镇化各类专项资金，集中用于城镇道路、供水、供热、绿化、环卫等设施建设。省级财政安排转移支付要考虑常住人口因素，积极向基层政府转移财力。

二　户籍制度

（一）户籍制度弊端

户籍制度是制约城镇化发展的一大障碍。由刘易斯发展中国家经济二元结构的理论模型可知，城乡二元经济向一元经济转变的关键是传统部门的剩余劳动力向现代部门转移的问题。广大农村地区人多地少，农民收入增长缓慢，城乡居民收入差距不断拉大。人口分布和经济分布的失衡，造成城乡之间人均 GDP 的差距巨大，由此形成城镇化发展的推拉机制（农村低收入的推力，城镇高收入的拉力），驱使农村剩余劳动力不断向城市转移，上亿的流动人口大军成为我国城乡地域之间特有的风景线。但在我国现行户籍制度下，农村人口进入非农产业，甚至离开农村进入城市的情况下，由于他们的农村户籍性质没有改变，他们在建设城市、创造 GDP

[①] 邓玲：《国土开发与城镇建设》，四川大学出版社 2007 年版，第 59—60 页。

的同时，却无法享受到相应的福利和保障，导致劳动人口和财政赡养人口的空间分离。① 大量外来人口始终游离在城市经济社会体系之外，不仅会加大"城中村"改造的难度，扰乱社会治安，使城市景观中出现许多不和谐的因素，还会使城镇化发展走向一条偏离正轨的道路。② 在市场机制下，城市可以"无偿"利用农村劳动力创造的财政收入进一步改善基础设施，提高竞争力，使城市获得连续积累的竞争优势，导致贫者愈贫、富者愈富的"马太效应"，从而再次加剧城乡之间的不平衡。另外，附加在户籍制度上的教育、医疗、社会保障福利和就业机会的不均等，更加加剧了城乡居民"生而不平等"的观念，成为引发社会冲突的重要因素。

（二）迁移制约分析

影响户籍改革的因素可分为原居地因素和迁入地因素。从原居地因素来看，农民世世代代生活在自己的故乡，故乡沉积了他们一代，甚至是几代人的劳动成果。中华民族几千年的传统文化，使生活在乡土中的农民对故乡、对故土的亲情与人情有一种难以割舍的眷恋，这种对乡土生活的惯性抵消了农民对城市生活的向往。另外，大多生活在偏远地区的农民受教育程度低，人力资本沉积少，就业能力差，担心离开故土无法就业和生存，从而对移居城市产生抵触情绪。

从迁入地因素来看，人口的迁入加大了城市的资源环境压力。如果人口的过度集聚超过了工业化和城市经济社会发展水平，就会产生用水用电紧张、交通拥堵、环境恶化等一系列被称为"城市病"的矛盾和问题。城市政府财政的短缺，难以满足大量迁入人口带来的一系列公共需求，大量人口的迁入对教育、就业、社会保障等部门的工作带来沉重的负担和压力，因而也会受到相关部门的抵制，使迁移者难以完全融入迁移地的社会生活。

（三）户籍制度改革

户籍制度是制约我国城乡二元结构向一元结构转变的重要原因，推进户籍管理制度改革有利于农村人口向城镇有序转移，有利于转变政府职能，推进城乡公共服务均等化。广大农村地区，特别是处于偏远山区的农

---

① 郭志仪、常晔：《城镇化视角下的农村人力资本投资研究》，《城市发展研究》2007 年第 3 期。

② 刘玉：《中国城市化发展的若干区域特性与矛盾差异》，《城市规划学刊》2007 年第 2 期。

村地区，交通不便，区位条件差，面临着经济发展与环境保护的两难选择，除加大财政转移支付力度，实行以工补农、以城带乡的政策外，还要加快农村剩余劳动力的转移，从做大分子、减小分母上做文章。农村剩余劳动力的转移对促进城乡公共服务均等化的意义显而易见，它不仅可以使进入城镇的转移者获得相对较高的收入，而且使留守在农村的未转移者通过占有更多的资源而增加收入。因而，陕西要把户籍制度改革作为破解二元城乡结构的突破口，统筹城乡发展，实现城乡空间融合。

1. 加强配套制度改革

在推行户籍制度改革的过程中，必须同时推动附加在户籍制度上的相关政策的改革，为农村剩余劳动力的顺利转移，提供制度支持和利益保障。农民工在为城市创造巨大财富的同时，理应与城市居民一样公平地享受城市政府提供的就业、教育、社会保障、文化生活等方面的权益，从而实现劳动人口和财政赡养人口的空间协调，而不是仍然处于一种无法被城市社会接纳的生存状态。陕西要稳定和完善土地承包关系，健全土地承包经营权流转市场，为农民向城镇流动创造条件；加强产业培育，特别是能够容纳更多就业机会的劳动密集型产业培育；加强教育培训，增强移民就业技能；加强道德风尚教育，形成一种包容、接纳移民的社会氛围；完善社会保障体系，逐步消除因农业、非农业户口不同而出现的社会利益分配不均问题，实现社会的公平正义。到 2020 年，全省人口布局为：大中小城市居住 40% 左右，县城和小城镇 30% 左右，农村及新型社区 30% 左右。

2. 建立城乡一元化户籍制度

城镇化的快速发展及农村人口的增加使陕西农民人均土地日益减少，广大农民增收困难。鼓励城镇，尤其是处于重点开发区的城镇，根据当地经济社会发展的需要及资源环境综合承载能力，以具有合法固定住所、稳定职业或生活来源为基本落户条件，尊重意愿、自主选择、因地制宜、分步推进、存量优先、带动增量，统筹安排城市现有农业转移人口、东中部回流人口、棚户区居住人口、高校和职业技术院校毕业生的市民化问题，推进户籍制度改革和基本公共服务均等化。逐步实行城乡统一的户口登记管理制度。①

---

① 张沛、段禄峰：《从主体功能区建设审视西部城镇化发展》，《商业时代》2009 年第 2 期。

现阶段，全面放开建制镇和小城市落户限制，有序放开西安市以外其他设区市市辖区的落户限制，优先解决符合条件的农村居民在中小城市和小城镇落户，加大对县城和小城镇的财政、金融、用地等支持力度，公共资源配置要更多地向小城镇倾斜，为小城镇产业发展和外来人口就业定居创造条件。2020 年之前，通过设置阶梯式落户通道和差别化落户条件，逐步解决符合条件的农业转移人口落户。

3. 建立流动人口居住证制度

逐步剥离依附在户籍管理上的公共服务，使户口登记真实反映居民的个人身份、家庭关系、常住地址及变动等。全面推行人口居住证制度，建立健全与居住年限相挂钩的基本公共服务提供机制，并作为申请登记居住地常住户口的重要依据，使长期在城市工作并连续居住、参加社会保险的流动人口公平公正有序落户。

4. 加强生态移民力度

在一些生态环境极为恶劣的地区，国家往往花巨资扶贫，有人称之为"输血式扶贫"，其结果常常是当地不但生态环境没有好转，且贫困依旧。[①] 对于这些地区，由于其经济根基薄弱，土地及生态环境的承受能力有限，短期内无法改变人口及城市地域分布的不平衡，这也导致即使国家重点建设却拉动作用不大的事实。[②]

陕西、陕南居住着严重超过其承载能力的人口，这些"多余人口"的生存需要直接构成对生态环境越来越大的压力。如果不实行人口转移，按照"就地脱贫"的老传统继续"人均一亩高产稳产田"建设，不仅贫困问题难以解决，付出的生态环境代价也难以估计。[③] 因此，对这些地区进行移民，不但可以节约资金，缓解地方财政压力，而且可以解决当地居民因生活所迫而造成的破坏生态环境来发展生产所带来的水土流失和生态恶化问题，对这些地区实施封山育林，保持水土，涵养水源意义重大。在这种情况下，鼓励陕西关中等地区的重点开发区，根据当地经济社会发展的需要及综合承受能力，以具有合法固定住所、稳定职业或生活来源为基

---

① 延军平等：《中国西北生态环境建设与制度创新》，中国社会科学出版社 2004 年版，第69 页。

② 付晓东：《中国城市化与可持续发展》，新华出版社 2005 年版，第 88 页。

③ 杜黎明：《主体功能区区划与建设——区域协调发展的新视野》，重庆大学出版社 2007年版，第 99—100 页。

本落户条件，引导陕西、陕南等生态脆弱、环境恶化的区域的人口逐步自愿平稳有序转移，推行生态移民，变地区脱贫致富为人口异地安置致富，实现人口、经济、资源环境之间的空间均衡，不失为根本摆脱贫困的好办法。

三　土地制度

（一）切实保证粮食安全

1. 不容乐观的国内外环境

"民以食为天"，粮食是人类生存和发展的基本生产、生活资料。粮食安全，关系到国计民生和社会安定，是指任何人在任何时候都能获得安全、充分、富有营养的粮食，以满足其学习、工作和生活的食物需求和膳食偏好。[①] 作为世界上人口最多的发展中国家，保障粮食安全始终是我国治国安邦的头等大事。新中国成立以来，党和人民为保障粮食安全，励精图治、自力更生，终于在 20 世纪 80 年代初，实现了粮食的自给自足，且成为粮食净出口国，基本实现了粮食安全目标。2013 年，中国耕地面积为世界的 7%，却养育了 19.2% 的世界人口，且营养状况达到中等发达国家水平，成为人类历史上划时代的伟大成就。

2001 年加入 WTO 之后，我国农产品进出品贸易加快。2004 年，中国农产品贸易首次出现逆差，粮食对外依存度上升，并逐步突破 95% 的粮食自给保障线，中国农产品贸易已进入"逆差时代"。2004—2013 年间，我国大规模连续净进口粮食，10 年内从 2412 万吨迅速增加到 8402 万吨。可以预见，我国粮食未来需求将进一步增加，国内粮食生产能力的提高已经明显赶不上消费需求的增长，粮食供给偏紧的局面将持续存在，国际粮食资源和市场对保障我国粮食安全的重要性将进一步凸显。农产品演变成金融衍生品后，国际大粮商通过投资期货市场，并配合实体企业控制国际农业资源和农产品市场的主要领域和关键环节。2008 年，按照世贸组织相关协议，中国逐步取消外资企业进入我国农业领域的数量限制、股权限制和地域限制，我国粮食市场进入全面对外开放时期。[②] 由于我国农业大

---

① 姜长云、李显戈、董欢：《关于我国粮食安全与粮食政策问题的思考——基于谷物自给率与日、韩相关经验的借鉴》，《宏观经济研究》2014 年第 3 期。

② 付伟铮、宋聚国：《基于粮食安全背景下中国粮食产业实施全球资源配置的方法与策略》，《世界农业》2014 年第 12 期。

多没有比较优势，加上政策保护乏力，导致我国大豆加工业已被 A（美国阿丹米）、B（美国邦基）、C（美国嘉吉）、D（法国路易达孚）四大跨国公司所垄断。[1] 国际粮商正在我国构建粮食种植、加工、流通全产业链，意在获得垄断价格，攫取垄断利润。[2]

2. 陕西粮食安全任重道远

国内、国际粮食生产、交易环境的改变使陕西的粮食自给能力前景不容乐观，主要有以下原因：第一，随着城镇建成区的无序蔓延、各种开发区的遍地开花及退耕还林还草工程的推进，陕西耕地面积逐年减少。化肥、农药、地膜等生产资料和劳动力成本的增加，使种粮成本的增速高于粮价增长；外国粮商的长期冲击，会给农民传递信号，促使其选择撂荒，或者种植其他作物。目前，保护耕地所谓的"占补平衡"政策，"占优补劣"、"重数量、轻质量"现象严重。由于规划的滞后和无序，城镇向周边"摊大饼"式地扩张，优质农田不断被占用，而"占补平衡"的耕地主要分布在耕作条件较差的边缘地带。

第二，较大的人口基数，使人口仍在惯性增长；经济的发展，也使人们追求更高的生活水平，粮食消费刚性增长不可避免。可以预见，随着陕西农民收入水平的增长及城乡统一的社会保障制度的建立，手中有钱，而又没有后顾之忧的农民必然改善其饮食结构，增加动物性食品与植物油消费，而动物性食品与植物油消费的增加，是建立在消耗更多粮食基础之上的。另外，工业用粮的多样性需求，也使陕西粮食供给更加紧张。科技在推进粮食增产的同时，也导致粮食的多元化需求。生物质能（玉米生物乙醇、油菜和大豆生物柴油）的发展，让"车人争粮"成为现实，农业自身的对外开放性增强。未来农产品生产及消费与能源工业的联动性越来越强，全球农产品供求紧张及价格上扬将是长远趋势。在全球气候变暖、极端天气不断出现，人口不断增加等多重因素作用下，陕西粮食安全问题日益加剧。

据相关部门统计，中国每年浪费的粮食大约相当于粮食进口量的一半，存在相当人口营养不良与部分人口营养过剩、资源禀赋不足与产供销

---

① 李刘艳：《粮食危机下的中国粮食安全问题研究》，《世界农业》2013 年第 7 期。

② 政务院发展研究中心农村经济研究部课题组：《中国特色农业现代化道路研究》，中国发展出版社 2012 年版，第 56—58 页。

浪费并存现象。国家粮食局 2013 年数据显示，由于设施简陋、粮食装卸运输抛撒遗漏、过度或粗放式加工，每年造成的粮食损失在 3500 万吨以上，相当于两亿人一年的口粮。在美国，近四分之三的粮食从离开农场的那一刻起就被冷藏，直到摆在杂货店的货架上。但是，我国只有约四分之一的肉类在运输过程中被冷藏，更不用说粮食了。陕西应做好顶层设计，加强物流贮藏设施建设；通过宣传教育，运用价格、税收手段，避免"舌尖上的浪费"，让节约粮食和科学消费的风尚蔚然成风。

第三，农业生态破坏严重。为了保障粮食自给，在解决"三农"问题的实践中，专家学者、政府官员、农民自身往往关注农民增收、农业增效问题，而忽略农村环境保护问题。由于仅看到农业生产的直接价值，而忽视了基本农田、水源保护区等所具有的生态价值，为追求粮食高产，化肥、农药、地膜的过多使用，加之秸秆污染、养殖污染以及污水灌溉带来的负面效应，导致陕西农业面源污染严重。我国东北地区著名的黑土地由于过度施用化肥，破坏了土壤的团粒结构，水土流失严重，耕地面积已经开始萎缩，土地硬化现象不断蔓延。[①] 另外，森林砍伐、过度放牧造成土地的沙漠化、石漠化、荒漠化、盐渍化；水土流失的富营养化，也成为我国近海海湾赤潮时有发生的主要原因。陕西农业生态环境退化严重，生物多样性锐减，那种"稻花香里说丰年，听取蛙声一片"的丰收年景一去不复返了。农业生态环境的恶化，不仅严重影响了陕西农业生产力水平的提高和农业的可持续发展，而且对我们"舌尖上的安全"提出了严重挑战。

3. 保护农田种植面积

农业是衣食之源，生存之本。农业的基础地位是否牢固，关系到社会安定和整个国民经济的可持续发展。随着工业化和农业现代化水平的提高，农业贡献的绝对量将增加，而相对量则会大幅下降。尽管陕西占我国农业产值比重和就业比重一直在下降，2014 年产值比重为 8.84%，但就业比重依然高达 37.83%，为缓解就业压力做出了较大贡献。虽然非农产业的发展可以以其他国家和地区的农业为基础，并建立以交换为手段的外向型经济结构，但对于陕西这样一个拥有人口较多，发展还相对落后的农

---

① 腾明雨、张磊、赵雪莹：《粮食安全视角下的中国原生态农业发展分析》，《世界农业》2013 年第 2 期。

业大省而言，风险极大，也不现实。

在工业化、城镇化进程中，由于农业的天然弱质性，易于使耕地、劳动力资源向城镇非农产业流失。陕西应建立食物及粮食安全预警系统，摸清家底，如耕地面积、粮食产量与库存、农业劳动力数量及年龄知识结构、涉农产品价格，确切掌握食物及粮食安全信息。对农产品主产区实行全方位保护，建立主产区政府与农民的利益补偿制度，确保种粮面积。面对生产资料价格的上涨和劳动力成本的增加，继续逐步提高粮食收购价格，使重要食物数量增加、质量可靠、流通及时。夯实农田水利等基础设施建设，保证化肥等农资供应，提高农业装备水平。加强城乡规划，设定城镇边界和生态廊道，防止城镇无序蔓延；合并、整治开发区，节约土地，使城镇化、工业化集约化发展。

陕西严格坚持农地农用的性质和用途不改变，切实保护基本农田，严禁借土地流转之名违规搞非农建设，坚决摒弃行政推动土地流转容易引发的"非农化"和"去粮化"现象。坚决抵制各级政府和管理机构在招商引资过程中，默许某些工商企业把农业用地违规违法转为非农建设用地的行为。在农地流转过程中既要遵循市场经济中的"竞价原则和契约精神"，更要关注农地流转的"实质"。严格禁止在流转农地上进行基础设施建设或变相建设"非农化"和"非粮化"设施以及通过"以租代征"等违法违规措施长期对流转土地进行非农建设行为，对流转农用土地进行破坏、污染、圈占闲置和损毁。通过停发粮食直接补贴、良种补贴、农资综合补贴等办法遏制撂荒耕地的行为。在流转土地上不符合产业规划的经营行为不能享受相关农业生产扶持政策，以此来合理引导粮田流转价格，降低粮食生产成本，稳定粮食种植面积。[①]

4. 农业技术推广

据农业专家研究，在现有资源环境约束下，农业科学技术对粮食增产的贡献率达到85%以上。我国21世纪粮食生产的"11连增"，就是农业科学技术不断推广的过程。因此，要用现代工业理念和现代科技成果支持农业，发展生物技术和信息技术，在基因育种、生物农药、数字农业、气象灾害防控、农业资源保护和利用等方面取得突破；加强生态文明理念，

---

① 赵国锋、段禄峰：《陕西农民农地流转消极意愿的成因及对策》，《改革与战略》2016年第1期。

发展生态农业、有机农业、循环农业、原生态农业，建立农业生态补偿机制，防止面源污染，推动农业技术的全面升级。农业技术，例如新品种、新耕作方法、新栽培技术、新饲养方法，往往具有非排他性，并不通过市场交易，具有公共产品的性质。即使可采用专利法进行保护，但由于阻碍新技术的推广，难以产生最大的社会效益。曾引导世界工业革命的英国，由于其强烈的放任主义传统，把技术培训和科学研究留给私人企业去做，导致 19 世纪后 50 年，除了具有熟练技能的技工和工程师以外，科技水平已全面落后于政府主导科技研发的德国。① 家庭农场由于资金、人员缺乏，难以进行技术创新。因而陕西要建立公共部门支持的农业科研和推广体系，让全社会免费使用农业新技术，推动陕西农业参与激烈的国际市场竞争。目前，农业互联网中性技术的发展也让农业与市场经济的联系更加紧密。通过创新、协调、绿色、开放、共享发展理念引导，夯实了社会统一和政治稳定的基础，可以促进更多就业，创造更多社会财富，避免马尔萨斯—李嘉图危机，并且有利于社会财富的公平分配，实现社会主义的公平正义。

陕西依托杨凌农业高新技术产业示范区，加强新品种选育、标准化种养殖、精深加工等农业关键技术研发集成，加快农业科技成果转化推广应用，构建公益性推广机构为主体、经营性服务组织为补充的"一主多元"社会化服务体系。支持重要农产品集散地、优势农产品产地市场建设，健全覆盖农产品收集、加工、运输、销售各环节的冷链物流体系，大力推进农超、农校、农企对接，降低农产品流通成本。加强农业标准体系建设，强化农产品地理标志和商标保护，开展农产品质量认证和检验检测，保障农产品质量安全。完善信息服务、气象服务等农业综合服务体系。

5. 培育新型农民

随着城镇化、工业化进程的推进，陕西农村精英劳动力不断向城镇非农产业流动，老人、妇女、儿童成为留守农业的主力军，农村空心化问题严重，涉农劳动力素质不高阻碍了粮食的增产和农业技术培训工作的开展。国家要统筹城乡、工农发展，加强职业教育培训，培育新型农民，使其能够在规模扩大的土地上熟练使用新技术，面对市场环境变化及时调整

---

① ［日］速水佑次郎、［美］弗农·拉担：《农业发展：国际前景》，吴伟东、翟正惠、卓建伟等译，商务印书馆 2014 年版，第 173 页。

投入、产出，发展自立型专业农业。① 政府通过新农村建设、增加种粮补贴、建立城乡统一的社会保障制度等政策，实现城乡基本公共服务均等化，留住农村人才。

（二）经营模式选择

1. 家庭承包经营

农业受自然环境影响极大。陕北、陕南地理上的阻隔，特别是山区、丘陵地带，往往会限制农场规模的空间扩张，大型农场对成片平整土地有较高要求，人们不得不屈服于小型生产。尽管家庭承包经营由于插花条田分布导致土地经营的细碎化，往往费时费力，但在非农就业机会不足、劳动力边际成本很低甚至为零的年代，通过过密劳动来提高土地产出率，是人们抑制生活风险的无奈选择。同时，小土地经营者可进行精细农业生产，如蔬菜大棚种植、高档水果培育、动禽和乳畜产品生产、园艺作物培植等，并通过减少农业生产的季节性来更充分地利用劳动力。而雇佣劳动者往往缺乏责任心，又难以对他们的劳动质量进行监管，因而家庭承包经营具有比较优势。再者，土地不具有再生性，农场的扩大依赖于对家庭承包经营土地的合并，即土地经营权的购买流转；而农民在自身素质不高、非农就业前景不明、社会保障制度不健全的情况下，不会贸然流转土地。另外，由于农业生产具有季节性，家庭承包经营也可为雇佣型大农场及乡镇企业提供劳动力。现阶段，陕西经济进入新常态，在经济增长放缓、就业压力增大的情境下，把农民土地完全向较大的家庭农场或雇佣型大农场集中流转经营的条件还不成熟，一家一户式的家庭承包经营将在相当长的时间内广泛存在。

由于家庭承包经营不利于劳动生产率的提高，因而随着陕西工业化的快速推进，非农就业机会的增加，家庭承包经营的劳动报酬与社会工资差距会越拉越大，理性的农民会离开农村外出打工，农民通过更多劳动投入进行小块土地经营也就没有必要了。但这会导致土地的粗放经营和农田抛荒现象，农业成为副业或留守老人、妇女、儿童职业。另外，随着时间的推移，农村家庭人口的增加将会导致土地的分割继承经营，使土地更加细碎化，降低了抵抗天灾人祸的能力，部分农民无法自给，只好流转土地，

---

① 姜长云、李显戈、董欢：《关于我国粮食安全与粮食政策问题的思考——基于谷物自给率与日、韩相关经验的借鉴》，《宏观经济研究》2014年第3期。

成为城市工人或农业雇佣工人等。总之，土地经营权向种田能手、种粮大户、涉农企业流转，土地规模经营的发展趋势不可避免。

2. 雇佣型大农场

过多的人口、需求的刚性和有限的农业资源，使陕西粮食供需长期处于紧张平衡状态。大规模土地经营的工商企业雇佣大农场，不应成为陕西农业生产的主流模式。但对于一些地广人稀的平原地区，如黑龙江省，土地资源丰富，劳动力短缺，种植小麦、玉米、大豆之类的农作物，田间劳动相对简单，易于管理和监督，可以通过资本、技术密集型耕作，提高单位面积产出。关中平原地带也可引入工商企业，建立牧业放养、乳品生产、肉类加工，构建集生产、销售、研发垂直一体化的农工商产业体系。速水佑次郎认为，对那些生产、加工、销售之间需要紧密合作的行业，如水产养殖、温室园艺，以及在采摘、加工、销售上有时令限制的作物，如香蕉、红茶等，可采用工厂式的雇佣大农业生产。①

哈巴库克（H. J. Hhbakkuk）认为英国 19 世纪资本主义雇佣型大农场的兴起，不是因为大土地的经济优势，而是因为能够给土地经营者带来丰富的社会收益，如政治地位和社会影响力等。② 因为当时的英国，商业机会很多，利润很高，比投资农业有更多的比较收益。现阶段，陕西工商企业经营土地，不乏有人以农业经营为幌子，搞新时期的"圈地运动"，或沽名钓誉，赚取社会地位，获得更多"灰色收入"；或官商勾结，变更土地用途，进行工业开发或房地产经营，应该强化国家监管，杜绝此类现象发生。

"民以食为天"，农业发展是国家安定的基石。作为西部农业大省，陕西人口多，缺少非农就业机会和完善的劳动力市场，存在大量隐性失业人口，因而开发闲置劳动力创造更多社会财富比提高单位劳动产出更为重要。社会生产的组织形式由技术发展特征决定，农业工厂式的规模生产所带来的规模效益难以抵消劳动的监督成本，因而大规模生产的组织形式在陕西当前人均耕地面积较少、就业压力较大的情况下，只能适当探索，不可能成为主流形式，也不是实现农业现代化的必经之路。

---

① ［日］速水佑次郎：《发展经济学——从贫困到富裕》，李周译，社会科学文献出版社2003 年版，第 291—292 页。

② H. J. Hhbakkuk, "English Landownership, 1680 – 1740", *The Economic History Review*, Vol. 10, No. 1, January 1958.

3. 家庭农场

与工业生产相对集中不同，农业生产在广阔的空间中进行，劳动极其分散，受制于无数的生态条件，光照、温度、湿度的微小变化，对一些精细农业都会发生较大影响。这就要求农业劳动者在劳动过程中具有极强的责任心，而雇佣工人作为经济人的有限责任性，使人们很难衡量劳动者的贡献和责任，导致农业雇佣生产的监督成本较大。另外，农业机器多数可由单人操作，农业生物技术、化肥技术、耕地草场轮作技术等多为中性技术，不存在较大的规模效益问题；农业生产的季节性、流动性，间接导致了农业专业化分工程度的进一步降低。因而，对于农业，协作生产、专业分工所带来的效益递增并不明显，而监督成本却远远高于工业化流水线劳作所带来的监督成本，工厂式的大规模雇佣劳动并不经济，农业劳动具有明显的单干性质。[①]

陕西土地资源有限，消费需求却在不断增加，这就要求我们更加集约地利用土地，使用更加复杂的耕作与管理手段，提高单位产出，这也使得雇佣监管成本更高。城镇化的推进也使越来越多的农民离开农村，成为城镇产业工人。市场经济用脚投票的方式有利于农民的分化和土地的集中。包干到户的农民，可以把更多时间用于经营自己的土地，使他们的能力在经营中真正地显露出来，从而发挥优胜劣汰作用。农民内部不断分化，身份不断转换，成为农业工人、城市工人、家庭农场主等，导致插花分布的个体土地向种田能手、种粮大户集中，家庭农场经营成为可能。家庭农场成员为自己劳动、责任心强，既不存在监督成本，又可适度规模经营，解决土地细碎化问题，所以家庭农场将成为陕西农业土地经营的主流模式。家庭农场的面积一般以每个家庭使用自家劳动力进行现代化经营所能运作土地的范围为限。美国、加拿大、澳大利亚拥有广阔的平原，土地资源极为丰富，但这些国家资本主义的雇佣型大农场却并没有多少市场。所谓公司制大型农场，实际上是由家庭农场联合而成，并不是工厂式组织的大规模生产，家庭农场的优越性不言而喻。

在农业利润低下，甚至依靠政府补贴才能持续经营的前提下，家庭农场的效率高于雇佣农场。我国未来的农业现代化发展模式并非工厂式的大

---

① John M. Brewster, "The Machine Process in Agriculture and Industry", *Journal of Agricultural Economics*, Vol. 32, No. 1, January 1950.

规模农场经营，实行工厂基础上的种养、加工、销售的水平一体化，而是在最基本的农业生产方面保留家庭农场经营模式，通过工厂加工农业产品、商业公司销售农业产品及购买生产资料，发挥比较优势，克服小农生产与市场联系的弱点。通过建立生产、销售、采购等合作社组织，实现合作化基础上的纵向一体化，降低交易成本，免受中间商的剥削①，使农业生产达到最佳效益组合。一个富裕的农民阶层，可使陕西存在一个广泛的区内市场，对于增加内需，推动经济结构转型升级，促进新型工业化、信息化、城镇化与农业现代化协同发展具有重要的现实意义。

（三）科学整合土地

1. 积极推进征地制度改革

现行的土地政策，使农民缺少对土地处置的话语权，政府可以以很小的代价从农村获得土地，从而使"位置级差地租"法则失效，助长了土地资源的粗放利用。主要表现为：城镇建成区无序蔓延，而不是对现有城镇空间的有效整合；开发商囤积土地增值谋利，而不是快速集约利用土地；工业企业向大城市集中，而不是形成合理的城镇分工体系；居民生产、生活、生态空间的混杂使用，而不是各种空间的相互协作与耦合。据有关资料统计，我国在 20 世纪 60—80 年代，GDP 每增加一个百分点，对土地的占用量是日本的 8 倍左右，土地低效益使用问题非常突出。

陕西要对城镇土地进行资源环境承载能力评估，合理运用级差地租原理，优化城镇空间功能分区，使土地使用者在不同城镇、在城镇的不同区间找到自己的合理位置，避免行政长官意志和土地批用过程中腐败现象的发生。通过建立反映土地真实价格的市场机制，规范政府行为，扭转低地价甚至零地价招商引资的方式，改变蔓延式空间扩张的趋势；通过控制土地流向，明确产业发展方向和重点，引导区域主导产业结构优化升级；考虑开征不动产税、提高土地占用税等，迫使开发商快速集约开发利用土地；重视旧城改造、城中村改造、形象工程整改，开发盘活存量土地，搞好土地置换，促进企业由中心市区向郊区乃至其他城镇搬迁；强调企业之间协调分工，集中布局，充分发挥经济的规模效益和集聚效益，培育、壮大区域的产业集群；发展公用性的仓储设施，建立物流中心、配送中心，

---

① ［俄］恰亚诺夫：《农民经济组织》，萧正洪译，中央编译出版社 1996 年版，第 38—41 页。

减少企业附属的仓储用地；以陕西国有企业改革、老工业区改造为契机，将企业不该分担的社会功能剥离出来，从而促进城镇生产、生活、生态空间的优化组合。

完善征地补偿办法，合理确定补偿标准，抓紧修订陕西征地统一年产值和区片综合地价标准，提高农民在土地增值收益中的比例。探索农民参与土地资本化进程，建立政府、社会资本和农民集体共同开发、合作共赢的机制，允许农民以经营性集体建设用地使用权通过多种方式参与开发经营。严格征地程序，进一步约束和规范政府征地行为，强化对被征地农民知情权、参与权、监督权的保障。按照提高被征地农民在土地增值收益中分配比例的原则，综合考虑土地的财产价值、就业功能和社会保障功能等因素，建立和完善多元补偿安置机制，切实做到被征地农民生活水平不降低，长远生计有保障。

2. 加快推进农村土地流转

伴随着城镇化加速、农业劳动力迁徙，土地家庭联产承包经营制度也面临着一系列挑战。土地分散经营与农业现代化发展目标之间的差距日益扩大。农村土地流转两个最基本的政策目标，一是要对土地进行规模化经营，从而提高农业效益；二是要把多数农民从土地中解放出来，转移到工商业中，从而提高农民收入、促进工商业发展。因此，农业产业化实际上就是农村土地流转的主要政策目标，在土地承包经营的产权前提下，没有土地流转就难以实现农业规模化经营。规模化经营，意味着土地、劳动力等生产资料的集约化，农村劳动力的大量释放是农村土地流转的必然结果，这就为工业化的推进提供了源源不断地从农业中转移出来的低廉劳动力，也对城镇化提出了要求；农村土地利用效率的提高是农村土地流转追求的方向，这就为满足工业化和城镇化建设用地需求提供了可能性。因此，农村土地流转是工业化和城镇化的重要前提和有力保证。陕西地方政府应切实保障农户土地收益权利，在确保农户土地使用权稳定化的基础上，依法、自愿、有偿流转土地承包经营权，鼓励创新土地流转模式，允许土地自由转让、互换、出租、抵押、入股，不断探索农地资本化的有效途径，让土地在流转中增值，让农民在土地增值中增收。[①]

随着经济区域化、经济全球化进程的加快，产业竞争更加激烈，提高

---

① 周振华：《信息化与产业融合》，上海人民出版社 2003 年版，第 223 页。

农业生产效率迫在眉睫。陕西只有加快土地流转，实现农业规模经营，才能提高农业生产率。大规模的土地流转，必然导致大量的农村冗余劳动力从土地中释放出来。由于农村社会保障制度的残缺及农民自身技能的不足，这部分劳动力很难获得新的就业机会，从而使人均一份的"口粮田"成为农民规避风险的天然屏障。农民在土地流转中普遍存在保守意识，大多数农民会牢牢抓住土地使用权不放。在土地资源过度稀缺而人地关系过度紧张的制约下，土地的市场化交易并不会因产权清晰而大量发生；土地不能在我国农村流转和变现困难，企业不能进入农业的原因在于土地承担着农业生产和农民社会保障的双重功能。① 因此，农村社会保障制度的建立和完善，是农村土地顺利流转的基本前提。基于农村社会保障缺位的现实，陕西要把土地流转收益与建设农民社会保障体系结合起来，做到征地和社会保障同步进行，切实解决好失地农民的生活保障问题，并逐步实施被征地农村居民养老保障向城镇职工基本养老保险接轨政策，加快城乡统筹发展和一体化进程。

3. 建立农村宅基地退出机制

鼓励各地根据土地利用总体规划、城乡建设规划，结合农村新型社区建设，有步骤地推进农村居民点撤并和小城镇、中心村建设，引导村民逐步向小城镇、中心村集中居住建房，对自愿放弃农村宅基地、进城居住且不再申请宅基地的村民，市县政府可给予合理补偿，所需资金从土地出让收益中安排。

4. 建立城镇用地规模结构调控机制

我国过去以行政区预计建设用地为参照，主要采用平均分配土地指标的方法来确定不同地区的土地供给量。各地区资源环境承载能力的差异性，造成了集聚产业和吸纳人口能力的差异性。以行政区为单位平均分配土地的方式，既造成资源环境承载能力强的地区建设用地的供不应求，也造成生态环境脆弱的地区的盲目开发，土地政策没有起到引导经济合理布局和人口合理分布的作用。针对上述弊端，我国"十一五"规划纲要提出，以不同区域的主体功能定位来分配土地的政策，从而充分发展土地政策的约束和引导功能，逐步实现"一方水土"、"一方经济"与"一方人

---

① 温铁军：《"三农问题"与解决办法》，《中国改革》2003 年第 2 期。

口"相协调。[①]

陕西坚持最严格的节约集约用地制度，严控新增城镇建设用地规模，严格执行城市用地分类与规划建设用地标准，实行增量供给与存量挖潜相结合的供地、用地政策，提高城镇建设使用存量用地比例。探索实行城镇建设用地增加规模与吸纳农业转移人口落户数量挂钩政策。建立城乡绿色发展的用地供应控制指标体系与制度，有效控制大城市新增建设用地规模，适度增加集约用地程度高、发展潜力大、吸纳人口多的卫星城、中小城市和县城建设用地供给。加大旧城改造、"空心村"治理力度，科学开发利用乡镇、学校、村庄撤并后闲置土地，盘活现有城镇存量建设用地，推动低效用地二次开发，提高城乡土地利用效率。在市域范围内开展城乡建设用地增减挂钩结余建设用地指标流转试点工作，切实做好工矿废弃地复垦利用试点工作。

第三节　软质文化传承植入

一　地域特色保护

21 世纪，全球化的浪潮已遍及世界各个角落，经济全球化和文化趋同性表现出人类的进步，同时也给民族文化带来严峻挑战。陕西正处于城镇化、工业化的快速发展时期，强烈的时空变换、鲜明的现代化生活方式和中西方文化交汇的火花不断撞击着人们的眼球。

中国传统文化"天人合一"的思想，强调建立人与自然的和谐关系，是中国古人看待人与自然关系的基本态度，是中华民族文化发展的基础性缘由和深层次根源。乡村与城镇的魅力在于特色，特色是乡村与城镇的生命，是文化内涵的深层反映，是社会长期积淀的结果。一个乡村，如同一座城市，它的文化景观主要是通过自然风光，街道、建筑群、绿化、山川湖泊的利用，人文特色等来表现的，即建筑文化、绿色文化、蓝色文化（水文化）的综合。建筑，是城乡凝固的音符；建筑，是城乡永恒的风景。我国的传统建筑无不在自然环境、血缘情感、人文精神、乡土文化等方面表现出寻求天人之间的和谐相融思想，追求"人与自然"、"人与

---

① 杜黎明：《主体功能区区划与建设——区域协调发展的新视野》，重庆大学出版社 2007年版，第88页。

人"、"个人与社会"和谐的居住环境。江南小巧玲珑的民居，北方厚实的四合院和三合院，华中封闭的天井和马头墙，西南的木楼、竹楼，西北的窑洞，都直观和形象地烘托出乡村和小城镇的特色。著名建筑大师梁思成先生曾说过："翻开一部世界建筑史，凡是较优秀的个体建筑物或者组群，一条街道或者一个广场，往往都以建筑形象重复与变化的统一而取胜。说是千篇一律，却又变化万千。每一条街都是一轴手卷，一首乐曲。千篇一律和千变万化的统一在城市面貌上起着作用。"

自改革开放以来，陕西城镇化建设的西方化倾向愈来愈烈，国际式建筑的现代化表征强烈冲击着脆弱的建筑民族化和地方化。从目前趋向看，陕西城乡建设已走向"洋化"，乡土味、地域味正一层层剥落。城市建筑风格没有主导方向，"欧陆风"、"澳风"劲吹，古城传统的符号、文脉和地域特色正在消失；而乡村布满贴着白瓷砖的板式小楼和"北京平"火柴盒，正如某位中央领导所说，"看了一村又一村，村村像城市；走了一镇又一镇，镇镇像乡村"，千城一面现象严重。陕西的城镇化和新农村建设应挖掘本土文化特色，强调民族建筑特点和居民生活习惯，努力保持地区原有的面貌和建筑风格，在采用现代的基础设施、生活设施和建筑材料的同时，首先要注意城乡环境的整体性，尊重传统的"整体思想"与"和合观念"，创造自然生态、人工物质形态和精神文化形态有机结合的整体环境，建设"人、自然、社会"和谐的城乡空间。其次应崇尚自然，以自然为城乡建设创造的永恒主题，构建充满自然审美与自然精神的环境文明。在继承传统文化的同时，创造具有时代气息的新文化，通过建筑风格塑造城乡地域特色。①

陕西城镇化发展要传承历史文脉，提升文化内涵，彰显城市特色。发展有历史记忆、地域特色、民族特点的美丽城镇，让居民望得见山、看得见水、记得住乡愁。关中地区要加强历史名城、名镇、名村保护，协调大遗址保护与城镇发展建设的关系，促进形成历史文化遗产密集区与城市密集区有机协调、交相辉映、文化特色鲜明的城市群；继续推进丝绸之路申遗工作，加强丝绸之路沿线的文物古迹、非物质文化遗产保护工作，进一步提升陕西历史文化影响（图 9.2）。

---

① 黄序：《北京城乡统筹协调发展研究》，中国建材工业出版社 2004 年版，第 219 页。

图 9.2　陕西大雁塔即景

　　陕北地区加强历史文化名城名镇名村保护，充分利用黄土自然景观、历史文化遗迹和地域人文风情资源，深入挖掘"两黄两圣"，即黄河壶口瀑布、黄土风情文化、中华民族圣地、中国革命圣地文化内涵，发展旅游及文化产业，使城镇化的发展彰显陕北地域文化和产业特征（图 9.3）。

图 9.3　陕北延安市黄陵县黄帝陵

　　陕南地处秦岭、巴山之间，两山对峙中的丘壑纵横，清流中穿，使得丛林密蔽，虫兽繁杂，矿物浅藏，麦谷丰盈，更有巫道佛三教踪迹，汉魏蜀各代战场等历史文化。现存在丹凤花庙、柞水红岩寺、镇安云盖镇、旬阳蜀河口、紫阳蒿坪街、洋县城隍庙、南郑青树子、宁强金山寺等处的神殿、戏楼，均以华丽、精妙诸特色，著称于世。陕南要加快农村地区基础设施建设，打造生态环境优美、村容村貌整洁、乡土文化繁荣、农民生活幸福的美丽乡村。同时，加强古镇古村保护，延续历史文脉。

图 9.4　陕南旬阳县蜀河古镇

二　社会网络进化

根据世界各国经济社会发展的一般性规律，当一个国家或地区的人均GDP 处于 1000—3000 美元的阶段，往往是经济容易失调、社会容易失序、心理容易失衡、社会伦理需要调整重建的关键时期，也是各种危机的频发时期。陕西刚刚进入全面建设小康社会的新阶段，一些不协调的问题和矛盾日益暴露出来。突出表现为城乡差距、地区差距、居民收入差距持续扩大，就业和社会保障压力增加，教育、文化、卫生等社会事业发展滞后，人口增长、经济发展同生态环境、自然资源的矛盾加剧等。陕西应以我国传统文化宝库中的和谐思想为指导，坚持以人为本，促进和谐发展，努力改善民生，把提高人民生活水平作为一切工作的出发点和落脚点；注重城市与农村、人与自然、经济发展与社会进步相协调，实现经济社会可持续发展。

无论是从西方的经典现代化、第二次现代化、再现代化理论，还是从中国近现代以来的现代化实践来看，作为现代化的主体——人的现代化是最根本的。如果没有人的价值观念、生活方式、职业习惯、文明程度的城镇化和现代化，就谈不上真正意义上的城镇化和现代化，至多只能说是单一的物质形态上的现代化。在经济转轨和体制转型时期，陕西要逐步解决城乡二元结构问题，不仅要关注二元体制的制度转型和制度融合工作，而且要特别关注城镇化进程中村民转变为居民的社会化问题，促进城乡文化的融合与对接。

出于主观的傲慢与自负，农民一直被认为是保守和缺乏文化的象征，这种潜在的歧视性心理造就了对农民的剥夺和忽视。"对中国农民的认识，基本上认为农民是非理性的和传统主义取向的；当生存状况受到威胁时，其行为表现为内卷化的策略，即不断以边际效益递减的附加劳动增加产量和收入；当生存状况得以改善时，其行为又表现为宁愿获得更多的闲暇而不愿增加劳动以获得积累。"[1] 从失地农民的就业意愿来看，有相当多的未就业人群就业意愿不强，这其中有自身素质的缺陷、企业用工取向的约束、就业服务的滞后等原因，但深层次的症结在于农民有一种抵触城镇化和抗拒现代化的文化意识，很难一下子从农村的生产生活方式、价值观念，走向对城市的文明、生活方式、价值观念的认同。农民祖祖辈辈繁衍生息在自己的土地和农业上，他们有自己的乡土文化、价值观念、生活方式、职业习惯。在工业化和城镇化的快速推进过程中，大量农民失去土地，一夜之间"洗脚上田"，从土生土长的村民变为"市民"。他们面对一个不太熟悉甚至完全陌生的环境，世世代代累积的社会关系被远远地抛离在家乡；他们在城市里的工作和生活并非一帆风顺，随时面临着失业危机和生活困难。在这种情况下，作为弱势群体的农民，会感到茫然和无所适从，从而形成一种社会和心理上的结构性紧张和危机，流露出一种逆城镇化和抗拒现代化的意识，由此逐渐形成一种强烈的反社会情绪和失范行为取向，甚至有极少数人会走向犯罪的道路，导致社会矛盾激化和公开化。[2] 文化素质没有束缚任何一个人去寻找改善他自己的命运，束缚他的只是在承受变迁时有希望得到足够的好处机会的缺乏。[3] 将农民摒弃在现

---

① 张兆曙：《乡村五十年：日常经济实践中的国家与农民——以浙江省义乌市后乐村为个案的实地研究》，《战略与管理》2004 年第 4 期。

② 李晓莉：《城中村现象的经济学分析》，硕士学位论文，暨南大学，2003 年，第 40 页。

③ [美] 罗纳德·H. 科斯等：《财产权利与制度变迁》，刘守英等译，格致出版社 2014 年版，第 101 页。

代化的进程之外，终将制约现代化的实现和经济的健康发展。我国农村市场启动的艰难，再次表明为了一时的经济发展速度，牺牲农村的经济发展利益，是一种短视行为。因此，我们应加强管理和不断完善社会保障体系来减少入城农民的失范行为，使城市居民和迁入城市的乡村居民融为一体。城市居民要学习乡村居民进城后给城市带来的活力，学习他们刻苦耐劳和市场经济适应性等优点，要有接纳新移民的宽阔胸怀；新移民要有积极融入城市社会的思想准备，不断提高文化素质，学习城市老居民遵守城市规则的自觉性。

政府要首先解决"洗脚上田"的"新居民"的生计问题，加快建立农村居民就业培训和就业引导机制，形成统一、开放、竞争、有序的城乡一体化劳动市场，解决农村居民失地失业问题，促进农村剩余劳动力向二、三产业转移。其次，为"新居民"提供全方位的社会保障。在城市强势力量的"围攻"下，脱胎于农民，又不得不进入城市生活的农民普遍一无技术、二无文化、三无特殊优势，是城市生活中最缺乏竞争能力的群体。因此，促进"新居民"的持续发展，不能停留于就业的层面，而应该建立失地农民的社会保障机制。①

三　发展环境改善

国家的统收统支政策，使计划经济体制下的企业和企业家缺乏市场观念和竞争意识，企业的技术进步动力弱，社会劳动生产率低下。陕西尚未根本摆脱计划经济和以国有经济为主的传统所有制模式，这是导致经济相对落后的体制性原因。因此陕西要进一步推进国有企业体制改革，转变政府职能，坚持开放合作，实现互利共赢。积极参与国内外区域分工与合作，寻求合作机遇，拓宽合作领域，在合作中谋求发展。

（一）给企业提供公平的竞争环境

政府最不应该做的就是损害公平的竞争环境。当政府重点扶持国有企业的时候，也就意味着对私有企业的歧视；当政府对明星企业、外资企业照顾时，也就意味着对中小企业、民营企业的不公。国有企业、明星企业、外资企业是陕西经济发展的重要力量，但是，大部分就业岗位的创造

---

① 陈瑞莲等：《破解城乡二元结构：基于广东的实证分析》，社会科学文献出版社2008年版，第126页。

最终还是要靠普通的民营企业，所以我们要重视这些弱势的中小企业，在税收、基础设施建设等方面给这些企业提供一个公平竞争的环境。[①]

现代经济发展客观上要求应打破片面追求自成体系而建立统一市场，促进生产要素自由流动并实现资源最优化配置。产业组织，是指为了获得理想的市场效果，由政府制定的干预市场结构和市场行为，调节企业间关系的公共政策。其实质在于协调竞争和规模经济之间的矛盾，以维持正常的市场秩序，促进有效竞争的形成。[②] 在现代市场经济条件下，应以市场为导向，发挥产业优势，促进结构调整，延长产业链条，加强配套分工，推动产业升级，形成产业集群，构筑若干特色优势产业基地，鼓励支持规模经济显著行业竞争力较强的企业尽快扩大生产规模，维护有效的市场竞争秩序，防止过度竞争。

（二）提升城市创新创造能力

发挥城市创业平台作用，加快"零门槛"商事制度改革，简化审批手续，降低创业投资成本，激发创业活力。运用财政支持、税费减免、政策性金融服务等手段，扶持中小微企业发展。积极鼓励自办、领办经营实体，带动身边劳动力就业。强化就业创业公共服务体系建设，建立城乡统一的人力资源市场。积极引导产业结构调整，大力发展养老、信息、培训、咨询、家政、社区服务等新型服务业态，构建吸纳就业能力强的产业体系。积极发展集约化立体城镇，促进生产生活配套服务能力强的产业—社区型城市发展，实现劳动力及其家属就业创业与生活居住相配套。

发挥西安、宝鸡、咸阳、杨凌等地区科技、教育和人才资源优势，实施创新发展战略，全力推动陕西创新型省份建设，激发全社会创新活力。引导创新资源向企业集聚，强化企业技术创新主体地位，组建产学研战略联盟，推动协同创新。完善创新服务体系，发展创新公共平台和风险投资机构，推进创新成果产业化。大力加强创新型人才队伍建设，完善人才引进培育政策，在重点领域培养和引进一批高端领军人才、技能型人才和管理型人才，加快提升全省自主创新能力。

---

① 中国投资环境编委会：《政府创新、城乡统筹与城市竞争力》，经济科学出版社 2008 年版，第 66 页。

② 苏东水：《产业经济学》，高等教育出版社 2000 年版，第 156—159 页。

（三）加强人文社会环境建设

当前，随着各个城市基础环境的成熟和趋同，投资者对于地方投资环境的关注已不再局限于投资行为直接相关的交通运输、优惠政策等条件，舒适的居住环境、清新的空气或阳光等人文社会环境已成为其重要考量因素。因此，陕西要把强化公共服务和社会管理职能，加快完善公共服务和社会管理体制，作为转变政府职能、推进投资环境改善的重要内容来抓。一是要完善公共服务体制。围绕逐步实现基本公共服务均等化目标，深入推进社会服务改革，深化城乡一体的就业、社会保障和公共教育、公共卫生、基本医疗、公共文化等体系建设，不断扩大公共服务，逐步形成惠及全民、公平公正、水平适度、可持续发展的公共服务体系，促进社会和谐。二是要吸引和留住各类人才。针对陕西人才不断外流的现象，通过优化人力资源开发环境，创新人才开发机制，培养和吸引创新型人才；鼓励创新人才通过兼职、定期服务、技术开发、项目引进、科技咨询等方式自由流动，吸引和留住各类人才服务陕西经济建设，避免"孔雀东南飞"现象发生。

目前许多城市的交通模式，既促进了机动车的使用，又造成了社会的不平等，体现在城市贫困者获得就业机会受到了限制，而且造成了出行费用的增加和生态环境的污染。[①] 针对西安人口密度高、交通客流量大的实际，城市的发展布局和土地使用规划必须与交通规划同步研究，构建"快速公交为依托、专用道干线公交为骨架、常规公交为主体、出租车为辅助"的城市公交体系。制定出切实可行的方案和措施，使城市的中心地区、就业岗位区、居住区都有方便的公共交通。通过优化线网布局，调整公交线路，加快公交专用道、公交站场和公交港湾建设。开辟西安中心区与副中心及重要乡镇之间、副中心与副中心之间的公交线路，形成辐射的城乡公交网络。在城市主干道上，规划建设快速公交（BRT）和公交专用道，贯彻各项公交优先的技术政策，使公共交通成为主要的交通出行方式，促进低碳经济发展。

（四）加强物流体系建设

交通技术的创新是社会发展和技术进步的重要结果，也是社会经济发展的强有力促进因素，是引起空间结构状况变化的动因之一。与西部的大多数地区一样，远离海岸线是陕西的一个区位劣势。尽管陕西劳动力的工资水平只有沿海地区的一半左右，尽管陕西在劳动密集型制造业上有其自

---

① 吴人坚、陈立民：《国际大都市的生态环境》，华东理工大学出版社2001年版，第168页。

身的优势，但糟糕的物流系统也会抵消劳动力成本上的优势。

对于陕西而言，完善区域交通体系，构建高效快捷的物流平台，允许大型物流公司开展运营，从而加强区域内与沿海的联系是符合自身利益的。当前，劳动密集型制造企业正从沿海向中西部地区转移，对于作为西部地区桥头堡的陕西来说，一个关键的问题是这种转移会不会流向工资更低的国家，例如孟加拉和越南，或者是转向内陆的中西部地区。如果确实是向内陆地区转移，那么将对中国西部大开发起到很大的促进作用，但前提是为企业设立与沿海地区加强联系的物流体系。未来陕西将建成面向国际的中国西部航空枢纽、国内重要的公路和铁路交通枢纽、西部最大的物流中心；构筑以航空、铁路、高速公路为骨架的综合交通运输网络，城市交通形成环路加辐射加轨道交通的结构。围绕城镇化布局和形态，加强城镇交通体系的规划和建设。加快国省干线公路改扩建，提高技术等级和通行能力，加快西咸、宝鸡、榆林、汉中、延安等国家公路运输枢纽建设。加强中小城市和小城镇与交通干线、交通枢纽城市的连接，改善路网结构，推进综合客运枢纽和公路客运站场（点）建设，完善城乡公路客运站场布局和服务功能，使乡镇客车通达率达到100%，建制村客车通达率达到99%以上，让交通成为城镇化人流、物流快速移动的脉络。

（五）统筹城乡区域协调发展

在构建社会主义和谐社会的背景下，国家提出了统筹发展的指导思想。统筹和协调是国民经济平稳、健康、高效运行的前提，是落实科学发展观的必然要求。所谓统筹协调发展就是促进有关发展各系统的均衡、协调，充分发挥各要素的优势和潜力，使每个发展要素均满足其他发展要素的要求，完善整体功能，实现经济社会持续、均衡、健康发展，既包括量的协调，也包含质的协调。具体来说，就是"五个统筹"：统筹城乡发展、统筹区域发展、统筹经济社会发展、统筹人与自然和谐发展、统筹国内发展和对外开放。

现阶段，陕西已进入城镇化的快速发展阶段，要不失时机地实施城镇化战略，提高城镇化水平，实现城镇化、工业化和经济发展水平的协调发展。陕西产业布局规划应贯彻比较优势原则，全面分析区内产业发展的各种有利条件和不利因素，通盘评价区域产业发展和投资环境，并与其他地区进行对比研究，从而挖掘、利用、开发区位优势，培育主导产业，壮大优势产业，形成特色经济；并通过辅助性和服务性产业建设，在区内形成分工协作、错位竞争、优势互补、共同发展的局面，实现最优的产业结构和空间布局模式。西安要着力提高产业的技术水平，将技术成熟产业、劳动密集型和资源密集型产业有序地向其他市、县（区）重点开发区内转移。重点开发区一方面要吸纳西安转移出来的产业，另一方面要吸纳陕北、陕南限制开发区、禁止开发区转移出来的人口和无法长期承载的产业。陕北、陕南限制开发区要遵循"保护优先，适度开发"的方针，因地制宜地发展资源环境可承载的特色产业，又要引导人口向重点开发区和优化开发区转移，缓解人与自然之间紧张的关系。

城乡融合发展是经济结构的转换过程，更是城乡空间结构再组织的过程。它通过一系列产业结构转化使城乡地域空间达到高水平的结合，使城乡在经济上达到利益共享、风险共担的有机联系。[①] 城镇与乡村功能不同，因而产业结构也应各有侧重和不同，城乡分工可以更好地提高城乡经济系统的效率，是城乡一体化的重要内容和实现途径。[②] 陕西产业发展应根据城市、城镇与农村的不同定位和比较优势，在城市、城镇和农村之间进行产业分工和错位发展，以便形成有机整体。通过引导占地多、能耗高的加工业和劳动密集型产业逐步从中心城市向周边中小城镇转移，同时使分散在广大农村的乡镇企业向中小城镇集中，在解决"城市病"和"农村病"的同时，也解决城乡之间产业同构和过度竞争的问题，形成城乡一体化的产业支撑体系。[③] 中心城市西安提升产业结构层次，重点发展金融、贸易、信息、服务、文化、教育等第三产业；中小城镇以生产性功能为主，充当西安向农村扩散经济技术能量的中介和农村向西安聚集各种要素的节点；农村以发展现代都市农业支撑大中小城市及小城镇对资源和要素的需求，获取农业经营的规模效益和城镇化发展的整体效益[④]，从而促进陕西城乡产业结构优化和融合发展。

全面建设小康社会的难点在农村和山区，要从社会主义现代化建设全局出发，统筹城乡区域发展，实行工业反哺农业、城市支持农村，推进社

---

① 魏清泉：《城乡融合——城镇化的特殊模式》，《城市发展研究》1997 年第 4 期。

② 许学强、叶嘉安、周春山等：《中国城市转型、发展、重构与规划教育》，科学出版社2015 年版，第 201 页。

③ 罗吉、王代敬：《关于城乡联系理论的综述与启示》，《开发研究》2005 年第 1 期。

④ 杨家栋、秦兴方、单宜虎：《农村城镇化与生态安全》，社会科学文献出版社 2005 年版，第 216 页。

会主义新农村建设。陕西要认真贯彻落实科学发展观，紧紧抓住西部大开发、关中—天水经济区发展规划、"一带一路"建设，全面推进城镇化发展，加快建设西部创业环境最优、人居环境最佳，综合实力最强的现代经济强省。

四　生态发展规划

陕西应以科学发展观统领全局，以人与自然和谐为主线，以提高人民生活质量为根本出发点，落实关中大地园林化、陕北高原大绿化、陕南山地森林化生态发展格局，加强大气污染治理，促进城市空气质量好转、饮水安全得到保障，自然景观和文化特色得到有效保护，城市建设集约化、城市发展个性化、城市管理人性化，居民生活环境更加宜居舒适。

（一）构筑区域生态安全格局

关中地区以"两山一河"为主要框架，加强空间管制，规范空间利用秩序。重点加强秦岭北坡、北山、渭河沿岸、国家级黄河湿地等地区生态环境保护治理。依托森林公园、自然保护区、风景名胜区、河流、大遗址区、沿山旅游路等，建设区域绿道系统，划定生态红线和城市用地增长边界，构建"一轴两带、林网嵌套、绿色环绕"的区域生态安全格局；加强环境污染治理，严格压减燃煤规模，控制水泥、煤化工等重污染企业布局。

陕北地区继续做好水土流失、土地荒漠化治理和退耕还林，强化城镇防护林带建设，推进生态城镇建设；加强水资源保护，推动节水和水资源循环利用，依据水资源承载力确定产业发展方向和城镇发展规模。

陕南地区开展以秦巴山区森林生态和生物多样性保护为主要内容的综合治理，划分城乡居民点建设空间，加强空间管制；建立生态补偿机制，推进汉丹江流域水环境综合治理，强化水源地保护；加大污染防治和生态保护修复力度，积极做好山洪和地质灾害防治、矿山地质环境恢复与治理。

（二）生态示范区建设

大力推动省内自然保护区、生态示范区、矿产资源开发区和城乡生态环境保护区建设，实现区域生态、经济和社会相结合的可持续发展方式。对于国家级生态功能区、国家和省级自然保护区、森林公园、风景名胜区、天然林保护区、湿地水面、自然与人文遗产区等生态敏感区要严格控制从事与生态建设无关的开发建设活动。将邻近重要生态敏感区的若干中小城镇，建设成一批环境优美、经济发达、生态环境良性循环的生态示范区，使这些城镇在发展一般城镇职能的同时，积极培育生态产业，并成为周边相关生态敏感区的科研、生活配套等的依托基地。推进陕北资源型城市转型，抓好杨凌循环经济园区试点建设，把经济区建设成为循环经济产业集聚区。

（三）城乡绿化

以建设秀美山川为目标、以治理水土流失为核心、以退耕还林（草）为重点、以农田基本建设为基础、以小流域为单元，实行山水田林路村统一规划，工程措施、植物措施和耕作措施优化配置，打破经济发展与环境恶化对峙观念，合理布局城乡产业、乡村林系、生产生态生活用地，把城乡环境协调发展放到一个大系统中来规划、发展。因地制宜地种植经济林、用材林、风景林等，发展生态农业，增加农民收入，节约用水量，减少农业面源污染物的排放量。同时，大力开展平原绿化，建设农田林网。

陕西绿化在加速发展的过程中，正呈现出城乡绿化一体化的发展趋势，由普通绿化向复合绿化转变，由城镇向乡村递次发展。针对经济社会的快速发展以及城乡现代化的概况和需求，根据生态优先原则，用"森林包围城市，园林装扮乡村，显水大绿"的理念，将森林引入城市、园林辐射效县，实现城镇园林化、农田林网化、山地森林化，整体提高城乡绿化水平，努力将城镇与乡村建设成为一个多类型、多层次、多功能、城乡一体化的生态园林体系。

着力构建以生态公益林、自然保护区、森林公园、生态主题公园、防护林带、江河风光带、湿地、绿色通道等为主体的城镇生态圈，使得城镇生态体现水网化、林网化的建设理念；建成以主干道路与渭河长廊为骨架、以河滨公园与沿河湿地为补充、以城镇森林为主题的城镇生态系统。在广大农村地区，推进"三化一片林"绿色家园建设，在偏远山区，依托天然林保护、退耕还林还草、"三北"防护林等工程，加快荒山荒地绿化；大力开展全民义务植树活动，结合森林城市建设，形成城乡全面绿化的新格局。

（四）环境保护

坚持预防为主、综合治理，远近结合、标本兼治，着力解决流域水污染、矿区环境污染、大气污染和农村面源污染等突出的环境问题。

按照"村收集、乡转运、县市集中处理"的原则，进行区域垃圾处理设施的建设，最终转运区域垃圾处理场进行分解、转化利用或无害化处理与填埋。

　　严格执行国家大气污染物排放标准，努力改善区域空气环境质量。加快实施大气污染治理工程，实施城市公共交通工程、燃煤电厂脱硫工程、工业大气污染源达标工程，严格控制工业粉尘、二氧化硫和工业废气排放总量。

　　加强饮用水水源地的保护，控制入河污染物排放，加大城镇生活污水和垃圾收运处理设施建设，提高污水处理率和垃圾无害化处理率。对渭河、沣河等流域加强环境治理协调，重点协调上游城乡废水达标排放口建设和下游取水水源设置的空间关系。

　　通过调整产业结构，提倡和引导绿色消费，推进循环经济和清洁生产，促进区域产业生态化和区域生态产业化。探索环境容量有偿使用、水权交易、初始排污权有偿使用和排污权交易机制。探索建立有利于循环经济发展的价格政策和税收政策，在统筹考虑企业承受能力的基础上，适当提高探矿权、采矿权使用费征收标准和矿产资源补偿费费率；适当提高能源税，降低工资税，遏制过分使用能源，鼓励企业雇佣更多的劳动力。建立矿业企业矿区环境治理和生态恢复的责任机制，加大对经济区矿产资源开发地区的生态环境治理恢复和发展的投入。

　　陕西国家级高新技术开发区按生态工业园区的标准进行提升；老工业基地企业推行清洁生产，通过企业之间产业链的延伸、耦合实现节能节地节村、综合利用和降低污染；渭河流域上游直到西安段严禁新开工水污染二类、三类工业项目，现有项目应逐步转型或搬迁。坚持依法保护和治理生态环境，建立法律法规保障体系和科技创新体系，使生态环境的保护和建设法制化，工程设计、施工和管理科学化。

　　建成若干国家级生态示范县（市、区）和乡（镇）、村，积极开展生态保护与建设脱贫致富工程。开展秸秆机械还田示范工程、秸秆气化转化新能源技术示范工程、秸秆加工纤维板技术示范工程，建立农药、化肥环境污染跟踪监控体系和污染控制示范区，发挥生态农业在生态环境建设、农村面源污染治理和无公害基地建设方面的示范、推动作用。[①]

　　（五）生态购买

　　"孤立地追求生态保护不能遏制全球环境的衰退"，生态环境建设必

---

　　① 杨家栋、秦兴方、单宜虎：《农村城镇化与生态安全》，社会科学文献出版社2005年版，第127页。

须是一种经济活动。① 生态环境是一种战略资源，具有明显的社会公益性和区域性特点。② 社会发展不能只注重 GDP，不注意环境承载；不能单纯以行政区划来塑造地方的经济结构，而要根据区域经济特点实现协同效应，联合发展。陕南的山青水绿、陕北的水土保护，不仅使当地人受益，从全局看，受益的是全体陕西人民，乃至全国人民。生态购买提供的是一种环境福利，购买的主体是政府。为了解决"少数人负担，多数人受益"、"贫困地区负担，富裕地区受益"和"上游负担，下游受益"的问题，陕西应尽快建立以政府为主导的生态购买机制。只有通过生态环境的经济建设即"生态购买"，建立生态效益的评估机制、生态效益的资金保障机制、生态效益的支付机制等，确保生态建设的劳动价值得到有效的补偿，才能实现"生态致富"，才能从根本上改变对生态环境的认识和扭转生态环境不断恶化的状况。生态购买是生态建设实现市场经济体制的体现，是陕西生态环境在未来取得突破性进展的关键举措。

按照反映市场供求和资源稀缺程度、体现生态价值原则，推进资源性产品价格改革，制定并完善生态补偿机制，提高生态补偿标准，扩大生态补偿范围，积极推进地区间横向援助试点工作。建立资源环境产权交易机制，深入推进排污权、碳排放权、开展节能量、用能权、用水权交易试点。建立吸引社会资本投入生态环境保护的市场化机制，推行环境污染第三方治理。把资源消耗、环境损害、生态效益纳入城镇化发展评价体系，完善体现生态文明要求的目标体系、考核办法和奖惩机制，建立生态环境保护责任追究制度和生态破坏、环境损害赔偿制度。对限制开发区域和生态脆弱的国家扶贫开发工作重点县取消生产总值考核。

第四节　破解二元经济结构

世界各国的发展都经历过城乡对立、城市剥削农村的过程。多数发展中国家的城乡二元经济结构，是在工业化进程中自然形成的。新中国成立初期，特殊的政治环境和生存生态，使陕西走上了以重化工业为主导的发

---

① 杨朝飞：《全国生态示范区建设规划编制培训教材》，中国环境科学出版社 2000 年版，第 211 页。

② 牛文元：《可持续发展导论》，科学出版社 1994 年版，第 98 页。

展道路。农业在为工业化作出贡献的同时，却由于"抑农保工"和"城镇剥夺农村"两大措施损害了社会公平目标和牺牲了农业效率。城乡隔离的户籍制度、社会保障制度、劳动用工制度、教育制度和统购统销政策，又大大强化了这一结构，阻断了产品、生产资料和劳动力在城乡之间的自由流动，使得原本属于工业化发展进程中的一个阶段性特征深化为制度性安排而长期存在。① 由此造成了城市的繁荣和农村的长期落后，城乡差距不断扩大。陕西城乡二元经济结构趋于变弱，但依然呈现高强度和超稳态的特征。农业滞后造成工业化的不可持续性和国民经济的失衡，严重阻碍了生产力的发展与和谐社会的构建。20 世纪 80 年代末，巴西、阿根廷、墨西哥等拉美国家城乡发展不平衡导致从"拉美奇迹"沦落为"拉美陷阱"的教训可谓深刻。

陕西要打破城乡二元经济结构，充分发挥城镇与乡村各自的优势，让全体人民共享改革发展成果，是在目前增加内需、保证经济的可持续增长的需要，是解决"三农"问题、构建和谐社会的重要保障。要在陕西城乡一体化快速发展阶段确保其健康发展，必须从技术进步、制度创新、产业优化、新型工业化、信息化、城镇化、农业现代化同步发展等层面提高资源配置效率、社会分工水平，降低交易费用，促进二元经济向一元经济转变，不断提高陕西城乡一体化可持续发展水平。

一　重视农业基础地位

农业的基础地位是否牢固，关系到社会安定和整个国民经济的发展。拉尼斯、费景汉提出，农业部门提供劳动力和农业剩余产品，是工业扩张的前提、二元结构转化和经济均衡增长的必要条件。② 农业在经济发展中的作用主要表现在五个方面：产品贡献、要素贡献、市场贡献、外汇贡献、社会保障（主要针对发展中国家）。随着工业化和农业现代化水平的提高，农业贡献的绝对量将增加，而相对量则会大幅下降。尽管陕西农业产值比重和就业比重一直在下降，2013 年产值比重为 9.51%，但就业比重依然高达 37.85%，成为陕西就业的缓冲器。虽然非农产业的发展可以

① 吴良镛：《京津冀地区城乡空间发展规划研究二期报告》，清华大学出版社 2006 年版，第 61—66 页。

② 张培刚、张建华：《发展经济学》，北京大学出版社 2012 年版，第 355—375 页。

以其他国家和地区的农业为基础，并建立以交换为手段的外向型经济结构，但对于陕西这样一个拥有关中平原，发展还相对落后的农业大省而言，风险极大，也不现实。

陕西传统农业大部分劳动力被固定在土地上，为维持生存而从事最简单的劳动，换来的剩余及收入有限，具有典型的温饱农业特征。加快农业现代化进程，推动农业发展技术进步，是破解陕西城乡二元经济结构的最终路径。第一，推进土地规模经营。以专业化、集约化为方向，适度推进土地合理流转和规模经营，破解家庭联产承包责任制导致的农田"细碎化"格局，提高农业机械化水平，培养一大批种粮大户、养殖大户、特色农业企业，发挥规模效益，扩大农民就业，增加农民收入。第二，大力发展现代农业。用现代工业理念和现代科技成果支持农业，引进先进管理方法，完善农村政策，增加农业投入，发展高产、优质、高效农业，提高农业劳动生产率、土地产出率，形成由资本、技术替代，劳动力转移的均衡增长模式。第三，推进农业产业化。农业产业化作为一种新的生产经营方式，诞生在我国从计划经济体制向市场经济体制转轨的 1992—1993 年间，山东省潍坊市是农业产业化的发源地。其基本内涵是：农业产业化是以市场为导向，以经济效益为中心，以主导产业、产品为重点，优化组合各种生产要素，实行区域化布局、专业化生产、规模化建设、系列化加工、社会化服务、企业化管理，形成种养加、产供销、贸工农、农工商、农科教一体化经营体系，使农业走上自我发展、自我积累、自我约束、自我调节的良性发展轨道的现代化经营方式和产业组织形式。陕西农业通过龙头企业的带动作用，创新农业组织形式，发展订单农业，把一家一户式分散的农民组织起来，共同抵御市场风险，增强市场议价能力，解决农民种易卖难、"谷贱伤农"的后顾之忧；通过延长产业链，增加附加值，提高农业综合效益和比较收益；注重发展休闲农业、观光农业和循环农业，实现农业的可持续发展，优化农业产业结构。第四，统筹城乡建设用地。健全土地使用法律法规，避免城镇化、工业化对大量优质农田的侵蚀，实现农村建设用地与城市建设用地的对接，通过新农村建设复耕农村宅基地，保证基本农田耕种面积。① 农业的规模化经营，也使更多的农民从农

---

① 李昌明、王彬彬：《中国城乡二元经济结构转换研究》，《经济学动态》2010 年第 10 期。

业生产中释放出来，从而为城镇化发展提供更多的廉价劳动力。①

二　促进劳动力转移与就业

城镇化是工业化的空间落实，工业化是城镇化的经济内容。城镇化与工业化是推动城乡二元经济向一元经济转换的根本动力。陕西较低的经济基础导致多数大城市出现人口膨胀、交通拥堵、环境恶化、用水用电紧张、居民生活贫困等社会问题。因此，陕西必须走一条城乡共同发展的道路，在大中城市不断优化发展的同时，科学规划小城镇，重点发展中心镇和中心村，使之成为农村剩余劳动力向城镇转移的主要载体。小城镇社会、经济、技术、职业结构同农村劳动力的文化、技术状况接近，可以降低农民实现身份转移的难度、风险和成本，有助于缓解农村人口压力与土地承载力矛盾，在治理"城市病"的同时，也解决了更加严重的"农村病"问题，为留守农村人口发展提供更大的发展空间。

工业化是三次产业发展的枢纽，国家的"以工促农"政策，不只是指城市工业对农业的促进作用，更强调乡镇工业对农业的促进和改造作用。特殊的地理区位使陕西成为新中国成立后"一五"、"二五"计划和"三线"建设时期国家重点投资建设的重化工业基地。陕西城市工业（尤其是国有企业）改革进入攻坚阶段，减员增效、降低成本导致对农村剩余劳力几乎没有吸纳余地。农村工业化突出表现为对农村、农业资源的有效利用，有助于改变陕西普遍存在的轻、重工业不协调的产业结构。随着农村工业化的推进，农村产业结构、农民就业结构、农村人口分布以及农村经济增长方式都将发生根本性改变，最终实现从二元经济向一元经济的转变。因此，在推进工业化的进程中，应在深化城市工业化的同时，重点在城乡结合部和有条件的农村地区发展农村工业。陕西要改变农村工业过于分散的格局，积极引导农村工业走出"村村办厂、户户冒烟"的小农经营模式，实现农村企业集聚式发展；依托本地优势资源，发展特色产业，大幅度提高农副产品加工业在第二产业中的比重，使农副产品加工业真正成为乡镇工业的主体；重点要抓好传统产业技术改造，扩大产品适用范围，抓好新产品开发。

---

① 辜胜阻：《新型城镇化与经济转型》，科学出版社 2014 年版，第 113 页。

三　统筹城乡制度建设

社会保障制度是民生的"安全网"和社会运行的"稳定器",能够在一定程度上降低贫困率,防止两极分化,缩小城乡差距,增加社会福利。完善的社会保障制度,会降低劳动力的流动成本,适应新型城镇化的快速推进;另外,社会保障制度的健全与否,还会影响未来投资、储蓄和消费。近年来,陕西社会保障制度取得了一定的进展,但问题依然很多,表现为农村社会保障覆盖面窄,制度"碎片化"突出。由于制度设计、筹资机制等因素制约,城乡社会保障不平衡、不衔接等问题尤为突出,公平性日益凸显。① 陕西应从破解城乡二元经济结构的实践出发,协同推进新型工业化、信息化、城镇化、农业现代化进程,着力解决社会反映突出的双轨制、待遇差距等问题。积极应对人口老龄化带来的严峻挑战,重视失地农民社会保障,努力建立居民养老保险、基本医疗保险、失业保险、工伤保险、生育保险等城乡统一的社会保障制度,减弱农村土地在事实上所承担的农民社会保障功能。② 通过制度建设,实现社会保障跨城乡、跨区域的无缝对接,并不断提高保障水平,打消群众尤其是乡村居民的后顾之忧,增强消费信心。这对开拓陕西农村市场,扩大内需,促进劳动力的自由流动尤为重要。

四　推进产业结构升级

破解城乡二元经济结构,离不开政府对农业、农村和农民的扶持和保护。舍尔茨认为,农民的行为是有效率的,低收入国家农民贫困往往是因为国家政策错误,而不应该归咎于天灾、本性或其他原因。③ 公共物品、外部性、垄断、信息不对称等因素常常给市场经济造成无序和混乱。农业具有很强的外部性、公益性、天然弱质性,生产周期长、产品价格弹性低等。因此,自由市场对农业的调节具有很大的局限性,需要政府从立法、政策等方面为农业、农村、农民发展保驾护航。

宏观经济的健康发展是一切改革的基本前提和基础。陕西要转变经济

---

① 谭永生、关博:《"十三五"时期建立更加公平可持续的社会保障制度》,《宏观经济管理》2014 年第 8 期。

② 高帆:《中国城乡二元经济结构转化的影响》,《经济理论与经济管理》2012 年第 9 期。

③ 张培刚、张建华:《发展经济学》,北京大学出版社 2012 年版,第 355 页。

发展方式，改变目前主要由投资带动的经济发展模式，刺激和鼓励消费，启动巨大的乡村消费市场；调整优化产业结构，大力发展服务业，改变目前经济主要依靠工业带动为三次产业协调拉动；调整农业内部结构，由以种植业为主，转为以林、牧、渔业为主，增加农业收入；基于自身的资源禀赋，正确处理好资本、技术密集型产业和劳动密集型产业的关系，选择合适的主导产业，促进劳动力就业转移；改革垄断行业，鼓励乡镇企业、民营企业参与国有企事业单位的改革、改制，增强经济活力，促进经济健康发展；根据城镇、乡村不同定位和比较优势，进行产业分工和错位发展，以便形成有机整体。

第五节　产业结构调整引导

一　产业组织原则

（一）调整结构与科学发展相结合

近年来，陕西产业结构整体效益逐步提高，结构水平不断优化，劳动力逐步从第一产业转出流向第二、第三产业，人民生活水平逐步提高。但我们应清醒地认识到，由于各种体制、机制惯性，风俗、习惯影响，利益集团阻扰，陕西产业结构调整依然任重道远。要从长期的可持续发展的竞争优势战略出发，谋划中长期的发展战略目标，明确产业近期目标、发展重点和长远发展方向，提出具有可操作性的对策。紧紧围绕提高企业经济效益、社会效益和生态效益的核心环节，形成做强做大与持续、稳定、科学发展相统一的发展道路，最终实现螺旋式上升的可持续发展过程。

（二）政府引导与市场调节相结合

充分发挥市场配置资源的基础性作用，通过政府宏观政策的引导和调控管理，加强产业政策的合理引导。充分发挥市场配置资源的基础性作用，鼓励竞争，促进优胜劣汰，实现资源优化配置，对发展速度、规模、结构比例等进行调节，实现经济的持续、稳定、健康增长。

大力发展私有经济和边境贸易解决轻重工业比例失调问题，引导民众充分就业。针对轻工业资金需求相对较少、劳动相对密集的特点，陕西应充分利用民间资本，创造公平竞争平台，鼓励和引导民营及个体经济健康发展；利用"关中—天水经济区规划"、"一线两带"建设、"一带一路"规划、"缘西边境国际经济合作带"在经济、地理、宗教、文化、历史等方面的联系，给予企业更多的自营出口权，发展外向型轻工业。

（三）增量引进为主与存量调整辅助相结合

按照存量调结构腾空间、增量优结构扩空间的原则，加快培育壮大战略性新兴产业，积极承接国内外产业转移，引进增量，促进产业结构优化升级，同时积极发展先进制造业，提高服务业比重和水平，加强基础设施建设，优化城乡区域产业结构和布局，努力扩大就业，推进经济社会协调发展。在优势产业领域加快培育功能互补、协作有序的产业集群，促进生产要素有机结合，形成适应产业发展、分工明确、协作配套的产业集聚区，培育大型企业集团茁壮成长的土壤。

（四）自主创新与引进消化吸收相结合

积极培育以企业为主体、市场为导向、产学研相结合的学习型技术创新体系，提高创新能力，提升产业发展水平。要巩固、发挥和提升现有的竞争优势，加快发展新产品和先进工艺技术。把增强自主创新和发展能力作为调整产业结构的中心环节，大力提高引进消化吸收再创新能力和集成创新能力，培育原始创新能力，提升产业整体技术水平。通过创新发展，淘汰落后技术，实现结构优化和产业升级。

（五）就业与经济效益相结合

陕西要基于自身的资源禀赋，加强教育和职业培训，避免产业转型升级中资本、技术挤占劳动，劳动力结构性失业现象，正确处理好资本、技术和劳动密集型产业的关系，选择合适的主导产业，带动制造业和服务业发展，推动区域产业和劳动力梯度转移；从产业发展与生产力地域空间配置等方面引导生产要素的合理流动，促进城乡产业融合，打破城乡二元结构，统筹城乡协调发展，促进产业结构与就业结构转型升级，开辟人与自然和谐相处，工业化、城镇化与农业现代化协调发展的可持续发展之路。

二　推进新型工业化

新型工业化，是区域经济增长的新方式。陕西工业综合发展水平在不断提高，总体实力已经进入全国中等发展水平。但是，客观审视，陕西工业发展仍然面临不少困难和问题。一是工业经济总体规模不大，与东部工业发达省份相比，还有较大差距。二是工业结构不够合理，资源类和初加工类占比较大，轻工业比重较低。三是非公经济发展不足，中小企业发展缓慢，行业协会、中介机构等社会化服务体系建设滞后。在经济快速发展的初期，主要以消耗资源、环境来拉动经济发展。工业革命开始了传统意义上的工业化，以资源、环境、生态掠夺式的开发模式，既创造了巨大的物质财富，也带来了非常巨大的负面影响，导致人类出现全球性的公地悲剧。经济的进步推动科技发展，逐渐降低了对资源的消耗、环境的压力。①

　　陕西要坚持以信息化带动工业化，以工业化促进信息化，走出一条科技含量高、经济效益好、资源消耗低、环境污染少、人力资源优势得到充分发挥的新型工业化道路。工业化与信息化之间是一种前提与发展、载体和动力、基础及对基础之改造的关系。信息化是工业化过程中生产力发展到一定阶段的产物，工业生产对信息技术的需求推动了信息化的发展，坚实的工业基础、完整的工业体系和成熟的制造技术为信息产品和信息传播提供了物质载体和设备依托。同时，工业生产的集聚效应加快了信息技术在企业间的流动和应用，促进了信息技术快速发展，而信息化一旦发展起来就会反过来改造传统工业，推动工业生产方式、管理方式和产业结构的调整，促进工业生产向高附加值化发展。信息产业及相关产业的发展也为工业、制造业提供了新的市场空间和经济增长点（图9.5）。

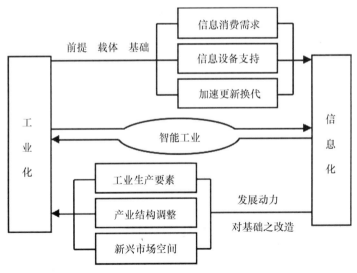

图 9.5　工业化与信息化的互动关系

①　陶在朴：《生态包袱与生态足迹》，经济科学出版社 2003 年版，第 144—145 页。

工业化与信息化是相互联系、密不可分的，两者互促互进，共同发展。没有工业化，就没有信息化，没有工业化，信息化就失去了支撑，成为无源之水，无本之木。信息化是工业化的直接产物，是工业化的最新发展阶段和增长的"引擎"，它赋予工业化以崭新的内容和现代化的意义，它是现代的"工业化"。同时，我们必须认识到信息化与工业化是一对矛盾统一体。强调两者的关系如基础与前提的关系、作用与反作用的关系等，并非意味着工业化的发展必须在前或信息化的推进必须在后。从国际经验比较，信息化的发展并不必然地以工业化完成为前提，相反，根据后发优势和经济赶超战略，发展中国家完全可以在继续完成工业化的同时就着手于信息化工作，通过采取两步并作一步走的并行发展方针，实现工业化、信息化的跨越式发展。在微观企业层面，特别是工业制造领域，无非是两种提升手段，一为提高技术水平，对应提高毛利率；另一为提高管理效率，对应降低三费比例，总体上提高企业效率，增加企业盈利。如果从全产业或是整个经济体看，就是提高社会生产效率，促使产业升级①（图9.6）。

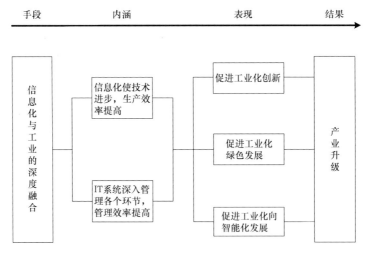

图 9.6　信息化和工业化融合促进产业升级

①　段禄峰、张鸿、张利等：《陕西"四化"同步发展模式及推进路径研究》，研究报告，西安邮电大学，2015 年，第 1—39 页。

陕西以扩大产业规模、优化产业结构、增强自主创新能力为重点，以降低消耗、减少污染、保证安全为方向，充分发挥自然资源、存量资产和科技教育等比较优势，引导生产要素向优势领域集中。在做大做强高新技术、装备制造、现代服务业的同时，用高技术和先进适用技术改造传统产业，形成一批拥有自主知识产权和知名品牌、竞争力较强的企业集团、骨干企业和产品，加快构建产业集群，全面提高工业整体素质和市场竞争力。非公经济，特别是民营经济是陕西就业的主力军，通过给民营经济以同等地位，使之公平地参与竞争，与国有经济共同推动陕西经济发展。

三　发展循环经济

循环经济以生态经济系统的优化运行为目标，以资源的高效利用、循环利用为核心，以减量化、再利用、资源化为原则，以低消耗、低排放、高效率为特征，是对大量生产、大量消费、大量废弃的传统增长模式的根本变革。发展循环经济是解决经济高速增长与生态环境日益恶化之间矛盾的重要途径。

陕西要充分发挥科教优势，坚持开发与节约并重、节约优先的方针，按照减量化、再利用、资源化原则，以信息化带动工业化，围绕增加品种、改善质量、节能降耗、防治污染主体，鼓励采用高新技术和先进技术改造传统产业，提高工业产品开发和深加工能力，带动产业结构优化升级。大力推进节能节水节地节材，加强资源综合利用，全面推行清洁生产，完善再生资源回收利用体系，积极探索"资源—产品—废弃物—再生资源"的发展模式，使生态工业、生态农业、生态旅游成为区域发展的重点。积极开发推广资源节约、替代和循环利用技术和产品，推进重点行业节能降耗技术改造，依法关闭破坏环境和不具备安全生产条件的企业。调整降低高耗能、高污染产业规模，强化对水资源、土地、森林、草地等的生态保护。利用市场约束和资源约束增强的"倒逼"机制，坚持产业政策引导、信贷政策支持、财税政策调节，严格执行环保、安全、技术、土地和资源综合利用等市场准入条件，引导市场投资方向，有序推进产能过剩行业的结构调整，建设循环经济政策技术支撑体系，探索以绿色GDP为核心的政绩考核制度，改变过去重经济指标，忽视环境效益的评价方法；促进经济持续快速健康发展。精心构筑工业聚集平台，按照区域产业布局和城市空间布局，建设一批产业聚集度高、开发机制灵活、管理科学、服务高效的产业园区，提高资金、人才和技术等生产要素的整合能力。

四　三次产业结构调整

推进产业结构调整是加快经济发展方式转变的重要途径和内容，对实现全面协调可持续发展具有重要意义。加快结构调整和发展方式转变是贯彻落实科学发展观的重要举措，是夺取应对国际金融危机最终胜利的根本途径，是长时期内保持经济平稳较快发展的必然要求。区域产业结构变化的一般规划是从"一、二、三"结构到"二、三、一"结构，再到"三、二、一"结构演进，逐步形成以高新技术产业为主导，基础产业和制造产业为支撑，服务业全面发展的产业格局。2013 年陕西 GDP 为 16045.21亿元，三次产业产值结构比例为 1:5.84:3.67，产值结构以第二、第三产业为主，初步形成"二、三、一"结构，进一步说明陕西正处于工业化的中期阶段。陕西加强产业规划指导，明确鼓励、限制和淘汰的产业，实现主要依靠工业带动增长的方式向由工业、服务业、旅游业文化产业和农业共同带动增长的方式转变，最终实现"陕西配套"、"陕西制造"向"陕西创造"、"陕西服务"转变，着力构筑高端化、高质化、高新化的产业结构。

（一）第一产业

在农业产业配置中，陕西要以实施全国循环经济首批试点为契机，坚持"稳粮、优果、兴牧、强菜"的指导思想，构筑以生态农业为主体的农业生态系统。大力发展果业、蔬菜、花卉、畜牧等现代农业，大幅度降低农药、化肥使用量，调整优化农业内部结构，由重粮食生产向畜牧业、养禽业及经饲作物生产为主的转变，逐步实现由传统农业向现代农业、生态农业和特色农业的转变，使农（种植业）、林、牧、渔业协调发展。以户籍制度改革为切入点，增加农村公共物品供给，破解城乡二元结构，打通居民在乡城之间迁徙、就业、居住、医疗、教育、社保等一系列制度性障碍，推动农村剩余劳动力向二、三产业转移，消除隐性失业现象。加强职业培训，引导农民由体力型向技能型、专业型和知识型转变，增强农民走向市场的自信心和决心，培育农民自我积累、自我发展、自我创业和自主经营的市场主体意识。

依托杨凌农业科技优势，按照要素禀赋选择适用技术，加快土地流转，使农业规模化、集约化、生态化经营，提高土地生产率和劳动生产率，实现农民增产增收和农村生态环境的改善。发挥杨凌示范带动作用，建设"五区十八基地"农产品主产区。加强农田水利设施建设，加强田间基础设施、良种选育、土壤改良、整理复垦和地力培肥建设，大规模改造中低产田，建设1966万亩高标准农田，大幅提高吨粮田比重。继续加大对粮食主产区投入补助力度，探索建立更加有效的利益补偿机制，创造条件推进粮食规模经营，提高粮食主产区和种粮农民的积极性。

专栏9.2　农产品五区十八基地

关中平原。重点建设以优质强筋、中筋为主的优质专用小麦生产基地，以籽粒与青贮兼用型为主的优质专用玉米生产基地，以精细菜为主的设施蔬菜生产基地。

渭北台塬。重点建设以苹果为主的优质果品产业基地，发展农果牧循环农业，以豆类、玉米为主的杂粮生产基地，以牛、羊为主的奶畜产品产业基地，以适度规模养殖为主体的生猪产业基地。

汉中盆地。重点建设优质水稻生产基地，"双低"油菜产业基地，瘦肉型猪为主的畜产品产业基地。

陕北高原。重点建设以红枣、马铃薯、小米、豆类为主的优质杂粮干果生产基地，春玉米生产基地，优质牧草生产基地，大漠蔬菜生产基地，肉羊、绒山羊产业基地。

秦巴山地。重点建设以天麻、杜仲、丹参、黄姜、绞股蓝等为主的中药材产业基地，以核桃、板栗、魔芋、食用菌、蚕桑等为主的林特产品产业基地，以及优质茶叶产业基地。

1. 种植业

（1）粮食。加强农田水利设施建设，实施土地整理复垦、中低产田改造、基本口粮田工程，大力推进淤地坝建设，建设关中优质商品粮基地、陕南优质水稻基地，挖掘陕北粮食生产潜力，建设陕西第二粮仓。发展节水灌溉和旱作农业，加大良种推广、配方施肥，努力提高粮食单产，稳定粮食播种面积。（2）果业。陕西粮食产销基本平衡，因而不要追求面积的扩大，而要在保证粮食生产基本稳定的前提下，腾出较多的耕地和节约较多的水用来发展效益较高的经济作物。陕西以苹果、猕猴桃为代表的果业生产优势突出，要进一步依托杨凌高新科技农业示范区的研发力度，扩大苹果、猕猴桃、柑橘、樱桃等名优水果种植面积，推进核桃、红枣等干杂果基地建设，加快标准化和绿色果品基地建设，突出提高果品质量安全水平，实施名牌和龙头带动战略，推进果业市场化、产业化进程，提高商品率和国际化竞争力。（3）蔬菜。以建设百万亩大棚设施为重点，构建各有特色、品种互补的三大区域蔬菜产业带，形成一批集中连片设施蔬菜大县。支持发展陕北名优小杂粮，关中时令瓜果，陕南"双低"油菜、蚕桑、茶叶、中药材、食用菌、富硒食品等区域特色产业。

2. 林业

面对日益严重的生态环境危机，陕西要坚持生态建设为主的林业发展道路，全面实施退耕还林、天然林保护、"三北"防护林、西安大绿等重点工程，形成以生态建设为主体、产业发展为动力、重点工程为载体、发展与保护相协调的林业发展布局，严厉打击无证经营和破坏森林资源的违法犯罪活动，恢复和增加植被面积，减轻水土流失和风沙灾害。秦岭和北山，重点实施天然林保护和自然保护区建设工程、退耕还林工程，建成以水源涵养林为主的公益林生态系统；在丘陵台塬地区，大力营造水土保持林，实施退耕还林和台塬大绿工程，建成水土保持生态系统；在平原区，以片、路、河和农田林网人工植树造林为主，建立以保护农田、防风固沙为主的防护林体系；在城郊区，实施大绿、"三北"防护林和湿地保护区建设工程，集中建设片、点、面、线四位一体的高标准生态景观林，建成城市生态保障系统。同时，增加以核桃、板栗、花椒、红枣、柿子等为主的经济林基地建设，整合森林景观资源，提高服务质量和经营水平，增加林业销售、旅游收入。

3. 畜牧业

发达的畜牧业是现代农业的标志。畜牧业覆盖面广，吸纳劳动力的能力强，发展空间大，是提高农业发展水平，增加农民收入的重要切入点。发展畜牧业，必须转变畜禽养殖方式，由一户多品种、无规模的散养方式，向专业化、适度规模的养殖大户转变，达到养殖业的专业化、规模化、标准化、科学化，最终实现高效化。陕西畜牧业以生猪、奶牛为重点，完善良种繁育体系，推广科学养殖模式，建设一批百万头生猪大县、万头生猪示范村、奶牛标准化示范县，发展一批标准化规模养殖场，形成关中奶畜、陕北羊子、渭北和陕南生猪生产基地，促进畜牧业快速发展。

（二）第二产业

特殊的地理区位和历史使陕西成为新中国成立后"一五"、"二五"计划和"三线"建设时期国家重点投资建设的重化工业基地。陕西第二产业产值比重从 2000 年的 43.38% 增长到 2014 年的 54.14%，第二产业特别是工业增长构成了区域经济增长的主要内容。陕西在某些科技、文化、理论创新方面接近甚至超越了国内发达地区，但以国有经济为主体的陕西，由于产权改革、军转民品滞后，计划经济体制下的条块分割问题依然严重，企业"大而全"、"小而全"的问题始终没有得到根本解决，导致整个地区经济发展活力不足，工人失业现象严重。区内产业规模普遍偏小，缺少大型企业集团，无论是西飞公司，还是陕飞公司、陕汽集团，其经济规模都无法与世界甚至国内某些大集团相比，缺乏像三星、东芝或海尔那样的能带动区域经济发展的大型企业集团。

陕西 11 个地级市中，有 6 个为资源型城市，分别为铜川、宝鸡、咸阳、渭南、延安、榆林，由于资源密集型产业对本地社会经济的稳定发展具有不可忽视的作用，且存在较高的产业结构调整成本，造成各地主导产业结构趋同，导致了经济学中所谓的"囚徒困境"局面。产业结构演进的一般次序为农业→轻工业→重工业，特殊的历史造成了陕西工业化过程跨越了以轻工业为重心的发展阶段，陕西国有企业、军工企业多，政府行为过多的干涉使市场经济对产业结构的调整并没有达到实质性的促进作用，随着工业化进程的加深，陕西轻重工业比例失调的问题逐步凸显；由于高能耗、高污染行业主要集中于冶金、化工和建材等行业，而这些行业依然是陕西的主导产业，能源和环境的紧张局面，阻碍了陕西产业结构，特别是工业结构的转型升级。

陕西经过多年努力，奠定了坚实的物质基础，完全能够在新起点上实现新跨越。陕西作为西部欠发达省份，人才素质高、劳动力成本较低、自然资源丰富以及完整的工业体系，为开展国内外经济合作、调整优化产业结构提供了良好的发展机遇。因此，陕西应加快国有企业改革，从体制、机制、观念、意识等发展理念方面创新，建立系统有效的产业服务体系和创新机制，加快资源型城市转型升级；调整重化工业与轻工业比例关系，建立军转民平台、科研院所与市场（企业）对接平台，以科技优势促进产业结构升级，形成产、学、研良性互动机制，使生产要素合理流动，劳动者充分就业。

1. 做大做强主导产业

（1）能源化工产业。主要包括煤炭、电力、油气、现代化工、新能源发电产业。加快转变能源工业发展方式，合理控制能源消费总量，努力实现大资源、大布局、大转化、大产业。稳步增加一次能源产能，大力推进煤电化一体化、油炼化一体化和能源装备一体化，促进化工产业高端化、电源建设大型化、载能工业特色化，实现资源深度转化和综合循环利用。优化能源产业布局，积极建设陕北能源化工基地、关中能源接续区和陕南绿色能源区，有序发展新能源，支持陕南适度发展能源化工下游产业，依托重大项目建设下游配套增值产业园区。重点建设陕北大型煤炭示范、现代煤化工综合利用等"十大基地"，榆神煤化学工业区、渭南煤化工园区等"十大园区"，煤油气产能建设、新能源千万千瓦装机等"十大工程"。煤炭、石油、天然气开发与转化，以陕北地区和关中的渭北地区为主，水电开发以陕南汉江梯级电站为主；电力开发除现有和在建的关中、陕北大型火电及榆林风电以外，创造条件在商洛或安康建设大型火电机组和核电机组。

（2）先进装备制造业。主要包括输变电设备制造、汽车及零部件、机床工具、能源化工装备、工程机械及冶金装备、轨道交通装备、轻工装备、环保装备。抓住国家振兴装备制造业和国际制造业向我国转移的机遇，以装备制造业高端化、规模化和集群化为目标，围绕国家重大工程需求，在数控机床、基础制造等重点领域突破一批核心关键技术，推动重大装备自主化。鼓励主机生产企业由单机制造为主向系统集成为主转变，引导专业化零部件生产企业向"专、精、特、新"方向发展，形成优势互补、协调发展的产业格局。依托关中新型工业化示范园区，推进装备制造业产业集群发展，建成全国先进制造业基地，装备制造业增加值占GDP的比重达到8%。以关中为集中布局区域，以汉中、榆林为次集中布局区域，以高新技术开发区和经济技术开发区等产业园区为集中布局点，以交通干线为纽带，形成辐射全省、连接省外的产业链条网络。集中力量打造航空、航天、输变电设备、汽车、机床工具、冶金煤炭重型装备、工程机械、电子通信设备元器件、石油开采装备、能源化工装备等十大装备制造业产业集群，带动全省装备制造业做强做大。

2. 培育壮大战略新兴产业

战略新兴产业主要包括航空航天、新材料、新能源及新能源汽车、新一代信息技术、生物技术、节能环保产业。瞄准世界科技前沿，顺应技术发展趋势，发挥政府引导作用，加大政策支持力度，重点发展航空航天、新材料、新能源、新一代信息技术、生物技术、节能环保等战略性新兴产业，着力突破激光、创新药物、信息通信、太阳能光伏和半导体照明等一批关键核心技术，适应市场需求，提高产业化水平。以西安为中心，以关中高新技术产业开发带为重点，充分发挥西安高新区、西安经开区、杨凌农业高新技术产业示范区、宝鸡高新区、渭南高新区、西咸新区等国家级开发区和产业基地的聚集和载体作用，有选择地向陕北、陕南部分科技园区延伸。战略性新兴产业增加值占生产总值比重达到15%以上。

3. 改造提升传统产业

传统产业主要包括有色冶金、食品加工、纺织服装、建筑材料等产业。采用先进适用技术改造有色、冶金、建材、纺织等传统产业，提高工艺装备水平，调整产品结构，进一步增强产业核心竞争力。下大力气改善品种质量，淘汰落后产能，进一步培育骨干企业和优势产品，加快应用新技术、新材料、新工艺、新装备，推动产业转型升级。通过"上大"促进"关小"，确保水泥、焦化、钢铁等行业的淘汰落后产能任务超计划完成，促进部分产能过剩行业健康发展。依托县域经济和工业园区，积极支持技术含量高、协作配套能力强的中小企业发展壮大，构建大中小结合的产业组织体系，促进产业聚集，积极承接产业转移，推进传统产业的结构调整和转型升级。

（三）第三产业

第三产业的迅速增长是现代经济的重要特征。陕西正经历三个转变，即从农业社会转向工业社会，从计划经济转向市场经济，从中等收入地区转向发达地区。随着工业化的发展，在工业产品附加值构成中，纯粹的制造环节所占的比重越来越低，而服务业特别是现代服务业中物流与营销、研发与人力资源开发、软件与信息服务、金融与保险服务、财务法律中介等专业化生产服务和中介服务所占比重越来越高。服务业不仅带动就业，生产性服务业还可以为工业的转型升级提供动力和支持，新型消费性服务业可以提高城乡居民的生活水平和精神文化生活。

陕西第三产业企业规模普遍较小，以劳动密集型为主，行业劳动生产率低，无论是就业比重，还是产值比重，都与发达地区相去甚远，而且结构单一，面向生活服务的产业发展较快，但交通运输等基础产业的"瓶颈"劣势明显，信息产业正处于初级发展阶段，知识产业、教育产业还未步入正轨，丰富的旅游资源产品尚处于初级层面。另外，农村第三产业发展比较落后，农业的专业化水平低，农村社区建设、农村城镇化建设滞后，社会化服务体系尚未形成，自给自足、自我服务的状况尚未从根本上改观。

陕西适应产业结构优化升级新需求，把推动服务业大发展作为产业结构升级的战略重点，坚持服务发展与扩大内需、培育新的经济增长点、扩大就业相结合，实现社会化、市场化、产业化发展；大力发展物流、金融、研发设计、科技信息等生产性服务业，加快培育保险、文化传媒、会展等现代服务业，运用高新技术和现代经营方式改造商贸、餐饮等传统服务业；抓好国家级和省级服务业综合改革试点，依托西安国际化大都市的区位优势，加快发展总部经济，打造服务业新亮点，实现生产性服务业功能明显增强，生活性服务业不断提升，农业综合服务体系有较大改善，特色服务业得到较快发展，全面提高服务业综合竞争力，不断提高产值比重和劳动者收入，使第三产业成为就业的主力军。[①]

1. 加快发展生产性服务业，促进产业结构优化升级

生产性服务业主要包括现代物流业、金融业、科技信息服务业、服务外包业、会展业。加快建设西安金融商务区，建立和完善金融资信评估、信用担保、金融咨询、保险评估等中介机构，加强金融服务，吸引国内外金融机构落户，扶持地方金融机构发展，打造西安区域性金融中心；完善保险服务网络，开拓农村市场，促进城乡协调发展。适应社会主义新农村建设，加快推进农村金融体系创建。大力发展第三方物流，推进西安国际港务区、西咸新区空港物流园、宝鸡陈仓物流园区和榆林能源化工基地物流园区建设，建成全国重要物流集散地；加强城乡商业网点和农副产品交易中心、批发市场建设。加快西安高新区软件园和西安经开区出口加工基地建设，将西安建成具有国际一流水平的服务外包产业基地。利用欧亚经济论坛、西洽会、农高会、通用航空展等平台，积极打造"西部会展之都"。以欧亚经济论坛、中国东西部合作与投资贸易洽谈会、中国杨凌农业高新科技成果博览会、中国国际通用航空大会为龙头，进一步整合展

---

① 徐向龙：《广东省产业结构与就业结构演进特征与互动效率研究》，《学术研究》2009 年第 5 期。

览、会议、场馆等会展资源，加快西安世界园艺博览会场馆、杨凌农业展馆等项目建设，完善西安曲江国际会展中心、浐灞国际会议中心等会展平台服务功能，建设以西安为中心的会展经济圈。

2. 优化提升生活性服务业，满足城乡居民消费需求

生活性服务业主要包括文化产业、旅游业、商贸流通业、房地产业、家庭服务业、中介服务业、社区服务业。（1）文化产业。加快西安文艺路演艺基地、西部影视数字化制作基地、动漫创意基地等文化产业基地和园区建设，做大做强广电网络等一批龙头企业，努力建设文化强省。（2）旅游业。旅游是物质生活与精神生活的结合，是 21 世纪的朝阳产业，代表着产业结构演变的方向。[①] 加快旅游基础设施建设，加大旅游龙头企业的培育，重点发展关中人文游、陕南山水游和延安红色旅游，建成国际一流旅游目的地。（3）商贸流通业。以开拓市场、扩大消费为主线，改造提升商贸服务业，构建便利化服务体系，大力发展连锁经营、物流配送、电子商务、多式联运等新型服务业态，积极实施"万村千乡"市场工程，加快商业网点向小城镇和农村延伸，建立健全农村流通网络。继续鼓励发展便民诚信的零售、餐饮及修理等城乡商贸服务业。（4）房地产业。城市经济的持续发展，往往带动住宅、商业、办公等不动产价格的快速上涨，从而吸引房地产领域投资的增加和生产投资的减少，最终导致产品成本和劳动力再生产成本增加，进而丧失成本优势，造成投资选择的游离。[②] 针对当前房地产行业出现的非正常状况，要加大立法力度，让法律法规规范房地产市场的公平合理竞争和正常发展；另一方面，严格控制对当前房地产行业的投资动向，打击投机"热"钱随意进出房地产市场。（5）家庭服务业。不断完善社区家政、养老、安保、医疗、维修等基础服务设施，培育家庭社区服务市场，引导家庭服务规模化、网络化、品牌化发展。（6）中介服务业。建立公开、公平、规范的行业准入制度，规范中介市场管理，大力发展会计、法律、职介、咨询、信息、评估、担保等中介机构，形成一批具有较高知名度和影响力的中介服务骨干企业。另外，加强建立和完善农村社会化服务体系。围绕农业增效、农民增收，大

---

① 张沛：《旅游策划与旅游规划初评研究》，西安地图出版社 2003 年版，第 18 页。

② 吴良镛：《京津冀地区城乡空间发展规划研究二期报告》，清华大学出版社 2006 年版，第 106—107 页。

力发展各类中介服务组织、民营科技组织、农业产业化龙头企业，开展产前、产中、产后服务，推进农业、农机、林业、畜牧等服务产业化；加强农业市场建设，发展特色产品经营，提高农村流通业发展水平；加强农产品市场信息网络建设，为农业生产和农产品销售提供准确及时的信息咨询服务。（7）社区服务业。加快社区信息化建设，推进社区公益性服务市场化，扩大服务范围，增强服务功能。加快发展养老托幼、家庭医疗、家庭教育、清洁卫生、保养维护、商业餐饮、文化娱乐、家政等便民利民的社区服务。

五　构建现代产业体系

以人为本，构建与城镇化相适应的产业体系，以工业化推动城镇化发展。依据主体功能区规划对三类功能区的定位，发展符合城市资源禀赋和比较优势的产业，不断提升产业附加值和竞争力，推动产业优化升级。立足现有企业和产业基础，充分发挥科技对产业发展的支撑作用，加强技术改造、兼并重组、新产品开发，推动产业链整体升级。促进技术、资本等要素有机融合，加速科技成果产业化，培育壮大战略性新兴产业。积极发展循环经济产业，促进资源的高效利用和循环利用。加强园区基础设施建设，实施"退二进三"、"退城入园"，大城市重点发展先进制造业、战略性新兴产业和现代服务业，中小城市重点发展制造业、资源性产品加工业和物流业，县城和重点镇发展农副产品加工业和传统制造业，构建特色鲜明、优势互补的产业发展格局。加大招商引资力度，积极承接国内外高端产业转移，提高外向型经济水平。

六　产业空间布局

要实现全省产业结构的优化升级，必须从三次产业和三大地区产业发展的现状出发，确定优化方向，选择升级重点，优化空间布局。

由于目前制度供给不足以及制度安排上的缺陷，使得地方政府在地方经济的发展和管理过程中，具有强烈的利益驱动。陕西要重新设计地方政府的激励问题，通过建立科学的政府绩效考核机制和区域政府之间的协调机制，把政府从热衷于上新项目、铺摊子及"大而全"的发展模式中解放出来；通过联合、兼并、股份制合作等形式，着重解决产业布局趋同、产业规模偏小问题，促进区域性企业集团的形成，提高行业集中度，增强企业的规模效应和市场竞争力；统筹考虑区域产业布局，按照优势互补、突出特色、错位发展的思路来进行产业聚集，加强各城市的有效交流合作，推动区域间的良性互动和优势互补，形成明确分工的专业化生产组织体系，实现关中创新发展、陕北持续发展、陕南循环发展。三大地区在全省三次产业结构中，陕北、陕南占全省的比重上升；陕北第三产业、陕南第二产业明显上升；关中产业结构进一步优化。根据《陕西省主体功能区规划》，产业发展主要布局在重点开发区域，主要包括关中地区、榆林北部地区和延安市、汉中市、安康市的三个区块4个县（区），总面积41470平方公里，占全省国土面积的20.2%。

（一）关中地区——创新发展

要抓住《关中—天水经济区发展规划》启动实施契机，以西咸新区建设为突破口，依托西安综合性国家高技术产业基地、西安、宝鸡、杨凌国家级高新区（示范区）等建设，以工业化、城镇化为先导，全面提升经济社会发展水平，以国家级产业园区为载体，大力发展高新技术产业，加强制造业和服务业的融合，推进产业结构优化升级，不断提高自主创新能力。加快关中城市群建设，加快推进西咸一体化进程，增强综合发展实力，提高在全国的影响力；充分发挥关中在全省经济总量扩张、结构升级和质量效益提高上的率先带动作用，通过自身的结构优化升级，延长产业链条，实现部分产业向陕北、陕南辐射和转移。重点发展航空航天、装备制造、电子信息、新材料、生物医药、文化旅游、现代服务业、现代农业等产业。全面推进智慧城市建设，加强城市间信息交流，推动城市间协同互动，促进要素自由流动，打造丝绸之路经济带战略支撑点，辐射带动陕南、陕北地区，引领全省城镇化发展。

（二）陕北地区——持续发展

依托延安经开区，榆林高新区，榆神、榆横等工业园区，重点发展能源（精细）化工、新能源、能源装备制造、文化旅游、设施农业等产业。按照"珍惜资源，深度转化"的总体要求，以建设世界一流新型能源化工基地为目标，坚持三个转化的方针不动摇，大力推进能源化工产业发展一体化、城乡统筹发展一体化、资源开发与环境保护一体化；实现由资源开发为主向开发与深度转化并重转移，同时积极发展非能源产业和以生产性服务业为主的第三产业，逐步优化三次产业和工业内部结构，建成国内一流、世界知名的能源化工基地，推进陕北跨越式发展。加强陕北水资源勘查和环境综合评价，根据水资源总量、能源资源质量和生态环境容量，搞好规划布局，协调资源开发与环境保护，加强基础设施综合配套，统筹工业发展与城镇建设，为可持续发展奠定扎实的基础。

（三）陕南地区——循环发展

按照保护山水资源，发展循环经济，实现突破发展的总体思路，在汉中盆地、月河川道和商丹谷地集中建设汉中、安康、商丹三大循环经济产业核心聚集区，着力打造有色、钢铁、装备、能源、生物制药、非金属材料、油气化工、绿色食品、蚕桑丝绸、旅游等十大循环经济产业链。合理开发矿产资源，发展优势新型材料工业，延长产业链，提高附加值，尽快实现突破发展，逐步缩小发展差距。按照用地条件、灾害影响和生态敏感情况，划定城市边界，确定发展规模。加快汉江水力资源梯级开发，把陕南建成西北地区重要的水电基地。依托大秦岭，整合优势资源，打响"绿色品牌"，把陕南建成全国重要的生态屏障区和全省新的经济增长热点地区。

第六节　本章小结

制度创新是制度的替代、转换与交易的过程，是为解决生产关系与生产力、上层建筑与经济基础的矛盾而进行的生产关系和上层建筑的变革，是一种效益更高的制度对另一种制度的替代过程，它通过复杂规制、标准和实施的边际调整来实现，通过制度创新同样可以促进经济发展，提高经济效率。本章提出从城镇公共物品供给、管理体制机制创新、软质文化传承植入、破解二元经济结构、产业结构调整引导五个方面进行制度创新，为陕西城镇化健康发展提供制度保障，促进城乡生产、生活和生态空间的优化组合。

第十章 结论与展望

第一节 主要结论

一 城镇化意味着城乡经济、社会、空间结构的重新组合

城镇化的健康发展，是解决"三农"问题，构建和谐社会的重要保障。要在陕西城镇化快速发展阶段确保其健康发展，必须掌握当前的城镇化发展现状和特点以及对未来的可能趋势进行预测，这样才能顺应城镇化发展规律，采取有针对性的政策措施进行科学引导，不断提高城镇化的可持续发展水平。美国新版的《世界城市》中写道："城镇化是一个过程，包括两个方面的变化。一是人口从乡村向城镇运动，并在城镇中从事非农业工作；二是乡村生活方式向城镇生活方式的转变，这包括价值观、态度和行为等方面。第一方面强调人口的密度和经济职能，第二方面强调社会、心理和行为因素。实质上这两方面是互动的。"所以，城镇化不是简单的人口集聚，而是人类社会进步的内在表现。[1] 城镇化，不仅涵盖一个区域的城镇，而且包括城镇之间的乡村。推进城镇化，一方面，农业人口向非农人口转移，向城镇集中，城镇人口和城镇数量逐渐增加；另一方面，城市的经济关系、生活方式、价值观念逐步向农村渗透。因此，城镇化的过程可以被称为是区域增长极的实践形式。城镇化的本质之一是实现区域协调发展，进而实现区域一体化发展，城镇化的快速发展过程是一个国家逐步实现现代化的过程，同时也是城乡空间逐步融合的过程。

---

[1] 祁金立：《中国城市化与农村经济协调发展研究》，华中科技大学出版社 2004 年版，第 113—115 页。

二   全面贯彻落实科学发展观，重视城镇化发展质量

城镇化发展是"速度"和"质量"的统一，速度是表象，质量才是内涵。根据陕西经济发展水平、区位特点和资源条件，制定科学合理的城镇发展规划，加强制度创新和管理；积极培育城镇产业基础，发展主导产业，促进产业集群的形成；大力推进教育、科技、文化、卫生以及社会保障事业发展，加强城镇基础设施建设，加强生态环境和资源保护，切实走新型工业化道路，实现城镇化的可持续发展。

以邓小平理论、"三个代表"重要思想、科学发展观为指导，按照"五位一体"总体布局，紧紧抓住国家建设丝绸之路经济带的历史机遇，坚持"以人为本、四化同步、优化布局、生态文明、文化传承"的新型城镇化道路，坚持城乡政策一致、规划建设一体、公共服务均等、收入水平相当，以人的城镇化为核心，有序推进农业转移人口市民化；以关中城市群为主体形态，以做好西安、做美城市、做强县城、做大集镇、做优社区为着力点，推动大中小城市和小城镇协调发展；以综合承载能力为支撑，提升城市可持续发展水平；以体制机制创新为保障，不断释放城镇化发展潜力，全面提高城镇化质量，为建设富裕陕西、和谐陕西、美丽陕西，全面建成小康社会奠定坚实基础。

三   合理的城乡体系是城镇化持续快速发展的基础

要实现城乡区域经济社会一体化，就必须构建合理的城乡体系，这是现代经济发展的客观需要。城乡体系的空间组合结构取决于自然环境以及由其决定的经济和人口分布状况，合理的城乡体系结构要求不同规模等级城镇之间以及城乡之间保持合适的数量及空间比例关系，中间不出现断层也不缺少环节，只有这样，城镇的职能作用才能通过城乡网络依次有序地逐级扩散到整个体系。①② 大城市尤其是特大城市国际交易成本比较低，它的主要作用是国际交易的平台；中等规模的城市是区域交易的中心和增长级，在区域经济发展中起领头羊的作用；小城镇是周边乡村的交易平台；而广大乡村则是城镇发展的有力支撑。陕西要在各

---

① 刘新卫：《中国城镇化发展现状及特点》，《国土资源情报》2007 年第 7 期。
② 李迅：《中国城市演进中的区域差异及其对策》，《城市规划》2000 年第 7 期。

市总体规划的基础上，统筹全省规划，实现不同地区的无缝对接，改变过去"就城论城、就乡论乡"的城乡分割的规划和建设做法，建立城乡一体规划布局支撑体系，结合新农村建设和进一步推进城乡一体化工作，优化整合区域城乡发展空间，引导协调区域城镇、乡村职能发展，整治建设区域生态环境，推进区域一体化发展，增强区域整体辐射力和竞争力。形成分工合理、协作配套、优势互补的一体化发展区，实现区域经济的率先发展。

第二节　研究展望

一　智慧城市

（一）智慧城市内涵

城市发展面临着环境、经济、社会等各种因素的挑战，人口膨胀、环境污染、资源短缺、交通阻塞等"城市病"已逐渐成为制约我国城市发展的主要问题。[①] 城市建设必须走可持续发展之路，以新一代信息技术为支撑的智慧城市理念及实践模式建设，逐步成为时下专家学者们研究的热点。智慧城市的概念最早由美国前总统戈尔的《数字地球：认识 21 世纪我们这颗星球》报告中的"数字地球"这一概念引出，进而引发了政府、企业和学者的广泛关注。智慧城市是信息化与城镇化融合发展的新模式，是信息化城市和数字城市建设的高级阶段。[②] 发展智慧城市有利于提高城镇化发展质量，促进经济转型发展。随着市场竞争的日益激烈，当今各个城市发展之间的竞争已经逐步演变为建设模式之间的竞争。

（二）促进智慧城市建设

陕西尚处于工业化、城镇化快速发展的中期阶段，其信息基础设施和运营商的运营经验均有待于进一步提高，陕西在智慧城市的建设中应博采众长，结合本地特色和地域实际，推进智慧城市建设。大力推进城镇光纤到户，继续推进关中无线城市群建设，加大热点区域无线网络覆盖。加快下一代广播电视网建设，加快推进有线电视网络数字化和双向化改造；持

---

① 许庆瑞、吴志岩、陈力田：《智慧城市的愿景与架构》，《管理工程学报》2012 年第 4期。

② 辜胜阻、王敏：《智慧城市建设的理论思考与战略选择》，《中国人口·资源与环境》2012 年第 5 期。

续扩大第三代移动通信网络覆盖，积极开展第四代移动通信实验网建设。建设智慧城市信息化公共平台，推行一网通、一站通、一卡通、一张图，构建智慧城市支撑服务体系。推进大西安建设下一代互联网、电子商务、无线宽带和信息惠民示范城市，引领全省智能城市发展，推进宝鸡、渭南、延安、杨凌示范区智慧城市建设，加快市县数字城市地理空间框架建设。

专栏 10.1 智慧城市建设重点

"一网通"。依托省、市、县三级电子政务公共平台和电信运营商网络资源，构建的横向覆盖各级政务部门，纵向通达省、市、县、街道（乡镇）、村，提供统一的互联网安全接入，以有线、无线接入方式，为各级政务部门提供业务网络支撑，为全省人民提供信息化服务的统一的政务网络。

"一站通"。整合政务部门办事资源、公共企事业单位便民服务资源，建设网上服务平台，为公众提供便捷的"一站办事"窗口，推行集中受理、分工负责、分类办理、集中交付的"一站式"工作模式。

"一卡通"。发行社会公共服务卡，以居民健康卡应用先行，逐步覆盖财政、人口、民政部门相关业务，实现与社会保障卡本地互联互通。

"一张图"。以四大基础数据库为基础，逐步整合全省范围内政府部门、企事业单位和社会公众需要的地理信息资源，建成以地理信息为基础的分布式地理空间信息资源数据库和数据发布、共享、交换、服务网络体系，为政府部门、企事业单位和社会公众提供便捷的空间信息资源服务。

"一个库"。建设基础空间数据库、人口基础数据库、客观经济数据库、建筑物基础数据库等数据共享的城市公共基础数据库，统筹推进城市规划、土地利用、城市管网、园林绿化、环境保护等市政基础设施管理的数字化和精准化。

省级智慧应用项目。智慧教育、智慧医疗、智慧环保、智慧社保、智慧照明、智能家居、数字管线、文化信息资源。

省市共建智慧应用项目。智慧信用、智能安监、智慧交通、智慧物流、智慧房产。

市级智慧应用项目。智慧城管、城市一卡通、智慧门户、智慧社区、城市应急、智慧治安、智慧旅游。

二　生态城镇

（一）生态城镇内涵

生态环境是人类生存发展的重要外部条件，城镇化则是区域经济社会发展的重要引擎，二者能否实现有机结合，对陕西经济社会的可持续发展至关重要。生态城镇是一个复杂的人工耦合系统，是指在生态系统承载能力范围内运用生态经济学原理和系统工程方法去改变生产和消费方式、决策和管理方法，挖掘市域内外一切可以利用的资源潜力，从而建立起空间布局合理，基础设施完善，环境整洁优美，生活安全舒适，物质、能量、信息高效利用，经济发达、社会进步、生态保护三者高度和谐，人与自然互惠共生的复合生态系统。[①] 就经典理论来看，无论是霍华德的"田园城市"理论，沙里宁的有机疏散理论，岸根卓郎的城乡融合理论，还是王如松"天城合一"的生态城市思想，都是为了克服以往过于偏重理性的城镇规划安排，重视制度的刚性约束，把城镇化作为区域经济发展的增长极，强调经济增长中的城镇化因素，以及于出现城镇经济有增长而无发展的局面下出现的再次关注城镇发展中"人（社会）—物（自然）—事（经济）"三者平衡、协调共生的城镇发展理论。这些理论在西方国家和我国发达地区的城镇发展应用中已经取得成功并获得了一些经验，但就陕西的城镇发展，尤其是生态城镇的发展而言仍然存在较大的缺失性。

城镇是推动经济和社会发展的重要载体，城镇化是人类文明进步的重要表现。陕西城镇化经历了一个持续快速发展的过程，截至 2014 年底，城镇化率达到 52.58%。然而，伴随着持续高速的城镇化发展过程，也出现了大量的"城市病"，如人口激增、交通拥堵、环境污染、水资源短缺、土地紧张等问题，严重影响着城镇化发展的质量，而这些问题在陕西大中城市，尤其是省会西安有愈演愈烈之势。现代化和生态文明对陕西经济社会发展提出了更高水平的要求，这就使得陕西在城镇化道路、城镇经济增长方式及产业选择、社会发展模式上都不得不将与生态环境的协调发

---

① 董利民：《城市经济学》，清华大学出版社 2011 年版，第 461—462 页。

展放在重要位置来加以考虑。生态条件的刚性约束，致使陕西在城镇化道路上必须把保护生态环境资金投入、生态产业选择、生态经济发展、生态文明建设、资源节约型、环境友好型社会选择作为首选目标，并以此为导向走生态城镇建设道路。

（二）促进生态城镇建设

以城市生态学和环境经济学为理论指导，以可持续发展为主题，以城镇规划为蓝本，以环境保护为重点，以城市管理为手段，建立政府主导、市场推进、执法监督、公众参与的新机制，建设经济、社会、生态三者保持高度和谐的城镇耦合系统。① 创建以生态健康为内涵的人居健康、人体健康、产业健康和区域健康的城镇环境，实现区域内全面、协调、可持续发展。建设一类经济发达、生态高效的产业，体制合理、社会和谐的文化以及生态健康、景观适宜的环境，使人们的需求与愿望得到满足，和谐的生态文化与功能相得益彰，真正实现自然、产业和人居环境的有机结合，最终达到经济发展、社会进步、生态和谐，人与自然互惠共生。

将生态文明理念融入城市发展全过程，构建绿色生产方式、生活方式和消费方式。加快产业结构调整，大力发展新兴产业、先进制造业和现代服务业，推动传统产业入园入区，推进生产生活循环化、便捷化和节约集约清洁发展。推动分布式太阳能、地热能规模化应用，加快建设可再生能源体系。实施治污降霾和农村环境整治行动计划，做好细颗粒物（PM2.5）监测工作，推进大气污染联防联控。大力发展绿色建筑，加快既有建筑节能改造。实施城市增绿扩绿工程，加强城市饮用水源地保护，加大城市社区公园、湖池湿地、绿道绿廊等规划建设力度，加快城市绿化步伐，提高城市生态建设水平。继续实施巩固退耕还林、天然林保护等重点生态建设工程，构建"三屏三带"生态安全屏障，启动秦岭国家中央森林公园建设，加强铁路、高速公路沿线绿化，加强渭河、汉江、丹江等流域综合治理，建设千里绿色走廊、千里绿色江河。

---

① 潘安敏、郭冬梅：《中国生态城市建设的现状、问题、对策》，《城市管理》2007 年第6 期。

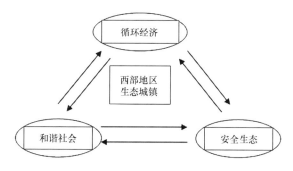

图 10.1　陕西生态城镇建设的三角支撑

尽管陕西生态城镇建设还面临着区域内经济社会发展的片面性、动力机制的缺失性、目标模式的模糊性以及生态环境的阻滞性等重重困难，但是我们也明显看到，自 20 世纪 90 年代初开始，我国的生态城镇建设步伐明显加快；自西部大开发以来，陕西环境保护与城市生态环境建设取得了长足进展，人们的生态意识和环境保护意识也在逐步提高。我们有理由相信，随着生态观念的加强，陕西生态城镇建设将会取得更大的发展。①

三　人文城市

（一）人文城镇内涵

人文精神和文化品质，是城市的根基与灵魂。"城市，让生活更美好。"一个城市少了人文精神的滋润，少了文化底蕴的支撑，城市外观建设得再华丽，总是缺乏根基。今天，不同的城市拥有不同的缤纷与华丽，却不一定拥有应有的人文品质和人文情怀。

人文城市注重历史文化底蕴的生态性构建，人文化、人性化、自然化、情调化、生活艺术化成为城市显性形态。人文城市是学习型城市、艺术型城市、风情型城市，也是典故性城市、戏剧性城市、音乐性城市、园林性城市、生态性城市。当今世界，真正有影响的世界城市（global city）如纽约、巴黎、法兰克福、布鲁塞尔、维也纳等，都是人文城市。伦敦是大学城市，也是文学城市、戏剧城市。巴黎是服饰城市，也是文学城市。维也纳是音乐城市，又是历史文化城市。在科教兴国、科教兴市的战略实

---

① 赵国锋、段禄峰：《西部地区生态城镇建设的理论、构想和路径》，《现代城市研究》2013 年第 4 期。

施中，陕西城市建设必须注入更多的人文关怀和人文理念，大力提升城市人文含量。

（二）促进人文城镇建设

充分尊重和利用城市不同的历史脉络、文化特色和遗址资源，营造历史底蕴厚重、时代特色鲜明的城市空间。在旧城改造中重视传统建筑风貌、文物古迹及非物质文化形态保护。注重城市新区与旧城区有机协调，突出文化景观风貌，彰显"古今共鸣、开放包容"的城市文化特质。突出地域特色，关中地区城镇群要彰显深厚的历史文化魅力，建成历史文化田园景观区。陕北地区要依托黄土文化、红色文化与大漠文化，建成生态环境良好的革命圣地、能源新都和塞上绿洲。陕南地区要突出汉水文化和秦巴风情，建成山水园林城市。加强历史文化名城名镇、民俗风情小镇文化资源挖掘和文化生态的整体保护，保存城市文化记忆。完善公共文化服务体系，积极发展文化事业，形成充满活力的人文氛围。

（三）完善农民工社会参与机制

推进农民工融入企业、子女融入学校、家庭融入社区、群体融入社会，建设包容性城市。提高各级党代会、人大、政协中农民工代表的比例，积极吸纳农民工参加党组织、工会和社团组织，引导农民工有序参政议政和参加社会管理。营造农民工参与社区公共活动、建设和管理的氛围。加强对农民工及其随迁家属的人文关怀，丰富其精神文化生活。

专栏10.2　人文城市建设重点

历史文化和自然遗产保护。推进秦始皇陵遗址、汉长安城遗址、大明宫遗址、汉阳陵遗址、秦咸阳城遗址、雍城遗址、五陵塬遗址等大遗址保护，做好榆林城墙等135处全国重点文物保护单位和重要的省级文物保护单位的抢救性保护工程，完成秦雍城遗址、丰镐遗址、周公庙遗址等15处大遗址保护规划编制。实施非物质文化遗产传承保护工程，加快推进陕北文化生态保护实验区和陕南羌族文化生态保护实验区建设。

公共文化设施。建设城市公共图书馆、文化馆、博物馆、非物质文化遗产展览馆、剧院等设施，发展中小城市影院，实施一批惠及全民的公共文化设施建设项目。

文化产业园区。重点建设曲江文化产业示范区、汉长安城大遗址景区、西咸新区国际文教园、汉中两汉三国文化景区、黄帝文化产业园、统万城文化景区、铜川药王中医药文化产业基地、史记韩城·风追司马景区、商於古道、欢乐东方文化城等，围绕华夏历史文明展示，形成集文化、科教、高新技术为一体的多功能文化产业园区。

休闲设施。建设城市休闲公园、文化休闲街区、环城市休憩带。

公共设施免费开放。公共图书馆、美术馆、文化馆（站）、博物馆、纪念馆、科技馆、青少年宫、体育场等要向社会免费开放。

四 "四化"同步发展

（一）"四化"同步发展内涵

"坚持走中国特色新型工业化、信息化、城镇化、农业现代化道路，推动信息化和工业化深度融合、工业化和城镇化良性互动、城镇化和农业现代化相互协调，促进工业化、信息化、城镇化、农业现代化同步发展"是十八大报告中的理论创新，是对信息化与工业化融合，工业化与城镇化协调发展，工业化、城镇化与农业现代化"三化"同步发展问题的延伸。"四化"同步发展战略，其实质就是将"四化"作为一个整体系统，强调"四化"之间通过协同、整合和价值创造及增值的方式，实现社会生产力的跨越式发展。促进"四化"同步发展，是在目前我国外部市场需求趋于衰减的情况下，增加内需、保证经济的可持续增长的需要，是解决"三农"问题、构建和谐社会的重要保障。同时，陕西相对较低的经济发展水平和较大的城乡区域发展差距，也使"四化"同步发展的任务更为艰巨。因此，陕西"四化"发展具有明显的地域性和时效性，要因地制宜、因时制宜。[①] 所有这些都急需我们从实践上进行探讨。

（二）构建"四化"同步发展推进路径

1. 加强农业基础地位，夯实"四化"发展基础

从现阶段农业发展情况来看，针对农产品有效供给紧平衡、农业资源与环境矛盾加剧、城乡经济社会差距依然扩大等问题，为进一步强化农业基础地位，稳定粮食供给，必须利用工业化、信息化技术突破自然资源和劳动力供给约束，化解农业生产面临的高成本和高风险，通过新型小城镇建设转移

---

① 段禄峰、张鸿、张利等：《陕西"四化"同步发展模式及推进路径研究》，研究报告，西安邮电大学，2015年，第1—22页。

农业劳动力，加快转变农业发展方式，推动传统农业向现代农业转变，全面提高农业现代化水平，把生态文明建设放在突出地位，尽快形成节约资源和保护环境的农业空间格局、发展模式、生产方式和生活方式，坚定不移地走生产发展、生活富裕、生态良好的文明发展之路，才能进一步促进农业可持续发展，实现工业化、信息化、城镇化和农业现代化的同步发展。

2. 促进信息化、工业化深度融合，为"四化"发展提供持续动力

从党的十六大"坚持以信息化带动工业化，以工业化促进信息化"，到党的十七大"大力推进信息化与工业化融合，促进工业由大变强"，再到党的十八大"坚持走中国特色新型工业化、信息化、城镇化、农业现代化的道路，推动信息化和工业化深度融合"，反映了国家对信息化与工业化关系之重要意义的认识在不断深化。工业化是经济发展的主导力量，信息化则是衡量一个国家和地区国际竞争力、现代化程度和经济发展能力的重要标志。不断推进工业化，信息化的深度融合，以新型工业化引领城镇化和农业现代化的快速发展，是推进"四化"同步发展的关键。

陕西要不断加强工业尤其是信息基础设施建设，加大信息化建设投入，评估现有信息化基础设施是否满足未来工业化、城镇化和农业现代化的需求，合理规划信息基础设施建设，充分发挥信息化的整合和优化功能。以工业化、城镇化与农业现代化的多样化信息需求为向导，推动信息技术在工农业发展和城镇化建设中的应用与普及。深化信息技术在城镇化、工业化和农业现代化中的应用与实践，推动智慧城市、智能工业和高效农业发展。工业化、城镇化、信息化与农业现代化是经济发展的重要组成，是一个相互关联、相互制动、互促共进的整体，因此，要实现"四化"的协调发展就必须以政府为主导，全面布局，统一部署，在信息化的引领下，利用"四化"协调的内在机制和客观规律对"四化"发展进行宏观调控，清除"四化"协调发展的体制机制障碍，从而呈现"四化"协调发展、和谐共生的经济发展局面。

3. 促进工业化与城镇化良性互动，增强产城协同发展

（1）科学制定工业和城镇发展规划

科学规划城市布局和功能定位，促进产业集聚和产城融合发展。根据城镇经济发展的比较优势，彻底清理整顿各类"泡沫"基地和名不副实的工业园区，明确城镇产业发展方向，合理布局产业聚集区，加快推进城镇工业园区建设，引导工业向园区集中，通过大力发展第三产业和现代服

务业，提升城镇服务能力和要素集聚功能，实现园区间基础设施共享和资源优化配置。同时，以工业产业园区为中心，围绕园区科学布局居民区、商业区及相关生产、生活基础设施，使工业园区成为城镇空间拓展和经济发展的增长点。

合理规划城镇间工业布局，均衡区域城镇化发展水平。增强关中发达地区对陕南欠发达地区产业发展的带动能力，加强大城市工业向中小城镇的转移力度，促进产业有序转移和人口逐步疏散，推动产业布局多元化，提高城市建设用地集约化、科学化利用水平，避免重复建设、产业结构趋同与人口过度集中带来的一系列城市发展问题，减小各地区工业发展不平衡所造成的城镇发展显著差异，促进各区域城镇化水平均衡发展。

优化调整产业结构，加强工业污染治理，改善城镇居住环境和生活质量。坚决淘汰高能耗、高污染、低效益、低附加值的资源密集型产业及低端制造业，大力发展环境友好型、资源节约型、知识密集型产业，积极构建具有战略性、前瞻性的"绿色产业"和高新技术产业集群。通过完善工业污染治理的法律法规体系，以及加强环保执法力度，杜绝新的污染型工业企业的建立和发展；通过增加污染治理投入，改变原有污染型工业生产工艺或发展方向，增强"三废"治理力度，推动工业走上高效、包容和可持续的新型工业化发展道路，进一步改善城镇生态发展环境，提升城镇发展质量和城镇居民生活水平。

（2）推动工业化、城镇化协调发展

工业化与城镇化是现代经济社会发展的显著特征。工业化是城镇化的经济支撑，城镇化是工业化的空间依托，工业化是城镇化的前提和基础，健康、可持续的城镇化只能建立在工业化发展的基础上。城镇化既是新型工业化的空间依托和重要体现，又是推动新型工业化进程的加速器。城镇化速度过慢，工业化将缺乏市场需求支撑；工业化进程过慢，城镇化也将缺乏足够的供给保障。推动工业化与城镇化良性互动，相互促进，既是为工业化创造条件，也是城镇化发展的内在规律。促进工业化和城镇化良性互动，强化产业结构非农化对就业结构非农化的带动作用。可以充分利用经济快速发展的机遇，进一步繁荣城镇经济，增强城镇产业竞争实力，为农村剩余劳动力转移提供尽可能多的就业岗位。

首先，要对工业进行合理布局，实现工业企业的相对集中。可以推进工业项目进园区，让更多的劳动力在一个地区进行聚集。工业产业和劳动力的聚集，会产生物流、商贸、住宿、餐饮、娱乐、教育、文化等生产性服务业和生活性服务业，从而推动城镇化发展。其次，要深化户籍制度改革。通过改革户籍制度，来有序推进农业转移人口市民化，努力实现城镇基本公共服务常住人口全覆盖，让农村转移出来的劳动力能够平等地享受城市的教育、医疗等公共服务，真正地共享城市文明。再次，要走中国特色新型工业化道路。在大力发展技术密集型工业的同时，运用现代技术改造传统产业，发展新型的更加注重资源节约和环境保护的工业，避免在发展工业的同时污染城市环境，发展与现代工业相适应的现代金融、保险、信息等服务业，提高服务业比重，积极拓展服务业发展和吸纳劳动力就业的空间。最后，打造良好的投资及人居环境。对城市的功能进行合理规划，实现更多工业生产要素在空间上的合理布局。既要提供配套齐全的基础设施，打造良好的投资环境，也要打造诚实守信、使投资者利益得到切实保护的良好人文政策环境。另外，要在打造适宜人居的自然环境、方便快捷的交通服务、均衡优质的教育文化资源等方面下功夫，形成良好的人居环境。同时，提高国内产业核心竞争力和产业链分工层次。要提高劳动者的劳动技能，从而增加其收入水平；提高农村人口对城镇生活的适应能力，切实地融入城市生活，在真正意义上实现工业化带动城镇化的良性互动。另外，还可以采取很多措施来促进工业化和城镇化的良性互动。例如，鼓励企业间的自主兼并联合，引导中小企业产业集群发展，以产业集群带动居住地集中和城镇发展等。

4. 促进城镇化和农业现代化相互协调，建立以城带乡长效机制

农业现代化的推进能够释放出更多的农村劳动力向城镇集聚，促进城镇化；城镇化的推进能有效地吸纳农村的剩余劳动力，二者的协动能够促进城乡经济社会的健康发展。但是由于农业比较效益较低，城镇化可能过度吸纳农村优质农业劳动者，从而降低农村劳动力的素质，减缓农业现代化的步伐，这在经济发达的长三角地区已经有了明显的迹象。因此，必须建立农村劳动力减量提质与城镇发展的良性互动机制。

首先，发挥市场对劳动力资源的调节功能和配置作用，让农村劳动力同城市劳动力一样平等参与就业竞争，加快农村剩余劳动力向城市转移。提升对流动人口的管理和服务能力，加强人口流动的政策和制度环境建设，包括公共教育、劳动就业、社会保险、医疗卫生、住房、文体等制度的改革和完善。其次，消除农民工市民化的体制机制障碍，为进

城农民工提供同当地市民一样的社会保障、劳动保障、医疗保险、子女教育等方面的基本公共服务，从根本上消除城乡二元户籍制度和二元社会保障制度的分割作用，使进城农民工能够在城市安居乐业。实现基本公共服务逐步由户籍人口向常住人口的全面覆盖，实现公共服务逐步由城市向农村的覆盖，推进城乡社会保障制度衔接和公共服务均等化，增强农民工生活保障和工作热情，推动城镇化建设健康发展。再次，在城镇化推进的同时，对农民进行分类培训，不但使转移出去的农村剩余劳动力素质与城镇的发展相适应，也要使留在农村的农业劳动力能掌握现代农业科技的应用成果，保障农业现代化与城镇化的同步推进。最后，深化城乡户籍制度改革与公共服务体系建设。逐步建立城乡统一的户籍登记制度，全面放开小城镇和小城市落户限制，有序放开中等城市落户限制，逐步放宽大城市落户条件，合理设定特大城市落户条件，降低农村居民向城镇居民的转化门槛，逐步把符合落户条件的农业转移人口转变为城镇居民。

5. 加强以工促农政策，促进农村工业化

农村工业化是在农村地区推进的工业化，其含义主要有：第一，农村工业化突出表现为对农村、农业资源的有效利用，农村工业化的起点低于城市工业化；第二，农村工业化和城市工业化都是国家工业化的组成部分，随着农村工业化的持续发展，农村工业化最终与城市工业化融为一体；第三，随着农村工业化的推进，农村产业结构、农民就业结构、农村人口分布以及农村经济增长方式都将发生根本性改变，最终逐渐实现从二元经济向一元经济的转变。工业化是三次产业发展的枢纽，统筹城乡发展的重要内容之一就是实现城市工业化和农村工业化协调发展，国家的"以工促农"政策，不只是指城市工业对农业的促进作用，更强调乡镇工业对农业的促进和改造作用，因此，实现农村的工业化是城乡统筹机制形成的重中之重。

陕西长期的城乡二元结构体制不仅造成了农村的贫困，也造成了城市承载力的低下。以家庭联产承包责任制为主要内容的农村经济体制改革，不仅使部分农民手中有了一些剩余资金，也使农业劳动力从隐性剩余转向显性剩余；同时，长期计划经济体制下积累的物资短缺，表现为巨大的市场需求。在国家政策的鼓励或默许下，寻找市场需求，查缺补漏，发展劳动密集型的农村集体经济和个体经济，为农民剩余资金寻找投资空间，为农村剩余劳动力寻找出路成为可能。改革开放之初应运而生的乡镇企业，在大大推进农村工业化的同时，也大大推进了农村城镇化，成为小城镇建设的基本依托。农村工业以农产品加工、资源开发、劳动密集型和轻型加工业为主，有助于改变我国普遍存在的轻、重工业不协调的产业结构，使我国工业结构更符合经济发展规律及资源禀赋状况。当乡镇企业以勃勃生机迅速兴起，过去那种由传统战略及其体制造就的城市搞工业和农村搞农业的二元经济结构格局被第一次打破了。陕西在推进工业化进程中，应在深化城市工业化的同时，在城乡结合部和有条件的农村地区发展农村工业。

现今，由于国内市场绝大部分商品供大于求，再加上国际金融危机，外部经济环境恶化，乡镇企业出现了一些新困难和新问题。陕西农村工业企业布局过于分散，不仅缺乏聚集规模效益，而且存在农村工业与城市工业产业结构类同、农村内部工业产业结构同质问题，没有形成城乡一体化的工业生产组织体系。因此，进行体制机制创新，调整农村工业企业结构，实行城、乡工业合理分工，是缩小城乡差距、实现城乡空间融合发展的必然选择。

首先，优化农村工业布局，调整产业、产品结构。第一，积极引导农村工业发展走出"村村办厂、户户冒烟"的小农经营模式，实现农村企业集聚式发展，推动小城镇建设。工业是集聚经济和规模经济效益明显的产业，对集聚效益和规模效益的追求，已成为乡村空间开始由分散转向集聚的动力源泉。陕西在加快农村工业化进程中，应加大对小城镇建设的扶持力度，鼓励企业向具有优势的小城镇搬迁，引导企业向园区集聚，解决乡镇企业分散布局引发的环境问题、规模不经济问题。第二，因地制宜，合理调整产业、产品结构。在发展工业企业过程中，必须依托本地优势资源，发展特色产业，通过大幅度提高农副产品加工业在第二产业中的比重，使农副产品加工业真正成为乡镇工业的主体；引进先进技术，加大对乡镇企业的改造和扶持力度，重点要抓好传统产业技术改造，扩大产品适用范围，抓好新产品开发；通过乡镇企业转型升级，促进乡镇企业环境治理，倒逼乡镇企业减少消耗。第三，不断优化企业结构。乡镇企业要走大、中、小并举，以大带小，以小促大，共同发展的路子，努力培植一批名、优、专、特、新企业。

其次，实行城乡工业的合理分工协作，加强城乡工业联合。乡镇企业的社区性使得小城镇与大中城市之间、小城镇与小城镇之间缺乏应有的分工与协作，导致小城镇规模小，进一步制约了产业集聚、人口集中和第三产业发展。陕西一是要将农村工业纳入社会化大生产体系，发挥劳动力价格低、自然资源丰富的优势，主要发展劳动密集型产业，与城市企业形成互为市场、相互依存、相互补充的关系，从而弥补城市工业的不足，实现城乡产业功能的互补、对接。二要促进双方资金、技术、人才、劳动力和设备等生产要素的合理配置，扩大生产规模，提高经济效益。乡镇企业与城市大工业联合、配套、协作，加速了农村自然经济的解体过程，使之融入到以城市为核心的商品经济和市场经济系统之中。

6. 加强环境保护，促进生态文明建设

"四化"发展，不只是经济发展，更要保护生态环境。陕西应以科学发展观统领全局，以经济建设为中心，以人与自然和谐为主线，以提高人民生活质量为根本出发点，优先抓好特色—生态产业和重点工程，逐步建立以绿色产业和清洁生产为重点，具有较强科技创新和市场竞争力的生态产业经济体系，重点抓好"两山一河"（即秦岭北麓、北山南坡和渭河沿岸）治理，通过水利、林业、环保等措施，构建南、北两山和渭河生态骨架。立足资源环境承载能力和发展潜力，按照优化开发、重点开发、限制开发和禁止开发的不同要求，明确不同区域功能定位，提高资源利用效率和生态效益，促进区域经济发展与生态建设的协调统一。

五　"一带一路"建设

2013 年 9 月，习近平主席在出访中亚四国时提出了共建丝绸之路经济带的战略构想，引发了全世界的关注。同年 11 月，党的十八届三中全会作出"推进丝绸之路经济带、海上丝绸之路建设，形成全方位开放新格局"的重大战略决定。丝绸之路经济带建设将西北省份推至对外开放前沿，形成了我国向西开放的崭新态势。丝绸之路经济带建设有利于陕西更好地发挥区位、资源优势，统筹利用国际国内两个市场，优化配置市场资源，促进人口集聚、城镇基础设施建设，推动经济社会加速发展。①②

---

① 程小旭：《丝绸之路经济带利好西北地区开放》，《中国经济时报》2013 年 12 月 18 日第 8 版。

② 杨自沿：《青海：建设丝绸之路经济带战略通道》，2014 年 4 月，中研网（http://www.chinairn.com/news/20140428/115650353.shtml）。

陕西提出"打造丝绸之路经济带新起点，加快建设内陆开发开放高地"①。

（一）陕西建设丝绸之路经济带的有力支撑

1. 良好的经济产业基础

陕西经济实力及增长速度在西部地区处于第一方阵。2013 年全省实现生产总值 16045.21 亿元，同比增长 11%，领先全国平均水平 3.3 个百分点；人均 GDP 为 42692 元，接近 7000 美元，在全国居第 13 位。2013 年的数据表明，陕西占西北五省份 GDP 的比重接近 46%，在建设丝绸之路经济带和新一轮西部大开发中发挥着战略支撑作用。陕西矿产资源丰富，许多矿种在全国占有重要地位。已查明矿产资源储量潜在总价值约为 42 万亿元，占全国的 30% 强，位列第一。近年来，陕西加速升级改造传统产业，加快培育壮大新的支柱产业，能化当家、一头独大的格局正在改变，装备制造、电子信息、生物医药、文化旅游、航空航天、现代农业等产业正在迅猛发展，已形成多点支撑、多元带动的产业发展新格局。②

2. 独特的战略区位优势

陕西位于我国地理几何中心，承东启西，连通南北，是长江经济带、沿海经济带衔接丝绸之路经济带的第一枢纽。陕西是两千多年前古丝绸之路的起点，是当前我国西部大开发的桥头堡和推进向西开放战略的新引擎。如果陕西作为丝绸之路经济带的新起点，以高铁为连接方式，以长江经济带和沿海经济带为广阔腹地，可以建设成连接国内东部和中部、辐射西北、对接中亚西亚和欧洲的枢纽，成为亚欧大陆新的弓箭型经济带的发力点。因此，陕西在建设丝绸之路经济带方面具有其他省份所不具备的独特的战略区位优势。③④

3. 较为完善的交通物流设施

陕西拥有较为完善的陆空网络和便利的商贸物流条件。国家综合交通网规划中，陕西是全国重要的铁路、公路、航空枢纽以及运营调度中心，

① 民生证券：《宏观区域经济系列研究报告之一：从西北五省区的定位看丝绸之路经济带建设情况》，《民生证券》2014 年 2 月 24 日第 6 版。

② 张小影、张毅、陈学慧等：《构筑丝路新起点——陕西省加快丝绸之路经济带建设的调研》，《经济日报》2014 年 9 月 3 日第 7 版。

③ 陕西传媒网：《陕西省长娄勤俭就打造丝绸之路经济带新起点等举行记者见面会》，2014 年 5 月，陕西传媒网（http://www.sxdaily.com.cn/n/2014/0521/c145—5437595.html）。

④ 吴海军：《高水平打造丝绸之路经济带新起点》，《陕西发展和改革》2013 年第 6 期。

铁路、公路、航空组成了陕西完善的交通网络。物流方面，西安国际港务区正在建设全国最大的国际型陆港和黄河中上游地区最大的商贸物流集散中心，拥有八大功能分区（集装箱作业区、综合保税区、国内贸易区、综合服务区、居住配套区、应急物流园区、产业转移承接区、城乡统筹建设区），以及出口加工 A 区和 B 区等海关特殊监管区域，构成了辐射丝路经济带周边国家的物流中心。借助西安铁路集装箱货运中心站、西安综合保税区、西安公路港的功能叠加效应，实现公（路）、铁（路）、空、海等多式联运的便捷、高效运转，可以有效发挥西安的交通枢纽优势，提高物流效率，降低物流成本。[①]

4. 雄厚的科研教育实力

陕西是国家科技部批准的全国三个创新型建设试点省份之一，具有雄厚的科研教育实力：一是陕西为国家科技创新的重要支撑点和密集区。陕西拥有数量众多的高校、科研院所、科技人员，其中"985"和"211"高校数量分别居全国第三位和第四位，国家级的创新平台数量达 25 家，稳居西北各省份第一位。二是陕西为国家航天、航空、兵器、机械、电子、农业等方面重要的科研和生产基地所在地，为科技和产品的创新提供了持续不断的源泉。三是通过深化顶层设计和统筹协调，探索出了一系列具有创新性的统筹科技资源改革的新模式，使创新活动得到一定的制度保证和环境优化。

5. 丰厚的历史文化旅游禀赋

陕西是全国闻名的历史文化旅游大省，历史遗存丰富，文化底蕴深厚。长安是中国历史上建都时间最长、建都朝代最多、影响力最大的都城，是中华民族的摇篮、中华文明的发祥地和中华文化的代表。西安作为汉唐时代古丝绸之路的起点，与丝绸之路沿线各国文化交流历史悠久，具有成为丝绸之路经济带新起点天然的优势。陕西旅游资源极为丰富，被誉为"天然的历史博物馆"。2014 年 6 月 22 日，经第 38 届世界遗产大会审议，中国（陕西）和哈萨克斯坦、吉尔吉斯斯坦联合申报的"丝绸之路：长安—天山廊道路网"项目成功列入世界文化遗产名录，为陕西和丝绸之路经济带沿线国家未来开展文化交流、合作发展打

---

① 陕西统计局：《陕西开放型经济发展与其丝绸之路经济带作用的思考》，2014 年 4 月，陕经网（http：//www.sei.gov.cn/ShowArticle.asp？ArticleID＝239714）。

下了坚实的基础。

（二）陕西建设丝绸之路经济带的战略路径

1. 发挥区位优势，加快交通物流建设

道路连通是建设丝绸之路经济带的首要条件。陕西应充分发挥承东启西、连通南北的区位优势，加快铁路、公路、航空等交通网络体系建设，做大做强现代物流产业，努力打造方便快捷的立体化综合交通网络以及国际化的商品物流集散中心。①

铁路方面，首先要密切关注北京至莫斯科的欧亚高速运输走廊建设，争取在西安设立枢纽站点。早日开通西安经中亚到达莫斯科旅游列车，加快推进西安至兰州、成都两路客运专线建设。其次要继续完成陕西两纵五横八辐射一城际的 2581 工程，加快北车站的收尾建设和原西安车站的改造，提高管理营运水平，强化西安集装箱中心和新丰编组站的枢纽功能，进一步完善西安成为全国铁路大枢纽站的定位要求。

公路方面，首先要加强西部省份和中亚国家的沟通协商，推动西部和中亚高速公路连通对接。其次在已完成以西安为中心的"米"字型骨干高速公路的情况下，加速关中城市间高等级公路网建设，解决大关中区域路网密度不足，缺乏环线，没有形成环状路网的问题，以促进关中城市群的发展和渭北城市群的形成。

航空方面，积极开展西安西咸新区空港新城的建设，酌情增加西安到丝绸之路经济带沿线国家的航空货运线路，使西安国家航空城实验区达到丝绸之路经济带对外开放的国际门户、临空现代服务业引领区、现代航空高端制造科研聚集区和国际内陆型城市示范区的定位要求。

最后，做大做强现代化物流产业，努力打造国际商品物流集散中心。在整合现有物流企业的基础上，依托以西安综合保税区、西安铁路集装箱中心站和西安公路港为支撑的西安国际港务区，发展以第三方物流为特征的国际化现代物流企业，将西安努力打造成国际商品物流集散中心。

2. 发展外向型经济，加强产业合作

陕西与中亚、西亚国家及俄罗斯等在资源和产业结构方面的互补性很强，合作前景极为广阔。

一是走出去。陕西是装备制造业和战略性新兴产业基地，是丝绸之路

---

① 赵正永：《努力打造丝绸之路经济带新起点》，《人民日报》2014 年 9 月 12 日第 8 版。

经济带上工业最强、层次最高的"装备部"省份。现在中亚国家经济发展正处于大规模起步阶段，在设立工业特区、完善基础设施以及加快工业化进程中，对工业装备、基础设施建设装备、现代通信装备等都有极大的需求。要抓住这一商机，研究细化中亚各国的环境政策和市场需求，制定向中亚各国出口导向战略措施，设计制造适合当地需求的产品，通过参观、示范、展销会、互联网等，加强信息互动，积极开拓丝绸之路经济带中亚区域市场，使陕西成为丝绸之路经济带开发建设中的装备后勤部和供应高地。陕西其他优势产业如能源开发、航空航天、现代农业、文化旅游业等都应大胆地走出去。

二是引进来。在陕西建设"陕西—丝绸之路经济带国家产业园"并建立合作共赢的利益共享机制，吸引丝绸之路经济带沿线国家企业进入园区，或在陕西设立分支机构、生产研发基地。①

三是练内功。为了快步"西行"，建议省政府制定政策措施，鼓励支持陕西企业开拓创新，提升核心竞争力，大力开发生产丝绸之路经济带沿线国家所需产品。

3. 着眼货币流通，强化金融合作

金融是现代经济的核心，随着市场经济的发展和经济金融化的深入，经济活动对金融的依赖日益提高。积极发展现代金融服务业，打造强大的金融聚集区，抢占丝绸之路经济带中的现代金融制高点，是确立陕西丝绸之路经济带新起点地位的重中之重。

一是构建货币流通平台。积极贯彻《西安区域性金融中心发展规划（2013—2020年）》，努力打造以西安金融商务区为核心、西安高新科技金融服务示范园区和西安曲江文化金融示范园区为侧翼的"一区两园"格局，最终将西安建设成为立足陕西、带动西北，辐射中亚的"丝绸之路经济带金融中心"。围绕欧亚陆路能源通道和能源俱乐部建设，打造以西安为中心的区域性能源交易中心，积极争取上合组织开发银行等国际性金融机构落户西安，同时将欧亚金融合作会议和浐灞金融高峰论坛打造成为丝绸之路经济带上最具国际影响力的、促进区域金融要素聚集的金融论坛。

二是扩大金融对外合作及开放。首先要加强与丝绸之路经济带沿线国

---

① 娄勤俭：《建设好丝绸之路经济带新起点》，《人民日报》2014年8月26日第7版。

家的金融合作，积极创造条件推动人民币周边区域化，为陕西与丝绸之路经济带沿线国家贸易投资便利化奠定良好的金融基础。其次应加快推进金融入陕和出陕工程。吸引外资金融机构特别是丝绸之路经济带沿线国家的金融机构到陕西设立分支机构，积极鼓励陕西地方法人金融机构到丝绸之路经济带沿线国家设立机构，完善金融组织体系。

三是推进跨境电子商务平台和电子商务领域合作。首先加强沟通协作，建设连接中国与丝绸之路经济带沿线其他国家的信息网络。其次，鼓励陕西企业加强电子商务方面的投资，支持陕西的电子商务运营企业实施兼并重组，做大做强。第三，将零散的外贸电子商务资源进行有机整合，搭建陕西丝绸之路经济带公共服务平台，提供海关、物流、金融等全方位服务。第四，加强陕西与丝绸之路经济带沿线国家银行之间的电子支付与结算能力，以及金融监管领域合作。

4. 传承历史文化，加强文化旅游合作

正是历史文化的认同和牵连，使丝绸之路各国人民友谊长存，使这一条古老的商贸路长盛不衰。陕西要充分发挥这方面的优势，积极开展与丝绸之路经济带沿线国家的文化教育交流活动，进一步促进各国人民的相互了解和相互信任。

一是建设文化艺术精品，增强文化凝聚力。以丝绸之路跨国联合申遗成功为契机，联合丝绸之路经济带沿线国家建设好欧亚文化博物馆群、丝绸之路博览园、丝绸之路风情街、西安中央文化商务区等共建项目。扶持创作以丝绸之路为主题的文化艺术精品，运用数字出版、影视、动漫和互联网这些现代科技艺术形式和传播手段，推进丝绸之路沿线国家的文化交流，使丝绸之路文化进一步发扬光大，成为连接丝绸之路各国人民友好往来、友谊长存的纽带。

二是加强旅游合作，促进人民交流。旅游是和平的使者，友谊的桥梁。通过旅游，可以使不同国家、不同信仰、不同文化的人们增进了解，扩大交流，做到友好相处。旅游作为一个产业，它的关联性强，附加效益高，可以带动多个行业的发展，是公认的"朝阳产业"和"绿色工厂"。陕西应充分发挥文物、文化、旅游资源优势，推广"大唐西市"模式，建设集文物保护、文化展示、商业贸易于一体的"汉风古韵"主题旅游区等历史文化精品景区，开辟一批跨国丝路旅游线路，联手打造国际精品旅游线路和旅游产品。

三是开展教育合作，打牢民心相通的长久基础。深化教育合作，"着眼培养世代友好新一代"，是《共建丝绸之路经济带西安宣言》倡议的一个重要内容。习近平总书记在访问中亚四国时提出，未来 10 年中国将向上合组织成员国提供 3 万个政府奖学金名额，邀请 1 万名孔子学院师生赴华研修。陕西应充分发挥科教优势，在认真总结近几年培养哈萨克斯坦东干族青年的经验基础上，建设好丝绸之路经济带国家教育培训基地以及上海合作组织大学西安校区，推动陕西高校与丝绸之路经济带沿线国家高校成立战略联盟，并设立面向外国留学生的奖学金，把以青少年为重点的教育合作不断引向深入。同时要鼓励和支持陕西学生到中亚各国留学交流，以适应丝绸之路经济带开发建设的需要，解决陕西对外交往和贸易中人才匮乏的问题。

5. 搭建多种平台，拓宽沟通贸易渠道

建设丝绸之路经济带，需要搭建互惠互利的合作平台。陕西应抓住一切机遇，为丝绸之路经济带沿线国家合作共赢创造尽可能多的沟通平台和贸易平台。

一是依托永久会址搭建政府对话平台。2005 年，上海合作组织在西安举办首届欧亚经济论坛，并决定将西安作为永久性会址。可以以此为契机，充分发挥西安桥头堡和国际大都市的带动作用，由西安牵头，通过国家批准和城市协商，每年定期在西安举办丝绸之路经济带沿线城市市长论坛或市长圆桌会议，以研究和协调经济带建设和发展中的难点和问题，并在此基础上，建立区域内城市间共享的信息平台，促进城市间的信息有效传播以及合作的拓宽加深，达到城市间互惠共赢、共创繁荣的目的。

二是借助品牌展会搭建经贸合作和文化交流平台。重点办好已有 18 年历史的中国东西部合作与投资贸易洽谈会和 20 年历史的中国杨凌农业高新科技成果博览会，以及国家新批准的中国西安丝绸之路国际旅游博览会和西安丝绸之路国际电影节。另外，要不断创新举办机制，丰富展会内容，提高服务水准，使这四大展会成为高端化、国际化的经贸合作平台。

三是争取丝路沿线国家在西安设立领事馆或办事处。历史上中外使节曾是往来于丝绸之路上的重要成员，在中国和西域各国之间架起了友谊之桥。现在西安浐灞领事馆区建设已初具规模，并有韩国总领事馆和泰国驻西安领事办公室相继入驻。尽力争取上合组织成员国及丝绸之路沿线国家在西安设立领事馆或办事处，使国内外沿路城市之间的联系和互动更上一个层次。还可争取丝绸之路经济带沿线重要城市互设办事机构，以多种形式开展全方位交流合作。①

---

① 张超：《西部地区建设丝绸之路经济带的战略路径研究——以陕西省为例》，《改革与战略》2016 年第 6 期。

参考文献

[1] 安树伟：《大都市区管治研究》，中国经济出版社 2007 年版。

[2] 北京市发展和改革委员会：《北京市国民经济和社会发展第十三个五年规划纲要》（http：//zhengwu.beijing.gov.cn/ghxx/sswgh/t1429796.htm）。

[3] 常叔杰：《曲江旅游产业集群发展研究》，硕士学位论文，西安工业大学，2007 年。

[4] 陈伯君：《西部大开发与区域经济公平增长》，中国社会科学出版社 2007 年版。

[5] 陈建兰：《城乡一体化背景下的"农保"转"城保"——来自江苏省苏州市的个案研究》，《农村经济》2012 年第 1 期。

[6] 陈瑞莲等：《破解城乡二元结构：基于广东的实证分析》，社会科学文献出版社 2008 年版。

[7] 陈晓华：《乡村转型与城乡空间整合研究——基于"苏南模式"到"新苏南模式"过程的分析》，安徽人民出版社 2008 年版。

[8] 陈甬军：《中国城市化：实证分析和对策研究》，厦门大学出版社 2002 年版。

[9] 陈欣欣、史清华、蒋伟峰：《不同经营规模农地效益的比较及其演变趋势分析》，《农业经济问题》2000 年第 12 期。

[10] 陈明、王凯：《我国城镇化速度和趋势分析——基于面版数据的跨国比较研究》，《城市规划》2013 年第 5 期。

[11] 陈映：《四川加快新型城镇化发展的对策建议》，《经济体制改革》2010 年第 6 期。

[12] 成德宁：《城市化与经济发展——理论、模式与政策》，科学出版社 2004 年版。

［13］程小旭：《丝绸之路经济带利好西北地区开放》，《中国经济时报》2013 年 12 月 18 日第 8 版。

［14］崔功豪、武进：《中国城市边缘区空间结构特征及其发展——以南京等城市为例》，《地理学报》1990 年第 4 期。

［15］崔功豪：《中国城镇发展研究》，中国建筑工业出版社 1992 年版。

［16］崔功豪：《区域分析与规划》，高等教育出版社 1999 年版。

［17］诸大建、刘冬华：《管理城市成长：精明增长理论及对中国的启示》，《同济大学学报》（社会科学版）2006 年第 4 期。

［18］《城市开发》编辑部：《深圳市：智慧深圳市规划纲要》，《城市开发》2013 年第 17 期。

［19］邓玲：《国土开发与城镇建设》，四川大学出版社 2007 年版。

［20］董欣、张沛、段禄峰：《西安大都市与旅游地产发展互动模式研究》，《人文地理》2011 年第 1 期。

［21］董利民：《城市经济学》，清华大学出版社 2011 年版。

［22］杜传忠、刘英基、郑丽：《基于系统耦合视角的中国工业化与城镇化协调发展初评研究》，《江淮论坛》2013 年第 1 期。

［23］杜黎明：《主体功能区区划与建设——区域协调发展的新视野》，重庆大学出版社 2007 年版。

［24］段汉明、张刚：《西安城市地域空间结构发展框架和发展机制》，《地理研究》2002 年第 5 期。

［25］段禄峰、张沛、卞坤等：《基于主体功能导引的我国城镇化发展多维解析》，《改革与战略》2009 年第 2 期。

［26］段禄峰、张沛：《我国城镇化发展模式探讨》，《商业时代》2009 年第 6 期。

［27］段禄峰、张沛：《我国城镇化与工业化协调发展问题研究》，《城市发展研究》2009 年第 7 期。

［28］段禄峰：《我国城乡空间一体化协调发展探讨》，《商业时代》2011 年第 4 期。

［29］段禄峰、张鸿：《城乡一体化视域下的西安市城乡二元经济结构解析》，《生态经济》2011 年第 8 期。

［30］段禄峰、李永红：《制度创新与城乡一体化和谐发展问题研究》，《江苏农业科学》2012 年第 3 期。

［31］段禄峰：《西安大都市区城乡空间一体化发展策略研究》，西安地图出版社 2012 年版。

［32］段禄峰、赵国锋：《陕西新农村建设的现状、存在问题及发展路径》，《贵州农业科学》2014 年第 9 期。

［33］段禄峰、张鸿、张利等：《陕西"四化"同步发展模式及推进路径研究》，研究报告，西安邮电大学，2015 年。

［34］段禄峰：《基于 AHP 法的城镇化发展质量评估体系研究——以西安市为例》，《西安石油大学学报》（社会科学版）2016 年第 1 期。

［35］段禄峰：《我国产业结构偏离度研究》，《统计与决策》2016 年第 6 期。

［36］代玉虎：《我国"四化"协调发展水平评价研究》，硕士学位论文，西安邮电大学，2014 年。

［37］邓小平：《邓小平文选》（第 3 卷），人民出版社 1993 年版。

［38］付磊：《全球化和市场化进程中大都市的空间结构及其演化》，博士学位论文，同济大学，2008 年。

［39］付凯、杨朝现、信桂新等：《农户土地转出行为调查与分析》，《地域研究与开发》2015 年第 3 期。

［40］付伟铮、宋聚国：《基于粮食安全背景下中国粮食产业实施全球资源配置的方法与策略》，《世界农业》2014 年第 12 期。

［41］付晓东：《中国城市化与可持续发展》，新华出版社 2005 年版。

［42］傅崇兰、周明俊：《中国特色城市发展理论与实践》，中国社会科学出版社 2003 年版。

［43］樊继达：《统筹城乡发展中的基本公共服务均等化》，中国财政经济出版社 2008 年版。

［44］高岩辉、刘科伟：《集聚作用下的西安市区经济集中与郊县发展》，《西北大学学报》（自然科学版）2007 年第 1 期。

［45］高征、段禄峰：《产业结构调整研究——以西安市为例》，《中外企业家》2012 年第 3 期。

［46］高虹：《城市人口规模与劳动力收入》，《世界经济》2014 年第 10 期。

［47］高健、吴佩林：《城市人口规模对城市经济增长的影响》，《城市问题》2016 年第 6 期。

[48] 高帆：《中国城乡二元经济结构转化的影响》，《经济理论与经济管理》2012 年第 9 期。

[49] 辜胜阻：《新型城镇化与经济转型》，科学出版社 2014 年版。

[50] 辜胜阻、王敏：《智慧城市建设的理论思考与战略选择》，《中国人口·资源与环境》2012 年第 5 期。

[51] 谷海洪：《由"第三部门"主导的区域规划的成功范例——纽约大都市区规划》，《国际城市规划》2007 年第 5 期。

[52] 顾朝林、陈田、丁金宏等：《中国大城市边缘区特性研究》，《地理学报》1993 年第 4 期。

[53] 顾朝林等：《城市管治——概念·理论·方法·实证》，东南大学出版社 2003 年版。

[54] 郭芳：《现代丝绸之路：新全球化时代的经济大动脉》，《中国经济周刊》2014 年 8 月 18 日第 5 版。

[55] 郭捷：《曲江大略》，陕西人民出版社 2005 年版。

[56] 郭志仪、常晔：《城镇化视角下的农村人力资本投资研究》，《城市发展研究》2007 年第 3 期。

[57] 葛龙、孙忠民：《基于主成分分析的陕西城镇化发展水平问题研究》，《西部金融》2014 年第 7 期。

[58] 国家发展改革委宏观经济研究院国土地区研究所课题组：《我国主体功能区划分及其分类政策初步研究》，《宏观经济研究》2007 年第 4 期。

[59] 胡序威：《区域与城市研究》，科学出版社 2008 年版。

[60] 胡际权：《中国新型城镇化发展研究》，博士学位论文，西南农业大学，2005 年。

[61] 胡启兵：《日本发展生态农业的经验》，《经济纵横》2007 年第 11 期。

[62] 侯东民、张耀军、孟向京等：《西部生态移民跟踪调查——兼对西部扶贫战略的再思考》，《人口与经济》2014 年第 3 期。

[63] 黄娉婷、张晓平：《大都市区工业重心时空变动轨迹分析：以天津市为例》，《经济地理》2012 年第 3 期。

[64] 黄坤明：《城乡一体化路径演进研究》，科学出版社 2009 年版。

[65] 黄群慧：《"新常态"、工业化后期与工业增长新动力》，《中国工业

经济》2014 年第 10 期。

［66］黄丽：《国外大都市区治理模式》，东南大学出版社 2003 年版。

［67］黄序：《法国的城镇化与城乡一体化及启迪——巴黎大区考察记》，《城市问题》1997 年第 5 期。

［68］黄序：《北京城乡统筹协调发展研究》，中国建材工业出版社 2004 年版。

［69］和红星：《古城西安整体环境的协调与分析》，《建筑学报》2002 年第 5 期。

［70］何菊芳：《公共财政与农民增收》，上海三联书店 2005 年版。

［71］何念如、吴煜：《中国当代城镇化理论研究》，上海人民出版社 2007 年版。

［72］何伟：《区域城镇空间结构与优化研究》，人民出版社 2007 年版。

［73］何丹、朱小平、王梦珂：《更葱绿、更美好的纽约——新一轮纽约规划评述与启示》，《国际城市规划》2011 年第 5 期。

［74］何鹤鸣、张京祥：《转型环境与政府主导的城镇化转型》，《城市规划学刊》2011 年第 6 期。

［75］洪世键：《大都市区治理》，东南大学出版社 2009 年版。

［76］郝寿义、安虎森：《区域经济学》，经济科学出版社 1999 年版。

［77］韩本毅：《影响城市人口规模的机制及实证》，《当代经济科学》2010 年第 2 期。

［78］江泽林：《落实省十二次党代会精神 加快推进陕西城镇化进程》，《理论导刊》2013 年第 1 期。

［79］姜长云、李显戈、董欢：《关于我国粮食安全与粮食政策问题的思考——基于谷物自给率与日、韩相关经验的借鉴》，《宏观经济研究》2014 年第 3 期。

［80］姜磊、陈坚、郭玉清：《二元经济转型与劳动收入份额：理论与实证分析》，《经济社会体制比较》2014 年第 7 期。

［81］金京淑：《中国农业生态补偿研究》，博士学位论文，吉林大学，2011 年。

［82］金钟范：《韩国亲环境农业发展政策实践与启示》，《农业经济问题》2005 年第 3 期。

［83］孔凡文、许世卫：《中国城镇化发展速度与质量问题研究》，东北大

学出版社 2006 年版。

[84] 孔凡文：《中国城镇化发展速度与质量问题研究》，研究报告，中国农业科学院，2006 年。

[85] 孔祥智、徐珍源：《转出土地农户选择流转对象的影响因素分析——基于综合视角的实证分析》，《中国农村经济》2010 年第 12 期。

[86] 孙祥栋、郑艳婷、张亮亮：《基于集聚经济规律的城市规模问题研究》，《中国人口·资源与环境》2015 年第 3 期。

[87] 肯堂、戴士根：《区域经济管理学》，高等教育出版社 2004 年版。

[88] 柯擎：《信息化浪潮中的日本政府》，《信息化建设》2003 年第 6 期。

[89] 李永进、张士运等：《北京创新型城市建设评价研究》，北京科学技术出版社 2009 年版。

[90] 李昌明、王彬彬：《中国城乡二元经济结构转换研究》，《经济学动态》2010 年第 10 期。

[91] 李刘艳：《粮食危机下的中国粮食安全问题研究》，《世界农业》2013 年第 7 期。

[92] 李晓莉：《城中村现象的经济学分析》，硕士学位论文，暨南大学，2003 年。

[93] 李小云、叶红：《城乡空间融合视野下的城市区域绿地景观形象塑造——以广州花都区为例》，《西北林学院学报》2012 年第 2 期。

[94] 李宏志、王圣学：《基于"点—轴"理论的西安大都市圈空间结构演变研究》，《现代城市研究》2006 年第 1 期。

[95] 李国平：《我国工业化与城镇化的协调关系分析与评估》，《地域研究与开发》2008 年第 5 期。

[96] 李国平、杨军等：《网络化大都市——杭州市域空间发展新战略》，中国建筑工业出版社 2009 年版。

[97] 李一花、李曼丽：《农业面源污染控制的财政政策研究》，《财贸经济》2009 年第 9 期。

[98] 李丽萍、黄薇：《武汉市产业结构的偏离度趋势》，《统计与决策》2006 年第 8 期。

[99] 李锋：《沣渭新区启动——西安向国际化大都市迈进》，《西安晚

报》2010 年 2 月 25 日第 6 版。

［100］李迅：《中国城市演进中的区域差异及其对策》，《城市规划》2000年第 7 期。

［101］刘永红、刘秋玲：《大都市区规划信息平台构建探讨——以深莞惠三市规划信息共享探索为例》，《规划师》2012 年第 1 期。

［102］刘青松、张咏、郝英群：《农村环境保护》，中国环境科学出版社2003 年版。

［103］刘健：《巴黎地区区域规划研究》，《北京规划建设》2002 年第1 期。

［104］刘洪彬：《基于集群理论的统筹城乡发展研究》，经济科学出版社2008 年版。

［105］刘新卫：《中国城镇化发展现状及特点》，《国土资源情报》2007年第 7 期。

［106］刘卫东、彭俊：《城镇化地区土地非农开发》，科学出版社 1999年版。

［107］刘尊梅：《中国农业生态补偿机制的路径选择与制度保障研究》，中国农业出版社 2012 年版。

［108］刘玉：《中国城市化发展的若干区域特性与矛盾差异》，《城市规划学刊》2007 年第 2 期。

［109］刘玉：《农业现代化与城镇化协调发展研究》，《城市发展研究》2007 年第 6 期。

［110］刘同山、孔祥智：《土地规模经营的实现形式及其比较》，《现代管理科学》2013 年第 6 期。

［111］陆大道：《区域发展及其空间结构》，科学出版社 1998 年版。

［112］陆大道：《区位论及区域研究方法》，科学出版社 1988 年版。

［113］陆大道：《地理学关于城镇化领域的研究内容框架》，《地理科学》2013 年第 8 期。

［114］陆大道、陈明星：《关于"国家新型城镇化规划（2014—2020）"编制大背景的几点认识》，《地理学报》2015 年第 2 期。

［115］陆大道：《中速增长：中国经济的可持续发展》，《地理科学》2015年第 10 期。

［116］罗吉、王代敬：《关于城乡联系理论的综述与启示》，《开发研究》

2005 年第 1 期。

［117］罗志刚：《对城市化速度及相关研究的讨论》，《城市规划学刊》2007 年第 6 期。

［118］罗黎平：《新型工业化与城市化如何协同发展》，《农村经济》2008 年第 11 期。

［119］兰国良：《可持续发展指标体系构建及其应用研究》，博士学位论文，天津大学，2004 年。

［120］赖作莲、王征兵：《陕西城镇化发展对劳动力转移的效应分析》，《商业研究》2008 年第 8 期。

［121］雷诚、范凌云：《破解城乡"二元"土地困境的重要议题——关注大都市区"土地配置"问题》，《国际城市规划》2011 年第 3 期。

［122］鲁奇、曾磊、王国霞等：《重庆城乡关联发展的空间演变分析及综合评价》，《中国人口·资源与环境》2004 年第 2 期。

［123］凌耀初：《统筹城乡发展实施策略》，学林出版社 2006 年版。

［124］凌志军：《中国经济改革备忘录》，东方出版中心 1998 年版。

［125］娄勤俭：《建设好丝绸之路经济带新起点》，《人民日报》2014 年 8 月 26 日第 7 版。

［126］林善浪：《农户土地规模经营的意愿和行为特征——基于福建省和江西省 224 个农户问卷调查的分析》，《福建师范大学学报》（哲学社会科学版）2005 年第 3 期。

［127］马秋芳、杨新军、王军伟：《基于游客的旅游资源分类及旅游空间模型构建——以西安"十一"游客为例》，《地域研究与开发》2009 年第 4 期。

［128］马晓冬、王志强、许建刚：《江苏省小城镇与经济发展分异研究》，《经济地理》2004 年第 2 期。

［129］马晓春、宋莉莉、李先德：《韩国农业补贴政策及启示》，《农业技术经济》2010 年第 7 期。

［130］梅建明：《再论农地适度规模经营——兼评当前流行的"土地规模经营危害论"》，《中国农村经济》2002 年第 9 期。

［131］毛新雅、彭希哲：《伦敦都市区与城市群人口城市化的空间路径及其启示》，《北京社会科学》2013 年第 4 期。

［132］民生证券：《宏观区域经济系列研究报告之一：从西北五省区的定

位看丝绸之路经济带建设情况》,《民生证券》2014 年 2 月 24 日第
6 版。

[133] 宁越敏:《国外大都市区规划体系评述》,《世界地理研究》2003
年第 1 期。

[134] 宁越敏、石崧:《从劳动空间分工到大都市区空间组织》,科学出
版社 2011 年版。

[135] 牛凤瑞:《我国城市化十五大热点之问与理性解析》,《上海城市管
理》2013 年第 2 期。

[136] 牛文元:《可持续发展导论》,科学出版社 1994 年版。

[137] 潘玉君、李灿光、武友德等:《区域发展与主体功能区系统研究》
(第 2 卷),科学出版社 2007 年版。

[138] 潘安敏、郭冬梅:《中国生态城市建设的现状、问题、对策》,《城
市管理》2007 年第 6 期。

[139] 邱德荣、陈建军:《城市内部因素对中国城市人口规模扩张的影
响》,《重庆大学学报》(社会科学版)2016 年第 1 期。

[140] 祁金立:《中国城市化与农村经济协调发展研究》,华中科技大学
出版社 2004 年版。

[141] 仇保兴:《中国城镇化——机遇与挑战》,中国建筑工业出版社
2004 年版。

[142] 乔佳妮、程伟:《去年土地流转面积同比增长 34.8%》,《陕西日
报》2015 年 2 月 10 日第 7 版。

[143] 曲凌雁:《大巴黎地区的形成与其整体规划发展》,《世界地理研
究》2000 年第 4 期。

[144] 孙昌盛、赵艳林、刘宝臣:《东南部欠发达地区县域城乡空间统筹
发展的规划思考》,《浙江大学学报》(理学版)2011 年第 1 期。

[145] 孙群郎:《美国城市郊区化研究》,商务印书馆 2005 年版。

[146] 孙红玲:《"3 +4":三大块区域协调互动机制与四类主体功能区的
形成》,《中国工业经济》2008 年第 10 期。

[147] 孙祥栋、郑艳婷、张亮亮:《基于集聚经济规律的城市规模问题研
究》,《中国人口·资源与环境》2015 年第 3 期。

[148] 苏新泉、武永义、周正:《陕西城镇化建设财政实践、模式比较及
政策建议》,《地方财政研究》2012 年第 4 期。

[149] 苏东水:《产业经济学》,高等教育出版社 2000 年版。

[150] 陕西省发改委经济研究所课题组:《基于主成分分析的陕西城镇化发展水平问题研究》,《经济研究参考》2013 年第 25 期。

[151] 陕西省住房和城乡建设厅:《陕西省新型城镇化发展研究与实践》,中国建筑工业出版社 2014 年版。

[152] 陕西省发展和改革委员会:《陕西省新型城镇化规划（2014—2020）》（http：//www.zxbtz.cn/News2/11851.html）。

[153] 陕西省发展和改革委员会:《陕西省国民经济和社会发展第十三个五年规划纲要》（http：//www.snedu.gov.cn/wap/？moduleid=23&itemid=56344）。

[154] 陕西传媒网:《陕西省长娄勤俭就打造丝绸之路经济带新起点等举行记者见面会》,2014 年 5 月,陕西传媒网（http：//www.sxdaily.com.cn/n/2014/0521/c145—5437595.html）。

[155] 陕西统计局:《陕西开放型经济发展与其丝绸之路经济带作用的思考》,2014 年 4 月,陕经网（http：//www.sei.gov.cn/ShowArticle.asp？ArticleID=239714）。

[156] 施岳群、庄金锋:《城镇化中的都市圈发展战略研究》,上海财经大学出版社 2007 年版。

[157] 世界银行:《2002 年的中国》,中国财政经济出版社 1997 年版。

[158] 四川省发展和改革委员会:《四川省国民经济和社会发展第十三个五年规划纲要》（http：//sichuan.hexun.com/2016 – 02 – 15/182259701.html）。

[159] 田明:《中国就业结构转变与城市化》,科学出版社 1998 年版。

[160] 陶在朴:《生态包袱与生态足迹》,经济科学出版社 2003 年版。

[161] 童星:《发展社会学与我国现代化》,社会科学文献出版社 2005 年版。

[162] 唐剑武、叶文虎:《环境承载力的本质及其定量化初步研究》,《中国环境科学》1998 年第 3 期。

[163] 腾明雨、张磊、赵雪莹:《粮食安全视角下的中国原生态农业发展分析》,《世界农业》2013 年第 2 期。

[164] 谭永生、关博:《"十三五"时期建立更加公平可持续的社会保障制度》,《宏观经济管理》2014 年第 8 期。

［165］谈明洪、李秀彬：《伦敦都市区新城发展及其对我国城市发展的启示》，《经济地理》2010 年第 11 期。

［166］王兴中等：《中国城市生活空间结构研究》，科学出版社 2005 年版。

［167］王立、刘明华、王义民：《城乡空间互动—整合演进中的新型农村社区规划体系设计》，《人文地理》2011 年第 4 期。

［168］王立新：《经济增长、产业结构与城镇化——基于省级数据的初评研究》，《财经论丛》2014 年第 4 期。

［169］王亚飞：《对我国城乡一体化实现模式的探讨》，《经济纵横》2007 年第 4 期。

［170］王小鲁、夏小林：《优化城市规模 推动经济增长》，《经济研究》1999 年第 9 期。

［171］王圣学：《陕西产业发展研究》，中国统计出版社 2002 年版。

［172］王圣学：《西安大都市圈发展研究》，经济科学出版社 2005 年版。

［173］王圣学、李宏志、王蔚然：《西安城市空间与卫星城规划布局研究》，《城市》2009 年第 1 期。

［174］王振亮：《城乡空间融合论——我国城镇化可持续发展过程中城乡空间关系的系统研究》，复旦大学出版社 2000 年版。

［175］王如松、欧阳志云：《天城合一：山水城建设的人类生态学原理》，《现代城市研究》1996 年第 1 期。

［176］王雪松、彭建：《美国大都市区最新综合交通规划比较研究》，《国际城市规划》2012 年第 1 期。

［177］王宏伟、李平、朱承亮：《中国城镇化速度与质量的协调发展》，《河北学刊》2014 年第 6 期。

［178］王健：《天津与巴黎城市空间形态的比较分析》，《天津大学学报》（社会科学版）2010 年第 5 期。

［179］王涛：《日本东京都市圈的空间结构变动、规划变迁及其启示》，《城市》2013 年第 11 期。

［180］汪光焘：《城乡统筹规划从认识中国国情开始——论中国特色城镇化道路》，《城市规划》2012 年第 1 期。

［181］韦亚平：《二元建设用地管理体制下的城乡空间发展问题——以广州为例》，《城市规划》2009 年第 12 期。

［182］ 吴良镛：《芒福德的学术思想及其对人居环境学建设的意义》，《城市规划》1996 年第 1 期。

［183］ 吴良镛：《京津冀地区城乡空间发展规划研究二期报告》，清华大学出版社 2006 年版。

［184］ 吴殿延：《区域经济学》，科学出版社 2004 年版。

［185］ 吴敬琏：《中国增长模式抉择》，上海远东出版社 2006 年版。

［186］ 吴人坚、陈立民：《国际大都市的生态环境》，华东理工大学出版社 2001 年版。

［187］ 吴海军：《高水平打造丝绸之路经济带新起点》，《陕西发展和改革》2013 年第 6 期。

［188］ 魏后凯、王业强、苏红键：《“十三五”时期城镇化和区域发展战略研究》，社会科学文献出版社 2006 年版。

［189］ 魏清泉：《城乡融合——城镇化的特殊模式》，《城市发展研究》1997 年第 4 期。

［190］ 温铁军：《“三农问题”与解决办法》，《中国改革》2003 年第 2 期。

［191］ 温铁军：《中国农村基本经济制度研究——“三农”问题的世纪反思》，中国经济出版社 2000 年版。

［192］ 武延海：《纽约大都市地区规划的历史与现状——纽约区域规划协会的探索》，《国外城市规划》2000 年第 2 期。

［193］ 文礼朋：《19 世纪末 20 世纪初西方国家农业资本主义的失败》，《苏州科技学院学报》（社会科学版）2011 年第 4 期。

［194］ 文礼朋：《近现代英国农业资本主义的兴衰——农业与农民现代化的再探讨》，中央编译出版社 2013 年版。

［195］ 熊国平：《当代中国城市形态演变》，中国建筑工业出版社 2006 年版。

［196］ 熊季霞：《长江三角洲城市化发展战略研究》，《广西经济管理干部学院学报》2005 年第 1 期。

［197］ 席保军、龙小凤、白娟等：《国际化视角下的西安大都市发展构想》，《规划师》2010 年第 12 期。

［198］ 许学强等：《城市地理学》，高等教育出版社 2009 年版。

［199］ 许学强、朱剑如：《现代城市地理学》，中国建筑工业出版社 1998

年版。

［200］许学强、叶嘉安、周春山等：《中国城市转型、发展、重构与规划教育》，科学出版社 2015 年版。

［201］许庆瑞、吴志岩、陈力田：《智慧城市的愿景与架构》，《管理工程学报》2012 年第 4 期。

［202］徐同文：《地市城乡经济协调发展研究》，社会科学文献出版社 2008 年版。

［203］徐向龙：《广东省产业结构与就业结构演进特征与互动效率研究》，《学术研究》2009 年第 5 期。

［204］西安市委办公厅、西安市人民政府办公厅：《2011 西安概览》，西安出版社 2011 年版。

［205］谢玉梅、浦徐进：《澳大利亚有机农业发展及其启示》，《农业经济问题》2014 年第 5 期。

［206］尹怀庭、刘科伟：《西安城市问题及其新世纪城市空间发展构想》，《人文地理》2002 年第 4 期。

［207］余向洋、王兴中：《西安城市商业性娱乐场所的社会空间结构研究》，《现代城市研究》2004 年第 3 期。

［208］阎军：《试论我国城市化的道路与模式选择》，《江苏科技大学学报》（社会科学版）2005 年第 1 期。

［209］闫肃：《产业结构变迁、劳动力转移与收入分配——基于 VAR 模型的初评研究》，《财经论丛》2012 年第 1 期。

［210］严璋鹏、彭程：《基于物联网技术的智慧农业实施方案研究》，《西安邮电大学学报》2013 年第 4 期。

［211］严涵、聂梦遥、沈璐：《大巴黎区域规划和空间治理研究》，《上海城市规划》2014 年第 6 期。

［212］延军平等：《中国西北生态环境建设与制度创新》，中国社会科学出版社 2004 年版。

［213］叶裕民：《中国城镇化滞后的经济根源及对策思想》，《中国人民大学学报》1999 年第 5 期。

［214］叶维钧：《中国城市化道路初探》，中国展望出版社 1988 年版。

［215］杨自沿：《青海：建设丝绸之路经济带战略通道》，2014 年 4 月，中研网（http://www.chinairn.com/news/20140428/115650353.

shtml）。

［216］杨家栋、秦兴方、单宜虎：《农村城镇化与生态安全》，社会科学文献出版社 2005 年版。

［217］杨子生、李云辉、邹忠：《中国西部大开发——云南省土地资源开发利用规划研究》，云南科技出版社 2003 年版。

［218］杨筠：《生态建设与区域经济发展研究》，西南财经大学出版社 2007 年版。

［219］杨朝飞：《全国生态示范区建设规划编制培训教材》，中国环境科学出版社 2000 年版。

［220］姚士谋、陆大道、陈振光等：《顺应我国国情条件的城镇化问题的严峻思考》，《经济地理》2012 年第 5 期。

［221］郧宛琪、朱道林、梁梦茵：《解决土地碎片化的制度框架设计》，《地域研究与开发》2015 年第 4 期。

［222］张京祥：《对我国城市化研究的再考察》，《地理科学》1998 年第 6 期。

［223］张应禄、陈志钢：《城乡二元经济结构：测定、变动趋势及政策选择》，《农业经济问题》2011 年第 11 期。

［224］张兆曙：《乡村五十年：日常经济实践中的国家与农民——以浙江省义乌市后乐村为个案的实地研究》，《战略与管理》2004 年第 4 期。

［225］张宝通：《努力推动大关中城市群与大关中经济区发展 建设大西安为中心的大关中城市群》，《陕西综合经济》2006 年第 4 期。

［226］张娟、李江风：《美国"精明增长"对我国城市空间扩展的启示》，《城市管理与科技》2006 年第 8 期。

［227］张玉鑫：《从"接轨"上海的空间现象解读上海大都市区空间发展战略》，《国际城市规划》2011 年第 4 期。

［228］张建新、段禄峰：《我国城镇化与工业化发展关系测度》，《生态经济》2009 年第 12 期。

［229］张燕、庞标丹、马越：《我国农业生态补偿法律制度之探讨》，《华中农业大学学报》（社会科学版）2011 年第 4 期。

［230］张超、张鸿：《智慧城市理论与实践研究——以智慧富平为例》，中国社会科学出版社 2015 年版。

［231］张超：《西部地区建设丝绸之路经济带的战略路径研究——以陕西省为例》，《改革与战略》2016 年第 3 期。

［232］张晓兰、朱秋：《东京都市圈演化与发展机制研究》，《现代日本经济》2013 年第 2 期。

［233］张爱东、刘兆民：《19 世纪英国雇佣大农场制兴盛的起因》，《农业经济》2010 年第 6 期。

［234］张培刚：《农业与中国的工业化》，华中工学院出版社 1988 年版。

［235］张培刚、张建华：《发展经济学》，北京大学出版社 2012 年版。

［236］张沛：《区域规划概论》，化学工业出版社 2006 年版。

［237］张沛：《区域一体化与大西安都市圈发展》，《时代建筑》2006 年第 4 期。

［238］张沛、董欣、侯远志等：《中国城镇化的理论与实践——西部地区发展研究与探索》，东南大学出版社 2009 年版。

［239］张沛、吴潇、徐境等：《基于区域协调的西部地区城乡空间整合路径探索》，《干旱区资源与环境》2012 年第 8 期。

［240］张沛、段禄峰：《从主体功能区建设审视西部城镇化发展》，《商业时代》2009 年第 2 期。

［241］张小影、张毅、陈学慧等：《构筑丝路新起点——陕西省加快丝绸之路经济带建设的调研》，《经济日报》2014 年 9 月 3 日第 7 版。

［242］张中华：《西安大都市休闲行为空间满意度调查与评价》，《重庆科技学院学报》（社会科学版）2011 年第 21 期。

［243］张雷、刘毅：《中国区域发展的资源环境基础》，科学出版社 2006 年版。

［244］赵虎：《职住平衡角度下的城乡空间结构统筹研究——以南京市江宁区为例》，《城市发展研究》2009 年第 9 期。

［245］赵凯、王宁：《陕西城镇化水平的区域差异及其变化趋势探析》，《西北农林科技大学学报》（社会科学版）2012 年第 1 期。

［246］赵勇：《城乡良性互动战略》，商务印书馆 2004 年版。

［247］赵正永：《努力打造丝绸之路经济带新起点》，《人民日报》2014 年 9 月 12 日第 8 版。

［248］赵国锋、段禄峰：《生态环境与西部地区城镇化发展问题研究》，《生态经济》2012 年第 2 期。

[249] 赵国锋、段禄峰：《西部地区生态城镇建设的理论、构想和路径》，《现代城市研究》2013 年第 4 期。

[250] 赵国锋、段禄峰：《陕西农民农地流转消极意愿的成因及对策》，《改革与战略》2016 年第 1 期。

[251] 赵景亚、殷为华：《大伦敦地区空间战略规划的评介与启示》，《世界地理研究》2013 年第 2 期。

[252] 中国科学院国情分析小组：《城市与乡村——中国城乡矛盾与协调发展研究》，科学出版社 1994 年版。

[253] 中国 21 世纪旅程管理中心：《生态补偿的国际比较：模式与机制》，科学出版社 2007 年版。

[254] 中国投资环境编委会：《政府创新、城乡统筹与城市竞争力》，经济科学出版社 2008 年版。

[255] 政务院发展研究中心农村经济研究部课题组：《中国特色农业现代化道路研究》，中国发展出版社 2012 年版。

[256] 周晓华：《城市更新之市场模式》，机械工业出版社 2007 年版。

[257] 周振华：《信息化与产业融合》，上海人民出版社 2003 年版。

[258] 周干峙：《城市及其区域——一个开放的特殊复杂的巨系统》，《城市规划》1997 年第 2 期。

[259] 周叔莲、金碚：《国外城乡经济关系理论比较研究》，经济管理出版社 1993 年版。

[260] 周燕、佟家栋：《"刘易斯拐点"、开放经济与中国二元经济转型》，《南开经济研究》2012 年第 5 期。

[261] 周一星、史育龙：《建立中国城市的实体地域概念》，《地理学报》1995 年第 4 期。

[262] 周一星：《城市地理学》，商务印书馆 1995 年版。

[263] 周一星：《城镇化速度不是越快越好》，《科学决策》2005 年第 8 期。

[264] 郑宗寒：《试论小城镇》，《中国社会科学》1983 年第 4 期。

[265] 郑鑫：《城镇化对中国经济增长的贡献及其实现途径》，《中国农村经济》2014 年第 6 期。

[266] 朱相宇、乔小勇：《北京第三产业就业潜力与调整升级——基于产业结构偏离度的国际比较与分析》，《经济体制改革》2014 年第

2 期。

[267] 朱洪祥：《山东省城镇化发展质量测度研究》，《城市发展研究》
2007 年第 5 期。

[268] 朱传耿等：《地域主体功能区划——理论·方法·实证》，科学出
版社 2007 年版。

[269] 邹农俭：《费孝通同志在江苏省小城镇研究汇报会上的讲话》，《江
苏社会科学》1986 年第 3 期。

[270] ［美］D. 盖尔·约翰逊：《经济发展中的农业、农村、农民问题》，
林毅夫译，商务印书馆 2005 年版。

[271] ［美］费景汉、［美］拉尼斯：《增长和发展：演进观点》，洪银兴
等译，商务印书馆 2004 年版。

[272] ［美］刘易斯·芒福德：《城市发展史：起源、演变与前景》，倪
文彦、宋峻岭译，中国建筑工业出版社 1989 年版。

[273] ［美］罗纳德·H. 科斯等：《财产权利与制度变迁》，刘守英等译，
格致出版社 2014 年版。

[274] ［美］R. H. 科斯：《财产权利与制度变迁》，刘守英等译，上海三
联书店 1994 年版。

[275] ［美］诺斯：《制度、制度变迁与经济绩效》，杭行译，格致出版
社 2014 年版。

[276] ［美］斯彭斯、［美］安妮兹、［美］巴克利：《城镇化与增长：城
市是发展中国家繁荣和发展的发动机吗?》，陈新译，中国人民大
学出版社 2016 年版。

[277] ［美］乔·奥·赫茨勒：《乌托邦思想史》，张兆麟等译，商务印
书馆 1999 年版。

[278] ［美］西奥多·舒尔茨：《改造传统农业》，梁小民译，商务印书
馆 2010 年版。

[279] ［美］西奥多·舒尔茨：《经济增长与农业》，郭熙保译，中国人
民大学出版社 2014 年版。

[280] ［英］阿瑟·刘易斯：《二元经济论》，施伟等译，北京经济学院
出版社 1989 年版。

[281] ［英］埃比尼泽·霍华德：《明日的田园城市》，金经元译，商务
印书馆 2000 年版。

［282］［英］大卫·李嘉图：《政治经济学及赋税原理》，周洁译，华夏出版社 2013 年版。

［283］［英］K. J. 巴顿：《城市经济学——理论和政策》，上海社会科学院经济研究所城市经济研究室译，商务印书馆 1984 年版。

［284］［英］马歇尔：《经济学原理》，陈良璧译，商务印书馆 2005 年版。

［285］［德］考茨基：《土地问题》（上卷），岑纪译，商务印书馆 1936 年版。

［286］［德］马克思：《资本论》，人民出版社 1975 年版。

［287］［德］马克思、［德］恩格斯：《马克思恩格斯全集》（第 3 卷），人民出版社 1960 年版。

［288］［日］岸根卓郎：《迈向 21 世纪的国土规划》，高文琛译，科学出版社 1990 年版。

［289］［日］速水佑次郎、［美］弗农·拉担：《农业发展：国际前景》，吴伟东、翟正惠、卓建伟等译，商务印书馆 2014 年版。

［290］［日］速水佑次郎：《发展经济学——从贫困到富裕》，李周译，社会科学文献出版社 2003 年版。

［291］［日］中村哲：《近代东亚经济的发展和世界市场》，吕永和、陈成译，商务印书馆 1994 年版。

［292］［瑞典］缪尔达尔：《经济理论与不发达地区》，钟淦恩译，商务印书馆 1957 年版。

［293］［俄］恰亚诺夫：《农民经济组织》，萧正洪译，中央编译出版社 1996 年版。

［294］Allan W. A., *Studies in African Land Usage in Northern Rhodesia*, Cape Town: Oxford University Press, 1991.

［295］Au Chun – Chung and J. Vernon Henderson, "Are Chinese Cities Too Small?", *Review of Economic Studies*, Vol. 73, No. 3, March 2006.

［296］D. W. Jorgenson, "The Development of a Dual Economy", *Economic Journal*, Vol. 71, No. 6, August 1961.

［297］Davis, James C., and J. Vernon Henderson, "Evidence on the Political economy of the Urbanization Process", *Journal of Urban Economics*, Vol. 53, No. 5, May 2003.

［298］Harris, J. R. Todaro and M. P. Migration, "Unemployment and Development: A Two – sector Analysis", *American Economic Review*, Vol. 71, No. 9, July 1970.

[299] Henderson V. , *How Urban Concentration Affects Economic Growth*, Oxford: Oxford University Press, 1999.

[300] Henderson and J. Vernon, "The Sizes and Types of Cities", *American Economic Review*, Vol. 64, No. 4, April 1974.

[301] Henderson and J. Vernon, *Urban Development: Theory, Fact and illusion*, Oxford: Oxford University Press, 1988.

[302] H. J. Hhbakkuk, "English Landownership, 1680 – 1740", *The Economic History Review*, Vol. 10, No. 1, January 1958.

[303] IUCN, UNEP, WWF, *Caring for the Earth: A Strategy for Sustainable Living*, Switzerland, IUCN, 1991.

[304] J. G. Wiliamson, "Regional Inequality and the Process of National Development", *Chicago Journals*, No. 1, January 1965.

[305] J. H. Boeke, *Economics and Economic Policy of Dual Societies as Exemplified by Indonesia*, New York: Institute of Pacific Relations, 1953.

[306] John M. Brewster, "The Machine Process in Agriculture and Industry", *Journal of Agricultural Economics*, Vol. 32, No. 1, January 1950.

[307] Kern M. , *Future of Agriculture, Global Dialogue EXPO* 2000, *the Role of the Village in the* 21*st Century: Crops*, Germany: Hanover Press, 2000.

[308] Le Gales, "Regulations and Governance in European Cities", *International Journal of Urban and Regional Research*, Vol. 22, No. 3, March 1998.

[309] Lewis, W. Arthur, *The Evolution of the International Economic Order*, Princeton: Princeton University, 1977.

[310] Michael Porter, *The Competitive Advantage of Nations*, New York: Free Press, 1990.

[311] Peter B. Nelson, "Rural restructuring in the American West: Land Use, Family and Class Discourses", *Journal of Rural Studies*, Vol. 17, No. 12, December 2001.

[312] Renaud B. , *National Urbanization Policy in Developing Countries*, Ox-

ford: Oxford University Press, 1981.

[313] Richardson and Harry W., "The Costs of Urbanization: A Four – Country Comparison", *Economic Development and Cultural Change*, Vol. 35, No. 3, March 1987.

[314] Rosenthal, Stuart and William C., Strange, Evidence on the Nature and Sources of Agglomeration Economies, J. Vernon Henderson, Jean – Francois Thisse, In Handbook of Regional and Urban Economics, Amsterdam: Elsevier, Vol. 4, 2004.

[315] Seamus Grimes, "Rural Areas in the Information Society: Diminishing Distance or Increasing Learning Capacity?", *Journal of Rural Studies*, Vol. 16, No. 3, June 2000.

[316] Segal D., "Are There Returns to Scale in City Size?", *Review of Economics and Statistics*, Vol. 58, No. 9, September 1976.

[317] Thomas and Vinod, "Spatial Differences in the Cost of Living", *Journal of Urban Economics*, Vol. 8, No. 2, 1980.

[318] UNSECO FAO, *Carrying Capacity Assessment with a Pilot Study of Ken Ya*, A Resources Accounting Methodology for Exploring National Options for Sustainable Development, Paris and Rome, 1985.

[319] United Nations Population Division, *World Urbanization Prospects: The 2001 Revision*, New York: Bethesda, MD: Congressional Information Service, Inc., 2002.

[320] W. A. Lewis, "Economic Development with Unlimited Supplies of Labor", *Manchester School Studies*, Vol. 42, No. 6, May 1954.

[321] Williamson, J., *Coping with City Growth during the British Industrial Revolution*, Cambridge: Cambridge University Press, 1990.

后 记

中国城市的迅速崛起，并不是对西方发展模式的简单模仿，而是地方政府自下而上制度创新的产物。1979 年以来，中国渐进式改革促进了经济持续快速增长，体制转型、全球化、市场化等多种力量相互交织，不断重塑中国经济结构、社会结构和城镇化格局。城镇化涉及国民经济如何发展、生产方式如何转变、和谐社会如何构建、资源环境如何保护等问题，必将是长期发展与积累的渐进过程。作为最大的发展中国家，中国正以脆弱的生态环境承载着最多的人口、担负着最大的资源环境消耗。现阶段，陕西正处于城镇化快速发展时期，既是经济结构剧烈转型期，也是社会矛盾多发期，面临改革与发展、资源环境约束、阶层分化与利益分配、产业转型与就业不足、城乡二元结构鸿沟等问题。

城镇化发展水平应与资源环境承载力、与产业结构转型和新增就业岗位保持一致。未来城镇化发展要走"以人为本、四化同步、优化布局、生态文明、文化传承"的新型城镇化道路。曾经支撑中国经济高速增长的大规模空间扩张的城镇化已不可持续，促进以"要素"和"空间"为核心的城镇化向以"人"为核心的城镇化转变，关注城镇化质量而非速度，精明增长、生态城市、数字城市将成为未来城镇化发展的重点。

本书的写作凝聚了很多人的心血。感谢陕西经济学会会长、西安邮电大学经济与管理学院院长张鸿教授对我的关怀与厚爱。张鸿教授对著作的写作和修改提出了许多高屋建瓴的意见，从著作提纲、基本思路的确定到相关理论的阐述，甚至到文字的修饰和标点符号、错别字的改正等，都给予我精心的指导。他的深厚学问、诲人不倦和宽广胸怀，常令我深感自己的无知、狭隘和浮躁；他对年青教师的殷切希望，常令我感到惭愧。

感谢陕西社会科学界联合会副主席朱晓悦老师、前副主席冯家臻老师、山东大学吴佩林教授给予我学业上的精心指导、精神上的极大鼓励、生活上的无私帮助，使我能够在受到莫大关怀和激励的基础上完成这部著作。

感谢西安邮电大学魏明教授、毛凤霞教授，给予我的关心与帮助；感谢张忠德教授、冯晓莉教授、薛君教授、杨嫩晓教授、曹翠珍教授、张利教授、陆伟刚教授在学习、生活上的指导和帮助；感谢郑楠老师、盛攀峰老师、王汉生老师、侯光文老师、麻元元老师、刘娜老师、李晓鸿老师、赵青老师在理论推演、资料查找、具体论述、最后修改等方面给予我的帮助。这都将是我人生中最为美好的回忆。

感谢我的父母及家人、朋友们给予我的关心与疼爱，使我能够心无旁骛，潜心于学术研究。感谢所有关心、帮助和支持我的人，感谢本书参考文献的那些素不相识的作者们。

感谢所有曾经关心和帮助过我的人。

感谢西安邮电大学学术专著出版基金、国家自然科学基金项目"大都市区耕地功能演变研究"（41271119）、国家社会科学基金项目"新型城镇化空间均衡发展的形成机制、结构效应及实现路径研究"（14BJL124）资助。